Werner Filmer/Heribert Schwan
Oskar Lafontaine

Werner Filmer/Heribert Schwan

Oskar Lafontaine

ECON Verlag
Düsseldorf · Wien · New York

CIP-Titelaufnahme der Deutschen Bibliothek

Filmer, Werner:
Oskar Lafontaine / Werner Filmer; Heribert Schwan. –
Düsseldorf; Wien; New York: ECON Verl., 1990
ISBN 3-430-12743-2
NE: Schwan, Heribert:

Gesetzt aus der Times, Linotype
Satz: Lichtsatz Heinrich Fanslau, Düsseldorf
Papier: Papierfabrik Schleipen GmbH, Bad Dürkheim
Druck und Bindearbeiten: Ebner Ulm
Printed in Germany
ISBN 3-430-12743-2

Inhalt

8

9

Vorwort

Stolz sind die Saarländer auf ihren Oskar. Er vermittelte ihnen ein neues Wir-Gefühl, steigerte ihr Selbstbewußtsein, machte das kleine Grenzland weltweit bekannt. Lafontaine führte seine Mitbürger aus der Resignation heraus und schaffte so etwas wie Aufbruchstimmung. Der »Sonnenkönig von der Saar« – wie ihn Spötter herablassend nennen – hält seitdem die politischen Fäden in der Hand. Der unbequeme Mahner und scharfe Kritiker des Wettrüstens in Ost und West paßt nicht eindeutig ins gängige Raster politischer Profile. Er, der sich erfolgreich um Sachkenntnis und Kompetenz bemüht, verunsichert ständig seine Partei, das ganze politische Establishment. Der Quer- und Vordenker stößt vieles an und vielen vor den Kopf.

Der »Saar-Napoleon« – wie ihn Freunde nennen – spricht druckreif und läßt Lust am Formulieren erkennen. Man sagt ihm gelegentlich Arbeitswut und Perfektionismus nach. Er liebt die Publicity, die Show, die saarländische Lebensfreude, das gute Essen und Trinken. Lafontaine gibt sich als Politiker zum Anfassen, ist ein Mann mit Gefühl und Empfinden für politische Trends und für den Zeitgeist. Gern zeigt er sich als Staatsmann und Kosmopolit. Sein Selbstwertgefühl ist ungebrochen. Seine Großschnäuzigkeit und Unduldsamkeit sind notorisch.

Doch der Politiker aus der Provinz weiß zu überzeugen. Ausländische Politiker und Journalisten klopfen häufig bei ihm an. Der Ministerpräsident liebt es, hofzuhalten, und pflegt eine gemütliche und sinnenfrohe Gastlichkeit.

Lafontaine ist das Saarland, das Saarland ist aber auch ein wenig Lafontaine. Er hält sich für geeignet, die Bundesrepublik zu regieren. Der begnadete Politikdarsteller, der lieber populistisch als unpopulär sein will, wird Helmut Kohl herausfordern. Immer und immer wieder. Dem widerborstigen Saarländer verweigern auch politische Gegner nicht den Respekt. Lange Zeit unterschätzten sie ihn, rügten sein vordergründiges, autoritäres und arrogantes Gehabe. Kritisiert wurden immer wieder seine machiavellistischen Züge. Doch gibt es ein vergleichbares politisches Talent in der Bundesrepublik?

Das Kölner Attentat hat ihn verändert, nachdenklicher gemacht. Nicht allein deshalb zögerte er wochenlang, die Kanzlerkandidatur für die SPD aufrechtzuerhalten. Seine Forderung nach Ablehnung des deutsch-deutschen Staatsvertrages brachte die Bonner Sozialdemokraten in arge Bedrängnis. Lafontaine stieß auch seine Genossen in der DDR vor den Kopf. Sein Beliebtheitsgrad in der Bevölkerung nahm erheblich ab. Die Chancen seiner Partei bei gesamtdeutschen Wahlen gingen zurück. Doch das kümmerte den Machtlustigen von der Saar wenig.

Unter welchen Bedingungen Lafontaine zusammen mit seinem Zwillingsbruder an der Saar aufwuchs, wie er beinahe katholischer Priester geworden wäre und warum der Sohn eines im Krieg gefallenen Bäckers Physik studierte, wird unter anderem in dieser Biographie geschildert. Sein Parteieintritt und seine ersten politischen Schritte in der Landeshauptstadt Saarbrücken werden nachgezeichnet. Seine Spuren als Saarbrücker Oberbürgermeister und seine Leistungen als Ministerpräsident für den kleinsten Flächenstaat in der Bundesrepublik werden untersucht. Auch das Kölner Attentat und das Gerangel um seine Kanzlerkandidatur werden behandelt.

Analysiert werden Lafontaines autoritärer Führungs- und Regierungsstil ebenso wie die Wurzeln seines Denkens und Handelns. Sein abgekühltes Verhältnis zu seinem politischen Ziehvater und Vorbild Willy Brandt wird beleuchtet.

Wir danken allen, die mitgeholfen haben, eine so ungewöhnliche und dynamische politische Persönlichkeit zu beschreiben.

Werner Filmer/Heribert Schwan   Köln, im August 1990

I. Kapitel

Bäckerssohn

FILMER/SCHWAN

Am Tag danach

Zwanzig Stunden nach dem Anschlag auf Oskar Lafontaine überqueren wir wortlos den Saarbrücker Schloßplatz. Biegen in eine kleine Seitengasse ein. An diesem 26. April 1990 sind wir um 17 Uhr mit Lafontaines 75jähriger Mutter Katharina verabredet. Lafontaine selbst hat den Termin noch am Tag zuvor vereinbart. Wir wollen sie nach Oskars Kindheit fragen, mit ihr über sein Elternhaus und seine Vorfahren sprechen. Sie soll uns ein Bild von Oskars Vater vermitteln und die Umstände seines frühen Todes erläutern.

Fraglich ist, ob Katharina Lafontaine heute überhaupt in der Lage sein wird, mit uns zu sprechen. Ist sie nicht längst auf dem Weg nach Köln? Ans Krankenbett ihres lebensgefährlich verletzten Sohnes? Platzt die Verabredung? Wird es einen neuen Termin geben? Wird sie geneigt sein, Rede und Antwort zu stehen? Wir haben nicht gewagt anzurufen. Nicht bei ihr, nicht in der Staatskanzlei. Wir hoffen, Lafontaines Mutter heute kennenzulernen. Die Chancen stehen besser als wir glauben.

Denn seit einigen Stunden gibt es gute Nachrichten aus der Universitätsklinik Köln. Lafontaine ist außer Lebensgefahr, befindet sich auf dem Weg der Genesung von der schweren Stichverletzung, die ihm am Vorabend die geistesgestörte Arzthelferin Adelheid Streidel aus Bad Neuenahr zugefügt hat.

Katharina Lafontaine wohnt in einer schmalen Gasse – in einem Mehrfamilienhaus. Auf der Türklingel steht tatsächlich der Name: Lafontaine. Noch bleiben zehn Minuten Zeit. Warten. Noch einmal gehen wir zum Schloßplatz, kommen wieder zurück. Dreißig Sekunden nach 17 Uhr wird geklingelt. Die Tür springt auf. Erleichterung.

13

Sie wohnt im fünften Stock. Die Wohnungstür geht auf. Eine gepflegte brünette Frau fragt nach unseren Namen, bittet ausdrücklich und bestimmt herein.

Wir sind überrascht, denn wir hatten mit einer vom Unglück zermürbten, mit Gott hadernden Mutter gerechnet. Katharina Lafontaine aber wirkt aufgedreht, freundlich, fast euphorisch.

»Ich habe vor wenigen Minuten mit meinem Sohn telefoniert«, verrät die entspannt lächelnde Frau Lafontaine. »Na ja, hat er gesagt, ich habe großes Glück gehabt. Jetzt bin ich über den Berg. Brauchst dir keine Sorgen mehr zu machen, Mama. Und mit Frederic habe ich auch schon gesprochen.«

Wir nehmen Platz am kleinen Couchtisch und fragen, wie er am Telefon geklungen habe. »Seine Stimme war noch sehr belegt. Das habe ich sofort bemerkt. Ich glaube, das Sprechen strengt ihn noch sehr an, und es tut ihm sicher weh, wenn er spricht«, sagt Katharina Lafontaine und berichtet über die Ereignisse der vergangenen Nacht.

Sie hatte sich auf einen geruhsamen Fernsehabend eingestellt, als gegen 22 Uhr eine Nichte anrief. »Was ist denn mit dem Oskar los? Die Oma kam zu mir hoch und sagte, auf den Oskar haben sie ein Attentat verübt.« Sie macht eine Pause. »Es traf mich wie ein Schlag, und ich bat meine Nichte, das Telefonat schleunigst zu beenden. Sofort schaltete ich das Fernsehprogramm um und landete im Ersten. Hanns-Joachim Friedrichs verlas gerade die Nachricht vom Kölner Anschlag. Von diesem Moment an stand mein Telefon nicht mehr still. Laufend wurde ich angerufen. Jeder wollte von mir wissen, was passiert sei. Dabei wußte ich nicht mehr als andere Fernsehzuschauer auch. Es machte mich dann nervös, während der Sondersendungen pausenlos gestört zu werden. Bis tief in die Nacht ging bei mir das Telefon. Eine Cousine aus Köln teilte mir kurz vor Mitternacht mit, sie habe in der Klinik angerufen und vergebens um Auskunft über den Gesundheitszustand gebeten. Ich ließ mir die Kliniknummer geben und rief selbst in Köln an. Und ich habe sofort gesagt, ich bin die Mutter von Oskar Lafontaine. Ich möchte wissen, wie es meinem Sohn geht. Dann wurde ich verbunden, und Johannes Rau meldete sich am anderen Ende der Leitung. ›Liebe Frau Lafontaine‹, sagte er, ›wir können Ihnen nicht viel sagen. Der Oskar ist noch im Operationssaal, doch wir hoffen alle das Beste. Wir geben Ihnen Bescheid, sobald wir etwas wissen. Wir warten alle auf den Chefarzt. Der soll bald kommen, und danach rufen wir Sie an.‹«

Für Katharina Lafontaine wurde es eine lange Nacht des Bangens und Wartens. Spät noch rief Pit Weber an, der das Saarland in Bonn vertritt, und erläuterte den vorläufigen ärztlichen Befund, der alles andere als beruhigend auf die Mutter wirkte. Zweimal meldete sich außerdem Lafontaines Büroleiter, Tom Rutert-Klein, aus der Staatskanzlei. Doch auch er konnte trotz optimistischer Formulierungen und trostreicher Worte Katharina Lafontaine nicht zur Ruhe bringen. Hans Lafontaine, Oskars Zwillingsbruder, war noch in der Nacht zu ihr geeilt und hatte sie zu beruhigen versucht. Gegen 3 Uhr nahm sie eine Schlaftablette. Erst als sie in den frühen Morgenstunden in den Rundfunknachrichten auf SR 1, der Europawelle Saar, hörte, daß ihr Sohn außer Lebensgefahr sei, fühlte sie sich erlöst und schlief ein.

»Verzeihen Sie der Attentäterin?« fragen wir. »Darüber habe ich, ehrlich gesagt, noch gar nicht nachgedacht. Jetzt denke ich nur, sie soll ihre gerechte Strafe finden. Denn ungestraft soll man ja so was auch nicht lassen. Denn dann wird es ja noch schlimmer.«

»Haben die Sicherheitskräfte versagt?« – »Na ja, jetzt kann man im nachhinein vieles und auch so etwas leicht sagen. Die Beamten haben diesen Anschlag doch nicht geahnt. Wenn ich meinem Sohn in der Vergangenheit sagte, Oskar, ich habe immer so Angst um dich, dann meinte er: Für einen Politiker gibt es keine hundertprozentige Sicherheit. Und es ist ja auch so.« Sie unterstreicht ihre Worte mit einer Kopfbewegung.

»Dann hat er aber einen guten Schutzengel gehabt«, flechten wir ein. »Ja«, sagt sie, »ich bete jeden Tag für ihn. Das habe ich ihm auch heute noch am Telefon gesagt.«

Sorgen

Die Mutter eines Politikers ist manchmal zu bedauern. Sie wird gelobt oder getadelt, geliebt oder gehaßt wie der Sohn. Politische Gegner und Freunde verhalten sich der Politikermutter gegenüber ähnlich wie gegenüber dem Politikersohn. Sie trägt mit an seiner Karriere. Diese oftmals bittere Erfahrung machte Katharina Lafontaine schon Anfang der siebziger Jahre. Als sich der noch namenlose, aber dynamische Landtagsabgeordnete Lafontaine mit dem Landesvater, dem Ministerpräsidenten Röder, anlegte, spürte Mutter Lafontaine in ihrer Heimatstadt Dillingen, Stadtteil Pachten, wie sich der Zorn Andersdenkender auch gegen sie richtete.

Als Lafontaine Oberbürgermeister von Saarbrücken wurde, nahm die Kritik an Sohn und Mutter ab. Seitdem er Ministerpräsident des Saarlandes ist, kann sich Mutter Lafontaine des freundlichen Zuspruchs und der nachfragenden Anteilnahme am Wohl und Wehe ihres Sohnes kaum erwehren. In Dillingen-Pachten traute sie sich schließlich kaum noch auf die Straße. Die bekannte Ministerpräsidentenmutter wurde in ihrer Geburtsstadt so häufig angesprochen, daß sie es vorzog, nach Saarbrücken zu ziehen. Bürger wurden bei ihr vorstellig und verlangten Hilfe von ihr. Das reichte von der Überwindung sozialer Härten bei Entlassungen bis zu Fragen nach Arbeitsplatz- und Lehrstellenbeschaffung. Wo immer der Schuh drückte, ein Anruf bei Katharina Lafontaine sollte Abhilfe schaffen. Verlangt wurde von ihr, sich bei ihrem Sohn für die jeweiligen Anliegen in besonderer Weise einzusetzen.

1989 verkaufte sie ihr Pachtener Elternhaus, in dem sie auch geboren worden war. Seit 1983 lebt sie in Saarbrücken, wo sie eine bescheidene Eigentumswohnung bezog. Natürlich steht sie nicht im Telefonbuch. Ihre Geheimnummer blieb aber nicht geheim. Sie wundert sich immer wieder über viele Anrufer und fragt sich, wie der eine oder andere von ihnen an ihre Telefonnummer gelangte.

In Saarbrücken fühlt sie sich wohl, wird auf der Straße nicht gleich als Ministerpräsidentenmutter erkannt und muß sich nicht ständig Lobhudeleien oder beißende Kritik anhören. Beim Arzt wird sie mit ihrem Mädchennamen aufgerufen und bleibt so von unnötigen Belästigungen verschont.

Katharina Lafontaine ist eine stille, bescheidene Frau. Sie will nicht wegen ihres berühmten Sohnes Vorteile in Anspruch nehmen. Wer sie wirklich kennt, sagt, daß sie so geblieben ist, wie sie immer war: gradlinig, natürlich, genügsam und sparsam. Stolz ist sie auf ihren Sohn Oskar. Verteidigt ihn, wo immer es nötig ist. Die eher unpolitische Frau steht parteipolitisch ganz auf seiner Seite. 1979 trat sie der Sozialdemokratischen Partei Deutschlands bei. Die überzeugte Katholikin aus christlich-konservativem Elternhaus besuchte sogar Parteiveranstaltungen. Sie zahlt ihren Mitgliedsbeitrag und verfolgt aufmerksam die Politik im Saarland und in der Bundesrepublik. Die Kanzlerkandidatur ihres Sohnes unterstützt sie mit Herz und Kopf, wenngleich sie nach dem Kölner Anschlag noch mehr Angst um sein Leben und seine Gesundheit hat. »Wenn ich ganz ehrlich sein soll«, sagte uns Katharina Lafontaine, »mir wäre es eigentlich lieber gewesen, wenn er einen anderen Beruf als den des Politikers ergriffen hätte.«

Milieu

In der Fischergasse 39 von Pachten an der Saar kam Katharina (Kätchen) Lafontaine, geborene Ferner, am 22. Mai 1915 zur Welt. Sie war das vierte von fünf Kindern, drei Mädchen und zwei Buben. Ihre Eltern stammten aus Pachten. Mutter Barbara Ferner, geborene Schmidt, die 1947 mit 71 Jahren starb, konnte noch in französischer Sprache zählen und beten. Sie lebte mit ihren Eltern einige Jahre in Metz.

Vater Nikolaus Ferner, ein Maschinist auf der Dillinger Hütte, starb 1938 im Alter von 64 Jahren. Von Katharinas Geschwistern lebt nur noch ihre älteste Schwester Gretel.

In Pachten besuchte Katharina Ferner acht Jahre lang die Volksschule, die heute noch wie damals Römerschule heißt. Im Abschlußzeugnis steht zehnmal die Note »Sehr gut«. In den Nebenfächern Singen, Zeichnen und Handarbeit gab es ein »Gut«.

Herausragend war ihr fotografisches Gedächtnis, das Sohn Oskar von ihr geerbt zu haben scheint. Mitschülerinnen beschreiben sie als eine hochbegabte, fleißige und disziplinierte Schülerin, die das Zeug gehabt hätte, auf weiterführende Schulen zu gehen.

Die Lehrer und der Pfarrer von Pachten setzten sich bei den Eltern leider vergebens ein, sie auf ein Gymnasium zu schicken. Doch das Hüttenarbeitergehalt des Vaters von fünf Kindern reichte beim besten Willen nicht aus.

Katharina Ferner ging nicht sofort in eine Lehre, sondern besuchte noch zwei Jahre lang die Cäcilienschule in der Saarbrücker Ursulinenstraße. Das war eine Kinderpflegerinnenschule, in der junge Mädchen zu Kindergärtnerinnen ausgebildet wurden. 1931 verdiente sie sich ihr erstes Geld, indem sie im Pachtener Kindergarten aushalf. Im selben Jahr arbeitete sie auch als Aushilfskindergärtnerin in

Merzig an der Saar. Doch schon bald mußte sie ihren erlernten Beruf aufgeben. Katharina Ferner wurde krank. Es stellte sich heraus, daß sie ein Gallenblasenleiden hatte. Sie mußte operiert werden. Als sie wieder wohlauf war, hängte sie ihren erlernten Beruf an den Nagel und arbeitete für einige Zeit in der Bäckerei ihrer Verwandten. Zwischendurch mußte sie auch im Elternhaus helfen. Die Mutter wurde mit der Pflege ihres schwerkranken Mannes nicht allein fertig. Die noch unverheiratete Tochter wurde dringend gebraucht. Sie ließ sich umschulen, belegte Kurse in Stenographie und Schreibmaschine und wurde Sekretärin.

Ihr erster Arbeitgeber wurde im Mai 1939 die Dillinger Hütte. Doch schon vier Monate nach Arbeitsantritt, am Tag des Beginns des Zweiten Weltkrieges, wurden die Ferners evakuiert. Aloys Lehnert schreibt 1968 in seinem Buch *Geschichte der Stadt Dillingen/ Saar*: »Am 1. September 1939 . . . wurde u. a. auch die vollständige Evakuierung Dillingens angeordnet. Innerhalb einiger Stunden mußten die Dillinger und Pachtener Haus und Heimat verlassen. Sie waren mit ihrer geringen, zur Mitnahme zugelassenen Habe auf die Sammelplätze befohlen. Mit einer Völkerwanderung, der ersten dieses Krieges, begann die Räumung. Mit Rucksäcken, Bündeln, Säcken und Koffern bepackt, verließ man in ungezählten Einzelgruppen auf Fahrrädern, mit Handwägelchen, auf Kuh- und Pferdefuhrwerken oder auf Lastautos und in Eisenbahnzügen die Heimat, einer ungewissen Zukunft entgegen.«

Von September 1939 bis zum Oktober 1940 lebte die Familie kurze Zeit in Boppard und anschließend ein Jahr lang im Harz. In Bad Sachsa fanden Mutter Barbara und vier Kinder eine Bleibe. Katharina bekam einen Job im Planungsbüro bei Dynamit Nobel, vormals Alfred Nobel und Co., in Bad Sachsa. Hier erledigte sie alle anfallenden Schreibarbeiten innerhalb der Personalabteilung. Ein Standardsatz bei Einstellungsschreiben blieb ihr unvergessen: »Mit Rücksicht auf den uns aufgezwungenen Krieg stellen wir Sie ab . . . ein.«

Als die Familie 1940 zurück nach Pachten kam – die Wiederbesiedlung hatte nach dem Frankreichfeldzug Anfang Juni begonnen –, konnte Katharina wieder ihre Bürotätigkeit bei der Dillinger Hütte aufnehmen. Nach wenigen Tagen wurde sie allerdings ins besetzte Frankreich abkommandiert. Im französischen St. Avold, etwa 50 Kilometer von Pachten entfernt, landete sie auf dem Landratsamt. Hier bearbeitete sie Personalangelegenheiten. Montags in der Frühe reiste sie mit dem Omnibus Richtung Überherren nach St. Avold, wo sie auch während der Woche blieb. Samstags kam sie abends nach Hause. Eine beschwerliche Reise zum Arbeitsplatz in eine von Deutschen besetzte Stadt: Bis Ende August 1943 hielt sie durch. Dann quittierte sie den Dienst. Noch wollte ihr Chef nicht glauben, daß sie schwanger sei.

Liebe

Katharina Ferner war gerade siebzehn Jahre alt, als sie ihren späteren Mann kennenlernte. Hans Lafontaine war Bäckerlehrling bei Verwandten der Familie Ferner in Schwarzenholz. Hier in der Bäckerei Kraus begegneten sie sich an einem Sonntag, in seinem zweiten Lehrjahr. Es muß Liebe auf den ersten Blick gewesen sein.

Hans Lafontaine, geboren am 25. Mai 1916 in Überherren, stammte aus einer Bergmannsfamilie. Sein Vater arbeitete unter Tage auf der Grube in Kreuzwald, einem Nachbardorf.

Hans hatte noch eine sechs Jahre ältere Schwester. Nach Beendigung der Volksschule starb unerwartet die Mutter. Der Halbwaise absolvierte eine einjährige Handelsschule in Saarlouis und trat eine dreijährige Bäckerlehre an.

Nach der Gesellenprüfung wechselte er zur Bäckerei Klink nach Dillingen. 1936, »er war gerade 20 Jahre alt«, mußte er zum Arbeitsdienst, unter anderem nach Isny im Allgäu. Anschließend wechselte er zur Deutschen Reichsbahn und arbeitete eineinhalb Jahre lang bei einem Gleisbautrupp. Sein Einsatzort und die vorübergehende Adresse war damals Köthen-Anhalt.

1938 wurde Hans Lafontaine Soldat. Nicht freiwillig.

Er erlebte den Polenfeldzug, die Besetzung Frankreichs und den Krieg gegen die Sowjetunion als Infanterist. Gegen Ende des Krieges gehörte er als Unteroffizier einem Panzerbataillon an, das beim Kampf um Berlin von sowjetischen Truppen vernichtet wurde. Seitdem galt Hans Lafontaine als vermißt. Erst 1952 wurde er für tot erklärt.

Hochzeit

Sie kannten sich schon mehrere Jahre, erzählten und schrieben einander, wo sie sich aufhielten, was sie machten. Sie sahen sich aber nur selten, waren jahrelang getrennt, wechselten unendlich viele Briefe. Der Krieg zerstörte hochgesteckte Pläne. Die Kriegsführung bestimmte private Termine mit. Ein halbes Jahr nach Kriegsbeginn sollte die Hochzeit stattfinden. Am 23. März 1940 wurde standesamtlich in Bad Sachsa geheiratet. Für die kirchliche Trauung blieb zunächst keine Zeit. Hans Lafontaine, der Jungvermählte, mußte gleich wieder zur Front. Erst im September desselben Jahres wurde die kirchliche Hochzeit nachgeholt. Das junge Brautpaar zog ins Haus der Ferners in der Fischergasse. Die bescheidene kleine Wohnung reichte aus. Der menschenmordende Krieg verhinderte ein gemeinsames Leben. »Insgesamt haben wir höchstens acht Wochen für uns gehabt. Länger konnten wir nicht zusammenleben«, sagt Katharina Lafontaine heute ohne Groll. »Eine Acht-Wochen-Ehe und dann war's vorbei. Wir haben uns nicht einmal richtig gekannt. Von Eheleben kann keine Rede sein.«

Überraschung

Der Krieg war längst verloren. Millionen von Opfern wurden beklagt. Die Welt verachtete Deutschland und die Deutschen. In den deutschen Vernichtungslagern wurde das fabrikmäßige Töten fortgesetzt, und die Zivilbevölkerung erlebte Tag für Tag Bombardierungen.

Am späten Abend des 15. September 1943 ließ sich Katharina Lafontaine von einem guten Bekannten ins St.-Elisabeth-Krankenhaus nach Saarlouis fahren. Wieder einmal war Bombenalarm, wieder einmal bestand Lebensgefahr. Zehn Tage früher, als Chefarzt Dr. Kessler errechnet hatte, traten unerwartet die ersten Wehen auf.

Doch das beeindruckte die Nachtschwester an der Krankenhauspforte überhaupt nicht. »Wir dürfen jetzt niemanden aufnehmen. Wir müssen Betten für eventuelle Opfer der Fliegerangriffe bereithalten«, erklärte sie mit schriller Stimme.

Chefarzt Kessler hatte der schwangeren Mutter vorsorglich ein Papier ausgestellt, auf dem rot unterstrichen stand: »Patientin ist unbedingt aufzunehmen.« Ohne diese Bescheinigung wäre Katharina Lafontaine nicht aufgenommen worden. Diesem Schriftstück lag die Überzeugung des Arztes zugrunde, daß die Entbindung wegen eines wichtigen medizinischen Eingriffes nur im Krankenhaus stattfinden könne. »Normalerweise kamen damals fast alle Kinder zu Hause zur Welt«, lächelt Katharina Lafontaine. In ihrem Falle rechnete der Arzt deshalb mit einer schwierigen Geburt, weil das zu erwartende Kind auffallend groß und übergewichtig zu sein schien. Auf den vorsichtigen Hinweis von Frau Lafontaine, daß es ja auch Zwillinge werden könnten, hatte Dr. Kessler gemeint, Zwillinge seien völlig auszuschließen, weil er bei allen bisherigen Untersuchungen nur einen Herzschlag gehört habe. Dennoch: Die Ahnung von Katharina Lafontaine sollte sich bestätigen. Gegen Mitternacht wurde sie ins St.-Elisabeth-Krankenhaus aufgenommen und bekam ein Bett im Kreißsaal.

Am Morgen des 16. September 1943, um 6.30 Uhr, kam als erster Sohn Hans zur Welt. Fünfzehn Minuten später, um 6.45 Uhr, Sohn Oskar. Es war alles andere als eine normale Geburt. Doch Mutter und Kinder waren wohlauf. Beide Söhne machten einen gesunden Eindruck und schrien um die Wette. Oskar brachte 50 Gramm mehr auf die Waage als Bruder Hans. Dafür war Hans um zwei Zentimeter größer als Bruder Oskar.

Auf die Frage der Mutter, wie es den Neugeborenen gehe, meinte die Hebamme: »Die heben ja schon die Köpfe. Denen möchte ich das Salz nicht stellen.« Dieser tiefsinnige Satz bedeutet, daß beide Buben ein hohes Alter erreichen würden.

Wegen eines neuen Bombenalarms kamen die Zwillinge dann unmittelbar nach der Geburt in den Luftschutzbunker des Krankenhauses.

Wie sich später herausstellte, hatte Dr. Kessler deswegen die Geburt von Zwillingen ausgeschlossen, weil er mit dem damals üblichen Hörrohr nur die Herztöne von Sohn Hans abhören konnte. Zwillingsbruder Oskar hatte auf dem Rücken in der Steißlage gelegen. Seine Herztöne waren mit dem medizinischen Gerät der vierziger Jahre nicht auszumachen. Daher der Irrtum des Gynäkologen Dr. Kessler. Heute würde so etwas nicht passieren.

Als die junge Mutter aus der Narkose erwachte, wurde ihr erst so richtig klar, was die Zwillingsgeburt bedeutete. Alle bisherigen Vorbereitungen hatten einem einzigen Baby gegolten. Dabei waren alle wichtigen Utensilien nur auf Bezugsschein zu bekommen. Nun brauchte sie einen zweiten Kinderwagen, die doppelte Menge an Windeln und Wäsche.

Fest gerechnet hatten die Eltern mit einem Sohn. Für ihn hatten sie sich einen Namen ausgedacht, genauer einen Doppelnamen: Hans-Oskar. Hans, weil der Vater diesen Vornamen trug, und Oskar, weil der gefallene Bruder von Katharina Lafontaine so hieß. Dies war der ausdrückliche Wunsch der glücklichen Oma Ferner gewesen.

Hans Lafontaine hielt sich in Nordfrankreich auf, als die Zwillinge geboren wurden. Er kannte den erwarteten Entbindungstermin und machte sich auf, um rechtzeitig zu Hause zu sein. Er bekam fünf Tage Sonderurlaub. Am 25. September 1943 besuchte er seine Frau im Krankenhaus und zeigte sich angesichts der doppelten Kinderzahl wenig überrascht. Pragmatisch meldete er die Säuglinge an und machte aus dem Doppelnamen zwei Namen. Und das ohne Absprache mit seiner Frau.

Das Baby, das zuerst das Licht der Welt erblickt hatte, erhielt den Namen Hans. Der zweite Junge wurde Oskar genannt. So erfolgte die amtliche Eintragung ins Familienstammbuch. Damit erübrigte sich ein zeitraubendes Suchen nach einem neuen Vornamen. Am 26. September 1943, zehn Tage nach ihrer Geburt, wurden Hans und Oskar in der Pachtener Pfarrkirche St. Maximin getauft.

Die Dillinger Heimatzeitung *Saar-Grenzwacht* berichtet am 17. September 1943, was tags zuvor passiert war: »Zähester deutscher Widerstand im Osten« hieß die Schlagzeile auf der Titelseite. Darunter stand: »Abermals 206 Sowjetpanzer abgeschossen – Anhaltend starker feindlicher Druck im südlichen Frontabschnitt – Beiderseits der Rollbahn Moskau-Smolensk und südlich des Ladogasees starke feindliche Angriffe gescheitert.« Auf der ersten Seite der *Saar-Grenzwacht,* einem von vielen gleichgeschalteten NS-Blättern, wird auch vermeldet, wem der Führer Adolf Hitler das 300. Eichenlaub der deutschen Wehrmacht verlieh.

Im Dillinger Lokalteil gibt es Informationen zu DRK-Lehrgängen und zum Bezug von Speisekartoffeln. Die wichtigste Nachricht: »Stillgeld nun für alle Mütter.« Diesem Zweispalter ist die neueste Bestimmung des Reichsarbeitsminister zu entnehmen, daß ein »Tagesstillgeld von 0,50 Reichsmark bis zum Ablauf der 26. Woche nach der Niederkunft als Mehrleistung zu gewähren ist . . .«

Wie das Stillgeld bei Zwillingen abgerechnet wurde, ist nicht ausdrücklich festgelegt. Es konnte sich eigentlich nur um die doppelte Summe handeln.

Schicksalsschlag

Vater Hans Lafontaine kam zu Weihnachten 1943 nochmals auf Urlaub. An diesem Fest entstanden einige Kinderfotos. Im Jahr 1944 erlebte er den gnadenlosen Krieg im Osten, verlustreiche Angriffe und schmerzliche Rückzüge. Hans Lafontaine gehörte nicht zu den Parteigängern Hitlers. Er war kein überzeugter Nationalsozialist, aber auch kein entschiedener Gegner der NS-Diktatur. Der gläubige Katholik Lafontaine zählte zu den Millionen unpolitischen Mitläufer.

Ständig wechselte seine Feldpostnummer. Der intensive Briefwechsel mit seiner Frau hielt bis zum Frühjahr 1945 an. Weihnachten 1944 sah Hans Lafontaine zum letzen Mal seine Frau und die Kinder. Sein letztes Lebenszeichen datiert vom 23. März 1945. In seinem letzten Brief schreibt er: »Ich bin jetzt in Berlin. Es wird wohl mein letzter Einsatz sein. Bleibe bitte in Bedtstadt, bis ich Dich holen komme.« Zwei Tage zuvor hatten amerikanische Truppen das Saarland besetzt.

»Schon gegen Mitte November 1944«, schreibt Aloys Lehnert in seiner *Geschichte der Stadt Dillingen/Saar,* »näherte sich die Front von Westen her unserer Heimat. Vom 20. November ab verließen viele Dillinger und Pachtener zum zweiten Mal ihre Heimat. Da der amerikanische Artilleriebeschuß bereits am 29. November kräftig einsetzte, wurde Dillingen am 1. Dezember evakuiert. Diesmal war es keine organisierte Räumung mehr. Die Tieffliegerangriffe erschwerten sie außerordentlich ... Von Dezember 1944 bis gegen Ende März 1945 war Dillingen Kampfgebiet und wurde in diesen Monaten weithin zerstört.«

Die Lafontaines waren von Pachten nach Bayern gezogen. Anfang Dezember 1944 kam die Familie in Bedtstadt unter, ganz in der Nähe von Bamberg. Sieben Monate lang wohnte sie bei einer alleinstehenden Dame. Den Tag der bedingungslosen deutschen Kapitulation, den 8. Mai 1945, erlebte die Lafontaine-Familie auch in Bayern: Katharina Lafontaine, Mutter Barbara Ferner, Schwester

Gretel und die Söhne Hans und Oskar. Erst im August 1945 kehrten sie nach Pachten an die Saar zurück. Schockiert standen sie vor ihrem zerbombten Haus in der Fischergasse. Es war das einzige Gebäude in dieser Straße, das völlig zerstört wurde. Dillingen war fast zu 60 Prozent zerstört. In der Nachbarschaft fanden die Lafontaines vorübergehend eine Bleibe.

In ihre provisorische Unterkunft regnete es ständig hinein, was den Kindern unter dem Regenschirm allerdings besonderes Vergnügen bereitete. »Ich habe gemeint, ich werde verrückt«, sagt Katharina Lafontaine heute.

Im Juli 1945 wurden amerikanische Truppen von französischen Besatzungstruppen abgelöst. Die französische Militärregierung übernahm wenig später die Verwaltung des Saarlandes.

Seit dem 23. März 1945 hatte Katharina Lafontaine nichts mehr von ihrem Mann gehört. Absichtlich war sie mit ihrer Familie bis zum Sommer 1945 in Bedtstadt geblieben, weil Hans Lafontaine in seinem Brief aus Berlin ausdrücklich darum gebeten hatte. Doch im August befürchtete sie, daß ihr Mann in russische Gefangenschaft gekommen sei. An seinen Tod glaubte sie nicht, obwohl sie viele Einzelheiten über den mörderischen Endkampf um Berlin wußte. Sie gab die Hoffnung nicht auf, wartete tagtäglich auf seine Rückkehr.

Aufbau

Katharina Lafontaine schlief in den Nachkriegsjahren selten vor 2.30 Uhr nachts ein. Um 1.30 Uhr, fast immer pünktlich, horchte sie auf das Einlaufen eines Personenzuges in den Bahnhof von Pachten, mit dem fast täglich Kriegsgefangene nach Hause kamen. Doch nach einer halben Stunde wurde es immer wieder zur traurigen Gewißheit: Diesmal war er wieder nicht dabei. So vergingen die Wochen, Monate und Jahre. Über fünf Jahre lang glaubte Katharina Lafontaine zuversichtlich an die Heimkehr ihres Mannes. Sie hatte ihn weder für tot noch für vermißt erklären lassen. Sie klammerte sich an die Hoffnung, ihn irgendwann wiederzusehen, die Hoffnung auf ein Wunder.

Unterdessen kämpfte sie ums Überleben wie Millionen von Deutschen. Als erstes mußte das zerstörte Haus wieder bewohnbar gemacht werden. Mit Hilfe von Bekannten im Dorf und einigen

Nachbarn, die etwas vom Hausbauen verstanden, gelang es, Trümmer wegzuschaffen und nach und nach Schäden zu beseitigen, um ein Dach über der Familie zu errichten. Wie überall mangelte es an Baumaterialien. Die Instandsetzungsarbeiten gingen nur langsam voran. Geduld und langer Atem waren erforderlich. Behelfsmäßig reparierte Versorgungsleitungen konnten endlich in Betrieb genommen werden.

Lebensmittel waren knapp und nur auf Karten zu bekommen. Mit 40 Reichsmark mußte sie sich und ihre beiden Kinder ernähren. Wenn sie keine Ersparnisse gehabt und der große Garten hinter dem Haus nicht zur Selbstversorgung fast ausgereicht hätte, wäre es den Lafontaines schlecht ergangen. Solange Oma Ferner noch lebte, half sie mit ihren geringen Mitteln auch mit, »die Familie durchzubringen«.

Verzweifelt suchte Katharina Lafontaine eine Arbeitsstelle. Im Kaufhaus Woll in Saarlouis fand sie schließlich eine Halbtagsbeschäftigung als Schreibkraft. Ab 1947 arbeitete sie ganztags. Das Gehalt war alles andere als üppig. Außerdem wünschte ihr Arbeitgeber, daß sie das hart verdiente Geld gleich in seinem Geschäft ließ und davon Stoffe oder Kleider kaufte. Eine Währungsreform wurde erwartet.

Die Saarländer waren daran gewöhnt, daß die Geldwährungen wechselten. Am 1. Juni 1923 war die Mark als Landeswährung abgeschafft und der französische Franc als gesetzliches Zahlungsmittel eingeführt worden. Nach der Volksabstimmung vom 13. Januar 1935 war der französische Franc wiederum durch die Reichsmark abgelöst worden. Die Umrechnung erfolgte auf der Basis 100 ffrs = 16,45 DM oder 1 DM = 6,07 ffrs.

Mitte Juni 1947 führte die französische Besatzungsmacht die Saarmark als Währung ein. Die alte Reichsmark wurde im Verhältnis 1:1 in neue Saarmark-Noten umgetauscht.

Diese Regelung war nur von kurzer Dauer. Nach den ersten Landtagswahlen an der Saar am 5. Oktober desselben Jahres wurde am 20. November 1947 der französische Franc Zahlungsmittel im Saarland. Die Umrechnung erfolgte auf der Basis 1 Saarmark = 20 Franc. Damit war der wirtschaftliche Anschluß der Saar an Frankreich vollzogen. Doch noch einmal sollten die Saarländer eine neue Währung bekommen. Nach der wirtschaftlichen und politischen Rückgliederung der Saar in die Bundesrepublik wurde der französi-

sche Franc am 6. Juli 1959 durch die D-Mark abgelöst. 100 Franc ent-
sprachen 0,8507 DM. Vorteile durch die häufigen Währungswechsel
hatten auch die Lafontaines nicht.

Noch immer gab es kein Lebenszeichen von Hans Lafontaine,
Katharinas Mann. Eine Vermißtenmeldung aufzugeben, wagte sie
nicht. Schlüssige Hinweise, daß er gefallen sei, konnte niemand
geben. Ihre Bemühungen blieben erfolglos, von den örtlichen
Behörden einen Versorgungsausgleich zu bekommen. Die Anträge
wurden mit der Begründung abgelehnt, es sei kein Geld da. Sie mußte sich auf den Ämtern auch noch vorwerfen lassen, sie gebe ihren
Mann zu schnell auf. Sie könne doch wirklich noch warten, ob er
nicht doch noch aus der Gefangenschaft zurückkomme. Außerdem
hätten wir den Krieg verloren. Solche Bemerkungen verbitterten
Katharina Lafontaine um so mehr, als ausgerechnet sie die Hoffnung
nicht aufgegeben hatte. »Ich mußte meine Kinder ernähren«, sagt
sie heute erregt, »für die brauchte ich das Geld, das Kriegerwitwen
mit Recht ausbezahlt wurde.«

Es verging viel Zeit, bis die Pachtener Mutter von Zwillingen
eines Tages einen Franzosen in der Nachbarschaft kennenlernte, der
sich ihrer und einer weiteren alleinstehenden Mutter hilfreich
annahm. Dieser Besatzungsoffizier – er hatte lange Zeit in der französischen Fremdenlegion gedient – fuhr mit den beiden Frauen nach
Saarbrücken zum »Vorläufigen Verwaltungsausschuß für Soziale
Fürsorge«. Sie bekamen Zutritt zum Leiter dieses Ausschusses und
konnten ihren Antrag ausführlich erläutern. Daraufhin bekam
Katharina Lafontaine ab Mitte 1947 endlich für ihre Kinder eine Art
Halbwaisenrente von immerhin 99,90 Saarmark. Dieser Betrag
blieb auch nach Einführung der Franc-Währung konstant bis zum
Jahre 1953.

Die Saar-Universität war längst unter französischem Rektorat
eröffnet worden, der französische Nationalfeiertag, der 14. Juli, als
gesetzlicher Feiertag des Saarlandes eingeführt, die profranzösische
Regierung unter Johannes Hoffmann schon zwei Jahre im Amt und
die Saargruben und Saarhütten längst der französischen Besatzungsmacht unterstellt, als Katharina Lafontaine 1950 einen sicheren
Arbeitsplatz auf der Hütte in Völklingen bekam. Wenn sich auch die
Eigentumsverhältnisse dieses Unternehmens während der wechselvollen Saargeschichte mehrfach änderten, arbeitete Katharina
Lafontaine 26 Jahre auf ein und derselben Stelle: Sie war Sekretärin

in der Abteilung »Kaltprofilierung und Lagertechnik«. Hier wurden vor allem Eisen für Fenster, Türen, Türrahmen und Regale produziert. Fabrikeigene Montagekolonnen bauten diese Produkte auch ein. Katharina Lafontaine führte die gesamte Korrespondenz dieser Abteilung und erledigte die Reiseabrechnungen. »Die Herren sind ja viel gereist«, resümiert sie heute lächelnd. Zwei Bossen diente sie in 26 Jahren: Dem Franzosen Seauceau und dem Saarländer Kirsch. Ihre vier Kolleginnen waren Französinnen mit deutschen Namen. Sie war die einzige Saarländerin mit französischem Namen und wurde deshalb meistens auf Französisch angesprochen. Madame Lafontaine versteht diese Sprache recht gut.

Kindergarten

Amerikanische Bomberverbände hatten saarländische Dörfer und Städte in Schutt und Asche gelegt. Auch der Kindergarten in der Klosterstraße war von einer Bombe schwer beschädigt worden. Schwestern vom Kloster »Heilig Blut« organisierten nach dem Krieg Aufräumungsarbeiten. Das Jugendheim mit dem Kindergarten wurde wiederhergestellt. Tische und Stühle wurden aus den Trümmern gebuddelt, Toiletten und Waschräume waren einigermaßen unversehrt geblieben. Bereits im Frühjahr 1946 konnte der Kindergarten wieder eröffnet werden.

Die Lafontaine-Zwillinge gehörten mit ihren gerade zweieinhalb Jahren zu den ersten der rund 100 Babies, die in den renovierten Kindergarten aufgenommen wurden. Die Kinder wurden morgens um 8.30 Uhr abgeliefert und gegen 12 Uhr wieder abgeholt. Nachmittags konnten die Eltern ihre Kinder noch einmal zwei Stunden lang in die bewährte Obhut geben. Von 14 bis 16 Uhr war Kindergartenzeit. Versorgt wurden die Drei- bis Sechsjährigen von der Kindergärtnerin Tilla Kolling und zwei jungen Mädchen als Helferinnen. Voraussetzung für die Aufnahme: »Sauber mußten die Kinder sein. Sie durften nicht mehr in die Hose machen«, klärt uns Lafontaines Kindergärtnerin auf. Das war bei den Zwillingen früh der Fall. Die waren schon mit zweieinhalb trocken.

Zwei Jahre lang kamen die Lafontaine-Kinder auch in den Genuß ausländischer Hilfe. Der 1905 in Dillingen geborene Jurist Johann Jakob Kindt-Kiefer hatte in seiner Eigenschaft als »Präsident der

deutschen demokratischen Wirtschaftskommission in der Schweiz«
eine Hilfsaktion für das hungernde Deutschland gegründet. Vier
Jahre lang wurden Lebensmittel, Kleider und Schuhe im Wert von
etwa 150 Millionen Schweizer Franken vermittelt. Kindt-Kiefer
wollte besonders für seinen Geburtsort etwas tun. Er organisierte
die »Hilfsaktion für Dillingen«. Sie kam 1946 und 1947 vor allem
Kindern, Kranken und alten Menschen zugute. Die Pakete enthiel-
ten Trockenmilch, Kakao, Zucker und Schmalz. Einige Familien
bekamen auch Kleidung, Schuhe und Medikamente.

Kindt-Kiefer sorgte auch für eine »Speisung« im Kindergarten:
morgens Milch mit Kakao und ein richtiges Mittagessen. Stets halfen
einige Mütter mit: Gemüseputzen, Kartoffelschälen. Frau Lafontaine arbeitete solange mit, bis sie eine Ganztagsstelle gefunden hatte.

Die Kindergartenkosten betrugen damals monatlich 5 Mark pro
Kind. Preiswerter ging es nicht mehr. Den Mangel an Spielsachen
machten Mütter und Kindergärtnerin dadurch wett, daß für die
Mädchen Puppen mit »echten« Kleidern und Haaren an langen Win-
terabenden gebastelt wurden. Für die Jungen drechselte ein Pachtener Schreiner kleine Holzautos aus Restmaterialien.

Ein Kinderarzt überwachte in regelmäßigen Abständen den
Gesundheitszustand der Kleinen.

Niemand von beiden Lafontaines fiel besonders auf. Weder durch
Lausbubenstreiche noch durch besondere Ängstlichkeit. Auffallend
blieb nur, daß beide immer die gleiche Kleidung trugen, daß beide
wie »aus dem Ei gepellt« aussahen. Bemerkenswert noch, wie
grundverschieden die zweieiigen Zwillinge sowohl äußerlich als
auch im Verhalten waren: Oskar, der lebhafte, temperamentvolle
Junge, Hans, der eher schwerfällige, schüchterne, oft kränkelnde
Knabe. Die Kindergärtnerin Tilla Kolling erinnert sich: »Da brauchte nur ein größerer Junge in die Nähe zu kommen, dann stellte sich
Oskar sogleich schützend vor seinen Bruder und legte den Arm um
seinen Hals. Nur keine Angst, sagte er zu ihm, ich bin da, ich mach'
das schon.« Frau Kolling weiter: »Er hat ihn total abgeschirmt, niemand durfte dem Zwilling Hans etwas zufügen.«

Pachten

Pachten, ein Stadtteil von Dillingen, liegt unmittelbar am rechten Saarufer. Nach Nordosten hin ist die Talfläche durch die großenteils bewaldeten »Pachtener Köpfe« begrenzt. Westlich der Saar erhebt sich der Buntsandsteinblock des bewaldeten »Limbergs«.

Pachten, das in moselfränkischer Mundart »Paaten« heißt – seine Einwohner sind die »Pähtder« –, ist unmittelbar keltisch-römischen Ursprungs. Noch heute graben Experten in der Gemarkung Pachten (Gesamtfläche 9,3100 ha) immer neue Reste von römischen Siedlungen aus. Pachten liegt 30 Kilometer von Saarbrücken, 70 Kilometer von Trier, 40 Kilometer von Metz, 70 Kilometer von Luxemburg und 6 Kilometer von der deutsch-französischen Grenze entfernt.

Im Jahre 1900 hatte Pachten 1750 Einwohner, 1734 Katholiken und 16 Protestanten. Die Volkszählung verzeichnete 329 Wohnhäuser und 410 Haushaltungen. Nach dem Anschluß des Saarlandes an Hitler-Deutschland 1935 wurde die 3337 Einwohner zählende Gemeinde Pachten am 1. 4. 1936 Dillingen eingemeindet und blieb es zum Ärger vieler Bürger bis heute.

Mitten durch den Ort ging der Westwall. Deshalb auch die zweimalige Evakuierung der Bevölkerung. Wiederholt lag Pachten unter schwerstem Artilleriebeschuß, war von November 1944 bis März 1945 zeitweise Niemandsland, das zwischen den Feuern lag.

Bei der Volksabstimmung 1935 stimmten im Amt Dillingen 9,7 Prozent für den Status quo, 0,6 Prozent für den Anschluß an Frankreich und 89,7 Prozent für die Rückgliederung an Deutschland. Bei der Volksabstimmung der Saarländer zwanzig Jahre später stimmten 1955 in Dillingen 36,47 Prozent für das europäische Statut der Saar und 63,53 Prozent dagegen und damit für die Angliederung des Saarlandes an die Bundesrepublik Deutschland. In der Weimarer Republik hatte die Zentrumspartei jahrelang die absolute Mehrheit. Zweitstärkste politische Kraft in Pachten waren damals die Kommunisten. Auch nach dem Krieg hatten die christlichen Parteien immer eine satte Mehrheit. Erst ab 1980 wurde die SPD stärkste Partei in Pachten.

Fischergass'

Die Pachtener Bevölkerung besteht mehrheitlich aus Handwerkern und Arbeitern. Früher gab es ein paar reiche Landwirte und viele Tagelöhner. Auch in der Fischergass' wohnten vor der Jahrhundertwende etliche von ihnen. Aus den Tagelöhnern wurden Hüttenarbeiter mit ausgeprägtem Selbstbewußtsein.

Neben drei oder vier »dicken Bauern« im unteren Teil der Fischergass' leben heute hier überwiegend Arbeiter, die es mittlerweile auch zu bescheidenem Wohlstand gebracht haben. Kleine Häuser mit Garten, renoviert, frisch verputzt oder gestrichen.

In der Fischergass' sollen die »Urpähtder«, die Ureinwohner von Pachten, gelebt haben. In der Fischergass' geboren zu sein, muß etwas »Besonderes« gewesen sein, berichten Mitschüler von Oskar Lafontaine augenzwinkernd. Auffällig ist der negative Ruf dieser Straße. »Fischergässer«, wie man die Bewohner der Fischergasse nannte, galten als Rauf- und Schlägertypen. Wer sich in diese Straße begab, mußte mit Prügel rechnen. Regelrechte Kämpfe fanden hier zwischen Fischergässern und Bewohnern anderer Straßen statt, zum Beispiel der Wilhelmstraße. Ältere Leute saßen stundenlang vor der Haustür, auf der Bank oder einem Stuhl, meist zu mehreren, und paßten auf Nachbarskinder und Enkel auf. Eine riesige Familie war diese Fischergass', in der jeder jeden kannte. Freud und Leid wurden geteilt.

Pachten war aufgeteilt in Dorf, Oberdorf und Fischergass'. Die Mittelschicht lebte im Dorf, und in der Fischergass' waren Menschen der unteren sozialen Schicht beheimatet. Die kleinen Leute waren durchweg kinderreich. Mehrere Familien lebten oft in sehr kleinen Häuschen. Sie hielten zusammen wie Pech und Schwefel, bildeten eine verschworene Gemeinschaft mit engen Bindungen untereinander. Nachbarschaftshilfe galt hier als Selbstverständlichkeit. »Wenn in der Fischergasse jemand starb, waren alle Fischergäßler bei der Beerdigung«, sagte eine ältere Frau aus Pachten. »Aus jedem Haus gingen mindestens drei Leute mit. Die Kirche war dann immer gefüllt.«

In diesem Milieu wuchsen die Lafontaine-Zwillinge auf. Hier lernte Oskar das Zuschlagen, Austeilen und Verteidigen. Selten fing er Dresche ein. Er gehörte zu denen, die als Kinder gnadenlos keilen konnten, immer auch für den Bruder Hans mit. In der Fischergass' galt tatsächlich das Faustrecht, zählte körperliche Kraft und Überlegenheit mehr als sozialer Status.

Hier lernte Oskar als Kind sich selbst zu behaupten, als Einzelkämpfer zu überleben, gegenüber Älteren zu bestehen, oft allein, meist zusammen mit seinem verschüchterten Bruder.

In der Fischergass' hat bis heute fast jeder einen besonderen Namen neben dem eigentlichen Familiennamen. Oskars Mutter hieß ihr Leben lang »Puters Kätchen«. Ferners hießen in Pachten »Puters«. Niemand benutzte den Namen Ferner oder Lafontaine. Wenn man in den fünfziger Jahren in der Fischergass' nach Familie Lafontaine gefragt hätte, wäre man vermutlich nie an die richtige Adresse gekommen. Außerdem kam der Name Ferner in Pachten häufig vor. Seit wann es den Namen »Puter« in Pachten gibt und warum und woher, läßt sich nicht aufklären. Glücklich waren die Lafontaines mit ihrem Namen »Puter« nicht. Vor allem die Mutter mit ihren beiden Söhnen fühlte sich in den letzten Jahren regelrecht beleidigt, wenn Pachtener sie nicht mit ihrem eigentlichen Familiennamen ansprachen.

Von der Fischergass' 39 aus hatte Oskar 500 Meter zurückzulegen, um in seine Pfarrkirche St. Maximin zu gelangen. Der Kindergarten in der früheren Klosterstraße und der heutigen Neustraße war doppelt so weit entfernt. Zur Volksschule, der Römerschule in der Römerstraße 7, ging er in 8 Minuten. Die Fischergass' ist in westlicher Richtung gesehen die letzte Straße mit Häuserzeilen von Pachten. Hinter den einzelnen Gärten liegen weite Wiesen, die unmittelbar an die Saar angrenzen. Ein Paradies für Kinder. Auch für Oskar und Hans. Im Frühjahr und im Herbst waren diese Saarwiesen oft überschwemmt. Gefährlich und abenteuerlich zugleich. Im Winter entstanden Eislaufstrecken, im Sommer galten die Saarwiesen als Land der »unbegrenzten Möglichkeiten«. Räuber und Gendarm waren die beliebtesten Kinderspiele. Bis zu seinem neunten Lebensjahr verbrachte Oskar in Pachten eine aufregende Kindheit: mit der Natur verbunden in Wiese, Wald und Garten.

Schlittschuhe und Rollschuhe gehörten damals zu den außergewöhnlichen Geschenken, die Mutter Lafontaine ihren Zöglingen schon früh besorgte. Sie unternahm alles, um sich vom Milieu der Hütten- und Grubenarbeiter abzusetzen, wollte ihren Kindern mehr bieten, als es andere konnten.

Das zeigte sich zunächst rein äußerlich: Die Zwillinge waren stets

31

sauber und pingelig gekleidet. Sie trugen beispielsweise gleiche Matrosenanzüge oder »Russenanzüge«, geschneidert aus Stoffresten. Dazu jeweils die gleichen gepflegten Strümpfe und Schuhe.

Mutter Lafontaine nähte aus alten Stücken fast die gesamte Kleidung. Aus dem Rot der Fahne mit dem Hakenkreuz machte sie zwei rote Schürzen, die ihre Kinder im Kindergarten schmücken sollten. Sie strickte sämtliche Pullover und achtete penibel auf gleiche Farbe und gleiches Strickmuster.

Katharina Lafontaine geißelte Schlampigkeit und brachte den Zwillingen früh bei, auf Kleidung zu achten und ordentlich mit ihr umzugehen. Damit unterschieden sich die beiden Lafontaines von vielen anderen Kindern in der Fischergass'.

Im Kindergarten erschienen sie stets »feingemacht«, mustergültig, von niemandem zu übertreffen.

Jahre später schickte Katharina Lafontaine ihre Kinder aufs Gymnasium. Sie waren für Jahrzehnte die einzigen in der Fischergass', die über den Volksschulabschluß hinaus die Schule besuchten.

II. Kapitel

Schule und Kirche

FILMER/SCHWAN

Rauh und faul

Sie waren unzertrennlich: Hans und Oskar. In der Kirche saßen sie nebeneinander, in der Schule immer in einer Bank. »Wie Pat und Patachon sahen sie aus: der schmale, große Hans und der kurze und rundelige Oskar«, meint eine Klassenkameradin.

Ostern 1949 wurden sie in die katholische Grundschule, die Römerschule, aufgenommen. Bald schon waren sie die »Lieblinge« der Lehrerin. Fräulein Irmgard Hoffmann (heute Frau Jucken) kannte die beiden schon recht gut. Sie war mit ihrer Mutter befreundet. Die Volksschullehrerin leitete viele Jahre lang katholische Jugendgruppen in Pachten und gehörte in der Pfarrei zu den aktivsten Christen. Ihr schickte der saarländische Ministerpräsident Lafontaine noch 1989 Blumen und Genesungswünsche nach einer Operation ins Saarlouiser Krankenhaus. Und das wird die pensionierte Pädagogin nicht vergessen. Diese Geste ihres ehemaligen Schülers hat sie zu Tränen gerührt.

»Rauh und faul«, beschreiben Mitschüler den Erstkläßler Oskar. »Wo was los war, war der Oskar dabei. Er mußte seinen Bruder immer mitziehen, mitschleifen und mitreißen. Von sich aus hätte der Hans sonst in der Ecke gestanden und nur zugeguckt.«

Die 37 Schülerinnen und Schüler des Jahrgangs 1943 gewöhnten sich nur schwer an Ruhe, Ordnung, Disziplin und Pünktlichkeit. Die Prügelstrafe war noch nicht abgeschafft. Die Mädchen bekamen Stockschläge auf die Hände, die Jungen auf den Hintern. »Der Oskar hat im Gegensatz zu seinem Bruder kein Sitzleder gehabt. Er war geschwätzig und sehr unruhig. Auch er fing seine Schläge ein wie wir alle«, sagt ein Nachbarsjunge aus der Fischergass'.

Zu Beginn des Unterrichts wurde stehend gebetet. Meist das »Vater unser . . .« oder das »Gegrüßest seist du Maria . . .«. Zum Schulschluß mußten sich die Schüler aufstellen und noch einmal »Grüß Gott« sagen.

Die kleinsten Kinder saßen in den ersten Bänken. Die Großen ganz hinten. Hans und Oskar zählten zu den Schmächtigen. Von den acht Bankreihen belegten sie während der Volksschulzeit immer die dritte Bankreihe in der Mitte.

»Oskar war kein auffallend guter Schüler, so wie man diese Strebertypen in Erinnerung hat«, urteilt eine Pachtener Klassenkameradin. »Was immer aber die Lehrerin von ihm wissen wollte, hat er gewußt. Nie stand er stotternd und suchend da, wie viele andere in unserer Klasse. Auf alle Fragen hatte er eine Antwort. Nie war er verlegen. Alles fiel ihm leicht. Viel zu lernen brauchte er nicht. Er hatte ein gutes Gedächtnis. Der Hans war langsamer, etwas schwerfälliger.«

Irmgard Jucken, die Lehrerin, erinnert sich lebhaft: »Die Brüder waren sehr unterschiedlich. Der Oskar wußte von Anfang an, was er wollte. Als Erstkläßler war er schon ein Macher. Sein etwas kränklicher Bruder war ein Zauderer und stand immer in Oskars Schatten. Wenn ich anfangs etwas von Hans erfahren wollte, kam immer die Antwort: ›Der Oskar muß mitsagen.‹ Also, er wollte ein Gedicht beispielsweise nur mit seinem Bruder gemeinsam sprechen. Es dauerte eine ganze Weile, bis ich dem Hans beibringen konnte, daß er selbstständig antworten sollte, eben allein ›seinen Mann‹ stehen mußte. Beide Brüder waren recht begabt und fleißig. Die Begabung von Bruder Hans hat sich allerdings nicht so kundgetan, weil er ruhiger, verhaltener, zurückhaltender war.« Die Zeugnisse der beiden unterschieden sich kaum voneinander.

Oskar zeichnete sich durch raschere Auffassungsgabe aus. »Manchmal überraschte er mich mit Fragen und Antworten«, meint Irmgard Jucken. »Er schaltete schnell, war kritisch und schluckte nicht alles vorbehaltlos, was ihm in der Schule erzählt wurde.« Die ehemalige Lehrerin weiter: »Ich will in der Rückschau nichts beschönigen. Der Oskar war eine Frohnatur. Nichts konnte ihn so schnell umhauen. Viele Klassenkameraden haben unter ihm gelitten. Denn dieses kleine Kraftpaket benutzte schon früh die Ellenbogen und langte zu. Ehrgeiz war nicht sein herausragendster Charakterzug. Er wußte aber, was er wollte. Er mußte eine Menge Energie einsetzen, um sich einzuordnen. Anfangs hatte er Probleme mit der Disziplin. Er beugte sich aber der Autorität der Lehrerin und erkannte sie an.«

Oskar ärgerte die Mädchen in seiner Klasse oft maßlos, wenn er sich an ihre Haarfrisuren machte. Damals waren Affenschaukeln mit Spangen »in«. Es bereitete dem Fischergäßler eine diebische Freude, die Mädchen so an den Zöpfen zu ziehen, daß die Affenschaukeln aufgingen und die Spangen in alle Himmelsrichtungen flogen. Bei Gemeinschaftsspielen fiel er oft aus der Rolle. Wenn es zu langweilig wurde, sorgte er für Durcheinander und machte sich blitzschnell auf und davon. Selten bekam ihn einer zu fassen. Seine Störversuche brachte viele zur Weißglut. »Er war relativ klein, aber unheimlich flink und frech«, resümiert eine Klassenkameradin.

Samstags hatte die Klasse Turnen. Bei schlechtem Wetter gingen alle baden. Die Kinder kamen mit Badezeug zur Schule und durften sich einmal in der Woche – richtig duschen. Getrennt nach Geschlechtern benutzten sie die Gemeinschaftsduschen im Keller der Schule. Die wenigsten Familien verfügten in den fünfziger Jahren über ein Bad oder eine Dusche. Deshalb hatte die Dillinger Gemeindeverwaltung für alle Schüler Waschmöglichkeiten eingerichtet. Viermal im Monat war also Badetag. Nacktduschen war verboten. Die Mädchen standen in Badeanzügen unter der Dusche, die Jungen mußten Badehosen tragen. Es gab auch zwei Badewannen. Doch auch die durften nur in Badekleidung benutzt werden. Falsche Schamgefühle und anerzogene Prüderie ließen nichts anderes zu.

Vom zweiten Schuljahr an lernten saarländische Schüler Französisch. So wollte es die französische Besatzungsmacht. Das war ein Stück »pénétration culturelle«. Die Lehrerin Irmgard Hoffmann sprach allerdings kaum Französisch. Im Eilverfahren hatte sie einige Brocken gelernt und verstand es geschickt, ihren Kinder die ersten Wörter und Sätze in französischer Sprache zu vermitteln. Die Volksschüler an der Saar lernten schon früh, ihre Umwelt, ihr Tun und Lassen in einer fremden Sprache auszudrücken. Oskar Lafontaine erinnert sich noch gut an die ersten französischen Vokabeln, die er in Pachten lernte.

Tradition

Der Religionsunterricht spielte in katholischen Volksschulen immer eine wichtige Rolle. Zwar war zu allen Zeiten Religion ein Nebenfach, doch in der Grundschule konnte Religion die gleiche Bedeutung bekommen wie Schreiben oder Rechnen. So war es auch in Pachten. Die strenggläubige Irmgard Hoffmann gestaltete den Religionsunterricht recht spannend. Ihre Erzählungen aus der Bibel und das Vorlesen der Heiligenlegenden sind Oskar Lafontaine unvergessen geblieben.

Im dritten Volksschuljahr begann außerhalb der Schule der Kommunionsunterricht. In der Pfarrkirche St. Maximin trafen sich die Kinder ab Herbst 1951 bis zum Weißen Sonntag 1952 mindestens einmal in der Woche. Pastor Jakob Gilen brachte ihnen mit ernster Strenge und fühlbarem Druck den Katechismus bei. Die Zehn Gebote Gottes und die Kirchengebote gehörten auch für Oskar Lafontaine zum Einmaleins seines Lebens.

Den Höhepunkt erreichten die Vorbereitungen zum Empfang der ersten Heiligen Kommunion vierzehn Tage vor dem Weißen Sonntag. Täglich mußten die Kinder in den Sieben-Uhr-Gottesdienst. Anschließend dann in den Kommunionsunterricht. Die Erlösung kam acht Tage nach Ostern endlich mit dem Weißen Sonntag.

Dieser Tag, der 20. April 1952, wurde auch in Pachten feierlich begangen. Am Tag zuvor gingen die Kinder zur ersten Beichte. Zum erstenmal mußten sie dem Pastor ihre Sünden aufzählen, Reue zeigen und Buße tun. Dabei kam es zu einem unvergessenen Zwischenfall. Pastor Gilen nahm sich für jedes Beichtkind reichlich Zeit. Die Ungeduld der aufgeregten Erstkommunikanten war dem ernsten Anlaß nicht gerade angemessen. Lauthals tobten sie in den Kirchenbänken, bis der Pfarrer die Nerven verlor. Mit einem Stock in der Hand stürzte er aus dem Beichtstuhl und schlug auf die verdutzten Büßer ein, die nur mit dem Knüppel zu disziplinieren waren.

Am folgenden Tag dann das feierliche Hochamt. Auch Oskar und sein Bruder kamen mit nagelneuen Kommunionsanzügen, Kerzen und neuen Gebetbüchern. So mußte es sein. Mittags dann ein glanzvolles Essen, zu dem Patentante, Patenonkel und die nächsten Nachbarn eingeladen wurden. Geschenke gab es reichlich: Süßigkeiten und Sammeltassen, Tassen mit Goldrand und Blümchen von Villeroy und Boch, nur zur Zierde im Schrank. Benutzt wurden sie nie. Das größte und wichtigste Geschenk war eine Uhr. Auch die Lafontaine-Zwillinge bekamen von ihren Patenonkeln eine Uhr, die erste in ihrem Leben.

Der Pastor übergab den Kommunionkindern einen Druck mit einem religiösen Motiv zum »Andenken« an die erste Heilige Kommunion. Unterschrieben von Pastor Jakob Gilen. Gezahlt wurden dafür 3000 Franc. (Ein Eisenbahner verdiente damals 18 000 Franc, ein Bergmann bis zu 30 000 Franc.)

Die beiden Lafontaines erinnern sich noch gut an die sonntägliche »Kinderlehre«, die mit dem Eintritt in die Volksschule begann. Nach der Erstkommunion gingen die Kinder dann in die »Christenlehre«. Wehe dem, der diese Pflichten versäumte. Der Pfarrer ließ selten Entschuldigungen gelten. Schnell hagelte es Beschwerden bei den Eltern.

Hans und Oskar wurden bereits als Säuglinge mit in den Gottesdienst genommen. Seit ihrer Kindergartenzeit besuchten sie regelmäßig die Sonntagsmesse. Die wöchentliche Schulmesse zählte zum Pflichtpensum seit dem ersten Volksschuljahr. Dazu kamen noch Andachten an besonderen Feiertagen, Mai- und Marienandachten, Tage des »Ewigen Gebetes«. Alle drei Wochen gingen beide beichten. »Ohne Murren und Zagen!« So war es damals üblich. So verlangte es die katholische Tradition.

Glockengeläut, Kerzen, Chor, Orgelspiel, Weihrauch. Wie viele Stunden Oskar Lafontaine singend und betend in der Pachtener Kirche verbracht hat, läßt sich schwer errechnen. Er kennt die Geschichte seines Gotteshauses genau, das zu Ehren des heiligen Maximin und der vierzehn Nothelfer an uralter Kultstätte erbaut und im 30jährigen Krieg schwer beschädigt wurde. Das alles lernte er auswendig. Zum Beispiel auch, daß noch im 17. Jahrhundert der Marienaltar geschaffen wurde und daß die Statue des heiligen Sebastian, des Patrons der Pestkranken, an das Wüten der Pest erinnert. Noch heute weiß er, daß die frühromanische Kirche 1890 wegen Baufälligkeit abgebrochen und nach Plänen des Saarbrücker Architekten Hektor in neugotischem Stil aufgebaut wurde und amerikanische Bomber im Zweiten Weltkrieg Teile der Kirche zerstörten.

Für Katharina Lafontaine und ihre Kinder war das aktive Mitwirken in der Pfarrgemeinde äußerst wichtig. Es wurde Teil ihres Leben, Denkens und Fühlens. Schon in jungen Jahren hatte Mutter Lafontaine in der katholischen Jugend Führungsaufgaben übernommen. Zuerst in Pachten, dann im Dekanat. Mit zwanzig Jahren, 1935, wurde sie sogar zur Diözesan-Jugendführerin gewählt. Als junge Mutter engagierte sie sich später intensiv für die Belange der Familien in der Kirche. Sie arbeitete neben ihrem Beruf ehrenamtlich als Vorsitzende des Müttervereins in Pachten. Das war ein Zusammenschluß katholischer Mütter, die sich wöchentlich trafen. Dabei ging es in erster Linie um einen zwanglosen Gedankenaustausch, um Erziehungsfragen, um gegenseitige Hilfe. Es wurde gesungen, gefeiert und Theater gespielt. Viele alleinstehende Kriegerwitwen fanden im Mütterverein religiöse Heimat und Solidarität.

Bereits als Zwölfjährige hatte Katharina Lafontaine für das Müttergenesungswerk gesammelt. Nach dem Krieg gehörte sie zu den eifrigsten Gemeindemitgliedern, die für den Wiederaufbau des Pfarrhauses und die Renovierung der Kirche sammelten. Mit 50 Jahren hörte sie auf und überließ jüngeren Frauen die Verantwortung. »Herr Pastor, ich glaube, die Leute machen die Tür zu, wenn sie mich sehen«, meinte sie 1965 und zog sich aus dem aktiven Pfarrleben zurück.

Gewißheit

Katharina Lafontaine ist eine optimistische Frau. Viele Jahre lang hegte sie berechtigte Hoffnung, ihren verschollenen Mann wiederzusehen. Immerhin kamen bis Mitte der fünfziger Jahre noch Kriegsgefangene aus der Sowjetunion heim, der letzte große Schub nach Adenauers spektakulärer Moskaureise. Ab 1950 allerdings begann ihr Glaube zu schwinden, ihr Mann könne noch leben. Über einen Feldwebel erfuhr Frau Lafontaine zu dieser Zeit, daß ihr Mann 1945 nicht mehr aus Berlin herausgekommen und mit an Sicherheit grenzender Wahrscheinlichkeit im Kampf um die alte Reichshauptstadt gefallen sei. Bei den mörderischen Kämpfen sei es unmöglich gewesen, Gefallene zu identifizieren, zu registrieren, beizusetzen und Angehörige zu benachrichtigen. Tausende – so der ehemalige Landser – seien in den letzten Tagen der deutschen Kapitulation umgekommen und müßten als gefallen gelten.

Was sie seit zwei Jahren vermutete, wurde am 21. April 1952 zur bitteren Gewißheit. Einen Tag nach der feierlichen Erstkommunion ihrer beiden Söhne erhielt sie vom Westberliner Suchdienst des Roten Kreuzes über die Dillinger Stadtverwaltung den Bescheid, daß ihr Mann für tot erklärt worden sei. Die Todesumstände blieben vage. Nach amtlichen Angaben soll Hans Lafontaine im April 1945 – nicht wie zunächst angenommen – in Berlin, sondern in Bad Brükkenau gefallen sein. Als Kradmelder sei er mit einem zweiten Motorradfahrer auf eine amerikanische Panzerspitze gestoßen, die das Feuer eröffnet und beide erschossen hätte.

Wo er seine letzte Ruhe fand, ging aus der amtlichen Mitteilung nicht hervor.

Wie der Zufall spielt, weilte eine Patentante des gefallenen Hans Lafontaine in Bad Brückenau bei Verwandten und stieß im Kurpark dieser schönen Stadt auf Soldatengräber. Sie las zunächst die Namen von sechs deutschen Landsern und entdeckte ein größeres Holzkreuz mit dem Namen »Hans Lafontaine, Franzose«.

Mit dieser Entdeckung wandte sich Katharina Lafontaine noch einmal an den Suchdienst in Berlin. Von dort wurde ihr später mitgeteilt, daß es sich tatsächlich um ihren Mann handele, dessen Angehörige wegen seines Namens aus Versehen bisher erfolglos in Frankreich gesucht worden seien. Eine Reihe wichtiger Angaben wie Feldpostnummer und Briefumschlag mit Heimatadresse seien bei dem Toten gefunden worden. Beweisstücke, die eindeutig und zweifelsfrei nachweisen würden, daß es sich um Hans Lafontaine aus Pachten handele.

Daraufhin reiste Witwe Lafontaine mit ihren Söhnen nach Bad Brückenau. Die Fahrt dorthin war beschwerlich. Mehrfache Zollkontrollen, umständliche Eisenbahnverbindungen, teuer noch dazu. Als sie in der Kurstadt ankam, mähte gerade ein städtischer Angestellter das wildwuchernde Gras des ungepflegten Kurparks, in dem ihr gefallener Mann beigesetzt worden war. Empört über die schlampige Grabpflege, beschwerte sie sich bei dem Arbeiter, der nicht mundfaul konterte, es sei schließlich Sache der Angehörigen, die Gräber ihrer Toten in Ordnung zu halten. »Wie soll ich das Grab meines Mannes pflegen, wenn ich erst seit wenigen Wochen weiß, daß er hier seine letzte Ruhe gefunden hat«, fragte erregt Katharina Lafontaine. »Außerdem ist es Sache des Staates, Kriegsgräber in Ordnung zu halten.«

Noch bevor sie sich mit einem geharnischten Beschwerdeschreiben an die Bundesregierung wenden konnte, erhielt sie aus Bad

Brückenau die Nachricht, daß die gefallenen Soldaten aus dem Kurpark umgebettet werden sollten. Seit 1953 befinden sich die sterblichen Überreste des Unteroffiziers Hans Lafontaine zusammen mit denen eines gefallenen Kameraden in einem gemeinsamen Grab auf dem Waldfriedhof von Gemünd am Main. Seitdem sorgt die städtische Friedhofsverwaltung für eine angemessene Pflege. Davon konnte sich die Witwe bei ihren Besuchen mehrfach überzeugen.

Tante Gretel

Wenn Oskar Lafontaine im Kabinett, im SPD-Bundesvorstand, bei seinen engsten Mitarbeitern glaubt, die politische Diskussion entgleite, sei zu bürgerfern, zu theoretisch, kann er ausfallend werden. Wenn er gut aufgelegt ist, verweist er gelegentlich auf seine Tante Gretel, die all das politische Geschwätz nicht verstehen könne, die nicht begreife, was die Regierung, die Partei eigentlich wolle.

Tante Gretel verkörpert für Lafontaine den gesunden Menschenverstand, steht für Bürgernähe, für einsehbare, erfahrbare Politik. Tante Gretel repräsentiert den politisch desinteressierten Durchschnittsbürger, der aber hellhörig wird, wenn es um seine Interessen geht.

Tante Gretel ist keine Kunstfigur, keine Erfindung Lafontaines für praxisorientierten Politikunterricht. Tante Gretel ist seine leibliche Tante, die älteste Schwester seiner Mutter, und lebt mit 87 Jahren in einem Saarbrückener Altersheim.

Margarete Ferner, wie Tante Gretel amtlich hieß, spielte in den Kinderjahren der Lafontaine-Zwillinge eine nicht unbedeutende Rolle. Solange sie unverheiratet war – Mitte der sechziger Jahre heiratete sie den Hüttenarbeiter Fritz Loskant –, widmete sie sich engagiert den beiden Kindern. Sie sorgte jahrelang für ihr leibliches Wohl, kochte, nähte und flickte, übernahm zeitweilig Mutterfunktionen. Während Katharina Lafontaine im Büro arbeitete, hütete ihre kinderlose Schwester die Kinder, arbeitete in Haus und Garten. Sie betreute die beiden seit ihrer Geburt, kümmerte sich auch in den schweren Jahren der Evakuierung um sie.

Nebenbei half Tante Gretel in der Bäckerei ihrer Cousine in der Parkstraße aus. Auch hier führte sie den Haushalt. So fehlte es den Lafontaines nie an Brot. An viel frische Backwaren erinnert sich

Oskar Lafontaine noch heute. »Tante Gretel war eine sehr praktische und kräftige Frau, verantwortlich für alle anfallenden Arbeiten. Um Schule und Erziehung, um das Geistige also, kümmerte sich meine Mutter allein. Sie war zuständig. Eine Ersatzmutter war Tante Gretel nicht«, sagt Lafontaine.

Ohne Schwester Gretel wäre in der Fischergass' 39 vieles anders gelaufen. Ohne ihre tatkräftige Hilfe hätte die alleinstehende Witwe Lafontaine die Nachkriegsjahre kaum überleben können. An Büroarbeit wäre gar nicht zu denken gewesen. Bis zum Weggang Oskars und Hans' 1953 ins Bischöfliche Konvikt nach Prüm war Tante Gretel eine wichtige Bezugsperson für die beiden Söhne. Ihr Einfluß darf nicht unterschätzt werden.

Pastor

In der Fischergasse 39 wohnten nur Frauen: Bis zu ihrem Tod 1947 Oma Barbara, Tante Gretel und die Mutter. In der Schule lehrte eine Lehrerin. Die Söhne waren eineinhalb Jahre alt, als der Vater starb, der dann sieben Jahre lang als vermißt galt.

Das erste männliche Wesen, das die vaterlos aufwachsenden Kinder bewußt wahrnahmen, war der katholische Pachtener Pfarrer Jakob Gilen. 1942 hatte ihn der Trierer Bischof Dr. Franz Rudolf Bornewasser in die Pfarrei St. Maximin berufen. Zwölf Jahre wirkte er dort als Seelsorger.

Gilen stammte aus einer Eifeler Bauernfamilie. Er galt als hochintelligent, aber recht wortkarg. Er konnte schlecht auf Menschen zugehen. Der stille Priester war zwar keine schwierige Persönlichkeit, aber verschlossen und in sich gekehrt. Mit ihm ins Gespräch zu kommen, gelang nur, wenn man selbst die Initiative ergriff.

Pastor Gilen hatte bei aller Behäbigkeit eine glückliche Hand für die Auswahl engagierter Mitarbeiterinnen und Mitarbeiter. Wie er Frau Lafontaine motivierte, sich zunächst in der Jugendarbeit und später im Mütterverein einzusetzen, verrät Menschenkenntnis. Pfarrer Gilen ging in der Fischergasse 39 ein und aus. Er duzte die Vorsitzende des Müttervereins und eifrige Sammlerin für die Kirchenrenovierung. Mit der begabten Witwe besprach und organisierte er zahlreiche Pfarrveranstaltungen und bereitete Gottesdienste vor, in denen Katharina Lafontaine vorbeten und vorlesen mußte.

Jakob Gilen erlebten Hans und Oskar in der Kirche, im Kommunionsunterricht und in der Kinderlehre. Ihn trafen sie gelegentlich zu Hause an und gewöhnten sich nach und nach an eine männliche Respektsperson, die ihnen bei aller kindlichen Gleichgültigkeit unnahbar erschien. Er war kein Vaterersatz. Seine Beziehung zu den Kindern blieb kühl und distanziert, ihre Beziehung war von religiöser Ehrfurcht vor dem Diener Gottes geprägt.

Entscheidung

In einem strengen katholischen Elternhaus wie dem der Lafontaines gab es für fast alle Lebenslagen klare Prinzipien. Ein Grundsatz war, den Kindern mehr zu bieten als das, was man selbst erreicht hatte.

Für Katharina Lafontaine war vom Tag der Geburt ihrer Söhne an glasklar, daß sie beide auf ein Gymnasium schicken würde. Daß ihre Kinder alle Voraussetzungen mitbringen würden, davon war sie überzeugt. Schließlich hatte sie einen intelligenten und tüchtigen Mann geheiratet und hielt sich ohne Selbstüberschätzung für talentiert. Alle Schulzeugnisse hatten dies über Jahre hinweg bewiesen. Wie gern wäre sie 1925 auf ein Gymnasium gegangen. Mit welchem Vergnügen hätte sie anschließend Medizin oder Philologie studiert! Ärztin oder Lehrerin zu werden, war ihr größter Traum gewesen. Seine Verwirklichung blieb ihr versagt, obwohl die Volksschullehrerin ihre Eltern gedrängt hatte, sie auf die weiterführende Schule zu schicken, sich sogar bereit erklärt, Hilfestellung zu leisten. Doch ihre Mutter hatte die Chance nicht erkannt. Schließlich hatte sie mehrere Töchter, die nach ihren Vorstellungen ohnehin rasch heiraten würden.

Ihren eigenen Kindern sollte es so nicht ergehen! Hans und Oskar mußten auf ein Gymnasium. Zuerst bot sich die heimische Oberschule in Dillingen an. Doch wer sollte Aufgaben überwachen, notfalls hilfreich zur Seite stehen? Tante Gretel wäre überfordert gewesen. Und der Pfarrer hatte dafür keine Zeit. Den Bürojob aufzugeben wäre unmöglich gewesen. Wenigstens einer in der Familie mußte schließlich Geld verdienen. Mutter Lafontaine kam erst nach 19 Uhr heim.

Bei all diesen Überlegungen wurde die 33jährige Witwe von einem wichtigen und erfahrenen Berater unterstützt. Pastor Jakob Gilen

42

hatte längst ein Auge auf die Zwillingsbrüder geworfen und ihre Begabungen für eine weiterführende Schule erkannt. Ihre Talente waren aus seiner Sicht vorzüglich geeignet, um einmal Theologie zu studieren, um den Beruf des Priesters einzuschlagen. Rechtzeitig sollten die Weichen dafür gestellt werden. Es galt, für die Neunjährigen richtungweisende Entscheidungen zu fällen: nämlich zugunsten des Priesternachwuchses in der Diözese Trier.

Bedacht werden mußten die finanziellen Belastungen einer Internatserziehung. Zu Hause wäre zwar der materielle Aufwand geringer gewesen. Doch es gab keine ernstzunehmende Alternative zum Internat. Wie die Mutter den Weg ihrer Söhne mit ihren 20 000 Franc Monatsverdienst und den kläglichen 6000 Franc Witwenrente finanzieren sollte, schien in den Sternen zu stehen.

Auf ihrer Arbeitsstelle empfahlen ihr französische Kollegen ein Internat im französischen Bitch, etwa 20 Kilometer hinter der deutsch-französischen Grenze gelegen. Wie sich nach Erkundigungen herausstellte, boten sich sogar mehrere Internate im grenznahen Elsaß oder Lothringen an. Im Vergleich zu saarländischen und deutschen Internaten im »Reich«, wie man damals die Bundesrepublik nannte, waren die französischen Einrichtungen alle erheblich preiswerter. Für die sorgfältig kalkulierende Kriegerwitwe ein bedenkenswertes Argument. Für den Pastor kamen diese Institute dagegen nicht in Frage. Nicht ein einziges von ihnen war für den Priesternachwuchs ausgerichtet. Für die frankophile Katharina Lafontaine zählten aber auch noch andere Überlegungen. Was nützte ihren beiden Söhnen ein französisches »Baccalauréat«? Was konnten sie damit anfangen, wenn die Saar wieder zu Deutschland gehören würde? Und: Würde ein französisches Abitur in der Bundesrepublik überhaupt anerkannt? Niemand konnte schlüssige Antworten auf ihre vielen Fragen geben. Außerdem drängte Pastor Gilen zur Eile mit der Entscheidung.

Er unterbreitete der ratlosen Mutter zwei Vorschläge: das Bischöfliche Konvikt Trier oder das Bischöfliche Konvikt Prüm in der Eifel. Beide Vorschläge hatten Vor- und Nachteile. Trier lag zwar bedeutend näher an Pachten als Prüm. Aber wegen ihrer Kessellage hatte diese Stadt ein weit unangenehmeres Klima als die Hocheifel. Ins Gewicht fiel Gilens Hinweis, daß er selbst neun Jahre lang im Prümer Konvikt gewesen sei und er aus Erfahrung diese katholische Institution guten Gewissens empfehlen könne. Er verhehlte nicht

die gezielte Ausrichtung des Konvikts, nämlich die bewußte Heran-
bildung des Priesternachwuchses. Gleichzeitig versicherte er, sich
mit ganzer Kraft dafür einzusetzen, daß die Konviktsleitung beide
Lafontaine-Söhne aufnehmen würde.

Einige Tage später telefonierte Pastor Gilen bereits mit dem Konviktsdirektor und vereinbarte einen Besuchstermin für die Lafontaines in Prüm.

An einem sonnigen Sonntag im Januar 1953 reisten Mutter Lafontaine und Sohn Oskar mit der Eisenbahn ins »Reich« nach Prüm in
der Hocheifel. Sohn Hans mußte zu Hause bleiben, weil er aus
einem nicht definierbaren Grund das Fahren nicht vertragen konnte.
Ihm wurde übel.

Der warmherzige Empfang bei Konviktsdirektor Peter Hammes
verlief in jeder Hinsicht positiv. Die Empfehlung von Pastor Jakob
Gilen öffnete den Lafontaines die Türen. Schließlich muß der Eindruck außerordentlich erfreulich gewesen sein, den Mutter und
Kind im Konvikt hinterließen. Sie machten einen Rundgang durch
das alte Gebäude und lernten alle wichtigen Einrichtungen kennen.
Das wenn auch alte, so doch gepflegte Haus entsprach den Vorstellungen von Frau Lafontaine. Sie entschied sich noch in Prüm und
sagte spontan ja zur Stadt, dem Konvikt und dem Gymnasium.

Vorbereitung

Neun Jahre waren die Lafontaine-Kinder alt. Zu jung, um schon auf
eigenen Füßen zu stehen. Mutter Lafontaine machte sich Sorgen.
Kummer bereitete ihr auch der unterschiedliche Schuljahrsanfang.
Im rheinland-pfälzischen Prüm begann das neue Schuljahr zu
Ostern, an der Saar im Herbst. Um die Aufnahmeprüfung am Gymnasium zu bestehen und um das fehlende Halbjahr beim Übergang
nach Prüm aufzuholen, richtete Fräulein Hoffmann einen Nachhilfeunterricht für die Zwillinge ein. Zusätzlich zu den täglichen Hausaufgaben der vierten Volksschulklasse nahm sie mit Hans und Oskar
den geforderten Abschlußstoff des Jahrganges in den Fächern
Deutsch und Rechnen durch. Ein halbes Jahr lang büffelten die
Zwillinge das doppelte Pensum. »Es war eine große Leistung der beiden Jungs, weil sie ohnehin genug zu tun hatten«, erinnert sich die
Lehrerin. »Ich ließ mir von mehreren Gymnasien die Prüfungsaufga-

ben schicken. Es war ein ganzer Ordner voll. Die habe ich mit den beiden durchgenommen. An einem Tag Deutsch, an einem anderen Tag Rechnen. Es waren zum Teil schwierige Aufgaben, die beide mit Bravour lösten. Sie haben schließlich die Aufnahmeprüfung am Prümer Gymnasium mit Leichtigkeit bestanden, obwohl ihnen ein halbes Unterrichtsjahr fehlte. Das geht nur bei überdurchschnittlich begabten Kindern.«

Zu den Vorbereitungen für den Wechsel nach Prüm gehörte auch der Kauf von Federbetten, Kissen, Bettlaken, Bezügen und Decken. Diese Utensilien mußten die Konviktoristen – wie die Schüler im Konvikt genannt werden – selbst beschaffen. Für die Lafontaines galt dies in zweifacher Ausfertigung. Das Konvikt stellte lediglich Bettgestell und Matratzen zur Verfügung. Für Saarländer war es nicht leicht, derartige Artikel über die Grenze zu schaffen. Um möglichen Konflikten mit griesgrämigen Zollbeamten aus dem Weg zu gehen, begab sich Katharina Lafontaine in ein Trierer Kaufhaus und beförderte das »im Reich« erworbene Bettzeug eigenhändig ins Prümer Konvikt. Übrigens schon zu einer Zeit, als die Aufnahmeprüfung für das Gymnasium noch nicht stattgefunden hatte. Wie sich bald herausstellte, hatte die besorgte Mutter keine Fehlinvestition getan. Die Jüngsten des Jahrganges bestanden die Prüfung und wurden am 13. April 1953 in Konvikt und Reginoschule, wie das Gymnasium des Eifelstädtchens hieß, aufgenommen.

Beim Abschied von Pachten gab es keine Tränen. Hans mußte während der Reise nicht einmal brechen. Das Lafontaine-Duo reihte sich ohne erkennbare Wehmut in die Schar der Sextaner von Prüm ein. Mutter Lafontaines kompletter Monatsverdienst ging drauf. Ihre 20 000 verdienten Franc waren umgerechnet 150 DM wert. Genau das kostete der monatliche Unterhalt für ihre beiden Söhne. Je 75 DM. Außerdem überwies sie im Monat 30 DM »für sonstige laufende Ausgaben« und 20 DM Schulgeld. Das war der Normalsatz im Konvikt, den die Mutter bis Dezember 1958 zahlen mußte – ohne Ermäßigung, ohne Zuwendungen. »Ich wußte immer schon am ersten des Monats, wohin mein Geld am letzten ging«, lächelt heute Katharina Lafontaine. Ab 1. Januar 1959 wurden die monatlichen Kosten erhöht: Das Konviktgeld betrug 200 DM, hinzu kam ein Lehrmittelbeitrag von 50 DM für beide Lafontaine-Söhne und 20 DM Schulgeld bis zum Abitur 1962. Das Schulgeld entfiel. Diese harten Jahre hat die Mutter nicht vergessen.

Alles in allem war es eine arge Belastung für sie. Erst nach dem wirtschaftlichen Anschluß der Saar an die Bundesrepublik wurden Gehalt und Witwenrente geringfügig erhöht. Als die Söhne 1962 ihr Abitur machten, verdiente die beliebte Sekretärin Katharina Lafontaine 1200 DM, außerdem bekam sie knapp 400 DM Witwenrente. Mit diesen bescheidenen Einkünften wirtschaftete sie recht und schlecht. Mit Disziplin und persönlichem Verzicht brachte sie das Kunststück fertig. Fast alles, was sie besaß, steckte sie in die Ausbildung ihrer Kinder. »Es hat sich gelohnt«, seufzt sie heute.

III. Kapitel

Prümer Jahre

Ernstfall

Bundeskanzler Dr. Konrad Adenauer hielt sich zu seinem ersten Staatsbesuch in den USA und Kanada auf, als Hans und Oskar erste Bekanntschaft mit der Hausordnung des Konvikts machten. Sie hatten Mühe, sich an den völlig neuen Tagesablauf zu gewöhnen, an die vielen neuen Gesichter, mußten sich als die Jüngsten in Konvikt und Schule behaupten. Das fiel Oskar leichter als Hans, der sich allerdings auch in der »Fremde« auf seinen Bruder und dessen Körperkraft verlassen konnte. Ohne Oskars schützende Faust wäre Hans in Prüm gescheitert, »untergegangen«, meinen Klassenkameraden.

Die Auseinandersetzungen und das Ringen um Anerkennung in der Gruppe, um Achtung und Respekt in der Klasse, um Ablehnung oder Bewunderung begann in den ersten Prümer Tagen. Sportliche Leistungen zählten mehr als schulische Erfolge. Unvermögen beim Singen oder Theaterspielen konnten sich verheerend auswirken. Oskar dominierte von Anfang an, behauptete sich in der Gemeinschaft, zwang der Gruppe früh seinen Willen auf, behielt meistens die Oberhand auch in aussichtslosen Situationen gegenüber älteren Schülern. Im Konvikt herrschten rauhe Sitten. Jenseits von Hausordnung und Leitung, von Verboten und Geboten spielten die einzelnen Cliquen, die fast immer identisch mit den jeweiligen Schuljahrgängen waren, eine wichtige Rolle im Alltag. Wer hier die Richtung wies, sich durchsetzte und akzeptiert wurde, galt als Platzhirsch. Macht wurde auch mit Gewalt verteidigt. Das Faustrecht galt über viele Konviktjahre. Oskar Lafontaine beherrschte es wie kein anderer seiner »Gang«. Vom Anfang der Konviktjahre bis zum Abitur 1962 zählte er zu den Hartgesottenen, den wenig Zimperlichen. Er

47

gehörte zu denen, die führten, dominierten, maßgeblich bestimmten. Viele Mitstreiter im Konvikt bekamen seine körperliche Kraft und Härte zu spüren, seinen Spott die körperlich Schwachen, die sportlich und musisch Unbegabten. In der heimatlichen Fischergass' hatte der Saarländer »Krieg führen« gelernt. Mit Kopf und Faust. Im Prümer Konvikt kam ihm diese »Erfahrung« zugute. Hier benötigte er Durchsetzungskraft und Härte, um bestehen zu können.

Ziele

Seit über hundert Jahren bietet das Bischöfliche Konvikt in Prüm Jungen aus kinderreichen oder finanziell schwachen Familien die Chance, das Abitur zu machen, ein Studium zu beginnen. Bis vor wenigen Jahren war damit das katholische Theologiestudium gemeint. Jahrzehntelang diente das Konvikt dem Ziel, Priester- und Ordensberufe zu fördern. Als die Lafontaines nach Prüm kamen, wurde vom Trierer Bischof der »Sinn des Konvikts« so formuliert: »Unser Haus widmet sich der Erziehung von Gymnasiasten, die nach menschlichem Ermessen die Eignung zum Priesterberuf haben. Wir setzen also voraus körperliche Gesundheit, ausreichende Begabung, guten Charakter, religiöse Haltung und ein gläubiges Elternhaus. Wir wissen, daß die Berufsentscheidung Schwankungen und Krisen unterworfen ist. Ehrliches Beten und Streben wird jedoch im Laufe der Jahre zu Klarheit und Festigung führen. Bei manchem Jungen wird sich allmählich herausstellen, daß er nicht Priester wird. Ob er dann noch länger im Konvikt bleiben kann, wird vor allem davon abhängen, daß er sich gut einordnet und für später die Gewähr eines überzeugten Christenlebens in einem anderen Berufe bietet. Wir erwarten, daß jeder, der ins Konvikt aufgenommen wird, bildungswillig ist, fleißig und ehrlich studiert, die Hausordnung treu befolgt und froh, hilfsbereit, verstehend, rücksichtsvoll und aufrichtig in der Gemeinschaft lebt. Beharrliche Selbsterziehung, opferbereite Willensschulung und feine Gewissenspflege werden die gottgewollte Frucht tragen.«

Zum Verhältnis zwischen Konvikt und Elternhaus formulierte der Trierer Oberhirte: »Die dankbare Verbundenheit mit Familie und Heimat soll sich besonders durch treues Gedenken im Gebet, gewissenhafte Pflichterfüllung und regelmäßigen Briefverkehr bekunden.

Besuch seitens der Angehörigen und Heimfahrt der Jungen zu bestimmten Familienanlässen sind im Rahmen der Hausordnung gestattet. In den Schulferien werden die Schüler nach Hause entlassen. Verwandte, die in Prüm und Umgebung wohnen, dürfen während der Schulzeit nur mit Einverständnis der Eltern und Erlaubnis des Konviktsdirektors besucht werden. Wir wünschen, daß der Junge gute Verbindung mit seinem Heimatpfarrer hat und aktiv im Leben seiner Heimatpfarrei steht.«

Im Prospekt des Konvikts von 1957 stehen die gleichen Formulierungen. Voraussetzung zur Aufnahme blieben nach wie vor Neigung und Wunsch, Priester zu werden.

»Um diese Zielsetzung verwirklichen zu können«, schreibt ein Chronist im Jubiläumsband *100 Jahre Bischöfliches Konvikt in Prüm 1887–1987*, »wurde eine Gesamterziehung angestrebt, die auf eine spezielle pädagogische Konzeption ausgerichtet war. Im Mittelpunkt stand die religiöse Praxis, standen Selbstkontrolle und Fremdkontrolle, wurde das Zusammenleben durch einen umfangreichen Katalog positiver wie negativer Sanktionen geregelt. Das alles erzeugte natürlich eine Atmosphäre der Abgeschlossenheit, des Bewahrens und Verwahrens.«

Um sicherzugehen, »um richtig entscheiden zu können«, welcher Bewerber geeignet sei, wandte sich der Konviktsdirektor direkt an das jeweilige katholische Pfarramt und bat um ein pfarramtliches Zeugnis. Darin mußte »vertraulich besonders zu folgenden Punkten Stellung genommen werden:

a) Eignung des Jungen zum Priestertum (körperlich, gesundheitlich, geistig, charakterlich, religiös);

b) Neigung zum Priesterberuf (soweit das dem Alter und der Entwicklung nach gesagt werden kann);

c) Zusammenleben der Eltern (Treue, Friede usw.);

d) religiöse Haltung der Familie (Sonntagsmesse, Werktagsmesse, Familiengebet, Sakramentenempfang, Pfarrleben);

e) sozial-karitative Betätigung;

f) Ruf im gesellschaftlichen und wirtschaftlichen Leben;

g) Priester- und Ordensberufe in Familie und Verwandtschaft;

h) bedenkliche Krankheitserscheinungen in Familie und Verwandtschaft;

i) Vermögenslage«.

Woher der Konviktsdirektor das Recht nahm, solche tief in die

Intimsphäre greifenden Fragen zu stellen, bleibt ungeklärt. Daß die meisten angeschriebenen Pfarrer ausführlich die in die familiäre Privatsphäre zielenden Fragen beantworteten, gehört zu den skandalösen Tatbeständen kirchlichen Lebens.

Der Pachtener Pfarrer Jakob Gilen »begutachtete« alle »Punkte« außerordentlich positiv. Hans und Oskar waren von Herkunft und Eignung geradezu prädestiniert für das Bischöfliche Konvikt. Auch deshalb wurden sie ohne Vorbehalte aufgenommen.

Nachgereicht wurden Geburtsschein, Taufschein (26. 9. 1943), Vermerk über Erstkommunion (20. 4. 1952) und Firmung (die empfingen beide Lafontaines im Prümer Konvikt am 16. 6. 1957), die letzten beiden Schulzeugnisse, Bescheinigungen über eine Kranken- und eine Unfallversicherung. Neben Bettzeug – wie bereits erwähnt – mußten die Konviktsneulinge mitbringen:»Genügend Kleidung und Wäsche (u. a. 2 Schlafanzüge, 6 Servietten, Hausschuhe, Badehose). Kleidungsstücke (auch Mütze und Mantel) und Wäsche müssen mit vollem Namen gezeichnet sein. Die Wäsche wird nicht im Konvikt besorgt. Waschschüssel, Kamm usw., Zahnbürste mit Zubehör, Schuhputzzeug und Flickzeug.«

Für Mutter Lafontaine war folgender Hinweis der Konviktsleitung wichtig:»Die Beköstigung im Konvikt ist gut und ausreichend. Unsere Jungen dürfen jedoch außerdem Butter (oder Margarine) und Obst privat haben. Andere Nahrungsmittel wolle man nicht schicken. Mit Süßigkeiten sei man sparsam. Es gehört zur rechten Erziehung, daß man lernt, genügsam und bescheiden zu sein.

Zum Namenstag darf ein entsprechendes Paket geschickt werden. Am Feste des heiligen Nikolaus sehe man jedoch davon ab, da an diesem Tage eine reichliche Bescherung stattfindet.«

Das Geld der Sextaner, Quintaner und Quartaner wurde von der Konviktsleitung verwaltet. Eltern und Verwandte waren »dringend gebeten« worden, sich danach zu richten und die »Jungen anzuweisen, alles Geld jedesmal gleich abzuliefern«.

Aus einer Notiz des Konviktsdirektors 1954 geht hervor, daß es der Saarländer nicht immer ganz ernst mit diesen Regeln nahm.»Oskar bekam 4 DM von Herbert zurück am 8. 1. 1954 und hat dieses Geld nicht abgeliefert. Am 17. 1. besuchte er 2 x d. Film ›Pünktchen und Anton‹: gab seinem Bruder aus –,50; hatte inzwischen 1 DM f. Obst ausgegeben u. –,40 DM f. Freitagsopfer. Rest 1,10 DM.«

Tagesordnung

Im Dritten Reich mußte das Konvikt schließen. Gegen Ende des Krieges wurde sein Gebäude fast völlig zerstört. Als die Lafontaine-Brüder nach Prüm kamen, war das Internat im alten Haus der Zoll- und Finanzverwaltung am Kreuzerweg untergebracht. Ein Provisorium. Erst 1957 konnte das wiederaufgebaute Konviktsgebäude feierlich eingeweiht und bezogen werden.

Eine Zumutung waren die räumlichen Zustände des Provisoriums. In großen Schlaf- und Studiersälen »hausten« 85 Zöglinge im Alter von neun bis achtzehn Jahren. Im Schlafsaal mit kaltem Betonboden, direkt unter dem Dach, schliefen die Jüngeren in übereinanderstehenden Betten. Sie lebten spartanisch: die eigene Waschschüssel neben dem Bett, die Toiletten im Keller. Nur abends Zähneputzen. Pflichtgemäß wurden die Schüsseln bereits abends mit Wasser gefüllt. Im Winter mußten sie deshalb nicht selten vom Eis befreit werden. Die Zimmertemperaturen lagen weit unter dem erträglichen Mittelwert von mindestens 5 Grad Celsius. »Es war furchtbar kalt in den Schlafräumen damals« erinnert sich ein Konviktorist.

Täglich außer sonntags und donnerstags standen die Schüler um 5.05 Uhr auf. Der Präfekt, meist ein Priester, trat in den Schlafsaal und sagte laut und vernehmlich: »Gelobt sei Jesus Christus.« Schnell rappelten sich die Schüler auf, stellten sich neben ihr Bett und antworteten: »In Ewigkeit Amen.« Donnerstags lief das Ritual eine halbe Stunde später ab. An Sonn- und Feiertagen sogar erst um 7.30 Uhr. Mitte der fünfziger Jahre wurde diese Art des Weckens durch eine Klingel ersetzt. Fünfzehn Minten nach dem Wecken ertönte die Schelle als sogenanntes Vorzeichen. Fünf Minuten später wurde erneut geläutet, das war das Hauptzeichen zum Morgengebet mit anschließender heiliger Messe in der Konviktskapelle.

Die Schüler rasten gewaschen und gekämmt hinunter in den Gang und stellten sich in Reih und Glied auf. Ein Handzeichen des Präfekten signalisierte den Abmarsch in die Kapelle. Dort nahm jeder seinen angestammten Platz ein. »In fast allen Gebetbüchern lagen Vokabelhefte oder irgend etwas anderes zum Lesen oder Lernen«, erinnert sich einer aus Lafontaines Jahrgang. »Unter den 85 Konviktoristen gab es immer zehn bis fünfzehn Fromme. Der Rest beschäftigte sich mit anderen Dingen. Viele konnten sogar im Knien pennen. Der täglich aufgezwungene Gottesdienst wurde von Jahr zu

Jahr lästiger. Die meisten Schüler der Mittel- und Oberstufe versuchten mit Tricks über die Runden zu kommen.«

In seinem Roman *Die Leidiger Hochzeit* beschreibt der saarländische Schriftsteller Alfred Gulden 1984 Szenen aus dem neuerbauten Prümer Konvikt, in dem er wie Lafontaine viele Jahre verbrachte. Einige Zitate zum Tagesablauf: »Aufstehen, raus, raus. Gestreckt. Den Schlaf abplatzen lassen. Die Nachtgedanken abpelzen. Abschuppen die Bilder aus Träumen . . . Und um ihn die anderen verschlafenen Gesichter . . . Und um ihn herum die zähen Bewegungen. Noch kein Wort. Keiner ist schon soweit. Jeder noch ganz bei sich. Aber doch aus den Betten schon. Nur Keukel noch fest in sein Kissen verbissen, nasser Fleck. Keukel, Keukel, wach auf! Los, mach schon, komm, los, wach auf! Jeden Morgen. Und dann aus dem Schlafraum über den Gang in die Toilette oder sofort in den Waschraum. Augenhoch die lange Spiegelwand. Vor die Waschtröge. Gebeugt . . . Da schlägt der Seifen- und Zahnputzschaum die Rinne entlang. Blasen dem Abfluß zu. Dann im Spiegel: ein Nachtgesicht, noch Schlafgesicht . . .

Jetzt außer Gähnen auch schon Lachen im Waschraum. Und die ersten Worte: Sau, du Sau . . . Naßgespritzt. Oder die Seife weggeschossen. Runter die Schlafanzughose. Oder die Zahnpastatube, drauf die Faust. Irgend etwas so. Sau, Sau! Aber, als sei der Zauber verflogen, jetzt wird geredet . . .

Schrill wieder das Läuten. Nur diesmal nicht unvorbereitet. Jetzt in Kleidern, oft zwar in Hausschuhen noch, aber schon weit vom Schlaf. Wenn auch noch nicht ganz aus den Träumen. Wie sie durch die Gänge schlichen. Die falschen Marmortreppen herunter. Türenklappen. Vor allem der Laut zurückfedernder Glastüren . . . Und wie sie immer im breiten Flur neben dem Atrium ›Aufstellung nahmen‹. Hieß es. Alle da. Um gemeinsam in die Kapelle zu schlurfen . . . Wenn sie sich durch den Haupteingang der Kapelle drückten. In die Bankreihen schoben. Jeder an seinen festen Platz, der schuljahreweise nach hinten wechselte, ›bis sie die Reife hätten, aus der Kapelle, aus dem Haus in das Leben hinaus‹ . . . Und, ob sie nun über die Hefte gebeugt, Vokabeln lernten, oder, wieder in Schlaf gefallen, die Träume fortsetzten oder wirklich die Messe mitfeierten, irgend etwas geschah, ließ sie aufhören, aufhorchen . . . So übermächtig war dieser Teil der Messe gewesen (die Heilige Wandlung), daß das erste Mal alle vor Verwirrung entsetzt waren: mitten in die Stille hin-

ein ein Furz. Wer, war das Frühstücksgespräch. Durch das Unvorher-
gesehene des Vorgangs war niemand fest auszumachen gewesen.
Nach der nächsten Morgenmesse war es heraus. Einer aus den vorderen Bänken, wo die Kleinen knieten ... Die Spannung hielt eine
Woche. Und regelmäßig erfüllte der Kleine ihre Erwartung. Bis
einer der Älteren, der die Messe immer andächtig mitfeierte und
dem das zu weit ging, den Kleinen nach der Wandlung am Ohr aus
der Bank zog.«

Zehn Minuten nach dem täglichen Gottesdienst hörten die Lafontaines jahrelang ein erneutes Klingelzeichen: Frühstück im großen
Speisesaal. Anschließend im Eiltempo Schultasche packen und raus
aus dem Haus Kalvarienbergstraße Nummer 1. Dann bergabwärts
über den Fuhrweg hinunter ins Tal, quer über den Hahnplatz auf den
Schulhof vor der Reginoschule. Wieder anstellen, aufstellen, antreten. Marsch, Marsch in die Klasse.

Die Entfernung vom Konvikt zum Gymnasium betrug rund 500
Meter. Zu Fuß war diese steile Wegstrecke in fünf Minuten gut zu
schaffen. Oben das Konvikt, unten die Schule. »Eine ganz starke
Trennung zwischen oben und unten, zwei grundverschiedene Wel-
ten«, meint ein ehemaliger Schüler.

Nach der sechsten Unterrichtsstunde ab 13.15 Uhr Mittagessen,
anschließend Freizeit bis zum Beginn des Studiums um 15 Uhr. Nach
einer Dreiviertelstunde Kaffeepause bis 16.15 Uhr. Dann wieder Studium bis 17.30 Uhr und von 17.45 bis 18.45 Uhr. Anschließend
Abendbrot. Für die Oberstufe noch einmal Studienzeit von 19.45
Uhr bis 20.15 Uhr. Daran schloß sich donnerstags die Andacht beziehungsweise eine Heilige Stunde an. Mittwochs war nach dem Mittagessen Pflichtausgang für alle bis 15.45 Uhr. Anschließend Studien-
zeiten wie an den anderen Tagen. Samstags fiel das Studium aus.
Dafür bestand auch Pflichtausgang bis 15.45 Uhr. Sonntags wurde
von 10 bis 11.30 Uhr studiert. Nach dem Mittagessen dann wieder
Pflichtausgang in der Regel bis 16.30 Uhr. Anstatt des Studiums gab
es sonntags manchmal auch Schriftlesungen. Eine feste Einrichtung
war auch die sonntägliche Andacht um 20.45 Uhr. Anschließend
Nachtruhe für alle. Für Unter- und Mittelstufe gab es an allen Werk-
tagen um 20.15 Uhr Abendgebet. Danach Bettruhe und »besonderes
Silentium bis zum Morgen nach der Heiligen Messe«. Die Oberstu-
fenschüler versammelten sich außer sonntags zu ihrem privaten
Abendgebet in der Kapelle ab 20.15 Uhr. Um 21.30 Uhr war für sie

auch der Tag gelaufen. Zeit, um Schlafen zu gehen. Zeit zum Schweigen.

Der Pflichtausgang galt als wichtiger Schritt, um Stubenhocker »in die feindliche Welt« hinauszuschicken. Allerdings durften die Schüler immer nur zu dritt gehen, selbst noch in der Oberstufe. »Gute Kameradschaft schließt keinen aus, sondern wechselt ab«, heißt es in der Konviktsordnung. Und weiter: »Das Betreten eines Hauses außerhalb des Konviktes ist nur mit Erlaubnis gestattet. Unerlaubter Besuch eines Filmes oder einer Gaststätte ist besonders streng untersagt.« Diese restriktiven Bestimmungen galten bis zu Oskar Lafontaines Ausscheiden aus dem Konvikt 1961.

Die Zeit zwischen Essen und Studium wurde im Haus, auf dem Gelände des Konvikts, dem Dellweg, und auf dem konvikteigenen Sportplatz verbracht. »Treppen und Gänge des Hauses sind keine Aufenthaltsräume!« heißt es in der Hausordnung. »Es ist untersagt, im Haus zu lärmen, zu pfeifen oder zu laufen. Ein jeder ist verpflichtet, Ordnung zu halten und Unordnung abzustellen. Vom Morgenkaffee an bis zum Abend dürfen Schlafzimmer nur im Notfall betreten werden. Rauchen ist der Oberstufe nach dem Abendgebet an allen Tagen und sonntags nach der Schriftlesung gestattet.«

Der Tag war verplant, fast jede Stunde reglementiert. Viel Zeit blieb zum Beten und Lernen. Die abgeschirmte Freizeit stand immer unter Aufsicht und Kontrolle. Tag und Nacht im Zwang zu Zucht und Ordnung, Sauberkeit und Disziplin. Hans und Oskar lernten in Prüm das geschlossene katholische Weltbild kennen, durften nur die katholische Bibliothek benutzen, ausschließlich katholische Filme sehen, vor allem ausgewählte Radiosendungen hören. Und die wurden in einem besonderen Raum gemeinsam gehört. Ein Fernsehgerät gab es bis zum Ausscheiden der beiden Lafontaines nicht.

Verantwortung

Die strenge puritanische Hausordnung bildete den äußeren Rahmen der Konviktsgemeinschaft. Sie ließ der Eigenverantwortung kaum Raum, höchstens zu eingeschränktem Handeln.

Schon in der Sexta sollten die Schüler Verantwortung für andere übernehmen lernen. Eine bescheidene Art der Mit- und Selbstverwaltung prägte das Konviktsleben vor allem für Mittel- und Oberschüler. Das pädagogische Ziel war eindeutig: Erziehung durch die Gemeinschaft und frühzeitige Übernahme von Verantwortung. Vorrangig blieb, Hierarchie anzuerkennen, kirchliche Einordnung zu üben und zu entwickeln.

Als Quartaner schrieb Oskar Lafontaine einen Aufsatz im Konvikt, der seiner Personalakte beigelegt wurde. Unter der Überschrift »Welche Formen des Anstands und der Höflichkeit sind für mein Alter angebracht?« schrieb er am 26. Juni 1956: »In meinem Alter sind die Jungen in den sogenannten Flegeljahren. In diesem Alter befallen uns die Versuchungen besonders stark, und daher fällt es uns manchmal schwer, uns zusammenzureißen. Wir müssen also in unserem Alter schon einigen Wert auf Anstand und Höflichkeit legen. In dem Hause, in dem wir uns befinden, wird die Versuchung dadurch noch verstärkt, daß wir eine ganze Horde sind. Wir sind wohl auch die schwerste Last für die Aufsichtsperson. Wenn diese nicht das nötige Verständnis für uns zeigt, kommen wir meistens nie gut zusammen aus. Zum Glück ist dies im Hause nicht der Fall. Die Aufsichtspersonen bringen uns gegenüber das nötige Verständnis auf, und so versuchen auch wir, ihnen gegenüber dasselbe aufzubringen. Zwar bringen wir dies manchmal nicht fertig, aber an unserem Willen sieht man doch, daß wir den Sinn des Hauses erfaßt haben. Unter uns müssen wir auch Anstand und Höflichkeit zeigen. Wir müssen auf Unseresgleichen Rücksicht nehmen und zur Gemeinschaft in unserem Hause nach besten Kräften beitragen.«

Der Speisesaal – vergleichbar mit dem Refektorium in einem Kloster – war der große Gemeinschaftsraum, in dem sich alle Konviktsbewohner dreimal täglich versammelten. Von den Sextanern bis zu den Oberprimanern. Die Jüngsten stellten das Bedienungspersonal. Sie mußten das Essen auf- und abtragen und Geschirr aufräumen. Das waren tägliche Pflichten der Schüler von Sexta bis Obertertia. Sie arbeiteten nach wöchentlich aufgestellten Arbeitsplänen. An jedem der Sechsertische saß am Kopfende der »Tischpräfekt«, ein Schüler der Oberstufe. Er sorgte für Ruhe und Ordnung, lobte und tadelte. Er galt als Respektsperson mit Macht und Gewalt über die fünf anvertrauten »Pänz«, wie die jungen Schüler hießen. Er bestimmte, wann absolutes Silentium zu herrschen hatte. Wer sich seiner Anordnung nicht beugte, wurde bestraft. Der »Sünder« mußte dann aufstehen und im Stehen weiter essen. Für jedermann sichtbar. Manchmal standen alle. Nur der Tischpräfekt saß und aß ruhig weiter. Als schlimmste Strafe des Tischpräfekten galt sein Verweis vom Tisch, der Befehl zum Verlassen des Speisesaales. Einige Präfekten waren bei den »Pänz« gefürchtet. Sie handelten mit Rückendeckung des Konviktsdirektors.

Oskar Lafontaine gehörte sowohl zu den Gescholtenen als später auch zu den Tischpräfekten. Er übernahm bereitwillig Verantwortung. Sein Wort galt bei Tisch.

Im Speisesaal hatten sich alle einem besonderen Ritual zu unterwerfen. Auch die Tischpräfekten.

Vor und nach dem Essen wurde grundsätzlich stehend gebetet. Mittags das ausführliche »Benedicite«. Danach wurde aufgetischt. Während des Mittagessens las täglich abwechselnd ein Präfekt vor. Vom Stehpult aus – am Kopfende des Speisesaals unter dem Wandkreuz – verlas er einen Bibeltext mit anschließender Erläuterung. »Da hat kaum einer zugehört, was der da oben abgelassen hat. Wir hatten Hunger und aßen, soviel wir konnten«, berichtet ein ehemaliger Präfekt.

Auch während des Abendessens wurde geschwiegen. Einer der Präfekten las immer vor. Besonders »in« waren Heiligenbiographien. Spannender allerdings die Abenteuergeschichten des schwedischen Wissenschaftlers und Asienforschers Sven Hedin. Das Buch über seine Weltreise durch Tibet und seine vor Lhasa erzwungene Umkehr machten manches Abendessen so kurzweilig, daß viele den nächsten Tag kaum erwarten konnten. »Man freute sich aufs nächste Essen, wollte unbedingt wissen, wie seine Reise weitergeht«, sagt ein »Betroffener«.

Zur wichtigsten Aufgabe der Präfekten gehörte die Aufsicht während des Studiums. Sie saßen in den Studierräumen vorn am Pult und führten ein strenges Regiment. Absolute Ruhe wurde gefordert. Wer sich dieser Ordnung nicht unterwarf, mußte mit drakonischen Strafen rechnen. Bis zum Rauswurf.

Jahrelang gehörte Oskar Lafontaine zu den ruhigeren Präfekten, die ihre Macht nur selten ausspielten. Er gab fachlich-schulische Tips, kümmerte sich aber im wesentlichen um die eigenen Hausaufgaben. Er las viel, ging eigenen Interessen nach. Seine Präfektenfunktion soll er glanzlos und eher widerwillig ausgeübt haben.

Freizeit

Zu Lafontaines Zeiten fuhren die Schüler nur in den Oster-, Sommer- und Weihnachtsferien nach Hause.

»Weil es in der Internatserziehung um den ganzen Menschen geht«, steht in der Chronik des Konvikts, »müssen auch die kreativen, die musischen, die sozial-spielerischen und emotionalen Begabungen des Schülers berücksichtigt und gefördert werden.«

Sport spielte eine große Rolle, aber auch die musische Betätigung in Chor, Schola, Streich- und Blasorchester. Schauspielerische Talente konnten sich im Laienspiel entfalten.

Nach dem Motto »Mens sana in corpore sano«, ein gesunder Geist in einem gesunden Körper, wurde Sport im Konvikt gepflegt und galt bei den Konviktoristen als beliebteste Freizeitbeschäftigung. Auch Oskar spielte Fußball.

Nach dem Einzug in den Neubau des Konviktes 1957 wurden mehrere Sportdisziplinen aufgebaut: die Abteilung Fußball, aufgegliedert in A-, B- und C-Jugend, Tischtennis, Leichtathletik, Tennis und Handball. 1958 gründeten die Sportfans sogar die »DJK St. Matthias« im Prümer Konvikt. Fußballer Lafontaine war daran beteiligt. Als »Zweck des Vereins« wurde beschrieben: »Der Verein will seine Mitglieder zum Sport führen in Sportübung, Sporterziehung und Sportgemeinschaft. Er will darin zugleich der Förderung der religiösen Haltung und des sittlichen Charakters, der Gesundheit und Lebenstüchtigkeit, der Freude und einer guten Freizeitgestaltung dienen.«

Einige Mannschaften wurden von Sportlehrern trainiert und betreut. Zu den wichtigsten Errungenschaften der fünfziger Jahre gehörten der konvikteigene Sportplatz mit Aschenbahn, ein Tennisplatz und verschiedene Sportgeräte.

Mit vierzehn Jahren schaffte Oskar bereits den Sprung in die erste Fußballmannschaft des Konvikts. Er war der Jüngste. In seinem ersten Spiel kämpften die Prümer gegen eine Auswahl des Trierer Konvikts, dem direkten Konkurrenzunternehmen. Oskar spielte auf dem Posten des linken Verteidigers. Seine Mannschaft gewann auf dem Trierer Fußballplatz hinter der bekannten Matthiaskirche.

Neben der DJK gab es im Konvikt noch andere Jugendverbände wie Pfadfinder, Quickborn und ND (»Neues Deutschland«). Sie veranstalteten oft Geländespiele, Nachtmärsche und Zeltlager.

Die musische Betätigung wurde als mindestens ebenso wichtig angesehen wie der Sport. Chor, Streich- und Blasorchester hatten ihre großen Auftritte zur Advents- und Weihnachtszeit, am »Tag der Hausmusik« einmal im Jahr und bei der jährlichen »Feierstunde zum Namenstag unseres Hochw. Herrn Direktors«. Es gab auch ein »Ständchen zum Namenstag unserer Schwester Oberin«. Chor und Orchester sangen und spielten volkstümliche Weisen wie »Ännchen von Tharau«, »Hab oft im Kreise der Lieben«, »Wer nur den lieben Gott läßt walten«, »Kein schöner Land in dieser Zeit« und den »Abendchor« aus »Das Nachtlager von Granada«. Anspruchsvoller fiel das Programm zum Hausmusiktag aus. Stücke von Beethoven, Mozart, Chopin und Schubert zeugten vom musikalischen Niveau.

Oskar Lafontaine nahm einige Zeit Unterricht, um die Trompete zu lernen, doch er fand nicht den richtigen Zugang zu diesem Instrument. Jedenfalls spielte er nie im Blasorchester mit. Sein Interesse an Chormusik im Konvikt blieb begrenzt. Er konzentrierte sich auf sein Mitwirken in der Schola. Der begabte Sänger Oskar mit seinem großen Stimmenumfang begeisterte sich für Choralmusik, vor allem für den Gregorianischen Choral.

Einmal in der Woche nahm er an den Proben im Konvikt teil. Fast jeden Sonntag beteiligte sie sich am Gottesdienst. Bernd Niles, Klassenkamerad und Musiker, der Klavier- und Orgelspiel im Konvikt gelernt hatte, leitete die zehnköpfige Schola. Niles war der einzige Mensch, dem sich Oskar damals problemlos unterordnete. Vor dem musikalischen Können seines Freundes, mit dem er heute noch Kontakt hält, empfand der konfliktbereite Oskar Hochachtung.

Die Konviktsleitung zeigte sich außerordentlich großzügig, wenn Notenmaterial und Schallplatten angeschafft werden mußten. »Wir hatten Platten von den besten Chören der Welt«, sagt Niles. Ende der fünfziger Jahre erweiterten die Prümer Sänger ihr Repertoire. Von der Gregorianik stiegen sie manchmal um zum mehrstimmigen Negro-Spiritual. Sie kauften sich Plattenaufnahmen oder schnitten mit ihrem Tonbandgerät Rundfunksendungen mit. Mahalia Jackson wurde damals Oskars Lieblingssängerin. Überhaupt beeindruckte ihn die amerikanische Musikszene.

Bernd Niles, Hausorganist und talentiertester Musiker des Konvikts, besaß eine Schwäche für liturgische Gesänge der russisch-orthodoxen Kirche. Über ein Kloster in Belgien gelangte er in den

Besitz von Noten und übte die schwierigen mehrstimmigen Chöre mit seiner Schola ein. Der Erfolg blieb nicht aus. Nachdem die cleveren Burschen vom Konvikt einen Popen »aufgetan« hatten, wurde in der Prümer Basilika ein Gottesdienst nach russisch-orthodoxem Ritus anberaumt. Die kleine, aber hochmotivierte Schola bestritt mit ihren Gesängen die komplette Messe. Es wurde ein großes Ereignis, das positive Folgen haben sollte. »Oskar war ein toller Sänger«, erinnert sich Bernd Niles, »er beherrschte sämtliche Stimmen. Ich brauchte ihm nur ein Zeichen zu geben, dann konnte er den Tenor verstärken oder in den Baß hinuntergehen. Oskar war wendig. Mit seinem Gehör spürte er, wo es stimmlich fehlte, und er sprang dort ein.«

Die Schola wurde nach ihrem erfolgreichen Auftritt in der Basilika auch zu Konzerten außerhalb der engen Konviktsmauern eingeladen. Die Choralsänger mit ihrer Neigung zu slawischer Musik reisten nach Frankreich. Dort traten sie in mehreren russisch-orthodoxen Kirchen auf, sangen sogar in russischer Sprache.

Wer an Musik interessiert war, dem boten sich im Konvikt zu Prüm viele Möglichkeiten. Zwei Flügel und mehrere Klaviere samt Lehrer standen zur Verfügung. Alle wichtigen Streich- und Blasinstrumente konnten gegen ein geringes Entgelt erlernt werden. Bei aller Begabung: Oskars musikalischer Geschmack hielt sich in Grenzen. Bis heute fasziniert ihn die »Pracht der Stimme«. Die schätzt er bei Freddy Quinn genauso wie bei Josef Metternich, dem klangvollen Tenor der fünfziger Jahre. Opern, die voluminös klingen, liegen ihm, »da fängt er Feuer«. »Ganz weg« ist der Saarländer, wenn spanische Musik erklingt. Unter Freunden und in guter Stimmung singt er heute noch jene Melodien, die einst in der Schola des Prümer Konvikts einstudiert wurden. Er beherrscht sie in Text und Ton. Keinen rechten Zugang fand der Konviktorist Oskar zur Musik von Bach und Haydn, zur Kammermusik, zur Musik Beethovens.

Bruder Hans ist übrigens unmusikalisch.

Beide gehörten nicht zu jenen, die aktiv Theaterstücke inszenierten oder mitspielten. Sie mischten sich lieber unter die Zuschauer, wenn Sketche, Einakter, Schwänke oder Dramen aufgeführt wurden.

Seit Mitte der fünfziger Jahre spielte der Film bei der Freizeitgestaltung im Konvikt eine zunehmende Rolle. Ein Filmclub wurde gegründet, der zusammen mit dem Direktor Filme auswählte und bestellte. Ohne Erlaubnis ins Prümer Kino zu gehen war streng untersagt. Dafür bekamen die Konviktoristen in ihrer Aula fast alles zu sehen, was der bundesdeutsche Filmverleih für Kinder ab sechs Jahren im Angebot hatte. Meist Schnulzen und alte Schinken. Einen Riesenskandal gab es, als Oskar sich zusammen mit einigen Kameraden der Oberstufe erlaubt hatte, den Kriegsfilm »Schlacht um Stalingrad« im städtischen Kino anzuschauen. Im Wiederholungsfall hätte er einen Rauswurf riskiert.

Köpfe

An der Spitze des Bischöflichen Konvikts »herrschte« der Direktor. Ihm zur Seite stand der Subdirektor. Beide waren Priester und vom Trierer Bischof nach Prüm berufen worden. Die Lafontaines hatten ihre Aufnahme Konviktsdirektor Peter Hammes zu verdanken, der – 1911 in Rittersdorf bei Bitburg geboren – nach seiner Priesterweihe in Trier Kaplan in Boppard und Saarbrücken gewesen war. Bevor er 1948 in Prüm Direktor des Bischöflichen Konviktes wurde, leitete er drei Jahre lang die Kinderheilstätte Grünewald bei Wittlich in der Eifel.

Hammes galt als biblische Autorität. Er bemühte sich, gerecht zu sein. Seine Strafaktionen wurden meistens erst nach umfangreichen Ermittlungen gestartet. Er konnte hart sein und prügeln. Die mildeste Form seiner Bestrafungsmethoden war die Ausgangssperre. Die schwerste Strafe bestand im »Auspeitschen«. Hammes, der von einer Palästina-Reise eine aus Lederriemen geflochtene Peitsche mitgebracht hatte, setzte dieses Marterinstrument bei schweren Vergehen ein. Dazu zählte das Stehlen der Erdbeeren im konvikteigenen Garten ebenso wie das illegale Ernten von Äpfeln und Birnen.

Besonders schlimm war die »Aktion Eierklau«. Die reichen Bauernsöhne bekamen oft Freßpakete geschickt, deren Inhalt brüderlich verteilt wurde. Darunter auch frische Eier, die vom Personal der Konviktsküche gebraten wurden. Ganz schlaue Burschen kamen eines Tages auf die Idee, gar nicht erst auf die elterlichen Pakete zu warten, sondern sich der Eier des konvikteigenen Hühnerhofs zu bedienen. Gesagt, getan. Mit den gestohlenen Eiern schlichen sich die Bösewichte in die Küche und taten selbstsicher so, als ob sie von zu Hause seien. Dieser Trick glückte solange, bis die Konviktshühner geschlachtet wurden, weil sie angeblich keine Eier mehr legten. Als Direktor Hammes die wahren Hintergründe erfuhr, begann er in detektivischer Kleinarbeit, die Täter zu ermitteln. Wehe, wenn Hammes jemanden erwischt hätte. Seine berüchtigten Züchtigungen mit der palästinensischen Reitpeitsche blieben auch Oskar Lafontaine unvergessen.

Andererseits galt der gelernte Seelsorger als spiritueller Kopf. »Er war einer der wenigen Geistlichen, die – so gut es halt ging – doch etwas vom Geist und vom Wesen des Christentums repräsentierten«, urteilt ein ehemaliger Konviktorist, der auch unter ihm gelitten hat.

Direktor Hammes hinterließ Spuren. Seit Amtsübernahme kämpfte er für den Neubau des Konviktes, und zwar an mehreren Fronten: gegen den Prümer Stadtrat, gegen den Landrat und gegen das Trierer Generalvikariat. Nach jahrelangem Hin und Her kam 1954 endlich das alles entscheidende Ja-Wort des Bischofs zum Neubau des Konviktes. Oskar Lafontaine erlebte am 8. September 1955 den Festakt zur Grundsteinlegung. Die feierliche Einweihung des neuen Konviktsgebäudes fand am 25. März 1957 im Beisein des Trierer Bischofs Dr. Matthias Wehr und des rheinland-pfälzischen Ministerpräsidenten Peter Altmeier statt. Für die Konviktoristen ein großes Fest.

Peter Hammes verließ ein Jahr später das Konvikt. 84 Zöglinge hatten in seiner Amtszeit erfolgreich das Abitur abgelegt. Die wenigsten von ihnen studierten Theologie. Hammes wurde für vier Jahre Pfarrer in Kirchesch bei Mayen und anschließend in Konz an der Mosel. Dort starb er 1967 im Alter von erst 56 Jahren.

Zu Hammes Nachfolger berief der Trierer Bischof den 16 Jahre jüngeren Priester Helmut Löscher, der bereits zwei Jahre lang Subdirektor gewesen war.

Für die Konviktoristen eine arge Enttäuschung. Der Bauernsohn aus Ellscheid bei Daun hatte einen schlechten Ruf. Der ehemalige Völklinger Kaplan kam aus der schmutzigsten Stadt des Saarlandes. Er fand keinen Draht zu den Konviktoristen. In den Augen der Schüler galt er als glatte Fehlbesetzung.

»Er war eine Witzfigur. Niemand nahm ihn wirklich ernst«, beschreibt rückblickend ein ehemaliger Konviktorist den Neuen und formuliert noch härter: »Er war ein Psychopath und verkörperte die neurotische Seite des Christentums. Hammes und Löscher existieren für mich bis heute als Alptraumfiguren. Wobei Hammes die verpflichtende Essenz dessen, was da weitergegeben wurde, repräsentierte und Löscher die neurotische Variante davon charakterisierte.«

Alfred Gulden hat in seinem Roman *Die Leidiger Hochzeit* Helmut Löscher ein Denkmal gesetzt: »... Diese Stimme des Herrn Konviktdirektors. Die, wenn er vorbetete, sang, predigte, unberechenbar wurde. Für ihn. Für alle. Riß in die Höhe, brach. Ein Raunzen, ein Jaulen. Als hätten Vokale und Konsonanten, die Silben, die Wörter Angst vor seiner Stimme, von ihm gesprochen zu werden, krümmten sie und bogen sie sich, zogen sich und fielen zusammen. Wurden gepreßt, gestoßen, mit Speichel genäßt, geschoben, verschluckt. Mitleid. Als hätte der Herr Konviktdirektor Mitleid nötig gehabt. Nein, nein, nur jetzt nicht, nicht hier daran denken. Auch das, von diesem Haß, seinem Haß auf den Herrn Konviktdirektor wird er Jeanne erzählen. Muß sie wissen ...«

Löscher wurde gehaßt. Er besaß offensichlich kaum Fähigkeiten, sich in die Gedankenwelt der Zöglinge hineinzuversetzen. Ihm fehlten Einfühlungsvermögen und Menschenkenntnis, »er war ein Dummkopf noch dazu«, urteilt ein Freund Lafontaines. Löscher versuchte mit der Brechstange, die Jungen zu Priestern zu machen. »Er übte regelrechten Psychoterror aus, um herauszubekommen, welche beruflichen Absichten der einzelne hegt.« Löscher lud zu persönlichen, vertraulichen Einzelgesprächen in seine Suite ein. Bei Wein und Zigarren »schleimte« er sich ein. Meistens lobte er das Engagement des einzelnen in der Gruppe, im Sport, im Orchester. Der plumpvertrauliche Gedankenaustausch drehte sich fast immer um ein Thema: Junge, werde Priester.

Im Laufe der Zeit wurde Löscher aggressiver. »Stimmt deine Zielsetzung noch mit der des Hauses überein?« fragte er immer wieder. Willst du noch Priester werden? hieß dies im Klartext. Löscher verlangte von den Schülern der Oberstufe eine unmißverständliche Aussage, »ein definitives Bekenntnis«. Nur dann war das Verweilen im Konvikt möglich. Viele zwang er mit seiner Aufdringlichkeit zur Unehrlichkeit, zum scheinheiligen Verhalten. Gut, daß er viele Schüler nicht richtig einschätzen konnte. Die meisten Konviktoristen taktierten und lavierten. Sie versuchten bis zum Abitur mit einem nach außen gekehrten Aktionismus über die Runden zu kommen. Sie heuchelten und vermittelten dem Direktor falsche Hoffnungen. Auch Hans und Oskar Lafontaine.

Aus Alfred Guldens Roman *Die Leidiger Hochzeit:* ». . . Keiner von ihnen ist Priester geworden. Keiner hat sich einlullen lassen von den dümmlichen Reden des Herrn Direktors. Im Gegenteil. Geradezu gierig hatten sie, kaum aus dem Konvikt, Kontakt zu den Mädchen gesucht. Nachholbedarf, hatte Erich gelacht. Und sie hatten erkannt, was sie, noch im Konvikt, nur vermutet hatten: Verdreht, völlig verdreht waren die Ansichten des Herrn Direktors gewesen. Abschreckung, keine Frau anzurühren, des Teufels, die Weiber, in sich das Böse. Er, ihr Direktor, habe es nie getan, nicht einmal geküßt, habe sich reingehalten, es nie bereut. Aber keiner von ihnen ist Priester geworden. Und Erich steht vor dem Altar. Mit seiner Frau . . .

Wie lange das gutgeht? Erich und Jeanne. Denn irgendwo steckt es noch tief in ihnen. Das Konvikt. Keine seiner Beziehungen zu Frauen hat zwei Jahre überdauert. Das scheint seine Zeit. Wie es bei Erich ist, weiß er nicht. Aber von einigen aus dem Konvikt weiß er um ihre Schwierigkeiten. Mehr als bei anderen, die nicht im Konvikt gewesen waren . . .«

Sexualität war ein Tabuthema im Prümer Konvikt. Der Neurotiker Löscher hatte alles andere als eine natürliche Beziehung zu Frauen. Wurde ein Konviktorist wirklich einmal mit einem Mädchen auf dem Heimweg aus der Stadt gesichtet – Löscher lag oft mit einem Fernrohr hinter der Fensterscheibe auf Lauer – hagelte es peinliche inquisitorische Verhöre. Der Gipfel war die Frage »Hast du sie auch geküßt?« Küssen stellte für den Direktor »den Abgrund der Schlechtigkeit« dar. Sexuelle Erziehung blieb in Prüm ein Fremdwort.

Onanie galt als Todsünde. Primaner hatten Einzelzimmer. Alle anderen schliefen in Mehrbettzimmern: zehn oder fünf in einem Schlafraum. Auf den Toiletten war man nie allein. Und das Duschen oder Baden am Samstagnachmittag mußte zügig ablaufen. Die Wartenden hatten wenig Geduld.

Die Zöglinge für den Priesternachwuchs lebten in gleichgeschlechtlicher Gemeinschaft. Die Schönstätter Schwestern, die das Konvikt bewirtschafteten, waren kaum zu sehen. Sie lebten im streng abgeschirmten Klosterteil des Hauses. Zwar arbeiteten sie auch an der Pforte und in der Küche. Aber richtig zu Gesicht bekamen die Konviktoristen sie selten. Gleiches galt für die Hilfskräfte, auch »Bebbchen« genannt. Meistens junge Mädchen vom Land, die in der Konviktsküche arbeiteten. Die Sichtblende der Küchendurchreiche war so tief gezogen worden, daß ihre Gesichter nicht zu sehen waren.»Ich kannte Frauen eigentlich immer nur ab oberhalb des Bauchnabels, eingehüllt in lange weiße Arbeitsröcke«, witzelt einer, der neun Jahre lang im Konvikt lebte. Mit den »Bebbchen« war jeder Kontakt verboten. Frauen blieben für die Konviktoristen »absolut unbekannte Wesen«. Ein Mitschüler aus Oskars Jahrgangsstufe bilanziert: »Die sexuelle Entwicklung des jungen Menschen wurde brutal unterdrückt. Wer anfällig für die gepriesenen Ideale des Konviktsdirektors war, sah in jeder Frau entweder die Jungfrau Maria oder eine Nutte. Wie wir unsere eigene Mutter zu begreifen hatten, war ein Rätsel.«

Löschers verklemmte Auffassung über Sexualität und Frauen provozierte einige mutige Oberprimaner. Sie spielten ihm einen besonderen Streich, den Alfred Gulden in seinem Roman *Die Leidiger Hochzeit* beschreibt:

»– Weißt du noch, das Präservativ über dem Türgriff!
– Und ob.
– Von Herrn Konviktsdirektors Zimmer persönlich.
– Und wie er sich aufgeregt hat! Beim Mittagessen. Mitten im Essen. Die Speisesaalglocke. Und Ruhe. Wer hat das Ding . . .
– Das Ding. Typisch.
– Wer hat das Ding dahingetan!? Der meldet sich sofort nach dem Essen. Sofort!
– Mit seiner Eunuchenstimme.
– Dafür kann er nichts.
– Wer weiß, wer weiß. Das Ding!
– Und was das Schlimmste ist: gebraucht! Schon in Gebrauch gewesen. Hat er in kleinem Kreis gesagt.
– Nie herausgekommen, wer es war. Du sicher nicht . . .«

Helmut Löscher, im Konviktjargon nur »Hups« genannt, besaß eine Stärke: Er war ein perfekter Verwaltungsmann. Gekonnt entlockte er den reichen Eifel- und Moselbauern kostenlose Kartoffel- und Obstlieferungen, sammelte geschickt Geldspenden für seine Zöglinge, die den »Priesterberuf anstrebten«. Löscher verließ 1970 das Prümer Konvikt und wurde Pfarrer in Bernkastel. Elf Jahre leitete er das Dekanat der Stadt. 1986 starb er mit 59 Jahren an einem Krebsleiden.

Drei Jahre lang »genoß« Oskar den zweitwichtigsten Mann im Konvikt, Hermann-Josef Leininger, Subdirektor von 1958 bis 1963. Ein aufmerksamer Beobachter der damaligen Szene beschreibt den zweiten Priester im Konvikt so: »Im Gegensatz zu seinem autoritären, dummen und völlig in starren Kategorien denkenden Chef Löscher, der eigentlich ein armer Kerl war, erschien mir Leininger sehr geschickt, vielseitig, patent, einfühlsam. Er konnte ungeheuer gut zuhören, auf den einzelnen eingehen, war fähig zu undogmatischen Lösungen.«

Leininger war 27 Jahre alt und hatte ein Jahr lang als Kaplan im saarländischen Püttlingen gearbeitet. Trotz geringer Berufserfahrung setzte er vorsichtige Akzente der Veränderung im Verhältnis zu den Primanern. »Bei ihm konnte man sich auskotzen.« Vergebens bemühte er sich, Reformen durchzusetzen. Leininger scheiterte an der »uneinsichtigen, verkrusteten, altbackenen und eingefahrenen Leitung des Hauses«. »Federhannes«, wie der Subdirektor mit Spitznamen hieß, federte Tag und Nacht über die Gänge, dicht an den Schlafsaaltüren vorbei. Es nervte die Jungen gewaltig, von »Federhannes« belauscht zu werden. Mehr als einmal wurden seine »Lauschangriffe« jäh unterbrochen. Blitzschnell öffnete sich die Tür. Nicht nachzurechnen, wie oft Leininger eine »Türe vor die Birne« bekam.

»Federhannes« verließ Prüm, um in Trier Religionsunterricht zu geben. Trotz Bemühungen hinterließ er kaum Spuren. Bei Direktor Löscher löste sein Abgang Erleichterung aus. Jetzt konnte er seinen Kurs kritiklos fortsetzen. Leininger arbeitet seit 1972 als Personalreferent im Bischöflichen Generalvikariat. Heute ist er stellvertretender Generalvikar und Personalchef des Bistums Trier.

Wie in mittelalterlichen Ordenshäusern und Klöstern waren die Konviktoristen zu stundenlangem Schweigen »verdonnert«. »Länger als zwei Stunden vom Vierundzwanzig-Stunden-Tag durften wir unsere Sprache nicht benutzen. Das ewige Silentium nervte mehr als der Ausgang zu dritt«, mokiert sich ein »Geschädigter«. Neben Gottesdienst, Gebeten und Andachten, die über den Tag verstreut waren, wurden drei- bis viermal im Jahr sogenannte »Asketische Vorträge« durchgeführt.

Unter den geladenen Referenten gab es auch Jesuiten. Pater Minnich beispielsweise, »der letzte Typ«, der einen rätselhaften Vortrag über die »Heilige Jungfräulichkeit« hielt. In dieser Begegnung bestand in Prüm Oskar Lafontaines einziger Kontakt zu Jesuiten. Deshalb von einem Jesuitenzögling zu sprechen, ist falsch.

Das Sakrament der Buße – beichten also – war mindestens alle vier Wochen fällig. Anfangs beichteten die Unterstufenschüler ihre Sünden bei den Direktoren. Später kamen Geistliche aus der Umgebung und »hörten samstags in der Kapelle Beichte«. Man konnte aber auch außerhalb der Konviktsmauern beichten. In der heiligen Messe war jeder Konviktorist täglich zu überprüfen, ob »er gesündigt hatte oder ob er im Stande der heiligmachenden Gnade« war. Der Gang zur Kommunion oder das Verbleiben in der Bank wiesen ihn aus. Beklemmungen entstanden für Dünnhäutige, Zwänge in der Pubertät vor allem. Wer Jahre seines Lebens in Prüm verbrachte, mußte mit charakterlichen Verformungen rechnen, mußte später oft seelische Verbiegungen aufarbeiten.

Das Zusammenleben im Konvikt war streng hierarchisch geordnet. Auch in den Schülergruppen herrschten Zucht und Ordnung. Der stets ausgetragene Machtkampf wurde mit Durchsetzungsfähigkeit und Kraft entschieden. Wer Autorität und Prestige besaß, durfte in der Gruppe »das Wort führen«. Die Schwächeren leisteten »Sklavendienste«. Wer seine Intelligenz zu auffällig zeigte und außerdem ein Streber war, lag auf der Prestigeskala weit unten. Wer sich da nicht wehren konnte, dem ging es schlecht. Einige machten arge Erfahrungen über viele Jahre. »Man konnte bis aufs Blut verfeindet sein und schlug sich die Köpfe ein.«

Bedrohliche Schlägereien und biestige Machtkämpfe kompensierten nicht nur den extremen Leistungsdruck. Die Konviktoristen sahen sich dem permanenten Druck der Ordnungs-, Pünktlichkeits- und Sauberkeitsgebote ausgesetzt und reagierten sich ab. Die extreme Disziplinierung bis ins Primaneralter entlud sich oft in schlimmen Aggressionen innerhalb der Gruppe. Es wurde geprügelt und schikaniert. Heimtückisches Verhalten und Sklavendienste waren an der Tagesordnung. Von oben wurden die Gruppen von den Direktoren gesteuert. In ihrer Selbstkontrolle steuerten sich außerdem die Gruppen noch einmal untereinander.

Oskar war stark. Er besaß eine Vorrangstellung, war ein wehrhafter Außenseiter, malträtierte oft die ganze Gruppe, sagte und machte, was er für richtig hielt, auch wenn er den Zorn anderer auf sich zog. »Wer ihn angriff, mußte sich warm anziehen und mit brutalen Reaktionen rechnen«, erinnert sich ein Konviktorist. »Gnadenlos konnte er Kameraden niedermachen, körperlich und verbal. Seine sarkastischen Sprüche und verletzenden Anwürfe waren gefürchtet. Für ihn ein Stück Belustigung, für die Nichtbetroffenen beliebte Unterhaltung. Oskar suchte die Konfrontation, doch er suchte sich auch Opfer, die er fertigmachen konnte!« Brutale gruppendynamische Prozesse gehörten zum Alltag in Prüm. Oskar Lafontaines Widerstand gegen die Konviktsleitung geschah niemals offen, immer verhalten, verdeckt. »Rebelliert hat er nicht. Lafontaine respektierte die klerikale hierarchische Ordnung, beachtete Machtstrukturen. Niemals rannte er gegen Windmühlen an. Immer wußte er, wen er vor sich hatte, wer sein Gegenüber war«, charakterisiert ihn ein anderer Mitschüler.

Rausschmiß

Nach dem ersten Besuch seiner Mutter in Prüm 1953 sagte Sohn Hans bei der Verabschiedung: »Mama, wenn du dich auch ärgerst, es gefällt uns im Konvikt besser als daheim.« Katharina Lafontaine war beruhigt. Besonders um den schwächlichen und häufig kränkelnden Hans hatte sie sich Sorgen gemacht. Alle drei Wochen fuhr die Mutter nach der Büroarbeit von Völklingen los. Samstags um 13 Uhr mit dem Zug nach Trier. Umsteigen. Von Trier nach Gerolstein und von dort mit dem Triebwagen nach Prüm. Solange das Saarland wirtschaftlich zu Frankreich gehörte, war Saarhölzbach Zollstation. Hier mußte die Grenze zur Bundesrepublik überquert werden. Eine unbequeme, beschwerliche Reise. Bepackt mit Koffern voll Wäsche, Kleidung und Süßigkeiten fand Katharina Lafontaine im Prümer Hotel »Goldener Stern« ein preiswertes Quartier. Für neun Jahre. In ihrem Zimmer wusch sie manchmal Strümpfe und Hosen ihrer beiden Söhne und steckte sie auch in die Badewanne.

Katharina Lafontaine hatte gegen die strenge christlich-katholische Erziehung nichts einzuwenden. Sie hätte auch keinen Sohn am Theologiestudium gehindert. Gerne wäre sie Priestermutter geworden. Nur einmal zweifelte sie am eigenen Aufopferungswillen. Würde die mittlere Reife nicht für ihre Söhne ausreichen? Den Gedanken ließ sie rasch fallen, nachdem der Klassenlehrer beide als Rückgrat der Klasse gelobt und eine Fortsetzung dringend empfohlen hatte.

Neun Jahre legte sich die Mutter krumm. Neun Jahre steckte sie den Löwenanteil ihres hart verdienten Geldes in die schulische Ausbildung ihrer Kinder. Die wollten ihre Mutter nicht enttäuschen. Sie mußten im Konvikt durchhalten. Billiger als im Prümer Konvikt konnten die Brüder nirgendwo leben und wohnen. Deshalb hüteten sie sich auch davor, mit der Konviktsleitung Krach zu riskieren. Sie gehorchten und beugten sich der strengen Hausordnung zu einer Zeit, als sie gern ausgestiegen wären, gaukelten dem erzkonservativen Direktor überzeugte Religiösität vor, obwohl ihnen kirchliches Leben immer schwerer fiel. Hans und Oskar wollten aus finanziellen Gründen und ihrer Mutter zuliebe solange im Konvikt bleiben, bis sie ihr Abitur hatten. Helmut Löscher machte ihnen einen Strich durch die Rechnung.

Hans Lafontaine verließ als erster das Konvikt. Der stille, zurückhaltende und immer ängstliche Junge hatte seiner Mutter die Erlaubnis abgerungen, in die Stadt zu ziehen, weil er es einfach nicht mehr aushielt. Der verträumte, nach innen gekehrte, intelligente Primaner fand im Sommer 1960 eine angenehme Bleibe bei einer Prümer Försterfamilie. Vermutlich kam Hans Lafontaine mit seinem überraschenden Schritt einem Rausschmiß zuvor. Er hatte wieder einmal die Hausordnung verletzt und mußte mit Konsequenzen rechnen. Der Fußballfanatiker und leidenschaftliche Anhänger von Borussia Neunkirchen/Saar war zu einer nicht genehmigten Sportveranstaltung gegangen. Wegen dieses »Fehltritts« des verschlossenen Lafontaine-Sohnes kochte Löscher.

Auch Oskars Konviktskarriere ging jäh zu Ende. Nach einer Probe der Schola waren die erfolgreichen Sänger in eine unverfängliche, doch verbotene Kneipe gezogen und hatten ihren Durst mit Bier gelöscht. Diese »zuchtlose Tat« war für den Konviktsdirektor Anlaß genug, die halbe Schola aus dem Konvikt zu werfen. Oskar gehörte zu den haltlosen »Sündern«, die »flogen«.

Oskar konnte sich – bei Bedarf – auf Kommando übergeben. Oft verhalf er Freunden, die den Unterricht schwänzen wollten, damit zu Aufenthalten im Krankenzimmer. Die meisten seiner Streiche blieben jedoch harmlos, Lappalien. Gravierendes hatte sich in acht Konviktsjahren nicht angesammelt. Priester zu werden hatte er in der Oberstufe aufgegeben, ohne es den anderen »auf die Nase zu binden«.

Das Verlassen des Konvikts war für beide nicht einfach. Folgenschwerer allerdings noch für die Mutter. Denn private Unterkünfte waren wesentlich teurer. Selbstversorgung ungewohnt. Doch kein geringerer als der Konviktsdirektor – vermutlich tat es ihm leid – besorgte dem Saarländer ein Privatquartier in Prüm. Beim stadtbekannten Prümer Polizeimeister und Schichtführer Vinzenz Gierten fragte er nach und fand, was er suchte.

Am 27. Februar 1961 zog Oskar Lafontaine mit seiner bescheidenen Habe in das Mietshaus der Familie Adelheid und Vinzenz Gierten. Für 180 DM Miete im Monat – mehr als doppelt soviel wie im Konvikt – wechselte er seinen Wohnsitz. Seiner Mutter in Pachten blieb nichts anderes übrig, als zuzustimmen. Ein Jahr vor dem Abitur gab es keine Alternative. Das schlichte Zimmer unter dem Dach des Hauses im Achterweg 7 reichte aus. Der anspruchslose Saarländer fügte sich und ärgerte sich auch nicht über die bescheidenen hygienischen Verhältnisse: Dusche und Toilette im Erdgeschoß. Einmal Baden in der Woche.

Katharina Lafontaine besuchte ihre Söhne auch weiterhin alle drei Wochen. Sie kümmerte sich um Wäsche und Kleidung und knüpfte freundschaftliche Kontakte zu den beiden Familien.

Oskar hatte im Konvikt manchem Zögling bei den Hausaufgaben geholfen. Jetzt gab er dem fünf Jahre jüngeren Sohn des Hauses regelmäßigen Nachhilfeunterricht. Vor allem in Mathematik. Er ließ sich in Naturalien bezahlen, verdiente für seine Freunde noch mit.

Mit dem leidenschaftlichen Jäger Gierten ging er manchmal auf die Jagd, erlebte auf dem Hochsitz seine schönsten Stunden in der Eifel. Er durfte das Telefondienstnetz der Prümer Polizei benutzen und stand mit seinem Freund Bernd Niles in ständigem Kontakt, der bei der zweiten Polizistenfamilie wohnte, der Familie Saftig. Wie Katharina Lafontaine, diese willensstarke Frau, mit der schweren zusätzlichen finanziellen Belastung fertig wurde, bleibt ihr Geheimnis.

Ihre Söhne gründeten mit einigen Gesinnungsgenossen den »Club der Ehemaligen«, sangen weiter eifrig in der Schola und steckten die einschneidende Veränderung in ihrem Schülerleben gelassen weg. Das gelang jedoch nicht allen. Einige der Rausgeworfenen knabberten am jähen Ende des Konviktlebens schwer. »Wenn die mich nicht wollen, dann gehe ich halt«, hatte Oskar sein »Schicksal« kommentiert.

Freiheit

Immer unter Kontrolle, selten allein, ständig beten zu müssen, acht Jahre Bischöfliches Konvikt hatten Spuren hinterlassen. Danach mußte er sich umgewöhnen, auf eigenen Beinen stehen, Alltagsprobleme selbst regeln, Freizeit gestalten und Abende ausfüllen. Freiheit brachte Probleme. Auch Oskar Lafontaine wollte auf Freunde nicht verzichten. Der »Club der Ehemaligen« war ein äußeres Zeichen für die Sehnsucht nach Gemeinschaft. Das Alleinsein mußte erlernt werden. Die Freiheit wurde in Maßen beansprucht. Endlose Besäufnisse gab es ebensowenig wie ausschweifende Gelage mit Mädchen. Man traf sich jetzt in Kneipen, ging gemeinsam Kegeln und besuchte einen Tanzkursus in der Stadt, der im Konvikt verboten war. Oskar spielte zum Schluß seines »Freiheitsjahres« sogar in der Fußballmannschaft des »SV Prüm«.

Die kleine »Waldstadt in der Eifel« hatte rund 4000 Einwohner. »Man konnte sich nicht wie die Axt im Walde benehmen«, resümiert ein »Ehemaliger«. »In diesem überschaubaren Dorf waren wir schnell bekannt. Jeder kannte mindestens einen Lehrer. Und wieder gab es so eine Art Kontrolle.«

Im Krieg war Prüm zu 80 Prozent zerstört worden. 1949 machte die Explosion eines Munitionsbunkers weltweit Schlagzeilen. Wieder lag ein Teil der Stadt in Schutt und Asche. Mitte der sechziger Jahre wurden alle Schäden behoben.

Prüm liegt rund 450 Meter hoch, nahe der deutsch-belgischen und der deutsch-luxemburgischen Grenze. Heute ist Prüm ein anerkannter Luftkurort und verfügt über alle Einrichtungen, die der Feriengast schätzt: Waldschwimmbad, Hallenbad mit Sauna, Kurpark, Campingplatz, Tennisplätze, Reithalle und im Winter Skilifte und Langlaufloipen. Politisch ist die Eifelgegend mit der ehemaligen Kreisstadt Prüm konservativ. Bei den Wahlen nach dem Krieg erzielte die CDU durchweg absolute Mehrheiten.

Das letzte Jahr vor dem Abitur war für Oskar Lafontaine ausgefüllt mit »reichlich Schule«. Der Unterricht blieb anspruchsvoll, und das

Veranstaltungsprogramm konnte sich sehen lassen. Ende Juni 1961 feierte die Reginoschule den Wiederaufbau und die Einweihung des neuerrichteten Schulgebäudes. Oskar und seine Freunde erlebten feierliche Reden des Bischofs von Trier und des Mainzer Kultusministers.

Nach den letzten Sommerferien ihres Schülerlebens begab sich der Schulchor, dem Oskar seit der ersten Klasse angehörte, auf eine Frankreichtour. Unter der Leitung von Studienassessor Berg reisten sie im September 1961 für eine Woche in die Normandie. Bei der Einweihung von vier Soldatenfriedhöfen in Orglandes, Marigny, La Cambe und St.-Désir-de-Lisieux sangen sie. Zum Grundrepertoire gehörten: »Befiehl Du meine Wege«, »Du Friedensfürst, Herr Jesu Christ«, »Ich hatt' einen Kameraden«. Diese Frankreichfahrt prägte sich Oskar besonders ein.

Im Dezember wirkten die Oberprimaner – auch Oskar Lafontaine – bei der Aufführung der »Cäcilienode« von Händel mit. Letztmalig gestalteten sie den »Tag der Hausmusik« in ihrer Reginoschule. Im Januar 1962 fand bereits die schriftliche und Anfang März die mündliche Reifeprüfung statt. So schnell war das Schuljahr noch nie vorübergegangen.

Reginoschule

Als Hans und Oskar Ostern 1953 auf die Reginoschule gekommen waren, feierte das Gymnasium in der ehemaligen Benediktinerabtei seinen 101. Geburtstag. Das Abteigebäude war im Zweiten Weltkrieg erheblich zerstört worden. Der erste Teil der wiederhergestellten Räume konnte ein Jahr vor Ankunft der Lafontaines bezogen werden. Die um 720 gegründete Benediktinerabtei, im 18. Jahrhundert von Johannes Seitz nach den Plänen von Balthasar Neumann neu erbaut, prägt noch heute das Bild der Stadtmitte. In der ehemaligen Klosterkirche befindet sich das Grab Kaiser Lothars I., des Enkels Karls des Großen. Sehenswert sind das Chorgestühl, die Altäre, die Steinkanzel und die Orgel.

Vierhundert Schüler besuchten mit Oskar Lafontaine die Schule, die seit 1926 den Namen des Abtes Regino trug, der von 892 bis 899 amtiert hatte. Das Lehrerkollegium zählte fünfzehn Mitglieder. Es gab einen alt- und einen neusprachlichen Zweig. Heute, im Jahr

1990, besuchen 327 Jungen und 350 Mädchen das Prümer Gymnasium. Betreut werden sie von 66 Lehrerinnen und Lehrern.

Neun Jahre »ackerten« die Lafontaines im altsprachlichen Zug mit Latein als erster Fremdsprache. Als zweite Fremdsprache kam ab Quarta Griechisch hinzu. Französisch folgte ab Untertertia. Neun Jahre verbrachten sie hinter den dicken Mauern der Abtei, liefen täglich durch den Kreuzgang, vorbei an der Bibliothek mit ihrem Gewölbe und dem Kapitelsaal. In der barocken Aula erlebte Oskar mit dem Schulchor viele musikalische Auftritte.

Zu dieser Zeit war Konrad Adenauer Bundeskanzler der Bundesrepublik Deutschland und Bundesvorsitzender der CDU. Theodor Heuss war Bundespräsident und Erich Ollenhauer Vorsitzender der Sozialdemokratischen Partei Deutschlands und Oppositionsführer im Deutschen Bundestag. Kurt Schumacher war gerade ein Jahr tot. Ministerpräsident Johannes Hoffmann regierte das wirtschaftlich an Frankreich angeschlossene Saarland. Willy Brandt saß als Berliner Abgeordneter im Deutschen Bundestag. Helmut Schmidt vertrat die Hamburger SPD in Bonn. Helmut Kohl studierte in Heidelberg Geschichte, Rechts- und Staatswissenschaften und wurde als führender Kopf der »Jungen Union« Mitglied des geschäftsführenden Vorstandes der CDU Pfalz. Hans-Dietrich Genscher arbeitete in Bremen. Er war vor einem Jahr von Halle nach Bremen übergesiedelt und Mitglied der F.D.P. geworden. Als Gerichtsreferendar verdiente er sein Geld in der Hansestadt. Johannes Rau trat in die »Gesamtdeutsche Volkspartei« ein und arbeitete als Vertriebsleiter beim Luther- und Eckart-Verlag in Witten an der Ruhr. Lothar Späth begann zur selben Zeit seine Ausbildung als Verwaltungskandidat auf dem Bürgermeisteramt in Gronau.

Große politische Ereignisse machten Schlagzeilen. Die Prümer Sextaner erlebten den Volksaufstand in Ost-Berlin und in der DDR am 17. Juni 1953, außerdem die zweite demokratische Wahl seit Gründung der Bundesrepublik, die Bundestagswahlen im September.

Der Übergang von der Volksschule zum Gymnasium, vom Mutterhaus ins Konvikt war reibungslos verlaufen. Die Lafontaine-Kinder brachten ausgezeichnete Zeugnisnoten nach Hause, die sie regelmäßig ihrer ehemaligen Lehrerin in Pachten, Irmgard Hoffmann, stolz zur Begutachtung vorlegten.

Noch fehlte in Prüm eine Turnhalle. Als Ersatz war der Klosterspeicher hergerichtet und mit Turngeräten wie Barren und Kasten bestückt worden. Im Sommer turnten die Pennäler auf dem Schulhof oder auf dem Sportplatz im Prümtal. Schwimmen wurde für die Konviktoristen zum beliebtesten Sport. Hierbei nahmen sie gelegentlich sogar einen weiblichen Körper wahr.

Der Prümer Chronist Franz-Josef Faas, von 1977 bis 1987 Studiendirektor und stellvertretender Leiter der Reginoschule, die sich ab 1964 Regino-Gymnasium nannte, notiert in seinem Buch *450 Jahre Schulgeschichte:* »1954 führte die Unterprima im kleinen Innenhof, den sie vorher von großen Schuttbergen befreit hatte, Hofmannsthals ›Jedermann‹ mit großem Erfolg auf, zumal sich die Ruine des Aulabaus hervorragend als Kulisse eignete. 1954 war dann ein weiterer Bauabschnitt beendet, ein großes Lehrerzimmer im Mitteltrakt konnte bezogen werden, das bisherige wurde Kartenzimmer. 1954 erschien ein neuer Lehrplan ... Darin hieß es, daß neben der Stoffbeschränkung auch eine Verminderung der Fächer notwendig sei. Das Anhäufen von Einzelwissen, das nicht als Bildungsgut wirksam werde, sei in den Abschlußklassen zu unterlassen. Die Abiturklasse solle mehr denn je zur geistigen Selbständigkeit, zur Erfassung des Werthaften und damit zu geistig-sittlichen Entscheidungen geführt werden.«

Bis dahin hatte Oskar noch Zeit. 1954 erlebten die Lafontaines als Quintaner an den Radiolautsprechern, wie Deutschland Fußballweltmeister wurde. Ein Jahr später feierte Prüm ein großes Fest, an dem auch die Schüler der Reginoschule mitwirkten: Der 1100. Todestag Kaiser Lothars I., der in der Prümer Basilika begraben liegt. Sie sahen den Festzug mit Uniformen und Ritterrüstungen aus dem Mittelalter. Ein Riesenspektakel, das Prüm noch nie gesehen hatte. Oskar Lafontaine erinnert sich noch gut daran.

In seiner Klasse saßen neben städtischen Schülern Fahrschüler aus den umliegenden Dörfern; neben Konviktoristen auch Schüler von der Missionsschule in Niederprüm und vom bischöflichen Internat in Gerolstein. Denn drei kirchliche Institutionen versorgten das Prümer Gymnasium, wobei das Konvikt bei weitem die wichtigste Einrichtung war.

Anfangs traten die Konviktoristen als verschworene Gruppe auf. Im Laufe der Jahre trat ihr übersteigertes Zusammengehörigkeitsgefühl in den Hintergrund. Die Einheimischen beneideten die Fremden, weil diese sich im Konvikt oft gegenseitig helfen konnten, während die Bauernsöhne zu Hause niemanden fragen konnten. Andererseits erlaubten sich die Konviktbewohner nicht wie die Fahrschüler Verspätungen, und sie saßen auch nicht in der Milchbar und schwänzten den Unterricht. Ihnen wurde geglaubt, wenn sie im Winter bei Eis und Schnee zu spät kamen.

In Oskars Klasse saßen aus Prüm die Söhne des Apothekers und Notars, die Söhne von Ärzten und Lehrern der Schule, von gutsituierten Kaufleuten. Ein gutes Drittel zählte zur »Stadtelite«. Das zweite Drittel setzte sich aus Bauernsöhnen, Söhnen von ländlichen Kaufleuten und Handwerkern zusammen, die zum Teil tägliche Anmarschzeiten von über zwei Stunden hatten. Schließlich die Internats- und Konviktsschüler. Sie kamen von der Saar, vom Hunsrück und aus Gegenden, wo es keine weiterführenden Schulen gab. Sie stammten durchweg aus einfachen Familienverhältnissen, finanziell schwach, gut katholisch und manchmal unterdurchschnittlich begabt.

Die Kinder aus sozialschwachen Verhältnissen bekamen die einmalige Chance, durch Schule und Studium dem bildungsschwachen heimischen Milieu zu entkommen.

Früh lernten sie in Prüm die Fähigkeit zum abstrakten Denken, losgelöst von der täglichen Wirklichkeit. Die Schüler lernten an diesem humanistischen Gymnasium, in größeren Zusammenhängen und Zeiträumen zu denken. Nachteil aber war, daß den Schülern Scheinwelten aufgebaut wurden, die mit Alltag und Gegenwart des Lebens kaum etwas zu tun hatten. Wohlbehütet im elfenbeinernen Turm der Schule.

An Wandertagen ging es in die herrliche Eifellandschaft rund um Prüm. Einige Klassenfahrten wurden in der Oberstufe nach Heidelberg, Frankfurt und Bonn unternommen. In der Mainmetropole besuchten sie den Zoo, in Bonn den Bundestag und den Drachenfels.

Die Saarländer galten bei den Eifelern als »vorlauter, spontaner, impulsiver, forscher und weniger zurückhaltend« als andere.

In Oskars Klasse gab es keine Mädchen. Partys mußten bei der Schulleitung angemeldet und genehmigt werden. Wer sich nicht daran hielt, hatte mit drakonischen Strafen zu rechnen. »Ich habe während der gesamten Schulzeit bis zum Abitur so gut wie keinen Kontakt zu Mädchen gehabt. Sie waren für mich wie ferne fremde Länder. Ich sah sie von weitem, näherte mich ihnen nicht, fühlte mich in

Wahrheit auch nicht von ihnen angezogen«, sagt ein Konabiturient der Lafontaines 1990.

Lehrer

»Es war eine typische Schule für strafversetzte Lehrer. Prüm wurde vom Mainzer Kultusministerium für Strafversetzungen bevorzugt, weil diese Stadt so weit aus der Welt war«, sagt ein Lehrer heute. Immer gab es derartige Gerüchte. Sie wurden auch von Schülern in die Welt gesetzt, um sich zu rächen oder eigene Fehlleistungen zu kaschieren. Wer von Lafontaines Lehrern tatsächlich zwangsweise in das Eifelstädtchen gekommen ist, läßt sich nicht mehr exakt nachprüfen. Fest steht, daß die überwiegende Zahl der Lehrkräfte ehemalige Kriegsteilnehmer und NSDAP-Mitglieder gewesen sind. Die meisten waren bei den Entnazifizierungsverfahren als »Mitläufer« eingestuft worden. Einige wurden nach kurzem Berufsverbot wieder als Lehrer eingestellt.

Eine Ausnahme war Oberstudiendirektor Hermann Lentz, Leiter der Reginoschule von 1945 bis 1963. Der 1897 in Krefeld geborene Pädagoge – ein guter Mathematiker und Physiker – war von 1931 bis zu seiner Verhaftung 1943 Lehrer an der Reginoschule. Die Geheime Staatspolizei in Trier verhaftete ihn, weil er Predigten des Münsteraner Bischofs Graf von Galen verbreitet hatte. Der gläubige Katholik mußte sich dafür vor Roland Freislers Volksgerichtshof in Berlin verantworten. Überraschend wurde er nach kurzer Zeit freigelassen. Durch die Intervention der Prümer NS-Kreisleitung bei der Trierer Getapo soll er »gerettet« worden sein. Danach unterrichtete er bis Kriegsende an einem Trierer Gymnasium.

Der Hintergrund: Erwin Schneider, langjähriger Lehrerkollege von Lentz in Prüm, hatte während eines Heimaturlaubs als Besatzungsoffizier in Norwegen von der Verhaftung Lentz' erfahren. Der überzeugte Nationalsozialist Schneider ging selbstbewußt zur Prümer Kreisleitung der NSDAP und bat den Leiter, sich in Trier und Berlin umgehend für die Freilassung von Lentz einzusetzen. Er, Schneider, kenne Lentz seit Jahren, habe von ihm auch Predigten bekommen, bürge für den Vater von fünf kleinen Kindern und zuverlässigen Leiter der Flugwache in Prüm. Lentz sei ein guter Deutscher, der dem Nationalsozialismus durch sein christliches Engagement keinen Schaden zufügen wolle und könne. Schneiders couragierter Einsatz für Lentz führte wenig später zum Erfolg. Lentz vergaß diese helfende Tat des glühenden Anhängers von Adolf Hitler auch nach dem Krieg nie.

Erwin Schneider, die umstrittenste Persönlichkeit an der Reginoschule, war Oskars Klassenlehrer. Für den jungen Saarländer wurde er zu einer prägenden Persönlichkeit.

Schneider stammte aus dem Westerwald. In Korb bei Hachenburg war er 1903 als erstes von zwei Kindern eines Postverwalters geboren worden. Sein Vater, ein protestantischer Monarchist, mißtraute Hitler zutiefst. Erwin Schneider bestand 1926 in Linz am Rhein sein Abitur und studierte anschließend in Bonn Mathematik, Physik und Erdkunde. 1932 machte er sein erstes Examen. Am Seminar in Wuppertal setzte er seine Lehrerausbildung nach längerer Unterbrechung wegen Krankheit fort. 1938 trat er seine erste Stelle als Assessor an der Oberrealschule Oberhausen an und ließ sich noch im selben Jahr an die »Deutsche Oberschule« in Prüm versetzen, wie das Gymnasium während der NS-Zeit hieß. Es folgte die Regelbeförderung zum Studienrat und ab 1944 zum Oberstudienrat.

Acht Wochen nach Hitlers Machtübernahme trat Schneider 1933 der NSDAP bei. Der heute 87jährige Hitleranhänger begründet seinen Parteieintritt so: »Wir hatten 1918 den Niedergang miterlebt, haßten das Diktat von Versailles, hatten Angst vor Arbeitslosigkeit. Dann kam einer und sagte: Wenn ihr mich wählt, werde ich das Deutsche Reich wieder aufbauen und zum Blühen bringen. Für mich war Adolf Hitler der Hoffnungsträger, der Helfer in der Not. Ich habe ihn verehrt, ja, geliebt. Auch nach dem Krieg, als alle ihn verachtet und gehaßt haben. Ich bin mir und meiner politischen Überzeugung immer treu geblieben. Ich gehörte nach dem verlorenen Krieg nicht zu den Wendehälsen, die sich an die Brust der Besatzer schmissen. Ich bin mir treu geblieben und bleibe es bis zu meinem Tod.«

Schneider wollte eigentlich Soldat werden. Wegen gesundheitlicher Probleme wurde er nicht zum Militärdienst zugelassen. Wiederholt bewarb er sich vor dem Krieg um einen Platz in der Armee, erhielt aber immer wieder Absagen. »Das lag auch an meinem Alter«, sagt Schneider heute fast verständnisvoll. Damals kränkte es ihn.

Die Geheime Staatspolizei beschlagnahmte 1940 die Gebäude des Niederprümer Klosters. Sie löste das »Vinzentinum« auf und verlegte das Prümer NS-Schülerheim hierher. Leiter der »nationalsozialistischen Heimstätte« wurde Studienrat Erwin Schneider, Mitglied des NS-Lehrerbundes, der Träger des Heimes war. Über einhundert Schüler von der Saar, der Mosel, aus der Eifel und evakuierten Städten waren Schneider anvertraut und besuchten die Prümer Oberschule von der Sexta bis zur Oberprima. Schneider blieb als Chef dieses Heimes weiterhin auch Lehrer am Gymnasium.

Mit der Einrichtung des NS-Heimes bestand für das Bischöfliche Konvikt »kein Bedürfnis« mehr. Der Regierungspräsident von Trier veranlaßte seine Schließung, die der Trierer Bischof schweren Herzens Ende 1940 vollzog.

Nach dem Krieg attackierten die Direktoren des Bischöflichen Konvikts Erwin Schneider, er habe die Schließung veranlaßt, trage die eigentliche Schuld. Schneider bestreitet diese Vorwürfe bis heute: »Ich habe nie etwas gegen das Konvikt gehabt. Die Direktoren versuchten, mich deshalb fertig zu machen, weil ich als Katholik evangelisch getraut war und meine Kinder evangelisch taufen ließ. Dabei bin ich auch als überzeugter Nationalsozialist nicht aus der Kirche ausgetreten. Ich habe damals wie heute immer meine Kirchensteuern bezahlt. Auch als ich in der Partei war. Die katholische Kirche ist meine Heimat.«

1942 erfüllte sich Schneiders Traum. Er wurde Soldat. Als Pionier half er mit beim Minenlegen in Norwegen, wo er auch Abwehrstellungen aufbaute. Schneider absolvierte einige Offizierslehrgänge, die er jedoch allesamt nicht bestand. »Ich war zu alt«, sagt Schneider heute. Seine mißlungene Militärkarriere blieb sein Trauma.

Mit der deutschen Kapitulation brach für den Klassenlehrer Oskar Lafontaines eine Welt zusammen.

Als Unteroffizier der geschlagenen deutschen Wehrmacht geriet der Westerwälder in britische Gefangenschaft. Zunächst mußte er bis Oktober 1945 deutsche Minen in Norwegen entschärfen, später dann wurde er nach Frankreich abgeschoben. Bis Januar 1948 blieb er in französischer Gefangenschaft. In der Nähe von Clermont-Ferrand arbeitete er im Straßenbau. Die Franzosen haßt Schneider. Er blieb ein Unverbesserlicher, der meint: »Zu Auschwitz kann ich nichts sagen. Ich war nie dort, war nicht dabei. Wir haben in Gefangenschaft auch nur 125 Gramm Brot und einen halben Liter Wassersuppe bekommen. Auch bei uns im Lager starben viele Kameraden. Ob das alles Deutsche waren, die in den Konzentrationslager gemordet haben sollen, wage ich zu bezweifeln. Ich habe nichts gegen Juden. Es gibt gute und schlechte. Bei uns im Westerwald wurden die Juden reich und groß, weil sie als Viehhändler die Bauern betrogen haben.«

»Ein Entnazifizierungsverfahren blieb mir erspart, weil ich in Gefangenschaft genug büßen mußte«, sagt Oskars Lehrer sarkastisch, der vom Mainzer Kultusministerium 1948 zum Studienrat degradiert wurde. Erst 1957, Oskar saß als Obertertianer in seiner Klasse, erhielt er Titel und Gehalt des Oberstudienrates zurück.

Schneider mußte schlimme Schicksalsschläge hinnehmen. 1940 starb sein erster Sohn drei Wochen nach der Geburt, 1946 sein zweiter Sohn mit vier Jahren an einer Kopfverletzung. Sein drittes Kind, ein Mädchen, starb 1949 bei der Geburt. Seit dieser Zeit kränkelte seine Frau. 1973 starb auch sie.

Erwin Schneider unterrichtete in Oskars Klasse Mathematik, Physik und Erdkunde. Seine politische Überzeugung verhehlte er nicht. Der autoritäre Naturwissenschaftler machte ständig unmißverständliche Bemerkungen, die registriert wurden. »Hört ihr sie? Unsere ›Befreier‹ sind wieder da«, meinte er, wenn amerikanische Militärmaschinen vom Bitburger Fliegerhorst im Tiefflug über Prüm donnerten. Oder: »Die kriegen es noch, und wenn es nur mit dem Kochlöffel ist.« Gemeint waren die Franzosen. Bei der Aufsicht von Klassenarbeiten schritt er im Stechschritt durch die Bankreihen und pfiff nationalsozialistische Lieder und Märsche. »Ich habe sie heute noch im Ohr«, sagt ein Betroffener.

»Der Onkel«, wie Schneider bei den Pennälern hieß, kommentierte tagespolitische Ereignisse in sarkastischer, meist antidemokratischer Art. Er scheute sich nicht, Hitler zu loben. Die meisten Schüler lächelten über den »unverbesserlichen Altnazi und Militaristen«.

Schneider lag in permanentem Konflikt mit dem damaligen stellvertretenden Direktor der Schule, Dr. Hubert Trümpner. Vom Temperament und seinen Grundüberzeugungen her war er Schneider sehr verwandt. Der Weltkriegsoffizier bevorzugte einen ähnlich militärischen Ton wie »Onkel« Schneider . . . Doch sie haßten sich. Darunter mußte die Klasse leiden. Trümpner benachteiligte Oskars Klasse, wo es nur ging. Ein leidvoller Dauerzustand. Diese Fehde endete, als Schneider ein Jahr nach Oskars Abitur auf das Gymnasium Westerburg wechselte. Wegen Lehrermangels wurde er erst mit 75 Jahren pensioniert.

Oskar war Schneiders Lieblingsschüler, Schneider sein Lieblingslehrer. Lafontaine unterschied zwischen dem hohen fachlichen Können seines Lehrers und dessen unerträglicher politischen Einstellung. Er erhielt die besten Noten, verdientermaßen. Schneider stellte Oskar vor der Klasse heraus, wann immer sich eine Gelegenheit bot. Dabei war Oskar nicht Klassenprimus. Aber in Mathematik und Physik war er ein As. Niemand übertraf ihn. Oskar stellte Rekorde auf. Er benötigte weniger als die Hälfte der Zeit bei Klassenarbeiten. Schneider machte ihn zum Vorbild für alle, unterstützte sein Selbstwertgefühl. Dem Lehrer gefiel die zunehmende Hochnäsigkeit Oskars. Er freute sich diebisch, wenn dieser auftrumpfte. An den Gedemütigten schaute der junge Saarländer vorbei. Sein Selbstwertgefühl schlug manchmal in Arroganz um.

Alles durfte sich Oskar erlauben: Frechheiten, dreiste Späße. Auch wenn der Lehrer vor Zorn platzte: Wenn herauskam, daß Oskar beteiligt war, erschien auf seinem Gesicht noch während des Wutanfalls ein strahlendes Lächeln. »Oskar war sein Mann, dem er alles zutraute, der alles erstklassig beherrschte. Er spürte seine Intelligenz und Kraft. Schneider verehrte und liebte begabte Schüler, verachtete und schikanierte Untalentierte und Dumme«, beschreibt ein Klassenkamerad das Verhältnis der beiden.

Wer sich in Mathematik schwer tat, hatte ein schweres Los. Schneider zeigte offen Ablehnung, kommandierte im Kasernenjargon, war ungerecht und dachte sich menschenunwürdige Strafrituale aus. Beispielsweise mußten sich Schüler aufs Pult stellen und wiederholen: »Ich bin dumm.« Andere hatten auf die Bank zu klettern und zu sagen: »Ich bin ein armes Würstchen.« Wieder andere mußten schweigend auf ihrer Bank stehen. Schneider konnte ausfallend werden, wenn Bauernsöhne nach Kuhstall rochen, wenn sie ihre Haare nicht gewaschen hatten und ihre Fingernägel schmutzig waren. Er brüllte, machte sie fertig. In verachtender und destruktiver Art wollte er ihnen Anstand und Sitte beibringen. »Der gute Katholik und gute Deutsche«, Schneider über Schneider, forderte Sekundärtugenden. Er legte Wert auf Sauberkeit, Pünktlichkeit und Disziplin. Er liebte Ordnung, Zucht und militärischen Drill. Oskar, sein Hätschelkind, enttäuschte ihn nicht.

Schneider trieb Schüler in die Verzweiflung. Viele haßten ihn. »Furchtbar, dieser Mann!« dachten die meisten in der Klasse. »Ein Alptraum für ganze Schülergenerationen. Fachlich ausgezeichnet, menschlich ein Schwein, pädagogisch eine Niete.« So beschreibt ein intelligenter Koabiturient Oskars den »Onkel«. Ein anderer glaubt: »Ich vermute hinter diesem Mann einen sehr verletzlichen Menschen, der dies durch Härte und Brutalität verdeckte.«

»Er war in den neun Schuljahren eine prägende Figur für mich«, sagt Lafontaine heute. »Er war mitverantwortlich für meine Entscheidung, Physik zu studieren. Ohne seinen nachhaltigen Einfluß hätte ich auch Sprachen oder Jura machen können.«

Für den kinderlosen Schneider galt Oskar als der Idealtyp des guten Schülers. Er förderte ihn auch deshalb, weil er Halbwaise und sein Vater als Soldat im Krieg gefallen war.

Heute schreibt Schneider seinem ehemaligen Schüler böse Briefe. Er regt sich ständig über dessen Politik auf, kritisiert seine Polemik gegen Kohl und die Bundesregierung. Oskar hält er für eine politische Begabung, doch sein politisches Weltbild kann er »überhaupt nicht teilen«. »Ich habe früher immer Hitler und die NSDAP gewählt. Nach dem Krieg gab ich meine Stimme bei allen Wahlen der CDU. Es gab doch keine Alternative«, sagt Schneider 1990. »Die Republikaner sind mir zu dumm. Aber ich bin kein Anhänger der Demokratie. Das war ich nie in meinem Leben. Heute ist für mich die Monarchie die beste Staatsform.«

Studienrat Heinrich Wolfes war Lafontaines Deutschlehrer. Er gehörte zu den ältesten Paukern der Schule und wurde zwei Jahre nach Oskars Abitur pensioniert. Er starb 1972.

Den hochgebildeten und beschlagenen Germanisten mochten die Schüler nicht, weil er keine didaktischen Fähigkeiten besaß. Als Lehrer war er ungeeignet. Ein Deutsch-Nationaler mit liberalen Ideen. Als Zwanzigjähriger hatte er Radtouren durch die Tschechoslowakei, Ungarn, Polen und Rumänien gemacht. Immer auf der Suche nach fremden Ländern. »Aus seinem Mund kam nie Ausländerfeindliches, Verachtendes über andere Völker. Trotzdem war er ein ausgeprägter, ein selbstbewußter Deutscher«, bilanziert einer der wenigen Schüler, die ihn schätzten.

Wolfes stolzierte durch die Klasse, die Hände auf dem Rücken, und interpretierte Texte. Er schien nur körperlich anwesend zu sein und dozierte. »Er hielt Monologe, doch meistens hörte niemand zu.

Wer aber zuhörte, bekam Erstklassiges geboten: beispielsweise Gedichtinterpretationen. Aus einem schnulzigen Volkslied konnte er Beschreibungen herausholen, daß einem fast der Atem stehenblieb«, sagt ein Wolfes-Fan.»Wolfes lieferte Interpretationen unter anderem über *Wallenstein,* die unter die Haut gingen. Ein Meister der Lyrik-Interpretationen war er auch.« Die Klasse aber nutzte seine Schwächen und störte erbarmungslos den Unterricht.

Die Karikatur von einem Pädagogen muß Franz Dotzauer gewesen sein. Der 1919 in Bingen geborene Lehrer für Latein und Geschichte sollte Oskars Klasse Latein beibringen, das Handeln und Denken der alten Römer.»Ein Trottel, ein Narr«, ist die einhellige Meinung der Klasse über Dotzauer.»Er war verrückt, dieser Mann«, sagt ein ehemaliger Schüler. Gelesen hat Oskar bei ihm natürlich Cäsars *De bello Gallico.* Er interessierte sich in Maßen für das Verhältnis von Macht und Moral. Bei den Schriften Senecas beteiligte er sich an den philosophischen Fragen. Bei Plinius begegnete der Schüler Lafontaine Problemen der praktischen Lebensführung. Cicero-Texte vermittelten einen Einblick in die antike Staatstheorie, und bei Sallust beschäftigte sich Oskars Klasse mit dem Phänomen der Revolution. Sie lasen die Gedichte Catulls und lernten in den Dichtungen Ovids die antike Sagenwelt kennen. Oskar Lafontaine lernte leicht. Er begriff schneller als andere, hatte von Sexta an in Latein keine Schwierigkeiten, gehörte auch in diesem Fach zu den guten Schülern.

Dotzauer stammte aus der Pfalz und sprach wie Helmut Kohl. Lafontaine, der gern Menschen und ihre Dialekte imitiert, machte es schon damals Riesenspaß,»Dotzau« nachzuahmen. Er beherrschte dessen schwerfällige Sprache bis zur Perfektion. Deshalb fällt es dem Saarländer heute leicht, seinen Widersacher Kohl zu »kopieren«, seine Gestik und Sprache »nachzuäffen«. Im vertrauten Kreis und zu vorgerückter Stunde, aber auch bei öffentlichen Wahlreden – ein beliebtes Vergnügen des SPD-Kanzlerkandidaten.

»Ein Giftzwerg konnte er sein, impulsiv und jähzornig.« Gemeint ist Oskars Griechischlehrer Rudolf Rose. Dieser Studienrat, der auch Latein lehrte, gehört zu den wenigen herausragenden Persönlichkeiten des Prümer Lehrerkollegiums.

»Er brachte mehr 'rüber als nur Sprache und Übersetzung. Er gestaltete den Unterricht anspruchsvoll mit historischen Hintergründen und politischer Einordnung. Im Griechischunterricht gab es

Höhepunkte unserer Schulzeit.« So die Bestandsaufnahme eines Schülers nach fast dreißig Jahren. »Die Apologie des Sokrates oder Platons Dialoge sind mir und Oskar unvergessen«, meint einer, der noch heute vom Griechischunterricht begeistert ist und stundenlang Schallplatten mit antiken Texten hört.

Gelesen wurde in der Reginoschule Xenophons *Anabasis,* das Geschichtswerk über Alexander den Großen. Ferner eine Auswahl von Schriften des Thukydides über den Peloponnesischen Krieg.

Oskar und seine Klassenkameraden lernten Homers *Odyssee* und *Ilias* kennen, lasen Texte von Sophokles *(Antigone),* Platon *(Apologie des Sokrates),* Euripides *(Die Troerinnen)* und Aristoteles *(Vom Staat der Athener).*

Lafontaine begeisterte sich für griechische Geschichte und griechisches Denken. Ins »fremde Menschsein« konnte er sich gut hineinversetzen. Die Antike beschäftigte viele Jahre seine Gedankenwelt. Seine Leistungen waren bemerkenswert.

»Den haben wir auf dem Gewissen. Den haben wir fertig gemacht, nervlich, psychisch. Der soll nach unserem Abitur in einer Nervenklinik gelandet sein.« Der so Beschriebene ist Hans-Joachim Fonrobert, ein junger Assessor, Jahrgang 1931. Bei ihm hatten Oskar und seine Klasse Geschichts- und Gemeinschaftskundeunterricht. Fonrobert ließ alles mit sich machen. »Archi«, wie ihn die Schüler nannten, war ein hilfloser Mensch, der von niemandem ernst genommen wurde: unfähig, sich und sein Fach durchzusetzen. Mit Wasserpistolen auf ihn zu schießen und Schirme in der Klasse aufzuspannen waren noch die harmlosesten Späße. Fonrobert blieb das Gegenstück zum autoritären Schneider. Es gelang ihm nicht, sich Gehör zu verschaffen. Von der ersten Unterrichtsstunde an gaben ihm die Schüler keine Chance.

Oskars Klasse war durch Klassenlehrer Schneider gewöhnt, Anweisungen und Befehlen zu gehorchen. Verachtung, Demütigungen und Beleidigungen mußten ertragen werden, wenn Wissenslücken und Schwächen bei Schülern aufgedeckt wurden. Es staute sich ein Aggressionspotential auf, das an anderer Stelle entladen wurde. Im Geschichtsunterricht war das möglich. Oskar und seine Mitschüler waren auf Härte, Drill und Autorität getrimmt worden. »Fonrobert wurde gnadenlos niedergemacht, bekämpft, bis er verwundet und gedemütigt war.« So wie Lehrer Schüler verachteten, gingen Schüler mit schwachen Lehrern um.

»Nichts haben wir bei ihm gelernt. Nichts über die Weimarer Republik, nichts über die nationalsozialistische deutsche Vergangenheit«, resümiert bitter ein Schüler. Demokratische Strukturen und totalitäre Verfassungen wurden als Themen nicht aufgegriffen. Politische Bildung blieb eine Fehlanzeige.

Jüngste deutsche Vergangenheit wurde während Oskars Schülerzeit nicht behandelt. Entweder waren die Lehrer der Prümer Schule als Vertreter der Erlebnisgeneration – also Kriegsteilnehmer und Parteigänger der NSDAP – einseitig und voreingenommen oder belastet und unfähig, die Zeit des Nationalsozialismus zu behandeln.

Das Prümer Kollegium war stockkonservativ. Bis auf eine Ausnahme gehörten alle Lehrerinnen und Lehrer der katholischen Kirche an. Der Direktor und sein Stellvertreter arbeiteten aktiv in der Prümer CDU mit. Die Konviktsdirektoren besaßen gleiche parteipolitischen Präferenzen. Ein besonderes Beispiel für »gutkatholisches Denken und Handeln« war Josef Dittscheid, Priester und hauptamtlicher Religionslehrer an der Reginoschule. Der kleine, dicke Gottesmann mit dem Spitznamen »Hütchen«, weil mehr von seinem Hut als von ihm zu sehen war, trat offensiv und selbstbewußt für die Interessen der katholischen Kirche ein. »Er hat mir weniger die Liebe Gottes als die Macht der Kirche beigebracht«, meint einer, der trotzdem Theologie studierte. »Er sah seine wichtigste Aufgabe darin, Sitte und Moral nicht nur in der Schule, sondern auch im Städtchen und auf dem Prümer Land zu überwachen. Zu meiner religiösen Entwicklung hat ›Hütchen‹ nichts beigetragen.«

Josef Dittscheid, Jahrgang 1913, war mit siebzehn Jahren Soldat geworden. Von 1939 bis 1945 hatte er »an allen wichtigen Fronten des Zweiten Weltkrieges« gekämpft und war als Hauptmann für mehrere Jahre in russischer Gefangenschaft gekommen. Diese Zeit hatte ihn geprägt. Stundenlang sprach er über Rußland, den Krieg und seine Verwundungen, unter denen er sein Leben lang litt. Im Nahkampf war er durch mehrere Bajonettstiche auf dem Rücken verletzt worden. Ein Schüler brauchte nur das Stichwort Rußland in »die Klasse zu werfen«, dann spulte Dittscheid seine Erlebnisse ab. Er behauptete, Russen hätten ihn gefoltert. Um Kameraden zu verraten, seien ihm Finger abgehackt worden. »Wir nahmen seine Heldentaten nicht ernst. Wir pennten, wenn er loslegte, oder machten Latein, Griechisch und Mathe.«

83

Dittscheid verstand sich als Soldat Christi, als Soldat der Kirche. »Sein Unterricht war plakativ, einfältig bis zur Lächerlichkeit. Gott wurde immer an die Tafel gemalt im Symbol des Dreiecks. Jede Religionsstunde begann mit dem Dreieck, das er auch noch mit Löckchen versah. Niemand nahm ihn ernst. Ich auch nicht.«

Der kleine Gottesmann besaß jedoch ein gewaltiges Organ. Seine enorme Stimme schüchterte ein. Viele Schüler fanden seine Rhetorik »ergreifend«. Dittscheid konnte packende Geschichten erzählen, stets mit einem Schuß Demagogie gewürzt. »Seine Redekunst beeindruckte alle. Vielleicht hat Oskar von ihm gelernt.«

Er lernte auf jeden Fall Boxen in der Reginoschule. Lehrmeister war Josef (»Jupp«) Kessler, Jahrgang 1925, Oskars Sportlehrer. Der ehemalige Vize-Europameister im Boxen hatte eine auffallende Macke. Wenn es ihm paßte, »nervte« er seine Schüler monatelang mit einer einzigen Sportart. Mit Handball oder Bogenschießen, aber auch mit Boxen. Die Schüler lernten bei ihm sämtliche Boxregeln kennen. »Wenn er seinen ›Rappel‹ hatte, mußten wir monatelang in den Ring. Manchmal schien es, als wollte er aus uns allen Berufsboxer machen. Wir mußten uns gegenseitig die Visagen polieren.« Oskar und einige seiner Kameraden fanden Spaß an dieser Sportart. Die Schule stellte Boxhandschuhe und Kopfschoner zur Verfügung. Der rauhbeinige »Jupp« führte jene Schüler vor, die sich drücken wollten und Angst vor diesem Kampfsport hatten. Mit denen trainierte er auffallend intensiv. Sie mußten gegen ihn antreten.

»Du Feigling, komm, Handschuhe anziehen, rein in den Ring«, rief der Sportlehrer provozierend. Meistens ging der Gedemütigte auf ihn zu, die Arme am Körper runterhängend. »Jupp« tänzelte vor seinem »Herausforderer«, griff ihn aber nicht an. Regungslos stand der Schüler vor seinem mit den Fäusten drohenden Lehrer. Die meisten »Feiglinge« wollten sich nicht provozieren lassen. Sie verhielten sich abwartend. Es kam vor, daß plötzlich, aus heiterem Himmel, ein von Kessler Provozierter seine Faust im Gesicht des Lehrers landete. Einmal schoß ihm das Blut aus der Nase. »Du feiger Hund, du Feigling«, schrie blutüberströmt Jupp Kessler. Der Schüler drehte sich im Rausgehen gelassen um: »Mit einem Verletzten boxe ich nicht.« »Jupp« bewahrte nur mit Mühe die Fassung.

Der Saarländer Lafontaine wird von seinen Mitschülern als wendiger Sportler geschildert, »kein Überflieger, aber ein zäher Knochen«, mit dem man rechnen mußte. Die Boxregeln vergaß er. Nicht jedoch, wie ein Gegner gekonnt niederzustrecken, k.o. zu schlagen ist.

Oskar Lafontaines Herbstzeugnis fiel 1958 so aus – in Klammern die Noten aus dem Jahr 1960 – Betragen 2 (2); Mitarbeit 2 (2); Religion 3 (2); Deutsch 4 (3); Latein 3 (3); Griechisch 3 (3); Französisch 3 (3); Geschichte 3 (3); Erdkunde 4 (2); Mathematik 3 (1); Physik 2 (2); Chemie 3 (3); Biologie 3 (4); Zeichnen 2 (2); Musik 3 (2); Turnen 2 (3); Politische Gemeinschaftskunde 3 (2).

Die Lafontaine-Zwillinge sind gute Schüler gewesen. Der extrovertierte Oskar zeigte meistens seine Talente, während der introvertierte, zurückgezogene Hans sich häufig erst vorwagte, wenn er aufgefordert wurde. Hans blieb im Schatten seines Bruders. Seine sprachlichen Neigungen waren ausgeprägter als seine Leistungen in den naturwissenschaftlichen Fächern. »Sie hielten sich geistig die Waage«, sagt ein Lehrer von damals.

Abitur

Nur 25 Schüler des altsprachlichen Zweiges schafften Ostern 1962 das Abitur. Neun hatten von der Sexta an durchgehalten und ohne Sitzenbleiben die Reifeprüfung erreicht. Sechzehn Schüler waren als Wiederholer im Laufe der Jahre hinzugekommen. Wie viele zwischendurch das Handtuch warfen, verrät die Schulchronik nicht.

Vom 15. bis 18. Januar 1962 fand die schriftliche Reifeprüfung statt. Im Fach Deutsch standen vier Themen zur Auswahl:
1. Beurteilen Sie den Satz: »Die Jugend soll ihr Leben aus eigener Verantwortung und innerer Wahrhaftigkeit gestalten!«
2. Welche Bedeutung hat das Vertrauen in der menschlichen Gesellschaft?
3. Gedanken über eine Reise ins Ausland.
4. Erläutern Sie Schillers Gedicht »Der Pilgrim«!

Im Fach Latein galt es, einen 33 Zeilen langen Cicero-Text zu übersetzen und zu interpretieren. Sein Inhalt: »Sapientia« und »modestia« bilden die besten Schutzwehr gegen die »voluptas« (Cicero, *De finibus bonorum et malorum* I, 43-44, 46-47). Hier die Übersetzung von Wilhelm Trimborn, Fachleiter für Latein im Bonner Bezirk:

»Die Weisheit ist die einzige (Tugend), die die Traurigkeit aus unseren Herzen vertreibt, die es nicht zuläßt, daß wir vor Angst erstarren. Mit ihr als Lehrerin kann man in Ruhe (seelischer Ausgeglichenheit) leben, nachdem die brennende Leidenschaft aller Begierden erloschen ist.

Begierden sind nämlich unersättlich, sie vernichten nicht nur einzelne Menschen, sondern auch ganze Familien, ja sie bringen sogar oft den ganzen Staat ins Wanken. Aus Begierden entstehen Haß, Zerwürfnisse, Zwistigkeiten, Aufstände und Kriege. Sie machen sich nicht nur in der Öffentlichkeit breit und rennen nicht nur in blindem Ungestüm gegen andere an, sondern bieten auch innen drin im Menschen eingeschlossen ein Bild von Trennung und Uneinigkeit. Daraus muß ein sehr bitteres (widerwärtiges) Leben entstehen, so daß nur ein Weiser, der sich an die von der Natur gesetzten Grenzen hält, ohne Kummer und Angst leben kann. Wenn wir aber erkennen, daß das ganze Leben durch Irrtum und Unwissenheit durcheinander gerät und daß die Weisheit die einzige ist, die vom Angriff falscher Begierden und von Schrecken und Grausen uns rettet und die uns lehrt, Ungerechtigkeiten des Schicksals besonnen zu ertragen, die uns alle Wege zeigt, die uns zur inneren und äußeren Ruhe finden lassen, warum sollten wir dann zögern zu sagen, daß die Weisheit wegen der echten Genüsse erstrebenswert ist, daß Unverstand aber wegen der (damit verbundenen) Beschwerden zu meiden ist? Mit derselben Begründung werden wir sagen können, daß auch die Mäßigung nicht wegen ihrer selbst erstrebenswert ist, sondern weil sie den Menschen den inneren Frieden bringt und sie sozusagen in Eintracht beruhigt und besänftigt. Mäßigung ist nämlich die Tugend, die in erstrebenswerten Dingen aber auch in zu meidenden Dingen mahnt, daß wir Vernunft walten lassen. Es reicht nämlich nicht zu entscheiden, was zu tun oder nicht zu tun ist, sondern man muß auch in dem beharren, was entschieden worden ist. Weil die meisten aber nicht dabei bleiben können, was sie selbst beschlossen haben, liefern sie sich, überrumpelt und geschwächt durch das Trugbild eines schönen Genusses, den Fesseln der Begierden aus und sehen nicht voraus, was kommen wird, geraten deswegen – wegen der Begierden – in schwere Krankheiten, in finanzielle Schwierigkeiten und in Schmach und Schande, oft machen sie sich auch der Strafen der Gesetze und der Gerichte schuldig.«

Im Griechischen mußten Oskar und seine Konabiturienten einen Xenophon-Text aus *Hellenika* ins Deutsche übertragen und historisch-politisch einordnen. »Nach Athens Niederlage im peloponnesischen Krieg wird unter Einfluß Spartas die bisherige demokratische Staatsform durch das oligarchische Regime der sogenannten Dreißig abgelöst.« Dieser Satz stand zur Einführung über dem griechischen Text. Hier die Übersetzung:

»Die Dreißig waren gewählt worden, sobald die langen Mauern und die Festungswerke des Piräus niedergerissen waren. Gewählt waren sie, um die Gesetze zu verzeichnen, nach denen man im Staate leben sollte; sie zögerten aber beständig damit, diese Gesetze niederzuschreiben und vorzulegen, dagegen besetzten sie den Rat und die anderen Ämter, wie es ihnen gut dünkte. Hierauf ergriffen sie zuerst solche Leute, von denen jedermann wußte, daß sie zur Zeit der Volksherrschaft von Angeberei lebten und wackeren Leuten Unannehmlichkeiten bereiteten; die klagten sie auf den Tod an; der Rat verurteilte sie gern, und die andern, die sich bewußt waren, nicht so zu sein wie diese, nahmen daran keinen Anstoß. Als sie aber begannen über die Möglichkeit nachzudenken, mit der Stadt nach Belieben schalten und walten zu können, da schickten sie zuerst den Aischines und Aristoteles nach Lakedaimon und ließen den Lysandros überreden, ihnen die Entsendung einer Schutzwache zuzusagen, bis sie alle schlechten Bürger aus dem Wege geräumt und die Verfassung organisiert hätten; für den Unterhalt versprachen sie selbst zu sorgen. Das leuchtete dem Lysandros ein, und er versprach ihnen, daß eine Besatzung geschickt wurde und Kallibios als Harmost. Sie empfingen die Besatzung und bezeigten sich gegen Kallibios höchst unterwürfig, damit er alles loben sollte, was sie täten. Der gab ihnen seine Wachen mit, und sie ergriffen, wen sie wollten; nun nicht mehr die Schlechten und Nichtswürdigen, sondern bereits solche, von denen sie vermuteten, sie würden sich am wenigsten Zurücksetzung gefallen lassen und bei einem etwaigen Versuch, sich zu empören, die meisten Helfer finden. Die erste Zeit nun waren Kritias und Theramenes einer Meinung und Freunde. Als Kritias aber, weil ihn das Volk früher verbannt hatte, schnell bereit war, viele zum Tode zu verdammen, da widersetzte sich ihm Theramenes und meinte, es sei nicht richtig, jeden zu töten, den das Volk ehre, wenn er den Rechtschaffenen nichts Böses zufüge. »Auch ich und du«, sagte er, »wir haben mancherlei gesagt und getan, um uns in der Stadt beliebt zu machen.« Dem widersprach der andere (er war noch mit Theramenes auf vertrautem Fuße) und sagte, für den, der Ehrgeiz besäße, ginge es nicht anders, als die aus dem Wege zu räumen, die ihn in seinen Plänen am leichtesten hindern könnten; »wenn du dir aber einbildest, weil wir unser dreißig sind und nicht bloß einer, brauchten wir weniger um unsere Herrschaft besorgt zu sein als ein einzelner Gewaltherrscher, so bist du nicht gescheit.«

Im Fach Mathematik mußten die folgenden drei Aufgaben gelöst werden. Oskar war der erste, der seine Arbeit abgab. Daraus wurde die Note »Eins«:

1.) Die Kurve $y = ax^4 + bx^3 + cx^2 + dx + e$ geht durch den Ursprung des Koordinatensystems und hat dort die Tangente $y = 8x$. Außerdem liegt in P (2/O) ein Wendepunkt. Der Flächeninhalt zwischen den beiden angegebenen Nullstellen ist $^8/_5$. Wie lautet die Gleichung der Kurve? Diskutieren Sie die Kurve!

2.) An eine Ellipse, deren Mittelpunkt im Ursprung des Koordinatensystems liegt, ist in einem Punkte P eine Tangente zu zeichnen. Diese Tangente ist mit den beiden Tangenten in den beiden Hauptscheitelpunkten zum Schnitt zu bringen!

Geht der Keis, der durch die beiden Schnittpunkte C und D geht und die Mitte der Strecke CD zum Mittelpunkt hat, auch durch die beiden Brennpunkte der Ellipse?

Die Aufgabe ist zunächst mit allgemeinen Zahlen durchzuführen, danach ist a = 5 cm, b = 4 cm und die Koordination für $T_I : x_1 = ^3/_2$ und $Y_1 > 0$ zu setzen!

3.) Von welchem Punkte P der Ellipse $x^2 + 2y^2 = a^2$ erscheint die mittlere Hälfte der Nebenachse unter größtem Sehwinkel? Diese Aufgabe ist erst mit allgemeinen Zahlen durchzuführen, danach ist als Zahlenbeispiel $a^2 = 48$ einzusetzen!

Die mündliche Abiturprüfung wurde auf den 6. März 1962 gelegt. Um ein Haar wäre dieser Termin geplatzt. Zum letzten Mal wollten die Primaner ihrem Geschichtslehrer Fonrobert eins auswischen. Ihnen fiel nichts Besseres ein, als den Lehrerstuhl naß zu machen. Fonrobert sollte sich – zum soundsovielten Mal – in eine Wasserlache setzen. Doch der Stundenplan wurde geändert, und an Stelle von Fonrobert kam der hochverehrte Herr Griechischlehrer Rose zum Unterricht. Rose setzte sich prompt in die Pfütze. Wütend verließ er das Klassenzimmer mit nassem Hintern. Er fühlte sich zutiefst beleidigt. Im Prümer Lehrerkollegium kochte es. Einig waren sich die Pädagogen in der Einschätzung, daß eine Klasse die Abiturreife nicht verdient habe, die zu »einem so billigen Scherz fähig« war. Im Mainzer Kultusministerium sollen Beamte überlegt haben, den gesamten altsprachlichen Prümer Abiturjahrgang um ein Schuljahr zurückzuversetzen.

Die Lehrerkonferenz setzte die Klasse unter Druck. Ultimativ forderte sie, daß sich der Schuldige melden sollte. In Verdacht geriet auch Oskar. Klassenlehrer Schneider war außer sich vor Zorn. Seinen Lieblingsschüler fragte er erregt:»Warst du es?« Der Saarländer überlegte nicht lange. Selbstbewußt antwortete er: »Nein, ich war es nicht! Ich weiß, wer es war. Ich sage es aber nicht.« Diese Haltung brachte ihm Bewunderung und Achtung in der Klasse ein. Im mündlichen Abitur mußte er dafür büßen. Zusammen mit Udo Keller, dem Urheber des Streiches, wurde er einen Tag später als die anderen geprüft, und zwar am 7. März 1962, am Aschermittwoch. Eine förmliche Entschuldigung bei Studienrat Rose hatte die Klasse vor dem Schlimmsten bewahrt.

Jeder wußte, daß Oskars Banknachbar, Udo Keller, der »Übeltäter« gewesen war. Jeder wußte, daß Oskar mit ihm »unter einer Decke steckte«. Der Unterschied war allerdings, daß sich Oskar derartige Scherze leisten konnte, Udo Keller wegen seiner dürftigen Noten dagegen nicht. Beide baten Studienrat Rose um Verzeihung. Direktor Lentz jedoch blieb bis zur Abiturientenentlassung tief verletzt. Er verabschiedete sich nicht von den beiden.

Klasse

Alle fünf Jahre kommen die Abiturienten des Jahrganges 1962 an Ostern zum Klassentreffen nach Prüm. Oskar Lafontaine fehlte bisher nie.

Bis zuletzt war die Klasse ein »verschworener Haufen«. Immer gab es so etwas wie Zusammengehörigkeitsgefühl. Die meisten wurden Volksschul- oder Gymnasiallehrer. Vier von ihnen studierten Theologie. Zwei wurden zum Priester geweiht. Beide sprangen wieder ab. Sie gaben inzwischen die Theologie auf.

Peter Büchel aus Prüm wurde Ingenieur und ging zur Bundeswehr.

Anton Ennen aus Sellerich im Kreis Prüm arbeitet heute als Rechtsanwalt und Notar in Prüm.

Stefan Feinen aus Rommersheim, Kreis Prüm, wurde zunächst Priester. Heute ist er Lehrer.

Jürgen Graf stammte aus Bleialf im Kreis Prüm und wurde Arzt.

Heinz-Gottgard Hügle aus Prüm, Sohn eines ehemaligen Oberschullehrers an der Reginoschule, wurde Lehrer.

Klaus Imhoff, ebenfalls Lehrerssohn aus Prüm, Sohn des Chemie- und Biologiepaukers, wurde auch Lehrer.

Udo Keller, Apothekerssohn aus Prüm, studierte Pharmazie und übernahm die Apotheke seines Vaters.

Werner Kob aus Stalbach im Kreis Prüm arbeitet heute als Studienrat für Latein und Griechisch in Bitburg.

Hans Lafontaine aus Dillingen-Pachten studierte Jura. Zunächst ließ er sich als Anwalt in Augsburg nieder. Dann machte er mit drei Kollegen eine Anwaltspraxis in Saarbrücken auf. Bei Klassentreffen taucht er selten auf. »War leistungsstark in Sprachen und hilfsbereit. Eher zurückhaltend, bescheiden. Unseren groben Scherzen verlieh er oft einen intelligenten Zug. Konflikten ging er gerne aus dem Weg. Er konnte gut verschleiern, vernebeln, verwischen, Spuren unkenntlich machen. Er spitzte nie zu, versöhnte, statt zu spalten, verharmloste«, so die Beschreibung einiger Klassenkameraden.

Oskar Lafontaine wird von seinen Mitschülern nicht unkritisch gesehen. Die meisten von ihnen sind konservativ. »Er war ganz schön arrogant, achtete auf Klassenhierarchie, an deren Spitze er immer mitmischte. Auf schwache Schüler wirkte er herablassend. Er verstand es, sich gut darzustellen, glänzte mit seinem Wissen, neigte zur Überheblichkeit.«

Manfred von Landenberg aus Bewingen im Kreis Daun ist der Sohn eines Schrankenwärters der Deutschen Bundesbahn und arbeitet heute als Ingenieur bei der Kraftwerks-Union (KWU).

Meinhard Leinen aus Lünebach im Kreis Prüm ist von Beruf Lehrer und nebenberuflich CDU-Bürgermeister einer kleinen Eifelgemeinde.

Herbert Lejeune aus Niersbach im Kreis Wittlich wohnte in der Missionsschule Niederprüm. Heute ist er Finanzbeamter.

Günther Loris aus dem saarländischen Ensdorf war Konviktorist und wurde Lehrer.

Alfred Lubberich aus Stadtkyll im Keis Prüm wurde Narkosearzt.

Bernd Niles aus Hillesheim im Kreis Daun war Konviktorist und Klassenprimus. Heute lehrt er als Dozent am Philosophischen Seminar der Universität Bonn. »Hochbegabt, absoluter Spitzentyp. Oskars bester Freund. In allen Fächern leistungsstark. Der Star. Ihm fiel alles in den Schoß. Ein talentierter Musiker, Dirigent und Orgelspieler dazu und ein angenehmer Schulkamerad. Leider kommt er nie zu unseren Klassentreffen«, berichtet ein Mitschüler.

Anton Schirra aus Alsweiler/Saar war ebenfalls Konviktorist. Er verließ das Priesterseminar und wurde Lehrer.

Egon Scholzen aus Densborn im Kreis Prüm ist heute auch Lehrer.

Rudolf Schweyen aus Binscheid im Kreis Prüm stammt aus einer Bauernfamilie. Er wurde Mikrobiologe und arbeitet als Professor am Institut für Genforschung in Wien.

Matthias Sohns aus Herscheid im Kreis Prüm wurde Volksschullehrer.

Wolfgang Steffen aus Mastershausen im Kreis Zell war Internatsschüler in Gerolstein. Der Sohn eines Möbelfabrikanten und CDU-Landtagsabgeordneten studierte Theologie, gab jedoch auf und wurde Therapeut.

Rudolf Thommes aus Halenbach im Kreis Prüm wurde Lehrer.

Heinz-Josef Thor aus Prüm wurde Ingenieur.

Hermann-Josef Wagner aus Gronig/Saar, Konviktorist, ist heute Lehrer.

Leo Zell aus Rodershausen im Keis Bitburg, ebenfalls Konviktorist, wurde Volksschullehrer.

Nicht für die Schule, sondern für das Leben sollten sie in Prüm lernen Alle erreichten die Zulassung zum Studium an einer Hochschule. Sie hatten das große Latinum erworben, das immer noch für das Studium an vielen Fakultäten deutscher Universitäten vorausgesetzt wird. Griechisch krönte ihre humanistische Ausbildung. Auf der Abiturabschiedsfeier tranken einige zum erstenmal Bier.

Oskar und sein Bruder brachen in Prüm »ihre Zelte ab«. Der Abschied fiel ihnen nicht schwer.

Zu dieser Zeit stand die Berliner Mauer gerade acht Monate. Willy Brandt war Regierender Bürgermeister in Berlin, stellvertretender SPD-Bundesvorsitzender und Kanzlerkandidat seiner Partei. Adenauer war immer noch Kanzler und Ollenhauer noch Oppositonsführer in Bonn. Bundespräsident war inzwischen Heinrich Lübke geworden. Helmut Schmidt arbeitete seit einem Jahr als Hamburger Senator für Inneres und hatte gerade erfolgreich die Rettungsarbeiten und Hilfsmaßnehmen für die verheerende Überschwemmungs-Katastrophe geleitet. Helmut Kohl hatte sein Studium inzwischen erfolgreich mit der Promotion abgeschlossen. Er saß seit zwei Jahren als CDU-Abgeordneter im Rheinland-Pfälzischen Landtag und war zum stellvertretenden Fraktionschef gewählt worden. Rechtsanwalt Hans-Dietrich Genscher hatte es gerade zum Bundesgeschäftsführer der F.D.P. gebracht. Johannes Rau hatte seinen erlernten Beruf als Buchhändler an den Nagel gehängt; er war seit fünf Jahren SPD-Mitglied und seit vier Jahren Abgeordneter im Nordrhein-Westfälischen Landtag. Lothar Späth arbeitete zu dieser Zeit als Stadtoberinspektor bei der Stadtverwaltung Bietigheim im Kreis Ludwigsburg.

IV. Kapitel
Lehrzeit

FILMER/SCHWAN

Studium

Oskar Lafontaine bedauert nicht, Latein und Griechisch gelernt zu haben. Ob er seinen Sohn Frederic auf ein humanistisches Gymnasium schicken würde, weiß er nicht. Es wurmt ihn, weder Französisch noch Englisch frei sprechen zu können. Fünf Jahre Französischunterricht in Prüm reichen bei allem Ehrgeiz nicht aus, beispielsweise eine Rede auf dem Parteitag der Sozialisten in Frankreich frei halten zu können. Er benötigt dann ein Manuskript, »um nicht ins Schleudern zu geraten«. Seine Französischkenntnisse versuchte er kontinuierlich zu erweitern, besonders während des Urlaubs in Südfrankreich. Inzwischen kann Lafontaine – wenn er will – politische Gespräche und Verhandlungen ohne Dolmetscher führen.

Schwieriger wird das im angelsächsischen Sprachraum. Freiwillig lernte er in Prüm Englisch. Nur wenig blieb hängen. Erst während seines Studiums kniete er sich in »Eigenkursen« richtig in diese Sprache hinein. Um den Großteil der wissenschaftlichen Literatur zu begreifen, mußte er zunächst alle Fachausdrücke lernen. Er paukte solange, bis er sprachlich mühelos mit den internationalen Forschungsergebnissen in seinem Fach umgehen konnte. Allerdings sagt diese Fähigkeit wenig aus über den aktiven Umgang mit der englischen Sprache. Lafontaine gibt zu – und es ärgert ihn ein wenig –, daß er ohne Übersetzer keinen ernst zu nehmenden politischen Meinungsaustausch führen kann.

Wie Lafontaine eher zufällig eine humanistische Ausbildung absolvierte, so studierte er auch eher zufällig Physik in Bonn. Kein Zweifel, die Naturwissenschaften interessierten ihn am meisten. Auf diesem Gebiet lagen seine größten Talente. Daß er bei Erwin

Schneider als einziger in der Lage gewesen war, Physikaufgaben zu lösen, die weit über dem Niveau eines Gymnasiums lagen, bestärkte ihn in der Absicht, Physiker zu werden.

Schon Anfang Oberprima stand für ihn und seinen Freund Bernd Niles fest, das Studium gemeinsam aufzunehmen. Es traf sich gut, daß Klassenprimus Niles einen Onkel in Bonn hatte. Der war in der Lage, den beiden Erstsemestern ein gemeinsames Zimmer zur Verfügung zu stellen. Über zwei Jahre lebten die ehemaligen Konviktoristen in »brüderlicher Eintracht« zusammen. Nach dem vierten Semester nahm sich Oskar ein eigenes Zimmer.

Die Bundeswehr verzichtete auf einen Stellungsbefehl für den Saarländer. Obwohl »drei« gemustert (»Formveränderung der Füße«), wurde er nicht eingezogen. Lafontaine gehörte zu jenen, die einen westdeutschen militärischen Verteidigungsbeitrag für angemessen und sinnvoll hielten. Er hätte den Militärdienst nicht verweigert, wäre Soldat geworden und vermutlich Offizier. »Jahre später, ab 1980 etwa, hätte ich einen Dienst mit der Waffe verweigert«, sagt Lafontaine heute.

Er und Niles entschieden sich also für die »Rheinische Friedrich-Wilhelms-Universität« und immatrikulierten sich in der Naturwissenschaftlichen Fakultät. In den ersten Semestern hörten sie Vorlesungen über reine und angewandte Physik und Chemie und machten dazu Praktika. Vor allem aber »paukten« sie Mathematik, die den meisten Anfangssemestern schwerfällt. Lafontaine glänzte auch in Bonn. Die Kommilitonen erkannten seine Fähigkeiten an. Er half ihnen und belehrte sie, wenn sie es wollten. Im fünften Semester machte er mühelos das Vordiplom und brillierte. Theoretische Physik bildete jetzt Schwerpunkt seines Studiums.

Nach dem sechsten Semester wechselte Lafontaine an die Universität des Saarlandes nach Saarbrücken. Der Grund: Während der Semesterferien hatte er seine spätere Frau Ingrid kennengelernt.

Lafontaine hörte an der Saar-Universität Spezialvorlesungen in theoretischer Physik und machte dazu eine Reihe von Übungen. Am Institut für Experimentalphysik II begann er Anfang 1967 mit seiner Diplomarbeit. Über zwei Jahre lang experimentierte er dort im Labor. Sein Aufgabengebiet war die »Zucht von Bariumtitanat«. Es handelt sich dabei um die Zucht von Einkristallen. In schwierigen Laborversuchen gelang es ihm im Laufe der Monate, die höchstkomplizierte Versuchsreihe zum Erfolg zu bringen. Er lernte die »Kunst

der Kristallzucht bis zur Perfektion« und »betrieb ein Stück Technologie im Labormaßstab«. Parallel dazu veranstaltete er als »Hilfs-
bremser« oder auch »Hilfsassistent« zusammen mit seinem Kommilitonen Gerhard Luther Praktika für Studenten der Medizin und der
Naturwissenschaften: zweimal in der Woche zwei Stunden. Dafür
gab es monatlich 220 DM bar auf die Hand. Nach vier Semestern
»Bremserarbeit« wurde es Zeit für ihn, sich auf das Diplom vorzubereiten. Außerdem war er im Nebenjob Politiker geworden. Seit 1966
SPD-Mitglied, »mischte er als Student bereits kräftig in der Stadtpolitik mit«. 1968 wurde er Mitglied des Stadtrates und bekam einen
Telefonanschluß in sein Arbeitszimmer im ersten Stock des Instituts
gelegt. Von hier aus managte er die Jungsozialisten und engagierte
sich mit voller Kraft in der Kommunalpolitik. Zwischen der Kristallzucht im Labor und der politischen Arbeit in der Stadt blieb ihm nur
noch wenig Zeit. Hochschulpolitik interessierte ihn nicht. Die Stu-
dentenrevolte von 1968 berührte ihn kaum. Auch nicht die Auseinandersetzungen danach. »Er hielt sich da raus«, urteilt ein Genosse,
»konzentrierte sich ganz auf Stadt- und Landespolitik.«

Im Wintersemester 1968/69 machte Lafontaine nach zwölf Semestern sein Examen. Seine Diplomarbeit wurde vom Direktor des
Instituts, Professor Horst E. Müser, mit »Zwei plus« bewertet. Im
mündlichen Examen hatte er etwas Pech. Der Saarbrücker Kristallo-
graph Professor Dr. Karl Fischer verpaßte ihm nur ein »Befriedi-
gend«. Lafontaines Enttäuschung muß groß, sein Zorn fast grenzen-
los gewesen sein. Der konservative Hochschullehrer hatte offensichtlich dem »Jungpolitiker der SPD« einen Denkzettel verpassen
wollen.

Im Februar 1969 erhielt Lafontaine das Zeugnis des Diplom-Phy-
sikers. »Es war kein Spitzenexamen. Aber mit der Gesamtnote
›Zwei« hatte ich noch ein gutes Examen geschafft, obwohl mein
Fleiß, mein Engagement an der Uni in den letzten drei Jahren merklich nachgelassen hatten«, meint Lafontaine.

Stipendium

Schon als Prümer Pennäler hatte er sich während der Sommerferien
ein Zubrot verdient. Er half mit bei den Ausgrabungen in seiner Heimatstadt Dillingen-Pachten, die römischen Ursprungs war. Dort

grub er sogar einmal eine wertvolle römische Figur aus, die er brav ablieferte. Bezahlt wurde er vom Konservator in Saarbrücken. Damals lernte er einen italienischen Gastarbeiter namens »Benito« kennen, mit dem er noch lange freundschaftlichen Kontakt hielt. Als Student gab er sich nicht mehr mit Ausgrabungen ab. »Anständige Kohle« wurde nur unter Tage oder auf der Hütte verdient. Lafontaine fand beim Dillinger Stahlbau einen Semesterjob. Er arbeitete in den folgenden Jahren sowohl auf dem Bau als auch auf dem Dillinger Finanzamt. Danach übernahm er zwei Jahre lang den einträglichen »Bremserjob« an der Universität. Seiner Mutter lag er nicht mehr spürbar auf der Tasche. Für die Söhne bekam sie eine bescheidene finanzielle Unterstützung. Und nach dem ersten Bonner Semester war Oskar in den Genuß eines Stipendiums gekommen.

Sein Prümer Religionslehrer Josef Dittscheid hatte ihn auf die Idee gebracht, sich um ein Stipendium beim »Cusanuswerk«, der Studienförderungder Katholischen Deutschen Bischöfe, zu bewerben. Dittscheid stellte dem Saarländer auch das erforderliche Gutachten »eines Seelsorgers« aus.

Lafontaine erfüllte die formalen Voraussetzungen für die Teilnahme am Auswahlverfahren: Deutsche Staatsangehörigkeit, katholische Konfession und den Abschluß von mindestens einem Fachsemester. Zu den Bewerbungsunterlagen gehörten Lebenslauf, Reifezeugnis, Fachgutachten zweier Hochschullehrer sowie das Gutachten eines Priesters. In der Regel übernahm es der Studentenpfarrer. Über Aufnahme oder Ablehnung entschied damals wie heute ein Auswahlgremium, das sich aus Hochschullehrern aller Fakultäten zusammensetzte. »Das Verfahren wird als Concours durchgeführt«, heißt es in den »Cusanuswerk«-Informationen.

Im Zentrum der Begabtenförderung stand nicht die Vergabe von Stipendien, sondern die Betreuung und ideelle Förderung der Stipendiaten. Nicht die wirtschaftliche Lage oder Aspekte der sozialen Bedürftigkeit waren Kriterien bei der Entscheidung darüber, ob ein Student in das »Cusanuswerk« aufgenommen wurde, sondern allein die Eignung nach diesen Kriterien: »Das Cusanuswerk erwartet von seinen Stipendiatinnen und Stipendiaten, daß sie sich im Studium hervorragend qualifizieren und sich darüber hinaus durch geistige Offenheit und die Bereitschaft zu verantwortlicher Auseinandersetzung mit den Problemen und Entwicklungen in Wissenschaft und öffentlichem Leben auszeichnen. Zugleich setzt es das ernsthafte

Bemühen voraus, das eigene Leben unter den Anspruch des christlichen Glaubens zu stellen und die Aufgaben in Beruf, Gesellschaft und Kirche aus diesem Glauben heraus zu gestalten.«

Die Höhe des Stipendiums betrug 300 DM, einschließlich der Ferienmonate. Als Lafontaine verheiratet war, erhielt er noch einen Familienzuschlag von 50 DM. Hinzu kam ein Büchergeld von 50 DM.

Das »Cusanuswerk« wollte den Stipendiaten nicht nur finanziell unter die Arme greifen. Wichtiger war die »Förderung durch ein geistiges und geistliches Bildungsprogramm . . . Die ideelle Förderung in Form von Studium universale, interdisziplinärem Austausch und geistlicher Vertiefung soll die Stipendiatinnen und Stipendiaten befähigen, im Horizont des christlichen Glaubens die eigene Begabung als Herausforderung zum Dienst an den anderen anzunehmen.«

Lafontaine war verpflichet, jährlich an Ferienakademien teilzunehmen. Solche vierzehntägigen Veranstaltungen fanden in den Semesterferien statt. Dabei ging es inhaltlich um »Grundfragen aus verschiedenen Wissenschaftsbereichen, um Probleme der Gesellschaft sowie um zentrale Aspekte von Theologie und christlichem Glaube«. Lafontaine lernte bei dieser Gelegenheit namhafte Theologen und Naturwissenschaftler kennen, darunter auch den Jesuiten Karl Rahner. In Bonn gehörte der Saarländer der »Cusanus-Hochschulgruppe« an, die ein eigenes Semesterprogramm gestaltete.

Gerade dem klerikalen, katholischen, konservativen Milieu in Prüm entfleucht, tauchte er in Bonn wieder in jene Kreise ein, die sich theoretisch und praktisch mit einem bewußten Christsein beschäftigten. Er hatte wieder ausgeprägten Umgang mit Priestern und katholischen Laien. Diesmal aber auch mit prominenten Akademikern anderer Fakultäten. Es faszinierte ihn, Philosophie zuhören und neben naturwissenschaftlichen Fragestellungen andere geistige Bezüge zu durchdenken. In Bonn und Saarbrücken besuchte er Vorlesungen der philosophischen und juristischen Fakultät. Er hörte auch Staatsrecht und Geschichte. Noch gut im Gedächnis sind ihm Maihofers Vorlesungen an der Universität des Saarlandes über »Ideologien« oder über den »jungen Karl Marx«.

Mit diesem Begabtenstipendium hatten die Bischöfe den richtigen Mann gefördert. Lafontaine sollte aber auch »sein Leben unter den Anspruch des Evangeliums stellen«. Dies wurde erwartet.

Lafontaine war kein Frömmler und längst kein ständiger Kirch-
gänger mehr. In Prüm hatte er – vor allem auch als Ministrant – jahrelang dem täglichen Gottesdienst beigewohnt. In Bonn und Saarbrücken »ließ der Kirchgang rapide nach«. Was ihm bis heute blieb,
glaubt er, ist sein »ausgebildetes Gewissen«. »Grundlegende
Gemeinheiten« könnte er nicht begehen, hofft er. Von der katholischen Soziallehre sei er stärker geprägt worden als von der sozialdemokratischen Sozialpolitik. Mit Arbeitern habe er damals lediglich
durch Kneipenbesuche Kontakt gehabt. Gelegentlich dozierte er
auch vor ihnen. In Bonn-Ramersdorf testete er seine Wirkung. Er
war der Star. Im Bierdunst seiner Stammkneipe erklärte er Arbeitern, Angestellten und Bauern die Welt. Mehr physikalisch als welt-
politisch, mehr geographisch als parteipolitisch. Sie horchten auf,
wenn er das Wort ergriff. »Total unpolitisch war das alles«, erinnert
sich ein Kommilitone. Im Februar 1969 erhielt Lafontaine letztmalig
die Überweisung des nicht rückzuzahlenden Begabtenstipendiums.
Insgesamt hatte er von den deutschen Bischöfen über 20 000 DM für
sein Studium bekommen, »für seine überdurchschnittliche Begabung«.

Bruder Hans mußte ohne Stipendium auskommen. »Ich war nicht so
katholisch wie Oskar«, sagt er spöttisch. Mit Halbwaisenrente und
intensiver Ferienarbeit auf der Dillinger Hütte schlug er sich durch.
Nach 18jähriger inniger Gemeinschaft hatten sich die Zwillinge nach
dem Abitur 1962 erstmals getrennt. Hans studierte Jura in Saarbrücken. 1966 mußte er aus gesundheitlichen Gründen ein Jahr lang
pausieren. 1967 machte er seine erste juristische Staatsprüfung und
wurde Gerichtsreferendar. Nach drei Monaten wechselte er nach
Bayern, genauer nach München. Hier legte er 1970 sein zweites
Examen mit Prädikat ab und ließ sich in Augsburg als Anwalt nieder.
Er kämpfte für die Ärmsten der Armen, vertrat gesellschaftliche Aus-
steiger vor Gericht und half jener Klientel, die in unserem Land keine
Lobby hat: zum Beispiel Kriegsdienstverweigerern und jungen Menschen, denen ein Berufsverbot drohte. Reich wurde er dabei nicht.
1982 zog er nach Bordeaux und arbeitete als »Hausmann«. 1984 kehr-
te er nach Saarbrücken zurück, und seit dieser Zeit arbeitet er als
Anwalt in einer vierköpfigen Sozietät. Die Kanzlei liegt im Nauwie-
ser Viertel, einem Stadtteil von Saarbrücken, der wegen des hohen
Ausländeranteils auch »Chinesenviertel« genannt wird.

Entsprechend ist auch die »Kundschaft«. Mit großem Engagement geht Hans Lafontaine seinem Beruf als Anwalt nach. Er ist geschieden, hat eine Tochter und lebt mit einer Französin zusammen. Hans Lafontaine ist ein sensibler, nachdenklicher, grüblerischer Mann, zurückhaltend auch bei Geschäftsbeziehungen. »Einen übers Ohr hauen könnte der nicht«, sagt ein Freund von ihm. »Er ist sicher nicht der beißende, brutale und knallharte Jurist, der er manchmal sein müßte. Aber ein hochintelligenter, gradliniger Denker, ein Philosoph, oft auch ein Träumer, ein Idealist.« Er ist das Gegenstück zum erfolgs- und durchsetzungsorientierten Oskar Lafontaine. Den Streß eines Politikers und die Konkurrenz möchte der Jurist nicht aushalten. Er hat im Gegensatz zum Bruder kein Gefühl, kein Gespür für Macht. Er sei zu ehrlich, zu aufrichtig, zu weich. »Hans ist eine ›Ausnahmeerscheinung‹, mit dem man über mehr Dinge reden kann als mit dem Bruder«, sagt ein Freund, der beide gut kennt.

Parteieintritt

Hans Lafontaine, der als unselbständig galt und sich in der Schule auf seinen Bruder verlassen hatte, ergriff selten die Initiative. Einmal allerdings übernahm er die Vorreiterposition: Mit siebzehn Jahren, noch Konviktorist, meldete er sich bei der Prümer SPD und beantragte seine Aufnahme in die Partei. Wie ein Dissident sei er sich vorgekommen, aber er habe sich stark wie ein Revolutionär gefühlt. Tatsächlich brachte er die »katholisch-christlich-demokratische Konviktleitung« mit seinem mutigen Parteieintritt in arge Verlegenheit. Die beiden Priester jaulten auf und gerieten »beinahe in Panik«, weil sie eine kommunistische Unterwanderung ihrer Kaderschmiede befürchteten. Hans konnte seine Seelsorger beruhigen. Er deutete an, das engstirnige Haus bald zu verlassen. So blieb es beim Sturm im Wasserglas.

Oskar dachte 1960 noch nicht daran, sich parteipolitisch festzulegen. Es mangelte ihm nicht an Entscheidungsfreude, eher an politischer Orientierungslosigkeit. Er blieb politisch gleichgültig. »Oskar hatte mit Politik nix am Hut«, sagt ein Weggefährte.

Auch während des Bonner Studiums erlebte er keine nennenswerte Politisierung, obwohl es an den Hochschulen brodelte.

Konrad Adenauer war abgetreten, Ludwig Erhard neun Wochen im Amt des Bundeskanzlers und Heinrich Lübke Bundespräsident. Nach dem Tod von Erich Ollenhauer 1963 hatte Willy Brandt den SPD-Parteivorsitz übernommen. Walter Ulbricht regierte die DDR. Helmut Schmidt saß seit einem Jahr wieder im Bonner Parlament und war stellvertretender Fraktionsvorsitzender. Helmut Kohl war seit drei Jahren Fraktionschef im Mainzer Landtag und schickte sich an, das Amt des CDU-Landesvorsitzenden zu übernehmen. Genscher wechselte vom Sessel des F.D.P.-Bundesgeschäftsführers auf den Stuhl des Parlamentarischen Geschäftsführers der F.D.P.-Bundestagsfraktion und war seit drei Monaten Mitglied des Deutschen Bundestages. Johannes Rau saß weiterhin im Düsseldorfer Landtag, gehörte dem Stadtrat von Wuppertal an. Lothar Späth war Finanzbürgermeister von Bietigheim geworden.

Im Januar 1966 trat Oskar Lafontaine in die Sozialdemokratische Partei Deutschlahds (SPD) ein: Landesbezirk Saar, Unterbezirk Saarbrücken, Ortsverein Sankt Johann. Registriert wurde der frischgebackene Sozialdemokrat unter der Mitgliedsnummer 31-01 007 01201987. Während er anfangs monatlich 5 DM Mitgliederbeitrag zahlen mußte, überweist er heute regelmäßig 400 DM. Dieser Höchstsatz wird fällig, wenn ein Mitglied die 7000 DM-Netto-Einkommensgrenze überschritten hat.

Daß Oskar Lafontaine Sozialdemokrat wurde, hat auch mit seiner Prümer Vergangenheit zu tun. Seine »politisch-reaktionären« Lehrer und Konviktsleiter waren durchweg CDU-Mitglieder oder standen der CDU nahe. Die »Obrigkeit« wählte in der Eifel meistens die Union. Die Konviktoristen durften geschlossen zu CDU-Wahlveranstaltungen gehen, und dort erlebte Lafontaine die Spitzenpolitiker der rheinland-pfälzischen CDU. Er sah und hörte auch »Dirmel Altmeier«, den Ministerpräsidenten des Landes der Reben und Rüben. Dieser zitierte bei seinem saftlosen Gerede mehrfach Bibeltexte, allerdings »total falsch interpretiert«. Schon wegen »mangelnder geistiger Fähigkeiten« lehnte Lafontaine den »Dummschwätzer« ab. Als externer Schüler besuchte er später mit »ehemaligen Konviktoristen« weitere Wahlkampfauftritte der CDU-Prominenz in der Eifel. »Wir machten daraus eine Riesengaudi, benahmen uns flegelhaft und stellten am Ende auch noch dreiste Fragen«, lächelt ein Weggefährte Lafontaines.

Die Oberprimaner ließen allerdings auch keine wichtige SPD-

Wahlveranstaltung aus. Der erste Sozialdemokrat, der Eindruck auf Oskar und seine Freunde machte, war der Trierer SPD-Bundestagsabgeordnete und spätere Staatssekretär im Bundesfinanzministerium, Karl Hähser. Im Hinterzimmer einer Prümer Gastwirtschaft entwickelte sich zwischen dem Sozialdemokraten und den Pennälern ein philosophisch-politischer Disput, »der es in sich hatte«. Jedenfalls hinterließ der Abend mit Karl Hähser, der zu den jungen, dynamischen politischen Aufsteigern zählte, ein nachdenkliches Echo. Zum erstenmal erlebten die Gymnasiasten einen deutschen Politiker, der nicht nur altbekannte Phrasen abspulte.

Lafontaine war nicht »ideologisch festgelegt«. Er suchte politische Positionen, war beeinflußbar, offen für fortschrittliche Ideen. Ein christlich-sozialer Kopf vom Schlage eines Oswald von Nell-Breuning faszinierte ihn. Doch in welcher Partei gab es mehr derartige Vordenker? In der alten Tante Union nicht. Verschiedentlich ist behauptet worden, Lafontaine sei in Prüm CDU-Mitglied geworden. Doch dieses Gerücht stimmt nicht. Im Eifelstädtchen Prüm gab es damals allerdings weitaus mehr Veranstaltungen der CDU als der SPD. Deshalb wurde Lafontaine auch häufiger auf Unionsveranstaltungen gesehen.

In Prüm hatte er »Pharisäertum und Heuchelei« sogenannter Christen erlebt. Lügen und Scheinheiligkeit im Konvikt, in der Schule, im Umgang miteinander. Lafontaine sah Handlungsweisen der katholischen Amtskirche. Er registrierte Lippenbekenntnisse und klerikale Verstellungen. Die enge Verzahnung zwischen Unionspartei und den Vorständen von Schule, Konvikt und Kirche »stießen« ihn ab. Verknöcherte, unaufrichtige Vorgesetzte verband er mit dem Leitungspersonal der CDU. In Adenauer und Erhard sah er eine ausgediente, abgehalfterte Politikergeneration, gegen die er sich sträubte und innerlich rebellierte.

Nicht auf dem Gymnasium, sondern erst auf der Bonner Universität erfuhr Lafontaine von dem wahren Ausmaß der Greueltaten, die von den Nazis an den Völkern Europas begangen worden waren. In den ersten Semestern beschäftigten er und sein Freund Niles sich neben dem Physikstudium mit der deutschen Vergangenheit. »Wie konnte Gott die Vernichtung von Menschen zulassen?« fragten sie sich. Ihr katholischer Glaube geriet ins Wanken. Die historischen Tatsachen bewegten sie. Lafontaine hörte in Bonn zum erstenmal vom deutschen Widerstand gegen Hitler, hörte von Widerstandskämpfern aus politischen Parteien, auch aus der Sozialdemokratie.

»Unter allen denkbaren Lösungen – und da spielte die Erfahrung aus Prüm eine wichtige Rolle – war die SPD die einzige mögliche Entscheidung für mich damals«, sagt Lafontaine heute.

Das Motiv, überhaupt einer Partei beizutreten, lag vordergründig in der Suche nach einer neuen Gemeinschaft. Lafontaine war seit dem neunten Lebensjahr gewohnt, mit anderen zusammenzusein, immer in der Gruppe zu leben und aufzutreten. In Bonn fehlte ihm die Geborgenheit des vertrauten Kreises. Freundschaften zu einzelnen Kommilitonen boten keinen Ersatz. Oskar brauchte Gemeinschaft: Kollegen, Kampfgenossen, Mitstreiter und Kumpel, die auf ihn hörten und die ihn akzeptierten. Er suchte eine Basis zum Agieren und Handeln, suchte auch Geborgenheit, fand sie in der SPD, kam zu den Jungsozialisten. Reinhard Klimmt, sein Freund und politischer Weggefährte, war Sozialdemokrat, als Oskar ihn kennenlernte. Damals wie heute war Lafontaine frei von verbissener Ideologie.

Er hatte nicht zu denen gehört, die Ende der sechziger Jahre »nein« zur Bundesrepublik sagten und »an den Zuständen verzweifelten«. Er wollte sich positiv engagieren – »auch im Geiste Cusanus'« – suchte »Heimat«, um »sich einzurichten«. Die deutsche Gegenkultur einer »radikal-verneinenden Opposition« berührte ihn kaum. Daß es »kein gelobtes Land« gibt, schien ihm die Zeit in Prüm vermittelt zu haben.

Daß die Adenauer-Ära »ranzig geworden« war, wußte der Genosse Lafontaine vor seinem Eintritt in die SPD. Mit dem Sieg der sozialliberalen Koalition 1969 war die Hoffnung in ihm entstanden, ein anderes Deutschland zu schaffen: offener, internationalistischer, europäischer.

Interview

FILMER/SCHWAN

Nach welchen Maximen wurden Sie erzogen?
Nach den Maximen des katholischen Arbeitermilieus.
Gegen was haben Sie aufbegehrt?
Gegen so ziemlich alles, was in der Schule verboten war.
Um welche Begabung beneiden Sie Ihren Zwillingsbruder?
Er war beim Laufen bedeutend schneller als ich.
Welche Talente vermissen Sie bei sich?
Ich bedauere, nicht malen und kein Instrument spielen zu können.
Acht Jahre Prümer Konvikt, auf was hätten Sie verzichten können?
Jeden morgen gab's Marmelade.
Was »brachte« Ihnen in der Rückschau die humanistische Bildung
der Regino-Schule?
*Die humanistische Bildung ist eine gute Grundlage des Denkens, weil
Latein und Griechisch zur Exaktheit zwingen und einen guten Ein-
stieg in die Philosophie darstellen.*
Glauben Sie, daß sich griechische und römische Philosophie und
Geschichte für die praktische Politik heute nutzen läßt?
Ja, weil soviel Neues nicht gedacht wird.
Was hat Ihnen das Physikstudium gebracht?
*Verständnis der Naturwissenschaften und die Fähigkeit zum exakten
Denken.*
Was hielten Sie damals von den Reformbestrebungen der 68er
Jahre?
*Sie haben auch mein politisches Denken geprägt. Die Verdrängungs-
haltung in der Nachkriegsdemokratie mußte aufgebrochen werden.*
Welche Empfehlungen geben Sie jungen Menschen, die sich partei-
politisch engagieren wollen und was spricht heute für einen Eintritt
in die SPD?

Ich empfehle, sich in der politischen Theorie gründlich zu bilden. Für die SPD spricht, daß sie das geringste Übel ist.

Wo lassen sich welche Spuren aus Ihrer OB-Zeit in Saarbrücken finden?

In der Stadterneuerung:

Saarbrücker Schloß, St. Johanner Markt, Nanteser Platz, Burbacher Bürgerhaus, Stadtmitte Dudweiler, Ausbau des Ludwigsparks, eine Serie von Sozialwohnungen, die Begrünung der Stadt, der Umbau der Feuerwache zum Sprechtheater, der Max-Ophüls-Film-Preis, das Festival des jungen französischen Theaters.

Das Amt des Ministerpräsidenten haben Sie nicht gerade mit großer Begeisterung übernommen, warum?

Weil die Landesfinanzen zerrüttet waren und weil die Stahlindustrie in einer tiefen Krise war. Es war nicht abzusehen, daß sie gelöst werden könnte.

Was hat Sie bisher außer der Stahlsanierung am meisten geplagt?

Die von der CDU/FDP-Vorgänger-Regierung zerrütteten Landesfinanzen. Eine Sanierung ist noch nicht in Sicht.

Wo müssen künftige Schwerpunkte der Saar-Politik liegen, wer auch immer an der Saar regiert?

1. Umstrukturierung der Wirtschaft,

2. Fortsetzung der Ökologischen Erneuerung,

3. Ausbau der wissenschaftlichen Infrastruktur,

4. Verstärkung der kulturellen Aktivitäten: letztes Beispiel war die Gründung einer Hochschule für Kunst.

5. Sanierung der Landesfinanzen.

Was spricht für, was spricht gegen eine Neugliederung der Länder nach der Vereinigung Deutschlands?

Dafür sprechen schematische Ordnungsüberlegungen, etwa »alle gleich groß und alle finanziell in etwa ähnlich ausgestattet«. Dagegen sprechen historische, kulturelle und soziale Strukturen.

Muß das Saarland seine Selbständigkeit bewahren?

Ja, es ist bisher gut damit gefahren, sonst würde es ein Regierungsbezirk von einem größeren Land. Damit würde den Menschen ihre heimatliche Identität genommen. Ich bin der Auffassung, daß auf dem Weg ins größere Europa gerade die Bedeutung der Regionen zunehmen soll und wird.

Was verstehen Sie unter politischer Führung?

In erster Linie die Vorgabe überzeugender Ideen, die sich nach und nach durchsetzen.

Sie begreifen sich als »Internationalist«. Was verstehen Sie darunter?

Das Bekenntnis zu den Werten der Aufklärung und den Grundlagen der französischen Revolution: Freiheit, Brüderlichkeit. Sie sind universale Werte, die nicht in den Grenzen eines Nationalstaates gedacht werden können.

Wie müssen nach Ihrer Einschätzung die Schritte der staatlichen Einigung vollzogen werden?

Vernunftgemäß und organisch gestaltet, nicht in einer Sturzgeburt.

Christsein, was heißt das für Sie?

Die christliche Religion ist für mich die Religion der Nächstenliebe. In der – nicht zuletzt politischen – Umsetzung heißt das Solidarität mit den Menschen auf der Erde, siehe Dritte Welt, oder mit der Natur, siehe Umweltschutz.

Was sollten unsere Politiker vor allem beherrschen?

Bei allem Engagement und bei allem Wunsch politisch zu gestalten und damit auch größeren Einfluß zu gewinnen, sollten sie stets eine Distanz zu ihrer eigenen Tätigkeit entwickeln, d. h. sie sollten immer wieder versuchen, sich selbst nicht zu wichtig zu nehmen.

Worin liegen die gravierendsten Gefährdungen für Politiker?

Bestandteil des herrschenden Mittelmaßes zu werden.

Kennen Sie die Arroganz der Macht, und wie sieht sie bei Ihnen aus?

Der Zwang, vieles in kurzer Zeit zu erledigen, verführt oft zur Ungeduld und zur Nichtbeachtung wichtiger Argumente.

Wessen Rat schätzen Sie in Ihrer Partei am meisten?

Den von Reinhard Klimmt, meinem politischen Weggefährten und Freund. Er ist Vorsitzender der SPD-Fraktion im Saarländischen Landtag.

Wie sehen Sie das auf Sie verübte Attentat heute?

Das Attentat ist ein Einschnitt in das Leben. Es ist eine Grundlage und eine Chance, erneut darüber nachzudenken, was das Leben eigentlich ausmacht. Es hat meine Distanz zu vielem eher verstärkt denn gemildert. Und mit dem Wachsen der Distanz zum Geschäft des Alltags wächst die Fähigkeit, sich den Dingen zuzuwenden, die das Leben eher ausmachen als die Regularien des Alltags.

V. Kapitel

Kommunalpolitiker

ALFRED SCHÖN

Zwischen Rathaus und Landtag

Der »Mann, der nach Oskar kommt, wenn der nach Bonn geht«, kokettiert gerne mit einer »wahren Begebenheit«: Reinhard Klimmt, heute Chef der SPD-Fraktion im Saar-Landtag und unbestrittener zweiter Mann bei den saarländischen Sozialdemokraten hinter Ministerpräsident Oskar Lafontaine, erinnert sich an eine Busfahrt zur Saarbrücker Universität im Jahre 1966. In Höhe des Prinzenweihers spricht den Geschichtsstudenten, der sich an der Hochschule bei den Jungsozialisten engagiert hat, ein Kommilitone an, der sich für Physik eingeschrieben hat. Sein Gegenüber ist ihm nur vom Gesicht her bekannt: Klimmt hat ihn als Zuhörer gesehen, als er bei einer Demonstration mit einer feurigen Rede gegen die Hochschulpolitik zu Felde gezogen ist. Der junge Mann mit der spitzen Nase und den wachen Augen fragt den Studentenfunktionär, ob er denn auch in der SPD sei und ob man nicht gemeinsam den laschen Haufen der SPD-Junioren in der Landeshauptstadt zur Aufmüpfigkeit bringen könne. »Ich mach' den Vorsitz, du den Stellvertreter«, hat Oskar Lafontaine damals vorgeschlagen. Bei dieser Arbeitsteilung und »Hackordnung« ist es seither geblieben.

Im Alter von 23 Jahren ist der Physikstudent Oskar Lafontaine in die Sozialdemokratische Partei Deutschlands eingetreten, weil er, wie er einmal gesagt hat, den Anspruch des Christentums in der CDU nicht verwirklicht sah. Sein Lebenslauf hätte ihn auch zur Union führen können. Der Arbeitersohn und Katholik lebte vom neunten Lebensjahr an im Bischöflichen Konvikt in Prüm (Eifel), legte dort am Staatlichen Gymnasium 1962 ein sehr gutes Abitur ab. Und an den Universitäten Bonn und Saarbrücken griff ihm die

106

Studienstiftung der deutschen Bischöfe, das Cusanus-Werk, fördernd unter die Arme.

Wie bei jener Busfahrt angestoßen, so kommt es tatsächlich: Oskar Lafontaine wird 1966 Jungsozialisten-Chef im Unterbezirk Saarbrücken, Klimmt sein Stellvertreter. Diskussionsthemen, die man in die Öffentlichkeit und in die Partei tragen will, gibt es genug: die Gegnerschaft zur »Großen Koalition« in Bonn unter Bundeskanzler Kurt Georg Kiesinger (CDU) und Außenminister Willy Brandt (SPD), die im Kampf gegen die Notstandsgesetze gipfelt; der Protest gegen die Einrichtung von Konfessionsklassen in saarländischen Schulen, wie sie Regierungschef Dr. Franz Josef Röder (CDU) mit Billigung einer Mehrheit in der laschen SPD-Opposition – zuletzt vergeblich – betrieben hat; die Kritik an der heimischen Medienlandschaft; die Ämterhäufung unter führenden Genossen. Lafontaine: »Mit den Ämtern ist es wie mit dem Mist. Auf einem Haufen stinken sie, weitgestreut bringen sie reiche Früchte.«

Kontakte werden geknüpft. Zwillingsbruder Hans, heute Rechtsanwalt, führt die Jungsozialisten im Kreis Saarlouis. Der Steuerbeamte Hans Kasper, heute Finanzminister ist im Kreis Merzig aktiv, Friedel Läpple, heute Innenminister macht im Kreis Neunkirchen mobil. Aus dieser Region wird die SPD Saar damals beherrscht. Der mächtige Neunkirchener Oberbürgermeister Friedel Regitz, der in der Partei und im Parlament die Fäden zieht, »stinkt« dem Nachwuchs, der 1967 Friedel Läpple zum neuen Landesvorsitzenden wählt. In diesem Umfeld geht der Aufstieg des Studenten Oskar Lafontaine weiter. 1968 sitzt er bereits im Landesvorstand der SPD Saar und meldet sich gleich auf dem SPD-Bundesparteitag in Nürnberg forsch zu Wort: »Viele unserer Genossen scheint die Frage zu bewegen, warum sich die Kritik der Studenten denn gerade und vor allem gegen die Sozialdemokratische Partei richtet. Genossinnen und Genossen, die Antwort darauf ist leicht. Ich will es mit einem Beispiel versuchen. Man fühlt sich nur von der Partei betrogen, die man einmal geliebt hat«, ist im Wortprotokoll nachzulesen, das »Heiterkeit und Beifall« festhält. »Dialog mit dem Osten« sowie die Aufforderung, den Demokratiebegriff mit Leben zu erfüllen und den Freiheitsbegriff durchzuhalten, sind damals schon wichtige Kernthemen des Jungpolitikers.

Bei der Kommunalwahl 1969 zieht Oskar Lafontaine für ein Jahr in den Saarbrücker Stadtrat ein, 1970 erringt er ein Landtagsmandat. In dieser Zeit verschieben sich die Gewichte in der SPD Saar, bei der sich Friedel Läpple in einer Kampfabstimmung knapp als neuer Parteichef durchsetzt. Lafontaine gehört zu seinen Truppen, die den Sturz der alten Garde bewirken.

Den Berufspolitiker im Landesparlament gibt es noch nicht, als Lafontaine stellvertretender Fraktionschef wird. Die Abgeordnetenentschädigung ist bescheiden: Der Diplomphysiker betreibt zielgerichtet seine berufliche Absicherung. Seit 1969 bei der Versorgungs- und Verkehrsgesellschaft Saarbrücken (VVS) beschäftigt, wird er bei deren Tochter »Gesellschaft für Straßenbahnen im Saartal AG« zwei Jahre später Vorstandsmitglied – zu einer Zeit, da SPD und CDU gemeinsam im Saarbrücker Rathaus das Sagen haben. Daß diese »bürgerliche Absicherung« manchem Genossen aufstößt, stört Lafontaine wenig. Er hält mehr von der These, daß die Abhängigkeit von der Politik nicht zu groß sein darf. Und daß man aus einer gesicherten beruflichen Position heraus wirkungsvoller tätig sein kann. Erst recht dann, wenn die eigene Partei im Parlament auf den Oppositionsbänken sitzt und wohl noch auf Jahre dazu verdammt sein wird, mit dieser Rolle zu leben. 1970 hat jedenfalls die CDU im Landtag zum ersten – allerdings auch zum letzten – Mal eine absolute Mehrheit der Sitze erreicht. Ein Großteil der Kommunen ist ebenfalls schwarz.

Mit einem Paukenschlag macht Oskar Lafontaine auf sich aufmerksam, schafft den Sprung in den bundesdeutschen Blätterwald. Es geht um die Überführung der landeseigenen *Saarbrücker Zeitung* in Privatbesitz, um die ausstehende Vergabe einer Konzession zur Veranstaltung von privatem Hörfunk (mit den Stimmen einiger SPD-Abtrünniger war diese Möglichkeit von CDU und FDP 1967 im Rundfunkgesetz geschaffen worden) und um die Errichtung einer Spielbank. Im Oktober 1969 erhebt Lafontaine bereits den Vorwurf, da sei Korruption im Spiel, was vom CDU/FDP-Kabinett und dem Parlamentspräsidium energisch bestritten wird. Der SPD-Landesvorstand distanziert sich, indem er die »persönliche Verantwortung« Lafontaines für seine Verdächtigungen herausstellt, die nebulös bleiben, weil er keine Namen nennt.

Im Juni 1971 beginnt der Prozeß, nachdem der Landtag – mit Lafontaines Stimme – einmütig die Immunität des SPD-Abgeordneten aufgehoben hat. Auf seinem Höhepunkt, als der Ministerpräsident vernommen werden soll, endet er überraschend. Röder und

Lafontaine haben über ihre Anwälte eine Erklärung abgestimmt, wonach es 1969 »im Kabinett« keine beanstandenswerten Vorgänge gegeben hat. Gegen Mitglieder der neuen Regierung (1971), die allein von der CDU gestellt wird, erhebt der SPD-Politiker »wegen ihrer Tätigkeit außerhalb des Kabinetts« ebenfalls keine Vorwürfe.

Daß der Stuttgarter Verleger, Georg von Holtzbrinck, mit damals 49 Prozent Mehrheitseigner der reprivatisierten *Saarbrücker Zeitung*, eine Spende an die FDP gezahlt hat, bleibt in den Gerichtsakten stehen, wobei Holtzbrinck – unwidersprochen – klarstellt, die »bescheidene« Wahlkampfhilfe an die Liberalen stehe nicht im Zusammenhang mit dem Verkauf des Blattes. Der Verleger bedauert zudem das vorzeitige Prozeßende: »Mir ist dadurch keine Möglichkeit mehr gegeben, die Öffentlichkeit über die tatsächlichen Vorgänge beim Verkauf der SZ zu unterrichten.« Daß Ex-Arbeitsminister Paul Simonis (FDP) Gesellschafter eines privaten Rundfunkanbieters gewesen ist, der den Liberalen drei Gutachten – eines über die Wahlkampfchancen der FDP – finanziert hat, bleibt als magere Ausbeute des Verfahrens zurück, das mit der Erklärung Lafontaines endet. Die Strafanträge gegen ihn werden zurückgezogen. Die Zustimmung zu diesem »Vergleich« hat ihm sein Anwalt, der heutige Justizminister Dr. Arno Walter, empfohlen.

In der Partei baut Lafontaine seine Macht aus. Mit knapper Mehrheit wird er im April 1971 zum SPD-Chef im Unterbezirk Saarbrücken-Stadt gewählt, setzt sich in einer Kampfabstimmung mit 45:43 Stimmen gegen den Juristen Franz-Ludwig Triem durch. Einer seiner Stellvertreter wird der Diplompsychologe Dr. Diether Breitenbach, damals wissenschaftlicher Mitarbeiter an der Saar-Universität, später Professor, dann Rektor der Pädagogischen Hochschule, seit 1985 Kultus- und heute Wissenschaftsminister. Lafontaines Vorgänger an der Spitze der Partei in der Landesmetropole, Karl-Heinz Schneider, ist Vorstandschef der Versorgungs- und Verkehrsgesellschaft Saarbrücken (VVS), in der auch sein Nachfolger an führender Stelle tätig ist. Beide gehören sie der SPD-Landtagsfraktion an. Inhaltlich liegen sie nicht auf der selben Wellenlänge. Schneider ist nämlich überzeugt, im Saarbrücker Rathaus solle keine sozialliberale Koalition wegen der »kleinkarierten Bürgerpolitik« der FDP zustandekommen. Lafontaine betreibt dagegen eine Annäherung von SPD und FDP.

Die Liberalen sind landesweit im Neuaufbau, nachdem sie 1970 aus dem Saar-Parlament geflogen sind. Ihr neuer Vorsitzender Werner Klumpp, Beamter im Wirtschaftsministerium, freundet sich mit Lafontaine an. Gemeinsam ist ihnen das Ziel, im Großraum Saarbrücken ein Gegengewicht zur CDU-Macht zu schaffen – durch Bündnisse von SPD und FDP auf Stadt- und Kreisebene. Im Fleisch des Schwaben Klumpp, eines schlitzohrigen Taktikers, sitzt der Stachel tief, seine Partei von der CDU gedemütigt zu sehen, die sich in ihrer absoluten Mehrheit allzu sicher fühlt, übermütig wird. So geht er mit klarem Kopf und heißem Herzen auf den Flirt mit Lafontaine ein – als Sprungbrett für den Versuch, über die Kommunen die Macht im Lande einmal zu erringen und es der CDU heimzuzahlen.

Erste Station auf diesem Weg ist die Kommunalwahl 1974, in die Lafontaine als »Oberbürgermeisterkandidat« für die Stadt Saarbrücken geht: Dabei ist der Stuhl des Verwaltungschefs mit Fritz Schuster (CDU) noch bis Januar 1977 besetzt. Doch nach der Kommunalwahl ändert sich die politische Landschaft in der Stadt. Die SPD erreicht zwar kein überragendes Ergebnis, kann jedoch mit der FDP zusammen eine Mehrheit im Stadtrat für sich verbuchen. Am 24. September 1974 wird der Landtagsabgeordnete und Diplomphysiker Oskar Lafontaine mit den Stimmen der sozialliberalen Koalition und eines CDU-Mitgliedes zum ersten Beigeordneten der Stadt gewählt, der den Titel »Bürgermeister« trägt. Werner Klumpp, der FDP-Landesvorsitzende, wird umgekehrt erster Präsident des neugebildeten Stadtverbandes Saarbrücken – eine Art Landrat also.

Im Landtag hat Lafontaine zuvor mit scharfer Klinge gegen die absolute CDU-Mehrheit gefochten. Der Senkrechtstarter hat den Ruf gewonnen, das »größte politische Talent« der SPD-Fraktion zu sein. Er hat beachtliche Redebeiträge geliefert – zur Hochschulgesetzgebung, zur Medienpolitik und selbstverständlich auch zum Hauptthema der Wahlperiode, zum Vorhaben einer Gebiets- und Verwaltungsreform.

SPD und CDU, die ein fortschrittliches Gesicht als Regierungspartei zeigen wollte, haben sich in Modellen übertroffen, Städte und Gemeinden nach Zweckmäßigkeitserwägungen zusammenzufassen. Beide Lager haben das hohe Lied gestärkter Wirtschafts- und Haushaltskraft gesungen. Eine mögliche Länderreform hat ihnen im Nacken gesessen. Gigantomanie war Trumpf, nichts konnte groß genug sein. Im Saarland bleiben von 350 Gemeinden schließlich 50 übrig. Vor allem die Landesmetropole Saarbrücken geht aus der Reform gestärkt hervor, ihre Einwohnerzahl verdoppelt sich auf 200 000. Selbst eine vorher selbständige, lebensfähige Stadt mit 30 000 Bürgerinnen und Bürgern, Dudweiler, wird geopfert, um das Oberzentrum zu vergrößern. Und um Saarbrücken herum wird ein »Stadtverband« gebildet, eine Kreiseinheit mit erweiterten Zuständigkeiten und dem erklärten Ziel, in eine Großstadt Saarbrücken mit 400 000 Einwohnern einmal einzumünden.

Die absolute CDU-Mehrheit im Landtag muß die Verantwortung für diese Gebiets- und Verwaltungsreform allein tragen: Die SPD lehnt eine Zustimmung ab, weil ihr die neuen Einheiten noch nicht groß genug sind. Die CDU würdigt ihr Neugliederungsgesetz als »Jahrhundertwerk« – und legt damit auch den Grundstein für den Machtwechsel im Großraum Saarbrücken, von dem wiederum der kontinuierliche Aufstieg der Sozialdemokraten über weitere Kommunen im gesamten Land ausgeht.

Weil Lafontaine Bürgermeister von Saarbrücken ist, muß er 1975 Abschied vom Landtag nehmen. Der Gesetzgeber hat nämlich entschieden, daß das Amt eines kommunalen Verwaltungschefs, eines Hochschullehrers oder eines Vorstandsmitgliedes in öffentlichen Unternehmen mit einem Parlamentsmandat nicht vereinbar ist. Auch hier haben sich CDU und SPD gegenseitig hochgeschaukelt. Der »Erfolg«: Statt Professoren, Bürgermeistern oder Wirtschaftsköpfen sitzen jetzt vor allem mehr Lehrer im Landtag.

Nur einer findet sich mit dieser Gesetzeslage nicht ab: der SPD-Abgeordnete Karl-Heinz Schneider, der als Geschäftsführer der Saarbrücker Stadtwerke wie Lafontaine 1975 nicht mehr für das Parlament kandidieren darf, weil er seinen Beruf nicht für ein Mandat an den Nagel hängen will. Der »Dicke« ruft das Bundesverfassungsgericht an und bringt damit eine Lawine ins Rollen. Mit dem Ergebnis, daß ein Landtagsmandat als Full-Time-Job anerkannt wird und entsprechend bezahlt werden muß, daß Unvereinbarkeitsregeln weiter gelten können, daß Karlsruhe den Berufspolitiker geboren hat.

Der Name von Karl-Heinz Schneider taucht auch noch in einem weiteren Zusammenhang mit Lafontaines Lebensweg auf. Als Oberbürgermeister Fritz Schuster (CDU) – gesundheitliche Gründe kommen hinzu – in der Auseinandersetzung mit der sozialliberalen Rathausmehrheit so zermürbt und weichgeklopft ist, daß er vorzei-

tig das Handtuch wirft, wird die Stelle des Saarbrücker Verwaltungschefs ein Jahr früher frei, als zu erwarten war. Natürlich bewirbt sich
Bürgermeister Oskar Lafontaine. Aber auch der leitende Verwal-
tungsdirektor Günter Ersfeld (CDU) und der parteilose Experimen-
talphysiker Heinz Schmitt treten an – und Karl-Heinz Schneider.
Hinter den Kulissen gibt es ein zähes Ringen. Fünf SPD-Stadtver-
ordnete sollen bereit gewesen sein, gemeinsam mit der CDU Schneider zu wählen: Lafontaine wäre gescheitert, wenn diese Koalition
zustande gekommen wäre. Im Amtszimmer von CDU-Landeschef
Kultusminister Werner Scherer werden Gespräche geführt, um dieser Verschwörung zum Erfolg zu verhelfen.

Aber auch die SPD-Führung schläft nicht. Parteichef Friedel
Läpple, zugleich Vorsitzender der SPD-Landtagsfraktion, lädt sei-
nerseits zu einer Bereinigungsrunde in sein Dienstzimmer im Parlamentsgebäude ein. Erklärtes Ziel der Verhandlungen: Schneider
soll der Verzicht auf seine Bewerbung abgehandelt werden. In Läpples Büro wird der Weg für Lafontaine frei – am selben Tag, als der
1. FC Saarbrücken gegen den VfB Stuttgart gewinnt.

Oberbürgermeister

Am 20. Januar 1976 hat die Landeshauptstadt Saarbrücken einen
neuen Oberbürgermeister: Oskar Lafontaine, der sein Amt am
1. April offiziell antritt. 33 Stimmen werden für ihn in der geheimen
Wahl ausgezählt – genausoviel Stadtverordnete zählt die Rathaus-
Koalition aus SPD und FDP. Damals sagt er:»Ich habe mich nicht
aus der Landespolitik zurückgezogen. Auch als Oberbürgermeister
der Landeshauptstadt Saarbrücken bin ich noch dort aktiv. Und
wie!« Schon damals glauben die meisten politischen Beobachter
längst nicht mehr daran, daß das Amt des Verwaltungschefs die letzte Sprosse seiner steilen Karriere ist. SPD-Landesvorsitz und der
Anspruch auf den Sessel des Ministerpräsidenten werden ihm zuge-
traut. Doch Lafontaine winkt ab:»Ich habe keine Veranlassung, derzeit darüber nachzudenken. Das Amt des Oberbürgermeisters
bedeutet eine längerfristige Aufgabe«, sagt er nach seiner Wahl der
Saarbrücker Zeitung. Dabei pfeifen es die Spatzen bereits von den
Dächern, daß die Tage von Parteichef Friedel Läpple an der Spitze
der saarländischen Sozialdemokraten so gut wie gezählt sind.

Warum Lafontaine den Weg in die Kommunalpolitik gegangen ist, statt im Parlament auf der Oppositionsbank zu sitzen, liegt auf der Hand: Wer an der Spitze einer Verwaltung steht, hat viel größere Möglichkeiten, auf Berater zurückgreifen zu können als ein noch so guter Parlamentarier. Einem Oberbürgermeister stehen zudem verstärkte Wege zur Selbstdarstellung offen. Öffentlichkeitsarbeit gehört denn auch zu jenen Themen, die Lafontaine in seiner politischen Antrittsrede als Saarbrücker Verwaltungschef ausdrücklich nennt. Naturgemäß gibt es einen »Regierungsbonus« in den Medien, weil von den Entscheidungen der Mehrheit die Bürgerinnen und Bürger weitaus unmittelbarer betroffen sind als von frommen Wünschen der Opposition. Diese Erfahrung gilt auch auf kommunaler Ebene. Als Saarbrücker Oberbürgermeister kann Lafontaine jedenfalls dem Regierungsapparat und der Öffentlichkeitsarbeit durch Staatskanzlei oder Ministerien die Möglichkeiten einer eigenen Verwaltung entgegensetzen. Und »Oskar«, wie ihn die Saarbrückerinnen und Saarbrücker – von dort geht der populäre Vorname in den landesweiten Sprachgebrauch schnell über – schlicht und einfach nennen, versteht es meisterhaft, auf diesem Klavier zu spielen.

In seiner Antrittsrede als Oberbürgermeister spricht Lafontaine neben Fragen der Stadtentwicklung auch Grundsatzpositionen an, die ihn in den Folgejahren immer stärker beschäftigen werden: »Freiheit und Gerechtigkeit bedingen einander. Denn die Würde des Menschen liegt im Anspruch auf Selbstverantwortung ebenso wie in der Anerkennung des Rechts seiner Mitmenschen, ihre Persönlichkeit zu entwickeln und an der Gestaltung der Gesellschaft gleichberechtigt mitzuwirken.« Und er nennt als Korrektiv und Ergänzung zu den zentralen Werten Freiheit, Gerechtigkeit und Gleichheit die Begriffe Brüderlichkeit, Solidarität oder Nächstenliebe.

Der Stadt verordnet er eine systematische Entwicklungsplanung, auch für den Verkehr, läßt ein »Achsen-Zentren-Modell« entwickeln. Der Deutschen liebstes Kind, das Auto, kommt nicht ungeschoren weg, wenn auch Lafontaine nicht in die hektische Betriebsamkeit seines Amtsnachfolgers, Hans-Jürgen Koebnick, verfällt, der Autofahrer am liebsten aus der City verbannen würde, ohne daß die Voraussetzungen für einen Umstieg auf Busse zuvor geschaffen sind. Einen Schritt nach dem anderen tun, nicht den zweiten vor dem ersten, ist Lafontaines Prinzip.

Um sich herum baut er ein überschaubares Beraterteam auf, aus dem die heutige Staatssekretärsrunde des Ministerpräsidenten viel Honig saugen kann. Die richtigen Leute an Schaltstellen zu setzen, ist für Lafontaine Voraussetzung für eine erfolgreiche Tätigkeit in der Bürokratie wie in der Politk schlechthin. Den Vorwurf von Sprungbeförderungen, Parteibuchvorrang im Apparat oder »Beamten de luxe« steckt er gerne weg. Oder er spielt den Ball zurück wie im Jahr 1976, als ihm »Filzokratie« im Rathaus vorgehalten wird: »Auf Landesebene gibt es fast keine leitende Funktion, die nicht von einem CDU-Mann besetzt ist.«

Beim Austausch von Beamten und Angestellten hat sich Lafontaine nach dem Regierungswechsel 1985 im wesentlichen auf Schaltzentren beschränkt, in denen er Vertrauensleute angesiedelt hat. Und dabei auf Qualität und Leistung geachtet – Ausnahmen bestätigen die Regel. Seit einiger Zeit halten die Personalchefs der Behörden jedoch den Begehrlichkeiten und dem Druck der Genossinnen und Genossen weniger energisch stand, die jahrzehntelang weithin von den Futternäpfen des öffentlichen Landesdienstes ausgeschlossen waren.

Die Lebensqualität in Saarbrücken zu verbessern, die kulturelle Identität zu stärken, ist für Lafontaine als Oberbürgermeister wichtiger als die Errichtung von Beton. So treibt er den Ausbau des St. Johanner Marktes – aus dem früher zugeparkten Platz ist längst eine Fußgängerzone mit französischem Flair geworden – voran (»unser gudd Stubb«), fördert das Saarbrücker Altstadtfest. Er erfüllt die Städtepartnerschaft mit Tbilissi (Tiflis) in der Sowjetrepublik Georgien mit Leben, die er noch als Bürgermeister feierlich unterzeichnete. Dorthin war er mit Ministerpräsident Röder gereist: In jenen Tagen wurde manche parteipolitische Hürde übersprungen. Und wenn der »Landesvater« im Wahlkampf den Sozialdemokraten auch Kreisklasse-Niveau zuordnete: Vor Oskar Lafontaine hatte er Respekt.

Die Saarbrücker Kulturszene erhält durch die Stadtgalerie neue Impulse, durch eine Erweiterung des verstaubten Repertoires im altehrwürdigen Staatstheater, durch die Restaurierung des vom Zerfall bedrohten Saarbrücker Schlosses in modernem Stil, nicht nach der ursprünglichen Konzeption des Barock-Baumeisters Stengel. Ein Max-Ophüls-Filmpreis oder das Festival »Perspectives du théâtre« holen die Stadt aus dem Provinz-Dornröschenschlaf heraus. Wenn

114

das Fernsehen bundesweit über die neue Saarbrücker Kulturszene berichtet, ist der Oberbürgermeister immer im Bild.

Die Einsparung von Energie, der Ausbau der Fernwärme, Sonderprogramme für arbeitslose Jugendliche: Auch dies sind Akzente der Stadtpolitik, die Lafontaine setzt. Publikumswirksam stellt der Oberbürgermeister sein 13. Monatsgehalt zur Verfügung, um jungen Leuten zur Umschulung und Beschäftigung auf Zeit zu verhelfen: Tue Gutes und rede darüber.

Bei der Landtagswahl 1975 hätten SPD und FDP fast ihr Ziel erreicht, die regierenden Christdemokraten abzulösen – mit einem Ministerpräsidentenkandidaten Friedel Läpple. Zwar war zuvor aus der FPD-Ecke der Wunsch laut geworden, mit einem anderen Spitzenmann anzutreten, um die Erfolgschancen zu steigern. Der Saarlouiser Oberbürgermeister, Dr. Manfred Henrich, sollte anstelle von Läpple ins Rennen geschickt werden. Bei einer Besprechung im Dienstzimmer des SPD-Partei- und Fraktionschefs soll Reinhard Klimmt damals die Frage gestellt haben: »Wißt ihr überhaupt, ob Henrich will?« Und der winkte in der Tat ab.

Obwohl die CDU Saar bei der Landtagswahl am 4. Mai 1975 mit 49,1 Prozent der Stimmen ihr überhaupt bestes Ergebnis in ihrer Geschichte erzielt, erhält sie nur 25 der 50 Sitze im Parlament. Die SPD kommt auf 22, die FDP auf drei Mandate. Ein »Patt« zwischen Union und einer »SPD/FDP-Koalition in der Opposition« ist geboren. Hätten Sozialdemokraten und Liberale nur einige tausend Stimmen mehr erhalten, hätte dies zusammen 26 Mandate bedeutet, Läpple wäre Regierungschef geworden. So aber – beim Remis von 25:25 Sitzen im Parlament – kann Röder aufgrund der damaligen Verfassungslage im Amt bleiben.

Werner Klumpp, der FDP-Chef, verläßt in dieser heiklen Patt-Situation den Sessel des Stadtverbandspräsidenten, übernimmt den Vorsitz der FDP-Fraktion im Landtag. Koalitionsangebote der CDU werden zunächst als unkeusch zurückgewiesen, hat man doch vor der Wahl ein Bündnis mit der SPD zugesagt. Doch schon bei der Verabschiedung des Landeshaushaltes für 1976 helfen die Liberalen nach CDU-Zugeständnissen der Union aus der Patsche: Bei 25 gegen 25 Stimmen wäre der Etat abgelehnt gewesen.

Die Beratungen der Polen-Verträge im Bundesrat geben den Ausschlag dafür, daß es entgegen der FDP-Koalitionsaussage doch zu einem Bündnis von CDU und FDP kommt. Ministerpräsident

115

Röder vollbringt eine taktische Meisterleistung, in dem er gemeinsam mit dem überraschend gekürten niedersächsischen Regierungschef Ernst Albrecht (CDU) daran mitwirkt, daß das Vertragswerk in der Länderkammer einstimmig gebilligt wird. Eine Schlüsselrolle spielt das Saarland damals zwar nicht mehr, das nur bis zum Regierungswechsel in Hannover Zünglein an der Waage gewesen ist. Auf Albrecht, der trotz einer SPD/FDP-Mehrheit in Niedersachsen zum Ministerpräsidenten gewählt wurde, liegt zuletzt die Hauptlast der Verantwortung. Und er entschließt sich – bei Nachbesserungen des Vertragswerkes – zum Ja.

Der FDP-Chef, Bundesaußenminister Hans-Dietrich Genscher, hat die vermittelnde Rolle des Saarlandes jedoch nicht vergessen und empfiehlt seinen Parteifreunden in Saarbrücken, aus staatspolitischen Überlegungen eine Koalition mit der Union einzugehen. Am 1. März 1977 kann Ministerpräsident Röder sein CDU/FDP-Kabinett vorstellen, in dem der Lafontaine-Freund Werner Klumpp stellvertretender Regierungschef und Wirtschaftsminister wird. Das persönliche Verhältnis der Ex-Partner im Großraum Saarbrücken wird dadurch nur für kurze Zeit getrübt, eine dauerhafte Belastung bleibt aus. Und so mancher Christdemokrat ballt die Faust in der Tasche, wenn Klumpp sich in wichtigen politischen Fragen mit Lafontaine abstimmt.

In der CDU und in der SPD Saar führt die Bildung des CDU/FDP-Kabinetts zu internen Zerreißproben. Daß Röder die Fragen der Polen-Verträge nicht mit Parteichef Scherer abgestimmt hat, verärgert die Führungsriege der Christdemokraten, die ohnehin auf einen Wechsel im Amt des Ministerpräsidenten drängt. Doch der Kultusminister und CDU-Landesvorsitzende fällt unerwartet als Kronprinz aus: Zwei Herzinfarkte zwingen ihn dazu, beide Ämter niederzulegen, in der Politik kürzer zu treten. Der Bundestagsabgeordnete Werner Zeyer wird am 11. Februar 1978 zum neuen Parteichef der CDU Saar gewählt. Vorher hat er sich ausbedungen, daß er damit auch die Nachfolge des Ministerpräsidenten antritt. Über diesen öffentlich ausgetragenen Gefechten in der Regierungspartei ist weithin untergegangen, daß es auch bei den Sozialdemokraten in diesen Monaten zu einem Hauen und Stechen hinter verschlossenen Türen gekommen ist. Und dabei hat kein anderer als Oskar Lafontaine, der kühle Machtpolitiker mit sensiblen Seiten, Regie geführt und – schon fast selbstverständlich – gesiegt.

116

VI. Kapitel

Landespolitiker

ALFRED SCHÖN

Parteichef

Nach außen hin sieht der Wechsel an der Spitze der saarländischen Sozialdemokraten wie ein harmonischer Übergang aus. Parteichef Friedel Läpple kündigt Anfang 1977 an, für den Landesvorsitz nicht mehr zu kandidieren und selbst Oskar Lafontaine als seinen Nachfolger vorzuschlagen. Bei den Genossen zählt Disziplin, die bis zur Selbstverleugnung reicht. Denn in Friedel Läpple sieht es alles andere als harmonisch und ausgeglichen aus: Er ist gedemütigt und zerrissen, enttäuscht über das Ritual einer Partei, die bei Erfolgen »Hosianna« ruft und schnell zum »Kreuziget ihn« wechselt. Und dabei doch Gescheiterte auffängt, sie nicht ins Bodenlose fallen läßt.

Unter Läpples Führung sind die Sozialdemokraten an der Saar, lange Zeit eine 30-Prozent-Partei, stark wie nie zuvor geworden. Im »Willy-Brandt-Jahr« 1972 haben sie erstmals die CDU in der »schwarzen Region« überflügelt – mit 47,9 Prozent, während die Union nur 43,4 Prozent in die Scheuern eingefahren hat. Bei der Landtagswahl 1975 hat die SPD fast die CDU-geführte Landesregierung gekippt. Die Zahl der Mitglieder ist seit Läpples Start als Parteichef um fast 50 Prozent gestiegen. 28 550 Genossinnen und Genossen zahlen sieben Jahre später – 1975 – Beiträge. Und doch ist die Zeit des Sonderschulrektors aus Schiffweiler-Heiligenwald, der mehrere zur Gesundheitspolitik geschrieben hat, abgelaufen.

Gegen den damaligen Vorsitzenden der SPD-Landtagsfraktion, Friedel Regitz, ist Läpple 1970 mit 153 : 146 Stimmen zum Nachfolger von Kurt Conrad an der Parteispitze gewählt worden – Beginn des Generationenwechsels. Er hat drei Jahre später auch die Führung der Opposition im Parlament übernommen. Doch mit dem

»Patt« im Landtag nach der Wahl 1975 wird er nicht fertig, er ist überfordert. Auf einem Parteitag mahnen die Jungsozialisten erstmals öffentlich an, die Trennung der Ämter des Partei- und Fraktionschefs vorzunehmen. Mit dieser Forderung ist Läpple selbst fünf Jahre zuvor gegen Regitz ins Rennen gegangen. Der Vorsitzende kündigt eine Kandidatur für den Deutschen Bundestag an, daraus wird nichts. Es halten sich Gerüchte, er werde Staatssekretär im Bonner Gesundheitsministerium – wieder Fehlanzeige. Dies alles verunsichert. Lafontaine, der sich zurückhält, schon damals der starke Mann der SPD Saar, versichert noch im Januar 1976: »Es wird nicht gelingen, einen Keil zwischen Friedel Läpple und mich zu treiben.« Genauso spricht er 14 Jahre später, als er und Hans-Jochen Vogel als Konkurrenten um den gesamtdeutschen SPD-Vorsitz genannt werden. In beiden Fällen stehen die Zeichen längst auf Wechsel, der jedoch zunächst vertagt wird.

Als Bonn 1976 auf eine »Große Koalition« aus CDU und SPD im Saar-Landtag drängt, um ein CDU/FDP-Bündnis im jüngsten Bundesland mit seiner Signalwirkung zu vermeiden, hängen sich Läpple und sein Stellvertreter, Hans Kasper, weit aus dem Fenster hinaus und lassen sich unter dem Druck Lafontaines und seiner Mitarbeiter zurückpfeifen. Doch die Bundespartei drückt weiter. Wenige Tage vor der Bundestagswahl am 3. Oktober 1976 empfiehlt Läpple (»Das war nicht abgestimmt«), die CDU-Regierung von SPD und FDP gemeinsam tolerieren zu lassen und ihr dafür Zugeständnisse im Bundesrat abzuhandeln: Landesvorstand und Fraktion mißbilligen den Weg. Läpple läßt sich sogar darauf ein, der Ohrfeige an die eigene Adresse zuzustimmen. Die Unterbezirksfürsten drängen auf personelle Konsequenzen. Lafontaine, Norbert Engel, Albrecht Herold und Hans Kasper pilgern zu Bundesparteichef Willy Brandt, um für Läpple einen Job in Bonn zu suchen. Doch im neuen SPD/FDP-Kabinett unter Kanzler Helmut Schmidt ist kein Platz für den Saarländer mehr frei.

Am 15. November wird im SPD-Landesvorstand Fraktur geredet, über Vertrauensschwund und Fehlleistungen. Die wenigsten Genossen stehen noch auf der Seite Läpples, es geht allenfalls noch um einen ehrenwerten Abgang. Am nächsten Tag soll in der *Saarbrücker Zeitung* ein Interview mit dem Partei- und Fraktionschef erscheinen, dessen redigierte Fassung noch abgesegnet werden muß. Darin hat er angekündigt, um den Landesvorsitz zu kämpfen. Im Originalton hat er gesagt: »Wir müssen dafür sorgen, daß wir als Partei auch über ihre Repräsentanten Ansehen behalten. Die SPD hat in ihren Spitzenkandidaten, den Landes- und Fraktionsvorsitzenden, bei der Landtagswahl 1975 Erhebliches investiert. Er muß in diesen Funktionen für die nächste Auseinandersetzung bleiben.« Weiter: »Es würde gerade nach einer personellen Demontage aussehen, wenn er . . . auf eine dieser beiden Funktionen verzichten müßte.« Läpple gibt zudem zu verstehen, daß er 1980 noch einmal als SPD-Kandidat für das Amt des Ministerpräsidenten antreten möchte. Das Interview ist unter dem Druck der SPD-Vorstandssitzung vom 15. November 1976 nie erschienen. Läpple hat den Text nicht freigegeben, zurückgezogen.

Der Bundestagsabgeordnete Alwin Brück hat damals durchblicken lassen, er stehe für die Läpple-Nachfolge bereit – eine Selbstüberschätzung. Denn alles ist längst auf Oskar Lafontaine zugelaufen, der sich einmal mehr zurückhält: Den Ruf eines Königsmörders will er nicht auf sich lasten wissen. Eine einvernehmliche Lösung und eine breite Mehrheit vorausgesetzt, will er »notfalls« den Parteivorsitz übernehmen: Diese Sprachregelung und dieses taktische Verhalten finden Parallelen in späteren Schnittstellen seiner Karriere. Lafontaine zieht die Fäden, läßt andere als »Minenhunde« vorpreschen, lotet die Chancen aus, um als Phönix aus der Asche zu steigen und möglichst mit breiter Mehrheit strahlender Sieger zu sein.

Als Läpple am 7. Februar 1977 ankündigt, er werde den Saarbrücker Oberbürgermeister zum neuen Landesvorsitzenden vorschlagen, wird der Wechsel vom »äänen zum annern« mit der Beerbung von Willy Brandt durch Helmut Schmidt verglichen: »Auf den Moralisten folgt der Macher.« Läpple selbst befindet: »Ich lege den Parteivorsitz ohne Bitterkeit nieder.« Die Führung der SPD-Fraktion im Saar-Landtag darf er behalten.

Mit 307 von 375 Stimmen wird der Saarbrücker Oberbürgermeister Oskar Lafontaine im September 1977 zum neuen Parteichef der SPD Saar gewählt – wenige Tage später wird er 34 Jahre alt. Und fordert in einem Grundsatzreferat eine neue Wirtschaftspolitik für die Region. So redet einer, der Ministerpräsident werden will, der die nächste Sprosse der Karriereleiter im Auge hat, auch wenn er offiziell die Frage der Spitzenkandidatur für die Landtagswahl 1980 als offen darstellt, den Eindruck vermeidet, er strebe immer nach Höherem – gestern wie heute das gleiche Verhaltensmuster. Diese

119

Zurückhaltung ist nicht einmal nur gespielt, denn Lafontaine weiß, wie mit den größeren Politikbühnen Einschränkungen in der Lebensqualität einhergehen.

Wie eine Bombe schlägt seine Forderung ein, die Mittel des Staates für die eisenschaffende Industrie an Entscheidungen zu binden, »die erwarten lassen, daß die interne Produktions- und Kostenstruktur dem internationalen Niveau wieder vergleichbar wird«. Lafontaine will eine Fusion aller saarländischen Stahlstandorte – Völklingen, Dillingen, Burbach und Neunkirchen. CDU und FDP als im Lande Verantwortliche setzen jedoch ebenso wie das Bonner SPD/FDP-Kabinett auf den Luxemburger ARBED-Konzern, der drei Werke zusammenfassen und sanieren soll. Aus Röchling Völklingen, Burbacher Hütte und Neunkircher Eisenwerk wird ARBED Saarstahl, jenes Unternehmen, das die folgenden Jahre mit Negativ-Schlagzeilen beherrschen soll. Eine Einbeziehung der Dillinger Hüttenwerke, hinter denen der französische Staat steht, halten die Regierungen in Saarbrücken und in Bonn weder für sinnvoll noch für machbar.

Oskar Lafontaine muß sich vom Staatssekretär im Bundeswirtschaftsministerium, dem Genossen Detlev Rohwedder (SPD), der Kleinkariertheit zeihen lassen, weil er einen internen Finanzausgleich des ARBED-Konzerns immer wieder anmahnt: In der Tat gibt es eine »Feuerschneise« zwischen Luxemburg und dem Saarland. Für ihre Tochter in Völklingen ist die Mutter nicht bereit, auch nur eine müde Mark über die nationalen Grenzen hinaus zu transferieren. Die Verantwortung für das Überleben von Saarstahl liegt allein in Bonn und Saarbrücken. Bund und Land werden letztlich genötigt, für die gefeierte grenzüberschreitende Lösung Subventionen in Milliardenhöhe aufzubringen, um ein Chaos in der Region zu vermeiden. Die Industriegewerkschaft Metall lobt gar die Abfederung des unvermeidlichen Schrumpfungsprozesses, dem Tausende von Arbeitsplätzen zum Opfer fallen müssen, durch üppige Sozialpläne als Modell für Europa.

Durch derartige Interessenbündnisse gerät Lafontaine vordergründig in die Rolle des Außenseiters, der den Kampf »Allein gegen alle« probt. Seine Forderung, Barhilfen aus öffentlichen Kassen gegen Mitbestimmung auf Unternehmensentscheidungen einzutauschen, eine Staatsbeteiligung anzustreben, wird zwar als sozialistisches Machwerk, gegen die Marktwirtschaft gerichtet, abgetan.

Doch später sehen auch die Regierenden in Bonn und Saarbrücken ein, daß sie kein »Faß ohne Boden« immer wieder füllen können, daß die Statthalterin des Luxemburger Konzerns, die Völklinger Geschäftsführung, nicht weiter mit dem Diktat ständig neuer Nachforderungen an den Steuerzahler aufwarten kann. Bei aller eigenen Doppelstrategie behält Lafontaine letztlich recht. Wobei den Regierenden in Bonn und Saarbrücken mildernde Umstände eingeräumt werden müssen: Sie haben realistische Alternativen einfach nicht gesehen – im Bemühen, den Stahlstandort Saar zu sichern.

Unter dem Eindruck der Kommunal- und Europawahlen 1979, bei denen die Sozialdemokraten in vielen Städten und Gemeinden die CDU überrunden und Lafontaine für die SPD im Großraum Saarbrücken absolute Mehrheiten holt (der bisherige liberale Koalitionspartner behält zwar seine Führungsposten in den Verwaltungsspitzen, spielt jedoch nicht mehr Zünglein an der Waage), wird das Regierungslager unsicher. In der CDU bricht die Diskussion auf, Ministerpräsident Franz Josef Röder solle sein Amt übergeben. Tief verletzt, einigt sich der Regierungschef am 25. Juni mit dem CDU-Landesvorsitzenden Werner Zeyer auf den Übergabetermin, um »diese Feuerchen« schnell auszulöschen. Am 31. Oktober soll der Wechsel erfolgen. Doch es kommt anders: Am Morgen des 26. Juni – wenige Stunden, nachdem er seinen Rücktritt angekündigt hat – stirbt der Landesvater an den Folgen einer Herzattacke. Sein letzter Besucher in der Staatskanzlei am Nachmittag zuvor ist der Saarbrücker Oberbürgermeister gewesen. Mit ihm hat er über die Zukunft der Schloßrestaurierung gesprochen, aber auch über das Verhalten seiner Partei, das er als undankbar empfindet. Unter diesen tragischen Vorzeichen erfolgt am 5. Juli 1979 die Wachablösung an der Spitze der Landesregierung: Werner Zeyer tritt das Amt des Ministerpräsidenten an, mit allen Stimmen der CDU/FDP-Koalition gewählt.

Der Zweikampf für die Landtagswahl 1980 ist damit klar: SPD-Chef Oskar Lafontaine fordert erstmals den CDU-Landesvorsitzenden heraus, dem er in der Rhetorik und in der Außendarstellung weit überlegen ist. Zeyer, ein harter Arbeiter, der Akten bis in kleinste Details studiert, wirkt spröde. Fernsehkameras scheut er. Wenn die Scheinwerfer auf ihn gerichtet sind, werden seine Hände feucht. »Oskar« ist anders. Er genießt es, im Mittelpunkt zu stehen, liebt das Bad in der Menge. Zeyer dagegen wirkt nur im kleinen Kreis lokker, überzeugt durch präzise Sachkenntnis und pragmatisches Handeln, ohne Visionen und Perspektiven mit seiner Person zu verbinden, wie es sein Gegenspieler versteht.

Herausforderer

Erwartungsgemäß wird Oskar Lafontaine Anfang Oktober zum SPD-Kandidaten für das Amt des Ministerpräsidenten gewählt – mit 328 von 346 Stimmen. Auf diesem Parteitag setzt er seinen Einstieg auf die bundespolitische Bühne konsequent fort. Mit 223:83 Stimmen paukt er einen Leitantrag durch, der auf ein langjähriges Moratorium für Kernkraftwerke hinausläuft. Ein schroffes Nein zu Atommeilern ist es noch nicht. Doch diese Linie wird in den Folgejahren stetig ausgebaut, bis sie in der SPD bundesweit mehrheitsfähig ist. Unter dem Eindruck des grenznahen Kernkraftwerks Cattenom, dessen Auslegung auf vier Blöcke mit 5200 Megawatt selbst von den Regierungen Röder und Zeyer abgelehnt wird, wie deren Appelle an Bundeskanzler Helmut Schmidt (SPD) beweisen, vollziehen die Saar-Sozialdemokraten jedoch den Einstieg in den Ausstieg – und zwar im Widerspruch zur Bonner SPD/FDP-Koalition. Zwei Jahre zuvor hat ein SPD-Landesparteitag sich bereits an die Spitze dieser Bewegung gesetzt: Schon damals war ein Moratorium erklärtes Ziel. Dabei gesteht Lafontaine offen zu, daß er einst ein Anhänger der Kernenergie gewesen ist, und beruft sich publikumswirksam auf anerkannte Wissenschaftler wie Carl Friedrich von Weizsäcker, die unter dem Eindruck der Risikogröße ebenfalls ihre Meinung geändert haben.

Die Stahl- und Arbeitsmarktsituation bestimmt im wesentlichen den Wahlkampf der Sozialdemokraten für 1980. Die vage Hoffnung Lafontaines, die Liberalen für eine Koalitionsaussage zugunsten der SPD zu gewinnen, erweist sich als gegenstandslos. Sein Freund Werner Klumpp hat die Partei darauf eingestimmt, eine Fortsetzung des »erfolgreichen« CDU/FDP-Bündnisses zu befürworten. Diesem Kurs folgt die Basis, obwohl Lafontaine der FDP vorsorglich gedroht hat: »Die SPD ist so realistisch zu wissen, daß sie nur dann die absolute Mehrheit erreichen kann, wenn die FDP die Fünf-Prozent-Hürde nicht mehr schafft. Diese Strategie verfolgt auch Herr Strauß.«

Im nachhinein gewinnt die Berufung auf den machtbewußten, kantigen, populären, aber auch ungeliebten CSU-Chef eine besondere Symbolhaftigkeit. Der SPD-Landesvorsitzende bezieht sich zwar auf das gemeinsame Ziel, die Liberalen in Bonn und in Saarbrücken unter die Fünf-Prozent-Marke zu drücken. Zu diesem Zeitpunkt weiß er aber sicher nicht, daß er in den Folgejahren immer häufiger mit dem Ministerpräsidenten des Freistaates Bayern und dessen Persönlichkeitsmerkmalen verglichen werden soll.

Schon vor der Landtagswahl 1980 sagt Lafontaine ganz offen, daß er für den Fall einer Niederlage nicht als Oppositionsführer in das Parlament wechseln will: »Man macht Politik, um gestalten zu können. Ich meine, daß der politische Gestaltungsraum des Oberbürgermeisters der Stadt Saarbrücken größer ist als der des SPD-Fraktionsvorsitzenden im Landtag.« Für gescheiterte Kanzlerkandidaten wie Strauß oder Johannes Rau (SPD) liegen die Prioritäten nicht anders: Das Ministerpräsidentenamt bietet ihnen eine bessere Ausgangsbasis als die Aufgabe eines Oppositionsführers im Bonner Parlament. Lediglich CDU-Chef Helmut Kohl hat 1976 für den Vorsitz der CDU/CSU-Bundestagsfraktion die sichere Position des Mainzer Regierungschefs aufgegeben: Nicht zuletzt der Umstand, daß er auch die große Volkspartei CDU führt, hat ihn dazu bewogen. Auch für den SPD-Kanzlerkandidaten von 1990, Oskar Lafontaine, hätte sich ein Prioritätenwechsel ergeben können, falls er Chef der gesamtdeutschen SPD hätte werden wollen. Bisher hat er angekündigt, nicht als Oppositonsführer bei verlorener Bundestagswahl nach Bonn zu gehen. Als Parteivorsitzender müßte er wohl in diesen sauren Apfel beißen.

In der Endphase des Landtagswahlkampfes 1980 will Lafontaine, der mit öffentlichkeitswirksamen Effekten umzugehen weiß, noch einen Joker aus dem Ärmel schütteln: Prof. Karl Schiller (69), der populäre Ex-»Superminister« aus Bonn, soll Kandidat für das saarländische Wirtschaftsressort werden. Vorbehalte aus der Unternehmerschaft abbauen, den Sachverstand der Lafontaine-Mannschaft untermauern. In der »Großen Koalition« von 1966 bis 1969 hat Bundeswirtschaftsminister Schiller mit seinem Finanzkollegen Strauß als »Plisch und Plum« ein anerkanntes Gespann gebildet, hat im späteren sozialliberalen Bündnis das Wirtschafts- und Finanzressort zugleich geleitet, ist nach Auseinandersetzungen über den Kurs 1972 zurückgetreten und hat die SPD verlassen. Trotz aller Bemühungen gelingt es Lafontaine jedoch nicht, den vorsichtigen und eitlen Mann von Rang und Namen für sein Schattenkabinett zu gewinnen. Schiller befürchtet, bei einer Niederlage werde sein Ansehen geschädigt, sagt lediglich zu, »mit Rat und Tat zur Seite zu stehen«. Lafontaine muß dies hinnehmen, darf Schiller wenigstens später als Mitglied der SPD Saar begrüßen.

Als Supermann-Ersatz stellt er den Wissenschaftler Prof. Dr. Karl Kaiser vor. Ironie des Schicksals: Der neue Kandidat für das Amt des Saar-Wirtschaftsministers wird später zu einem der schärfsten Kritiker der sicherheitspolitischen Vorstellungen des Saarbrücker Regierungschefs, der seit 1979 Mitglied des SPD-Bundesvorstandes ist und auf der Bonner Bühne eine immer stärkere Rolle übernimmt. Daß Lafontaine gemeinsam mit SPD-Chef Willy Brandt zum 20. Jahrestag der Verabschiedung des Godesberger Programms redet, ist kein Zufall.

Die Landtagswahlen 1980 bringen der SPD Saar große Gewinne. Sie wird mit 45,4 Prozent der Stimmen erstmals stärkste Parlamentspartei, kann 24 der nunmehr 51 Sitze (um ein »Patt« nach den Erfahrungen von 1975 auszuschließen, ist zwischenzeitlich über eine Verfassungsänderung eine ungerade Mandatszahl eingeführt worden) erringen. CDU und FDP können jedoch zusammen weiter regieren. Ihre an sich komfortable Mehrheit von 27 Sitzen (CDU: 23, FDP: vier) wird jedoch gleich strapaziert. Ministerpräsident Zeyer hat sich nämlich entschlossen, bei der Kabinettsbildung neue Wege zu gehen, den üblichen Regionalproporz hintanzustellen. Den damaligen Bundesvorsitzenden der CDU/CSU-Mittelstandsvereinigung, den Finanz- und Wirtschaftswissenschaftler Prof. Dr. Gerhard Zeitel, will er an die Spitze des Finanzressorts berufen. Der (noch) parteilose Jurist Prof. Dr. Wolfgang Knies soll neuer Chef der Kultusbehörden werden. Dafür will Zeyer den populären Innenminister Alfred Wilhelm (CDU) nicht mehr ins Kabinett holen. Der »gute Mensch von Hülzweiler«, wie der volkstümliche Politiker genannt wird, hat ihm mehrfach zu verstehen gegeben, er müsse einer neuen Regierung nicht mehr angehören. An der Basis macht sich jedoch die Legende breit, Zeyer habe Wilhelm abgehalftert – zugunsten von Professoren, dazu noch »einem aus dem Reich«.

Als sich der Regierungschef am 21. Juni 1980 im Landtag zur Wiederwahl stellt, erlebt er sein kleines Waterloo (das große kommt fünf Jahre später). Nur 24 von 27 Stimmen aus der CDU/FDP-Koalition werden für ihn gezählt: Die Mehrheit reicht nicht aus. Lafontaine ist als Gegenkandidat gar nicht erst angetreten, in den wohlverdienten Urlaub gefahren. Im zweiten Anlauf, am 23. Juni, schafft es Zeyer dann – trotz der unveränderten Ministermannschaft, an der er festhält. Doch den ersten Kratzer hat er abbekommen.

Lafontaine, der im Wahlkampf den Amtsinhaber und dessen Wirtschaftsminister Werner Klumpp als »Dummschwätzer und Tünnesse« echt saarländisch verspottet hat (»Wenn jeder Saarländer, der in seinem Freundes- und Bekanntenkreis den anderen einmal Dummschwätzer genannt hat, uns am 27. April wählen würde, dann brauchten wir uns um die 90 Prozent keine Gedanken zu machen«), kann in den folgenden fünf Jahren an der Saar vor allem auf das Dahinsiechen der CDU/FDP-Koalition setzen, deren Kräfte fast ausschließlich durch die sich verschärfende Stahlkrise gebunden werden. Auf eigene landespolitische Alternativen der SPD-Opposition kommt es nicht so sehr an. Die Regierungsparteien haben genug mit sich selbst zu tun, starren wie das Kaninchen auf die Schlange im Saarbrücker Rathaus, betreiben ungewollt das Spiel des politischen Gegners. Die CDU hat nicht mehr die Kraft zur Erneuerung an Haupt und Gliedern, hält die Macht für gottgegeben, unterschätzt den populären Herausforderer, der beruhigt auf die Wahl im Jahr 1985 warten kann.

Aufrührer

Diese Verschleißerscheinungen machen es Oskar Lafontaine leicht, sein Hauptaugenmerk auf die Bundespolitik zu richten. Dem Vorwurf, er vernachlässige Landesinteressen, will er sich dennoch nicht aussetzen. In Bonn beweist er seine Kraft. Obwohl er die Verbindung von Saarstahl mit ARBED Luxemburg ohne Mitbestimmungsmöglichkeit des deutschen Steuerzahlers für einen fatalen Fehler hält, setzt er auf einem SPD-Bundesparteitag durch, daß es direkte staatliche Zuschüsse zur Restrukturierung der eisenschaffenden Industrie gibt. Vorher waren es Bürgschaften, mit denen Bonn den Schrumpfungsprozeß begleitet hat. Mit einem ähnlichen Schritt hat er schon früher unter Beweis gestellt, daß er die Landesinteressen notfalls auch gegen die Parteifreunde in der Bundesregierung vertritt: Als das Bonner Verkehrsministerium die Mittel für die Großschiffahrtsstraße Saar sperren wollte, hat Lafontaine gemeinsam mit

FDP-Chef Werner Klumpp einen Canossa-Gang in die Bundeshauptstadt unternommen. Mit Erfolg. Die Bundestagsfraktionen von SPD und FDP pfiffen das Kabinett zurück, der Ausbau der Saar konnte fortgeführt werden.

Für die angeschlagenen, aber noch nicht ausgezählten Regierungsparteien CDU und FDP kommt es knüppeldick. Zwar gelingt es Zeyer, den immer wieder drohenden Zusammenbruch von Saarstahl durch ständige Bittgänge nach Bonn zu verhindern, wo in nach und nach kürzeren Abständen Geld locker gemacht werden muß. Doch zu den Wirren um die Stahlkrise kommt ein Bäumchen-wechsel-dich-Spiel auf dem Sessel des Wirtschaftsministers, das am Image der Landesregierung nagt. Der Koalitionspartner FDP entsendet mitten auf dem Höhepunkt der Hüttenprobleme den Vorsitzenden der Landtagsfraktion, den biederen und gesundheitlich angeschlagenen Edwin Hügel, in diese wichtige Aufgabe, nachdem Werner Klumpp – mit SPD-Unterstützung übrigens – den Schleudersitz mit dem weichen Sessel des besser bezahlten Präsidenten beim Sparkassen- und Giroverband vertauscht hat. Dem neuen Wirtschaftsminister wird nachgesagt, bei Kabinettssitzungen manchmal eingenickt zu sein: Objektiv ist er trotz aller Bemühungen und bei allen menschlichen Qualitäten überfordert. Im Herbst 1983 sehen die Liberalen ihren Fehlgriff ein, zwingen Hügel zum Rücktritt – aus gesundheitlichen Gründen. Statt dessen wird Dr. Walter Henn, der stellvertretende FDP-Landesvorsitzende, Wirtschaftsminister. Das Vorstandsmitglied der Vereinigten Saar-Elektrizitäts-Werke (VSE) verspricht vollmundig: »Ich bin kein Job-Hopper.« Doch schon nach wenigen Wochen wirft er das Handtuch, nachdem die SPD in der Öffentlichkeit eine Begleiterscheinung seines Wechsels in die Regierung hochgespielt hat – mit Genuß: Denn Henn hat sich für den Unterschied zwischen Vorstands- und Ministergehalt von seinem bisherigen Arbeitgeber, bei dem er beurlaubt war, einen Ausgleich zahlen lassen. Erst mit dem Eintritt des Karlsruher Bürgermeisters Dr. Horst Rehberger Anfang 1984 in das Kabinett Zeyer und der Übernahme des FDP-Landesvorsitzes durch den engagierten Import erfolgt eine Stabilisierung auf seiten der FDP.

Lafontaine erobert indes die Schlagzeilen der bundesdeutschen und internationalen Zeitungen und Magazine, den Hörfunk und das Fernsehen nicht minder. Über Monate und Jahre gelang es der SPD, Gegensätze zwischen Bundeskanzler Helmut Schmidt und dem

Saarländer in der Energie- und Sicherheitspolitik herunterzuspielen. Doch spätestens im Jahr 1981 lassen sie sich nicht mehr übertünchen. Da malt Lafontaine im Februar den Bruch der Bonner SPD/FDP-Koalition an die Wand. Im Mai bezeichnet er die geplante Nachrüstung mit Mittelstreckenraketen als »Aufrüstung«. In der *Saarbrücker Zeitung* steht die Schlagzeile auf der Titelseite: »Lafontaine fällt Schmidt in den Rücken.« Diese interpretierende Überschrift wird vom Deutschen Presserat nicht beanstandet, bei dem der SPD-Landesvorsitzende Beschwerde eingelegt hat. Im November legt Lafontaine die SPD Saar auf einen eigenen »Doppelbeschluß« fest: Auf einem Landesparteitag in Neunkirchen bekennt sich nur noch eine verschwindend kleine Minderheit zum Kanzlerkurs. Die überwältigende Mehrheit lehnt unter dem Druck Lafontaines (»Ich bitte um die Bestätigung und Legitimation meiner Arbeit der vergangenen Monate«) den Nachrüstungsteil des NATO-Doppelbeschlusses ab. Lafontaine selbst sagt später: »Die Freiheit zu verteidigen, ist ein erstrebenswertes Ziel. Nur muß man noch leben, um frei sein zu können.« Und prägt den Satz, er ziehe es vor, notfalls das Leben eines kirgisischen Weinbauern oder das eines Moskauer Fabrikarbeiters zu führen, statt in einem atomaren Holocaust zu verbrennen. Konservative münzen diese Aussagen um in die Kurzformel: »Lieber rot als tot«.

Die Stunde der Wahrheit schlägt auf dem SPD-Bundesparteitag in München, auf dem sich im April 1982 Lafontaine endgültig als Wortführer der Raketen- und Nachrüstungsgegner etabliert und mit starkem Beifall gefeiert wird. In der Sache stimmt er einer Vertagung der SPD-Entscheidung zu, einem Moratorium, wonach über die Nachrüstung erst im Herbst 1983 in der SPD befunden werden soll: eine Art Waffenstillstand und Atempause wie bei der Debatte um die Kernenergie, ein Zwischenschritt. Daß er nur noch mit 230 Stimmen in den SPD-Vorstand gewählt wird, stört den strategisch denkenden Lafontaine nur wenig.

Ein Beitrag im Magazin *Stern* vom Juli 1982 zerschneidet das Tischtuch zwischen dem Saarländer und dem Kanzler. Reporter Jürgen Serke schildert diese Szene:

Anruf in Saabrücken: »Herr Lafontaine, wo ist Ihr demagogischer Schweinehund begraben?« Zeigt er ihn nun? »Schauen Sie«, sagt er, »was hat sich denn mit der Einigung zwischen SPD und FDP über den Haushalt 1983 in Bonn geändert? Helmut Schmidt spricht weiter von Pflichtgefühl, Berechenbarkeit, Machbarkeit, Standhaftigkeit...« Im Hintergrund höre ich Margret Lafontaine, die Frau des Politikers. »Oskar, das sind anale Fixierungen.« Er: »Das sind Sekundärtugenden. Ganz präzis gesagt: Damit kann man auch ein KZ betreiben. Das sind Sekundärtugenden, auf die man zurückgreift, wenn innerlich nicht bewältigt ist, worum es geht, nämlich um die Bewahrung des Lebens.«

Über dieser Passage, deren Brisanz als »verkürzt wiedergegeben«, »aus dem Zusammenhang gerissen« oder »nicht autorisiert« heruntergespielt worden ist, sind andere wörtliche Aussagen Lafontaines – bisher jedenfalls nicht dementiert – untergegangen: »Er (Helmut Schmidt) ist wie Genscher weiter pro Rüstung, pro Kernenergie, pro Wachstum. Aber eine auf Bewahrung des Lebens ausgerichtete Politik müßte das Steuer herumreißen. Wir brauchen eine ökologisch orientierte Ökonomie.« Oder: »Die SPD muß raus aus der Regierung in Bonn. So wie die Dinge liegen, ist Regeneration der Partei nur in der Opposition möglich.«

In solchen Passagen wird deutlich, warum Oskar Lafontaine es abgelehnt hat, Gedanken an ein Bundesministerium zu verschwenden. Warum er darauf verzichtet hat, als Nachfolger von Egon Bahr 1980 Geschäftsführer der Sozialdemokraten zu werden. Lafontaine hätte sich in die offiziellen Bonner Sprachregelungen einbringen müssen, was er als »Verbiegung« empfunden hätte. Der *Stern*-Mißklang zieht allerdings Kreise. Egon Franke, Chef der »Kanalarbeiter«, schämt sich, »daß es einen solchen Mann in der SPD gibt«. Lafontaine selbst: »Das Gespräch war erstens bedeutend länger, und zweitens war der Dialog über Wertvorstellungen in der Politik ein ständiges Thema zwischen dem Reporter und mir, so daß das Eingehen auf die Sekundärtugenden natürlich nur im Zusammenhang auf die Darstellung Carl Amerys zu sehen ist und in keinem Fall zu den Schlußfolgerungen führen kann.«

Als Helmut Schmidt nicht mehr Regierungschef ist, die Sozialdemokraten – wie von Lafontaine gewünscht – auf der Oppositionsbank sitzen, entschuldigt sich der Saarländer auf einem Landesparteitag in Bous für seine »leichtfertigen Bemerkungen«, die er gemacht habe, »nicht wissend, was daraus wird«: »Es tut mir leid«, sagt er. Und der Vorgänger von Kanzler Helmut Kohl (CDU) antwortet: »Wir brauchen, glaube ich, niemals wieder darüber zu reden.« Doch Narben sind mit Sicherheit geblieben. Das Wochenblatt *Die Zeit*, zu dessen Herausgebern Helmut Schmidt heute gehört, begegnet dem Aufsteiger von der Saar häufig knallhart-kritisch. Und der Alt-Kanzler wird 1984 auf die Frage, wer Nachfolger von SPD-Chef Willy Brandt werden könnte, so zitiert: »Die Zeit von Lafontaine kommt noch lange nicht, wenn sie überhaupt kommt.«

Der Saarländer verstärkt nach dem Bonner Regierungswechsel seine Kritik an der geplanten Nachrüstung, an der das CDU/FDP/CSU-Kabinett Helmut Kohls festhält. Auf einem SPD-Sonderparteitag stehen Helmut Schmidt und wenige Getreue auf einsamer Flur, als die Sozialdemokraten in Köln Ende November 1983 den Schlußstrich unter die Sicherheitspolitik des Ex-Kanzlers ziehen. Lafontaine hat gar mit seinem Parteiaustritt gedroht für den Fall, daß die Raketenstationierung des NATO-Doppelbeschlusses weiter Geltung haben sollte. Und sich vor der Kölner Entscheidung weit aus dem Fenster hinausgelehnt, als er auf dem Bundeskongreß der Jungsozialisten in Oberhausen sowie in seinem ersten Buch *Angst vor den Freunden* den Verbleib der Bundesrepublik Deutschland in der militärischen Integration der NATO in Frage gestellt hat. Auch diese Diskussion hat er letztlich unbeschadet überstanden – nicht zuletzt, weil er es versteht, vereinfachenden Kurzformeln entgegenzutreten, die Verkürzung gegen seine Widersacher auszuspielen. Zur NATO-Frage sagt er da: »Ich habe nicht die Bündnisfrage als solche gestellt.«

Im Saarland bereitet Lafontaine unterdessen – fast nebenher – die landespolitisch gewichtigen Kommunal- und Europawahlen am 17. Juni 1984 vor. Die Sozialdemokraten laufen dort der Union auf Gemeinde-, Kreis- und Landesebene den Rang ab, der Oberbürgermeister holt in Saarbrücken über 51 Prozent der Stimmen, ein persönlicher Erfolg. Der SPD-Vorsitzende spricht von der »halben Miete« für einen Regierungswechsel 1985. Er soll auch in dieser Einschätzung recht behalten.

VII. Kapitel
Ministerpräsident

ALFRED SCHÖN

Strategie

Im Saarland haben sich innerhalb von zwei Jahrzehnten die politischen Mehrheitsverhältnisse im Vergleich zu anderen Industrieregionen normalisiert. Von seiner Bevölkerungs- und Beschäftigungsstruktur her ist eine Führungsrolle der CDU nicht vorgegeben. Daß die SPD bis Mitte der siebziger Jahre keinen Durchbruch erzielt hat, liegt mit an der Sonderentwicklung des jüngsten Bundeslandes nach der Volksabstimmung vom 23. Oktober 1955: Die CDU hat es – nicht zuletzt durch die handelnden Personen und durch den Kompetenzvorsprung bei den Industriearbeitern – verstanden, den Beitritt des Saarlandes zum Geltungsbereich des Grundgesetzes für sich zu vereinnahmen. Zwischenzeitlich ist alles anders geworden. Die katholische Arbeitnehmerschaft ist nicht mehr auf die Christdemokraten fixiert, die SPD hat die stärkeren Vorfeldorganisationen, hat in den meisten Kommunen die Macht erobert, verfügt über eine jüngere, unverbrauchte Mannschaft. Und ihr Spitzenmann, Oskar Lafontaine, ist in der Bevölkerung weitaus populärer als Ministerpräsident Werner Zeyer, der es nicht geschafft hat, den Bonus eines »Landesvaters« wie sein Vorgänger Röder in die Waagschale zu werfen.

Nach der Kommunal- und Europawahl vom 17. Juni 1984 stellt sich die Verteilung der Gunst so dar: Die SPD liegt mit über 45 Prozent deutlich vor der CDU, die sich um die 42 Prozent herum bewegt. Die Grünen und die Liberalen drängeln sich um die Fünf-Prozent-Hürde. Grund genug für die CDU/FDP-Koalition, aber auch für die rot-grüne Opposition, sich strategisch auf die Entscheidung bei der Landtagswahl am 10. März 1985 vorzubereiten.

Das Regierungslager verfällt ob dieser ungünstigeren Ausgangslage in Hektik. Lediglich die Liberalen stabilisieren sich: Der neue Wirtschaftsminister Dr. Horst Rehberger macht eine gute Figur, übernimmt auch den Parteivorsitz, wirbt mit der Unterstützung aus Bonn – in erster Linie setzt sich der populäre Bundesaußenminister Hans-Dietrich Genscher ein – um eine Fortsetzung des CDU/FDP-Bündnisses an der Saar. Die CDU reagiert auf die Niederlage bei der Kommunalwahl mit einer Kabinettsumbildung. Vor allem die Berufung des früheren Röder-Kronprinzen Werner Scherer zum Innen- und Gemeindeminister soll neuen Schwung in die abgeschlaffte Regierungspolitik bringen, der das Etikett anhaftet, es werde mehr verwaltet als gestaltet. Auch Dr. Berthold Budell, ein anerkannter Naturschützer (»der schwarze Grüne«), soll als Umweltminister den Abwärtstrend stoppen helfen. Doch der Verzweiflungsakt erfolgt zu spät: In acht Monaten sind Sünden der Vergangenheit nicht aufzuarbeiten.

Oskar Lafontaine pokert hoch. Er weiß, daß er die Liberalen für den Fall der Fälle nicht als Koalitionspartner gewinnen kann: Eine sozialliberale Bündniszusage der FDP hätte ihr parlamentarisches Ende bedeutet. Und die Grünen hält Lafontaine für unsichere Kantonisten, solange sie nicht bereit sind, die Machtfrage zu beantworten. Flugs nennt er die Alternativen überflüssig: »Es gibt kein wichtiges Thema, bei dem ich erkennen kann, daß die Grünen notwendig wären, um eine Kurskorrektur der SPD Saar herbeizuführen.« Mit einer »bewußt offenen linken Politik«, wie SPD-Bundesgeschäftsführer Peter Glotz anerkennt, mit einem »friedenspolitisch-ökologischen Kurs«, wie Lafontaine seinen Weg beschreibt, steuert er die absolute Mehrheit an, allein gegen alle.

Mit einer vagen Erklärung der Grünen, man wolle ein SPD-Kabinett Lafontaine tolerieren, gibt er sich nicht zufrieden, zwingt die Partei, Farbe zu bekennen: Sind die Alternativen bereit, Regierungsverantwortung zu übernehmen? Lafontaine: »Dann kämen wir schnell dahin, daß auch ein grüner Umweltminister seine Skandale, seine Fehler hätte.« Eine Zusammenarbeit kann er sich nur in einer Regierung vorstellen, nicht ohne festeres Netz. Politische Verantwortung mahnt er an, »statt nur Ideen zu entwickeln oder zu kritisieren oder sich zu verweigern«. Als die Grünen an der Saar ihre Berührungsängste nicht ablegen und sich dazu entscheiden, keine Minister in ein Kabinett Lafontaine nach der Landtagswahl 1985 zu entsenden, geht der »Ajatollah« aufs Ganze, wie *Der Spiegel* im Herbst 1984 seine Story überschreibt. Er schlägt damit auch der CDU/FDP-Koalition das wichtigste Wahlkampfthema aus der Hand: die ständige Warnung vor einem »rot-grünen Chaos«, die von der Bevölkerung angesichts der klaren Position Lafontaines nicht ernst genommen wird. Und setzt öffentlichkeitswirksam noch ein Argument drauf, wie gut die ökologischen Belange doch bei der SPD selbst aufgehoben sind: Jo Leinen, Sprecher des Bundesverbandes Bürgerinitiativen Umweltschutz (BBU), soll sein Umweltminister werden.

Rechtzeitig zur Landtagswahl erscheint auch Lafontaines zweites Buch mit dem Titel *Der andere Fortschritt*, in dem er für »Verantwortung statt Verweigerung« wirbt – ein Seitenhieb auf die Grünen. »Öko-Sozialismus«, »Abkehr vom Wachstumsdenken«, »Frieden mit der Natur« sind wichtige Themen bei der »Suche nach einem anderen Weg«.

Bei der Erstellung des Manuskrips haben Zwillingsbruder Hans Lafontaine und Hans Georg Treib, noch heute einer seiner engsten Berater, mitgewirkt. Die beiden letzten Sätze im Nachwort des Buches deuten auf den Privatmann Lafontaine hin: »Margret und Frederic danke ich, daß sie mir Zeit für dieses Buch ließen. Ihnen ist es gewidmet.« Margret, das ist seine zweite Frau, die er 1982 geheiratet hat. In einem Interview mit der Zeitschrift *Cosmopolitan* hat sich die bildende Künstlerin, die sich der Töpferei widmet, später als »unregierbar« eingeordnet. Aus der Ehe mit ihr, die 1988 im »verflixten siebten Jahr« geschieden wird, stammt Sohn Frederic. Auch wenn Lafontaine sicher kein biederer Familienvater aus dem Bilderbuch ist, auch wenn er die schönen Seiten des Lebens in allen ihren Facetten gerne genießt, kein Kostverächter und Moralapostel ist, die Bindung zu dem einzigen Kind sagt viel über den Menschen aus.

Herbert Riehl-Heyse schreibt dazu: »Im Saarland, wo jeder jeden kennt, nehmen sehr viele Leute regen Anteil an Oskar Lafontaines Privatleben. Man diskutiert darüber, warum er sich zweimal habe scheiden lassen und mit welchen Freundinnen er sich nach der zweiten Scheidung getröstet hat... Hat nicht beinahe jeder manchmal seine Schwierigkeiten mit der Ehe? Und ist es da nicht ehrlicher, diese Probleme auch zuzugeben und nicht auf glücklichen Familienvater zu machen wie andere bedeutende Politiker, von denen jeder weiß, daß sie eine Freundin haben, die aber um Gottes willen nicht öffentlich vorgezeigt werden darf? Auch wenn jene alte Dame im

Wahlkampf ihn für Jesus gehalten hat. Oskar Lafontaine ist überaus irdisch, und er macht kein großes Geheimnis daraus, daß er es ist. Und weil man sich mit so einem Mann identifizieren kann, darum reden die Leute in Saarbrücken viel mehr anteilnehmend als voyeuristisch darüber, daß der Oskar sehr unter der Trennung von seinem Sohn Frederic leide, oder darüber, daß er sich bei der Scheidung von seiner zweiten Frau fair verhalten habe und daß er jetzt, mit Hilfe seiner neuen Freundin, ganz offensichtlich wieder stabil geworden sei und nicht mehr so durchhänge wie vor einem Jahr.« Diese Skizze aus dem Mai 1990 ist stimmig. Sie hätte auch früher mit anderen Querverweisen geschrieben sein können, mit anderen handelnden Personen. In den siebziger Jahren etwa während der gescheiterten ersten Ehe mit Frau Ingrid. Bei Abstechern mit Willy Brandt und anderen Freunden ins Elsaß oder nach Lothringen.

Diese menschlich-irdische Seite gehört zu »Oskar«, wie er geliebt und gefeiert wird: einer, der mal gern einen über den Durst trinkt, der in der Stammkneipe die Puppen tanzen läßt, der das Saarbrükker Original, die Zeitungsfrau »Rote Lilo«, schnell mal in die Arme nimmt und ihr Orangensaft mit Gin spendiert. Er tritt gegen den überkorrekten und distanzierten Werner Zeyer an, dem Parteifreunde ein »Defizit an Gefühlen« zuordnen. Ganz bewußt plakatieren die Sozialdemokraten im Wahlkampf 1985 mit den Slogans »Einer von uns«, »Mit Tatkraft und Herz« – und dem Vornamen »Oskar«, der für sich spricht.

Oskar Lafontaine ist nicht nur der knallharte Polemiker und Zyniker, der politische Gegner verächtlich macht, der Demagoge, der Ängste verbreitet und Zorn entfacht. Er kann genauso gut nachdenklich stimmen, kanzelhaft reden. Und an sich selbst zweifeln. Um kurze Zeit danach um so kräftiger zuzuschlagen und die nächste Schwelle der Karriere zielbewußt anzusteuern. Es ist keine Koketterie, wenn er über das Aussteigen aus der Politik nachgrübelt, weil der Preis für Prominenz sehr hoch ist, der Verlust an Privatleben schmerzlich. Nicht erst nach dem Attentat vom 25. April 1990 ist das so. Als die Trennung von seiner zweiten Ehefrau Margret feststeht, ist ihm die Zukunft von Sohn Frederic wichtiger als die Macht.

Zurück zum Wahlkkampf 1985, der ersten Bewährungsprobe, bei der ein Scheitern den Nimbus des Dauersiegers hätte zerstören können. Denn die Umfragen sagen sämtlich ein Kopf-an-Kopf-Rennen voraus.

Im Mittelpunkt der Auseinandersetzung steht die Zukunft der saarländischen Stahlindustrie. Die Regierungsparteien CDU und FDP haben zu diesem Zeitpunkt längst erkannt, daß die sich ständig wiederholenden Rettungsaktionen keine Sicherheit bringen. Sind Millionen aus dem Bonner Staatssäckel gerade erst abgeholt, ist die Kreditaufnahme des haushaltskranken Landes für neue Stahlhilfen gerade erst wieder angestiegen, kommen schon die nächsten »Worst-Case«-Rechnungen. Zeyer überlegt sich zeitweise, das Unternehmen an die Wand fahren zu lassen, um über eine Auffanggesellschaft einen lebensfähigen Kern zu retten. Doch das finanzielle Engagement von Bund und Land ist bereits zu groß, sagen die Ratgeber. Und die sozialen Folgen eines Konkurses, so befürchten die Parteistrategen, könnten die Wahlchancen der CDU gegen Null führen.

Unterschätzt werden dabei die psychologischen Wirkungen der Sanierungsschritte in Raten: alle Jahre wieder dramatische Situationen. Und immer dann, wenn die gröbsten Löcher gestopft sind, die forschen Ankündigungen: »Saarstahl ist gerettet.« In der Bevölkerung nimmt naturgemäß die Glaubwürdigkeit der Regierung Zeyer ab, ständig mehr. 1982, 1983, 1984 – immer neue Bittgänge nach Bonn. Um eine letzte Finanzspritze des Bundes durchzusetzen muß Zeyer sogar mit seinem Rücktritt drohen. Dieses Krisenmanagement erkennt Lafontaine durchaus an. Ein Zukunftskonzept entdeckt er darin nicht. Für ihn kommt es entscheidend auf die »Klärung der Gesellschafterfrage« an: Der Geldgeber Staat soll Verantwortung übernehmen.

Das CDU/FDP-Kabinett und die Regierungsfraktionen erkennen, daß die Strategie, auf den Luxemburger ARBED-Konzern zu setzen, gescheitert ist. Sie setzen unter Vorsitz des früheren Saar-Wirtschaftsministers Dr. Manfred Schäfer (CDU) eine Kommission ein, die auch die Möglichkeit einer Zusammenführung von Saarstahl Völklingen mit den Dillinger Hüttenwerken untersuchen soll. Und auch bei CDU und FDP werden immer mehr Stimmern laut, die Landesregierung solle die »Option« auf die 76-Prozent-ARBED-Anteile an Saarstahl ziehen.

In dieser dramatischen Situation läßt sich Lafontaine, der 1977 bereits die Zusammenfassung aller saarländischen Stahlwerke gefordert und an diesem Kurs gegen die Regierungen in Bonn wie Saarbrücken, auch gegen die IG Metall, festgehalten hat, offenbar beirren. Während das CDU/FDP-Kabinett jetzt auf eine Verzahnung von Völklingen und Dillingen setzt, sieht Lafontaine (»In der Schäfer-Kommission belauern sich zwei europäische Stahlkonzerne«) in dem Vorhaben »vom Ansatz her ein totgeborenes Kind«. Die einzige Chance für Saarstahl liege darin, auf dem deutschen Stahlmarkt einen industriellen Partner zu finden. Dillingen sei zu klein, um die Risiken des Völklinger Unternehmens zu tragen. Auch im Wahlkampf verschweigt Lafontaine nicht, wie ihm CDU und FDP in der Opposition später vorhalten, daß »weitere soziale Härten« durch einen neuen Rationalisierungsschub unvermeidbar sein werden: »Die jetzige Belegschaft kann nicht bleiben«, sagt er unverblümt.

Zwei weitere Wahlkampfthemen spielen eine Rolle: Die hohe Arbeitslosigkeit, die sich durch die Stahlkrise mit 14 Prozent fast verdoppelt hat, und die Staatsverschuldung, die den Landeshaushalt erdrückt, ihm jeden Bewegungsspielraum nimmt. Auch um den Umweltschutz und die Schulpolitik wird gestritten: eher Themen für Exoten. Da ist die Bonner Perspektive schon gewichtiger. Während Zeyer Bundeskanzler Helmut Kohl einen »Glücksfall für das Saarland« nennt und mit diesem Pfund wuchern will, schilt Lafontaine die Regierungschefs in Bonn und Saarbrücken als »Unglücksfall«. Mit der Landesregierung (»Verein von Ignoranz und Inkompetenz«) sei die Region gestraft, greift er die »Bankrotteure« an.

Ungewollt wird die *Saarbrücker Zeitung* mit ihrer einseitigen Parteinahme zugunsten von CDU und FDP zum Wahlhelfer des SPD-Matadors. Aus Protest gegen die seiner Meinung nach »einseitig orientierte CDU-Struktur« des Blattes ist Lafontaine bereits 1981 aus ihrem Aufsichtsrat ausgeschieden, in dem er für die Friedrich-Ebert-Stiftung einen Sitz hatte. Auf einem SPD-Landesparteitag kündigt der SPD-Spitzenkandidat Ende 1984 die Gründung einer »Konkurrenzzeitung« an: die *Saarländische Allgemeine Zeitung* (SAZ). Die Genossinnen und Genossen jubeln – doch es abonnieren nicht genug. Rund 5000 Bestellungen werden registriert, die SPD hat damals schon 31 500 Mitglieder. So erscheint nur eine »Null-Nummer« der SAZ. Lafontaine gibt später zu, die angekündigte neue Zeitung sei eines der wenigen Wahlversprechen, die er nicht gehalten habe. Die »Null-Nummer« ist zur »00-Nummer« geworden, wird gewitzelt. Der Medienkrieg hat Lafontaine dennoch letztlich genutzt. Die *Saarbrücker Zeitung* hat im Wahlkampf 1985 an Glaubwürdigkeit verloren und lange kämpfen müssen, sie später zurückzugewinnen. In ihrem Aufsichtsrat sitzen freilich heute noch immer SPD-Vertreter wie Friedel Läpple für die Friedrich-Ebert-Stiftung, die Überschüsse des Unternehmens dankend einkassiert.

Auch für kleine Gesten, die große Wirkung haben können, ist der Wahlkämpfer Oskar Lafontaine gut. Als Saarbrücker Oberbürgermeister verzichtet er auf sein 13. Monatsgehalt, stellt diesen Betrag für einen Fonds zur Verfügung, aus dem Ausbildungsplätze für Jugendliche finanziert werden. Natürlich hängt er selbst diese Spende nicht an die große Glocke, seine Umgebung sorgt genauso selbstverständlich dafür, daß die Großzügigkeit bei den Leuten landet. Geschickt setzt sich der Saarbrücker Oberbürgermeister auch an die Spitze der Bewegung, die Hindenburgstraße vor dem Landtag des Saarlandes in »Franz-Josef-Röder-Straße« umzubenennen: Lafontaine selbst enthüllt im Oktober 1984 gemeinsam mit der Witwe des 1979 verstorbenen Ministerpräsidenten aus CDU-Reihen das neue Schild. Röders Amtsnachfolger, Werner Zeyer, ist nicht an Bord. Lafontaines Image-Bastler verkaufen die Geste, »wie politische Gegner in gegenseitigem Respekt miteinander umgehen sollten«, als weiteren Pluspunkt für »Oskar«, während CDU-Parlamentarier in der Landtagskantine darüber schimpfen, wie der SPD-Star ihnen die Butter vom Brot zu nehmen versteht.

Sieg

Tage vor dem Wahlabend am 10. März 1985 sagt Wolfgang G. Gibowski, Forschungsgruppe Wahlen Mannheim, voraus, er erwarte nicht die absolute Mehrheit einer Partei, nennt das Rennen offen, sieht »mit hoher Wahrscheinlichkeit« erhebliche Stimmenabgaben der SPD Saar an die Grünen und die CDU als wahrscheinlich stärkste Partei. Lafontaine ist zu diesem Zeitpunkt aufgrund der Zustimmung bei seinen Wahlkampfveranstaltungen sicher, daß er es schafft.

Und er hat recht. Aus der Opposition heraus gewinnt er das Rennen »Allein gegen alle«. Die Sozialdemokraten erreichen die absolute Mehrheit im Parlament, 26 von 51 Sitzen, knapp, aber beeindruckend. 49,2 Prozent werden ihrem Konto gutgeschrieben. Die CDU sackt an diesem Abend des 10. März auf 37,3 Prozent ab, wird deklassiert. Von ihrem Niedergang profitieren die Liberalen: FDP-

Chef Dr. Horst Rehberger kann sich dank bewußter »Koalitionswähler« – CDUler sprechen von »Leihstimmen« – als »Mister-Zehn-Prozent« feiern lassen, um doch mit der Union auf die Oppositionsbank zu wechseln. Und die größte Sensation, in der das Geheimnis des Lafontaines-Triumphes liegt: Die Grünen bleiben mit mageren 2,5 Prozent »draußen vor der Tür«.

An diesem Abend spielen sich im Parlamentsgebäude am Saarufer unbeschreibliche Szenen ab. Die Vertreterin einer Bürgerinitiative (Kommando »Oliver Hardy«) klatscht dem Umweltministerkandidaten, Jo Leinen, eine Sahnetorte ins Gesicht – als Dankeschön dafür, daß er ins andere Lager wechselt, Regierungswürden übernimmt und damit zum Verräter an der Protestbewegung wird, für die das Ausüben von Macht etwas Unkeusches ist. Lafontaine (»Genossinnen und Genossen, bleibt auf dem Teppich!«) weiß nicht, wie viele Glückwünsche und Küßchen er erhalten hat.

Und sein Gegenspieler, Werner Zeyer, der harte Arbeit ohne Fortune geleistet hat, irrt nach dem tapferen Eingeständnis seiner Niederlage vor den Fernsehkameras einsam auf der Franz-Josef-Röder-Straße umher, um seinen Fahrer zu suchen und nach Hause zu kommen. In jenen Stunden lassen fast alle vermeintlichen Freunde, die sich vorher in Bücklingen übertroffen haben, den Verlierer völlig allein, als wäre er für die Fehlentscheidungen und Versäumnisse der sechziger und siebziger Jahre mit ihrer Langzeitwirkung verantwortlich zu machen.

Oskar Lafontaine genießt derweil seinen Triumph eher zurückhaltend. Als ihn die Genossinnen und Genossen bei der Wahlparty im Saarbrücker VHS-Zentrum im Schatten des Schlosses mit Jubelrufen empfangen, mit Tränen in den Augen, sagt er mit leiser Stimme: »Ich hoffe, daß Ihr alle noch dabei seid, wenn es am 9. April mit der Arbeit beginnt.« An diesem Tag soll der Regierungswechsel vollzogen, soll der Saarbrücker Oberbürgermeister zum ersten sozialdemokratischen Ministerpräsidenten an der Saar gewählt werden. In Berlin hat am selben Abend der Regierende Bürgermeister Eberhard Diepgen (CDU), seit Februar 1984 Nachfolger des Bundespräsidenten Richard von Weizsäcker an der Spitze des Senats, Grund zum Jubeln: Er kann seine Arbeit im CDU/FDP-Kabinett fortführen. Sein Herausforderer Hans Apel (SPD) ist vom »Bären getreten« worden. Das Interesse der Medien richtet sich jedoch viel stärker auf Saarbrücken, wo »alle Oscars an Oskar« gegangen sind.

137

In diesen Wochen wird an der Saar eine neue Amtsbezeichnung erfunden: M. i. L., »Minister in Lauerstellung«. Zwei Träger dieser Titel sind der Rechtsanwalt Josef Matthias Leinen und der Diplomökonom Hans-Joachim Hoffmann. »Jo« und »Hajo« wären heute heilfroh, ihre Amtsvorgänger Berthold Budell (CDU) und Horst Rehberger (FDP) hätten in diesen Übergangstagen eine bestimmte Unterschrift geleistet. Auf den Schreibtischen des Umwelt- und des Wirtschaftsministers lag nämlich der Antrag zum Bau einer Müllverbrennungsanlage in Völklingen-Wehrden, an einem Standort also, den die Sozialdemokraten im Wahlkampf abgelehnt hatten. Der oberste Genosse selbst hatte sein Wort gegeben, das er nicht mehr kassieren konnte. Die Noch-Minister von CDU und FDP folgten dem guten Brauch, derartig gewichtige Entscheidungen dem Wahlsieger zu überlassen. Sie unterschrieben nicht mehr. Der Standort Völklingen-Wehrden war gestorben. Bis heute liegt den Nachfolgern Leinen und Hoffmann kein neuer Genehmigungsantrag auf dem Tisch. Der Müll-Notstand hält an.

Wie bei allen früheren Erfolgsstationen wiegelt Lafontaine auf dem neuen Gipfel ab, er sei nicht an noch wichtigeren Ämtern interessiert. Dabei hat »Oskar Superstar«, wie er in der Wahlnacht gefeiert wird, längst das Etikett an sich haften, nur eine neue Sprosse auf der Leiter erklommen zu haben. Eine Woche nach dem Wahlsieg sagt er jedoch dem *Spiegel*: »Ich sage es jetzt zum 100. Male, auch wenn's immer noch niemand glaubt. Ich bin nicht an höheren Weihen interessiert.« Er richtet sich »in jedem Falle« an der Saar auf mehr als eine Legislaturperiode ein. Der SPD-Hoffnungsträger bleibt dieser augenzwinkernden Schwindelei-Taktik auch später treu. Im ersten Interview mit der *Saarbrücker Zeitung* nach seinem Wahlerfolg und dem Regierungswechsel an der Saar sagt er im Januar 1986, er stehe seiner Partei 1990 nicht als Kanzlerkandidat zur Verfügung. Diese Entscheidung sei »unwiderruflich«. Wie kokettiert er doch eine Woche nach seinem Triumph? Auf die Frage, ob der »Enkel von Willy Brandt« nun wie Johannes Rau, Hans-Jochen Vogel oder Hans Apel eine »Sohn-Stimme« beanspruche, meint er listig: »Enkel verstehen sich mit den Großvätern immer besser als die Söhne. Doch nach der Tischordnung kommen erst die Söhne dran, dann die Enkel. Ich habe jetzt den Schnuller ausgespuckt.«

Erstes Kabinett

Die nächsten Wochen gelten der Vorbereitung des Regierungswechsels. Lafontaine, der den Berliner Energieexperten Reinhard Ueberhorst im Schattenkabinett als Wirtschaftsministerkandidaten vorgestellt hat, verzichtet auf diesen Import, der sich im Wahlkampf als wenig wirkungsvoll dargestellt hat. Statt dessen beruft er den Bundestagsabgeordneten Hajo Hoffmann aus Saarbrücken in die Lauerstellung für dieses Amt. Der war auch als möglicher Nachfolger für die Aufgabe des Oberbürgermeisters im Gespräch. Doch Lafontaine entscheidet (»Hier läuft alles über Papa«) nach Abwägung vieler Gesichtspunkte so: Hoffmann wird Wirtschaftsminister, Bürgermeister Hans-Jürgen Koebnick neuer Chef im Saarbrücker Rathaus.

Die übrige Ressortverteilung bringt keine Überraschung: Friedel Läpple Innenminister, Hans Kasper Finanzminister, Dr. Arno Walter Justizminister, Prof. Dr. Diether Breitenbach Kultusminister, Dr. Brunhilde Peter Arbeits- und Sozialministerin, Dr. Ottokar Hahn Minister für Bundesangelegenheiten und besondere Aufgaben, Jo Leinen Umweltminister. Nicht minder sorgfältig achtet Lafontaine auf die Berufung der Ministerstellvertreter, die sich bald Staatssekretäre nennen dürfen: Er weiß, daß es in der Verwaltung besonders auf die zweite Reihe der Amtschefs ankommt. Vor allem aus dem Saarbrücker Rathaus bringt er anerkannte Fachleute mit, die einen Apparat zu führen verstehen.

An die Spitze der Staatskanzlei holt er den Juristen Reinhold Kopp, der die Regierungsarbeit abstimmen und bündeln soll. An der Machtzentrale läuft künftig nichts mehr vorbei. Staatssekretär Kopp ist mächtiger als jeder Minister, benennt Spiegel-Referenten, die über anstehende Aufgaben und Entscheidungen in jedem Ressort informiert sind. Dazu sitzt in jedem Ministerium zumindest ein Lafontaine-Vertrauter, die Schaltstellen werden mit Leuten besetzt, auf die man sich politisch verlassen kann und die dazu noch den notwendigen Sachverstand aufweisen. Kurz vor Toresschluß hat das CDU/FDP-Kabinett noch eine Welle von Beförderungen, Höhergruppierungen und Neueinstellungen verfügt, Versetzungen vorgenommen. Da wirkt der Protest gegen Lafontaines »solidaritätsgeprägte« Personalpolitik eher als Pflichtübung.

Trumpf im Kartenspiel des Ministerpräsidenten in Lauerstellung ist freilich Reinhard Klimmt, der Vorsitzender der SPD-Fraktion im Parlament wird: Der Libero der SPD-Mannschaft, schon längst als zweiter Mann hinter Lafontaine akzeptiert, soll dem Regierungschef den Rücken freihalten. Die Mehrheit im Landtag ist knapp, nur ein Mandat. Bei der straffen Führung Lafontaines, gegen den es »keinen Widerspruch, höchstens ein Murren« gibt, glaubt jedoch niemand an eine Gefahr. Und sollte wider Erwarten doch einmal ein Genosse fremdgehen, wäre er schnell weg vom Fenster. In der SPD-Führung ist man sich zudem sicher, daß im »Falle des Falles« Schützenhilfe aus einer anderen Landtagsfraktion zur Seite stehen würde, wenn ein Sozialdemokrat ausscheren sollte.

Am 9. April 1985 wird die zweite große Zäsur in der Nachkriegsgeschichte des Saarlandes nach dem Referendum vom 23. Oktober 1955 vollzogen: Oskar Lafontaine, 42 Jahre alt und einst jüngster Oberbürgermeister im Bundesgebiet, wird Ministerpräsident, erhält 26 von 51 Stimmen. Vor ihm liegt seine bisher größte Herausforderung. Aus der Opposition heraus läßt sich vieles kritisieren, noch mehr verlangen. In der Verantwortung ist man zum Handeln verdammt, wird an Ergebnissen gemessen – wie sein Amtsvorgänger Zeyer, der die Verantwortung für die CDU-Niederlage auf sich genommen hat und als Vorsitzender der CDU Saar zurückgetreten ist.

In den Folgemonaten konzentrieren sich die Gespräche und Diskussionen im Lager der Union mehr auf die eigenen Personalien als auf die Einstimmung in die neue Rolle auf den harten Oppositionsbänken. Schon zwei Tage nach dem Wahldebakel deutet Gerd Meyer öffentlich seine Bereitschaft an, für den Parteivorsitz zu kandidieren. Doch dagegen erhebt sich Widerstand: Man traut dem früheren Chef der Jungen Union (JU) die Lösung dieser Aufgabe nicht zu, die ja in einem völligen Neufaubau bestehen muß. Werner Scherer, von 1973 bis 1977 schon einmal an der Spitze der damaligen Regierungspartei, dann nach zwei Herzinfarkten aus der vorderen Front ausgeschieden, ab 1981 Vorsitzender der CDU-Landtagsfraktion und ab 1984 Innenminister, läßt sich trotz ärztlicher Bedenken noch einmal in die Pflicht nehmen. Am 1. Juni 1985 übernimmt er erneut die Führung der CDU Saar – jetzt der größeren Oppositionspartei.

Viele Christdemokraten verschließen in der Folgezeit noch immer die Augen vor der Wirklichkeit, trösten sich damit, der Machtwechsel an der Saar sei nur ein Betriebsunfall. Scherer gehört zu jenen

CDU-Politikern, die um den Ernst der Lage wissen: Es stehen lange Jahre in der Opposition bevor.

Zum ersten Rededuell der »besten Männer« von SPD und CDU Saar kommt es, als Lafontaine am 24. April 1985 seine erste Regierungserklärung mit einem Spruch aus der Schriftlesung des 10. März beendet: »Wer seine Hand an den Pflug legt und sieht zurück, der ist nicht geschickt zum Reich Gottes.« Scherer kontert die Ankündigungen des Ministerpräsidenten ebenfalls mit der Bibel: »Sie sind wie Wolken, die vom Wind verweht werden und keinen Regen bringen.« Die Chefs von SPD und CDU Saar haben nie eine engere Beziehung gehabt, ein Nicht-Verhältnis hat zwischen ihnen bestanden. Auch in ihren neuen Rollen nach dem Machtwechsel sind sie sich nicht näher gekommen: Am 27. Oktober 1985 stirbt Werner Scherer, der dienstälteste Abgeordnete des Landtages, im Alter von 57 Jahren an akutem Herzversagen in seiner Heimatstadt Neunkirchen. Oskar Lafontaine tritt an diesem Sonntagmorgen zum erstenmal im Amt des Regierungschefs vor einen SPD-Landesparteitag in Saarbrücken. Mitten in seiner Rede unter dem Motto »Die SPD in der Verantwortung für die Saar« trifft die Nachricht vom Tode des CDU Vorsitzenden ein. Lafontaine ist es vorbehalten, den ersten Nachruf zu sprechen. Vor dem SPD-Landesparteitag ehrt er seinen stärksten Gegner als »überzeugten Demokraten«, der sich um das Saarland verdient gemacht hat. Und alle halten inne – für ein paar Stunden und Tage.

Wenn es nach den Worten von Landtagspräsident Albrecht Herold (SPD) gegangen wäre, hätte das Saarland keinen Regierungschef namens Lafontaine. Denn nach dem Wahlgang am 9. April hatte er festgestellt: »Es sind 51 Stimmen abgegeben worden, davon 26 Ja-Stimmen. Und 25 Nein-Stimmen. Die verfassungsmäßige gesetzliche Bestimmung erfordert die Zwei-Drittel-Mehrheit. Sie beträgt 34 Stimmen.« Zurufe und Heiterkeit sind im Protokoll registriert: Herold hatte die falsche Musterrede für Wahlen erwischt, die für Verfassungsrichter nämlich. Lafontaine war selbstverständlich gewählt.

141

Akzente

In seiner ersten Regierungserklärung am 24. April hält sich der Ministerpräsident ausdrücklich mit Versprechungen zurück, beschreibt vielmehr das Erbe: 55 000 Arbeitslose, eine Verschuldung von 8 Milliarden DM bis zum Jahresende bei einem Haushaltsvolumen von 4,4 Milliarden DM, ungeklärte Verhältnisse bei ARBED Saarstahl, das gerade wieder Nachforderungen von über 120 Millionen DM an den Steuerzahler gerichtet hat. Lafontaine: »Keine Landesregierung hat seit Bestehen der Bundesrepublik unter solch ungünstigen Vorzeichen die Regierungsgeschäfte übernommen.« Im Wahlkampf hat er versprochen, die SPD wolle die Arbeitslosigkeit abbauen, das Tempo der Neuverschuldung dämpfen, Saarstahl durch ein neues Konzept in geordnete Bahnen führen. Jetzt deutet er auch die Möglichkeit an, das Unternehmen an den Baum fahren zu lassen: Crash statt Cash. Er sagt: »Auf jeden Fall ist klar, daß dieses Unternehmen nicht auf Dauer über Jahre noch Subventionsempfänger sein kann.« Ein weiterer Akzent: »Die Zeit der Schönfärberei, solange ich hier Verantwortung trage, ist vorbei.« Und über das Verhältnis zum von CDU, CSU und FDP regierten Bund: »Wir lassen uns vieles bieten, aber demütigen lassen wir uns nicht.« Dieses selbstbewußte Auftreten, aus Sicht der Opposition eine »Sonthofen-Strategie« und »Obstruktionspolitik« gegenüber Bonn, findet in der Bevölkerung viel Zustimmung, wie Umfragen belegen. Lafontaine bettelt nicht, sondern fordert ein. Angesichts seiner Haushaltsnot klagt das Saarland vor dem Bundesverfassungsgericht in Karlsruhe gegen den geltenden Finanzausgleich: Das frühere CDU/FDP-Kabinett hat es für opportun gehalten, sich mit einer fordernden Stellungnahme zu begnügen, ohne selbst den Rechtsweg zu beschreiten. Lafontaine bekennt sich zu einem Konfrontationskurs – nicht nur in der Haushaltsfrage.

In Sachen Kernenergie oder Kohle ist das nicht anders. Und manche Wortwahl klingt in der Tat allzu provozierend: Wenn Lafontaine etwa das Atomkraftwerk Cattenom an der Grenze eine »Zentrale des Todes« nennt, wirkt das auf die französischen Nachbarn wie ein rotes Tuch auf den Stier. Mit einem Unterschied: Von der Provokation des Toreros läßt sich die Politik in Paris überhaupt nicht beeindrucken. Ihr Kernenergie-Ausbauprogramm geht programmgemäß weiter – nicht zuletzt mit Blick auf den Europäischen Binnenmarkt, auf dem man sich kräftige Stromexporte verspricht.

Bergbau

Und damit hängt jene Kernfrage der Landespolitik zusammen, die in der Lafontaine-Ära an der Saar einen ähnlichen Stellenwert gewinnt, wie ihn die Stahlproblematik zuvor eingenommen hat: Was wird mit der heimischen Kohle? Von einer Vorrangpolitik im Wortsinn sind Bonn und die Mehrheit der Länder längst abgerückt. Die Rolle der Kohle wird als ergänzend angesehen – zur Kernenergie, die als Hauptquelle für die Stromversorgung gilt. Das Saarland als Kohleregion steht mit dem Rücken an der Wand. In einer solchen Situation muß sich Lafontaine dem Vorwurf stellen, warum er nicht den Konsens sucht, sondern auf Konfrontation setzt, die ihm freilich auf anderen Politik-Feldern nicht geschadet hat.

Lafontaine ist Realist genug um anzuerkennen, daß ein kleines Bundesland nicht die Richtlinien für die europäische Energiepolitik bestimmen kann. Die Nachbarstaaten im Osten und Westen der Bundesrepublik Deutschland haben Fakten geschaffen. Der von der SPD propagierte Ausstieg aus der Kernenergie gerät in Zeiten, in denen die Überhitzung der Erdatmosphäre und das Ozonloch verstärkt ins Bewußtsein rücken, in eine Außenseiterposition. Dennoch bleibt Lafontaine bei der Linie, daß die Nutzung der Kernenergie zur Stromerzeugung unverantwortlich sei.

Viele Regierungserklärungen und Debatten im Saar-Parlament drehen sich um das Spannungsfeld zwischen Kohle und Atomkraft. Unter dem Eindruck der Reaktorkatastrophe von Tschernobyl, die heute weithin verdrängt ist, spricht er unter Berufung auf Albert Schweitzer vom »Wahnsinn der atomaren Spaltung«: »Wenn bei Cattenom ein ähnlicher Unfall aufträte wie in Tschernobyl, würden das Saarland, Lothringen, Luxemburg und weite Teile von Rheinland-Pfalz für immer unbewohnbar.« CDU und FDP halten ihm damals »Horror-Szenarien« vor, bekennen sich aber auch zu einer durch Bundespräsident Richard von Weizsäcker formulierten »neuen Nachdenklichkeit« und reden einem Ausstieg zum frühestmöglichen Zeitpunkt das Wort. Nach und nach weicht bei der Opposition der Eindruck der Reaktor-Katastrophe in der Sowjetunion der gängigen Einschätzung, daß man auf längere Sicht mit dem Risiko der Kernenergie leben muß und daher die Notwendigkeit besteht, Kohle- und Atompolitik zusammenzuführen, ein Miteinander zu sichern.

Daß das Saarland Verbündete braucht, um den heimischen Bergbau zu sichern, ist Allgemeingut. Lafontaine: »Allein kann etwa die Saar-Regierung die Förderung überhaupt nicht aufrechterhalten. Erstens kann sie den Absatz nicht bestimmen, und zweitens kann sie nicht Hunderte von Millionen an Eigentümerbeiträgen zusätzlich leisten.« Im Anschluß an den Bonner Energiebericht (»Das Wort Kohlevorrang kommt darin nicht vor«) vom 24. September 1986, vor und nach der Bonner »Kohlerunde« vom Dezember 1987, bei der die Revierländer einen »vollen Erhalt der Absatzposition der heimischen Kohle in der Verstromung« zugesagt bekommen, mahnt er eine langfristige Perspektive an. Knallhart – und viele Bergleute verfolgen dies – hält er der Bundesregierung vor, die »Existenzgrundlage unseres Landes« anzugreifen: »Sie trifft uns nicht nur in unserer wirtschaftlichen Existenz, sondern ebenso in unserer kulturellen Identität.«

Vier Milliarden DM hat das Saarland seit 1970 an Kohlelasten getragen – einschließlich Zinsen, weil die Mittel für den Bergbau ja auch auf dem Kreditmarkt aufgenommen worden sind. Die Haushaltsnotlage ist dadurch wesentlich mitbestimmt worden. Lafontaine – hier ist die SPD im Bündnis mit der Opposition – wendet sich vor allem gegen die These revierferner Länder und Bergbaugegner, Steinkohle sei Sache der Förderregionen: »Das ist ein himmelschreiendes Unrecht, weil es nicht bestreitbar ist, daß die Revierländer große Anstrengungen unternommen haben, teilweise auch unrentable Investitionen mitgetragen haben, um die Energieversorgung der gesamten Bundesrepublik in der Nachkriegszeit bis weit in die sechziger Jahre hinein überhaupt sicherzustellen. Damals standen die Damen und Herren, die heute so groß das Mundwerk aufreißen, Schlange an der Ruhr und an der Saar, um Kohle zu erhalten. Damals war es die deutsche Steinkohle, die Steinkohle der Bundesrepublik.«

Beschwichtigungen bei der CDU und FDP, Aussagen der Oppositionsparteien, noch nie habe eine Bundesregierung so viel für die Steinkohle getan wie das Kabinett Helmut Kohl, Hinweise auf objektive Zwänge, in denen Bonn zwischen Europäischer Gemeinschaft und revierfernen Bundesländern steckt, polemische Schuldzuweisungen der SPD an den Bund und der Gegenvorwurf einer »Politik der verbrannten Erde«: In der Wahlperiode des Saar-Landtages von 1985 bis 1990 kommt keine Zukunftssicherung für den Saarbergbau zustande. Die wichtigen Entscheidungen über die Fördermengen, über einen Anschluß für den »Jahrhundertvertrag«, der den Einsatz der Kohle in der Stromerzeugung regelt, aber ausläuft, über die Finanzierung des Ausgleichs zur Weltmarktkonkurrenz und der sozialen Abfederung weiterer Entlassungen im Bergbau, sind in die neunziger Jahre vertagt.

Wie sehr sich die Akzente bei den »Sorgenkindern« des Saarlandes nach fünf Jahren verschoben haben, zeigt Lafontaines Schwerpunktsetzung in seiner jüngsten Regierungserklärung: Nur wenige Sätze sind noch der Stahlindustrie gewidmet, zwei Seiten gelten dagegen dem Bergbau. Und für die Kohlepolitik, so fügt er hinzu, liege der Schlüssel in Bonn – und natürlich in Brüssel, was der Dauer-Wahlkämpfer weniger stark betont.

Stahlindustrie

Für das zweite Standbein der heimischen Montanindustrie kann Lafontaine nach seiner ersten Regierungsperiode eine Erfolgsbilanz vorlegen: Die Stahlkrise scheint auf Sicht bewältigt, wobei er konjunkturelle Risiken nicht verschweigt. Dies ist ein wichtiges Markenzeichen seiner Politik: Der Ministerpräsident läßt sich selten festnageln. Vorsichtig meldet er selbst bei den schönsten Ergebnissen Bedenken an, setzt Fragezeichen hinter Erfolge. Die Erkenntnis, daß in immer kürzeren Zeitabständen Entwicklungen sich umdrehen können, dem Hoch ein Tief folgt, haben ihn dazu gebracht, nicht überschwenglich zu sein. Er sagt nicht einfach: »Saarstahl ist gerettet.« Sondern fügt hinzu: »Nach Lage der Dinge.«

Ein Blick in die Landtagsprotokolle zeigt, wie sich die Dinge gewendet haben: Von 1980 bis 1985, als noch CDU und FDP regierten, waren die meisten Sitzungen von der Stahlproblematik beherrscht. Kein anderes Thema hatte größeres Gewicht, wurde häufiger behandelt. Nachdem Lafontaine die Amtsgeschäfte übernommen hat, zeigt die Statistik ein anderes Bild: Aussprachen über die Abfallentsorgung, über Schule und Hochschule sowie über den Bergbau beschäftigen das Hohe Haus weit aus mehr als die Stahlindustrie.

Dabei hat der Ministerpräsident auch Glück. Die bundesdeutsche und europäische Konjunktur verläuft für die Hütten weitaus günstiger als vorher. Grund genug für CDU und FDP, die Entspannung an der Stahlfront auch als Erfolg der Bonner Wirtschafts- und Finanzpolitik zu reklamieren, den Anteil Lafontaines herunterzuspielen. Der Saar-Regierungschef kann zudem auf Entscheidungen seiner Vorgänger aufbauen: Berufung von Unternehmensberatern, Einsetzung der Schäfer-Kommission. Es besteht jedoch kein Zweifel daran, daß ohne seine Entschlossenheit und Zielstrebigkeit eine Lösung nicht so rasch erreicht worden wäre. Ihm kommt auch zugute, daß sich die Gewerkschaftsseite gegenüber dem Sozialdemokraten zurückhaltender verhält. Hätte sein Amtsvorgänger Werner Zeyer (CDU) einen so rigiden Personalabbau ins Auge gefaßt, wie ihn Lafontaine ohne öffentliche Unruhen durchsetzt und durchhält, wären Tausende von Fahnen vor der Staatskanzlei geschwenkt worden. Wenn sich Lafontaine – bei aller verbalen Selbstbescheidung – als Retter feiern läßt, hat er hart für diesen Triumph gearbeitet. Die saarländische Stahlindustrie ist aus den Schlagzeilen heraus, belastet nicht mehr das Image der Region.

Ein Grund dafür ist das diskrete Vorgehen der Regierungsseite. Wie sagt Lafontaine doch wenige Monate nach seinem Amtsantritt, als die Regierung in entscheidenden Verhandlungen steht und die Opposition einen Informationsanspruch anmeldet: » Die Erfahrungen der Vergangenheit haben doch gezeigt, daß viele Vorhaben immer wieder in Schwierigkeiten geraten, weil sie, wenn sie noch nicht einmal entwickelt sind, bereits zerredet sind.« So gelangen Einzelheiten über die Gespräche – mit bundesdeutschen Konzernen, mit den Dillinger Hüttenwerken, mit Banken – weitaus weniger als früher an die Öffentlichkeit.

Die Richtung wird aber schnell deutlich: Lafontaine – unter Berufung auf seine Forderung aus dem Jahr 1977, alle saarländischen Hütten zusammenzuführen – greift diese Linie wieder auf, die er 1984 kurzzeitig verlassen hat, um einer Einbindung von Saarstahl in die bundesdeutsche Industrie das Wort zu reden. 350 Millionen DM müssen Ende 1985 noch einmal in den Landeshaushalt eingestellt werden, weil der EG-Subventionskodex spätere Liquiditätshilfen nicht mehr zuläßt. Bonn ist seit 1984 aus der Mitfinanzierung ausgestiegen: Das Land muß sich allein weiter verschulden, um einen Konkurs des Unternehmens mit Blick auf die sich abzeichnende industrielle Zukunftslösung auszuschließen.

Im Mai 1986 ist der erste Schritt vollzogen: Die Option auf die Anteile von ARBED Luxemburg am Völklinger Konzern wird gezogen. Der frühere Wirtschaftsminister Dr. Manfred Schäfer (CDU) wird Treuhänder, das Saarland praktisch Mehrheitseigner bei Saarstahl. Eine DM kostet der Deal. Die Geschäftsführung und das Management der Dillinger Hüttenwerke und Saarstahl werden miteinander verzahnt. Erklärtes Ziel: Die Fusionsfähigkeit beider Unternehmen soll möglichst schnell hergestellt werden.

Eine sozialdemokratische Handschrift tragen die das Konzept begleitenden Entscheidungen: Zunächst werden die Sozialpläne beim vorzeitigen Ausscheiden von Hüttenarbeitern und -angestellten modifiziert. Behielten die Frühpensionäre zuvor zwischen 80 und 87 Prozent ihres letzten Monatslohnes oder -gehaltes, gibt es nunmehr eine andere Staffelung – zwischen 50 Prozent bei hohen und 95 Prozent bei kleinen Einkommen. Anfang 1987 wird zudem eine »Stahlstiftung Saarland« gegründet, die ausscheidende Belegschaftsmitglieder auffängt und vor allem von Geldern der Arbeitsverwaltung finanziert wird. Landesmittel kommen ergänzend hinzu. Qualifizierungs- und Arbeitsbeschaffungsmaßnahmen sind Aufgabe einer Beschäftigungsgesellschaft, die von der Stiftung geschaffen wird: Ein »Modell mit Vorbildcharakter«, wie Lafontaine stolz sagt.

Eine Fusion von Dillinger Hütte und Saarstahl Völklingen hätte er zwar der im April 1989 gefundenen Lösung vorgezogen, doch auch das vereinbarte Modell ist für ihn richtungweisend und annehmbar: Unter dem Dach einer Holding, der Dillinger Hütte Saarstahl Aktiengesellschaft mit Sitz in Dillingen, finden der Langproduktehersteller Saarstahl AG sowie der Flachstahlproduzent Dillinger Hütte ihre Zusammenführung. Lafontaine: »Nachdem wir Usinor/Sacilor die industrielle Führung angeboten haben, konnten wir uns in der Konsequenz auch ihrem Wunsch nicht verschließen, das neue Unternehmen nach ihren Führungsprinzipien zu gestalten. Wir konnten dies deswegen tun, weil im wirtschaftlichen Sinn das Holding-Modell einer Fusion gleichkommt. Zwischen den beiden Tochterunternehmen und der Holding werden Ergebnisabführungs- und Beherrschungsverträge abgeschlossen werden. Das ist der entscheidende Unterschied der jetzigen Lösung zu dem vorherigen Verbund mit ARBED Luxemburg, wo es bekanntlich die sogenannte Feuerschneise gab.«

Das Land engagiert sich noch einmal mit 145 Millionen DM, um seinen Anteil an dem Gesamtunternehmen auf 27,5 Prozent aufzustocken und sich eine Sperrminorität zu sichern. 70 Prozent der Anteile hält die französische Stahlgruppe Usinor/Sacilor als Eigentümer der Dillinger Hütte. 2,5 Prozent bleiben bei ARBED Luxemburg. Ein langer und quälender Schrumpfungsprozeß der saarländischen Stahlindustrie ist damit vorerst zu Ende: 1975 waren noch rund 40 000 Mitarbeiter an vier Standorten dort beschäftigt, 1985 20 000, heute rund 17 000. Lafontaine: »Und niemand kann heute ausschließen, daß dieser Prozeß nicht eines Tages noch weitergehen könnte.«

Schulden

Kohle und Stahl, damit zusammenhängend der Ausbau der Saar zur Großschiffahrtsstraße, haben im Haushalt des kleinen Bundeslandes tiefe Spuren eingegraben. Die Hälfte des Schuldenberges von rund 11 Milliarden DM Ende 1989 ist allein dadurch bestimmt: Gäbe es die Montanlasten nicht, wäre der Haushalt gesund. Finanzminister Hans Kasper (SPD) hat vorgerechnet, daß der Kreditberg bei der Regierungsübernahme durch die SPD am 10. April 1985 eine Höhe von 7,5 Milliarden DM gehabt hat. Die allein dadurch festgebundenen Zinsen, die über neue Schulden bezahlt werden müssen, haben zu einem Anwachsen der Verbindlichkeiten auf 10,7 Milliarden DM Ende 1989 geführt. Sicher eine sophistische Rechnung, im Kern ist sie jedoch richtig.

Von allen Landtagsparteien wird die Notwendigkeit gesehen, die Haushaltsnotlage durch verstärkte Hilfe von außen zu beseitigen. Dieses Thema wird immer dringlicher, weil die Zins-Spirale sich ständig weiter hochschraubt. Daß der Landesetat bereits spätestens Ende der siebziger/Anfang der achtziger Jahre nicht mehr verfassungsgemäß ist, wissen eigentlich alle Seiten des Hohen Hauses. SPD und CDU halten zwar an der Sprachregelung fest, die Finanzlage sei noch gerade verfassungsgemäß, »noch nicht« ein Verstoß, aber »nahe davor«. Sie berufen sich dabei auf das Vorliegen »eines außerordentlichen Bedarfs«.

Immer wieder hat es Fortschritte in den Verhandlungen über den Bund-Länder-Finanzausgleich gegeben, letztlich Pflästerchen, die tiefe Wunden nur verdeckt haben. Das Bundesverfassungsgericht hat eine Haushaltsnotlage ausdrücklich anerkannt, die dafür angesetzte Dotation von 75 Millionen DM umfaßt allerdings nur ein Fünftel des notwendigen Betrages, um zu einigermaßen soliden Verhältnissen zurückzukehren. Die Aufgabe der Haushaltssanierung bleibt für die neunziger Jahre.

Nicht, als ob die Regierung Lafontaine keine eigenen Sparbemühungen unternommen hätte, im Gegenteil. Sie schneidet tiefer ins Fleisch als jedes frühere Kabinett, setzt unpopuläre Schritte durch. Ein Wahlversprechen, den Städten, Gemeinden und Kreisen einen höheren Anteil an den Steuereinnahmen des Landes zu gewähren, wird durch eine Gesetzesänderung umgangen: Ein neuer kommunaler Finanzausgleich gewährleistet, daß beide Seiten gleichermaßen an Verbesserungen wie Verschlechterungen teilhaben. Freiwerdende Stellen bei den Behörden dürfen erst nach Monaten wiederbesetzt werden. Die Ministerien werden zu strenger Ausgabendisziplin verpflichtet, müssen einen globalen Betrag erwirtschaften, der im Haushaltsplan festgelegt ist. Eine Krankenhausreform führt zur Schließung kleiner Kliniken, von Abteilungen. Schulen werden aufgrund der rückläufigen Kinderzahlen dichtgemacht, die üppige Ausstattung mit Lehrerinnen und Lehrern wird unter die Lupe genommen, Stellen werden gestrichen. Alle diese Schritte führen von 1985 bis 1990 zu Einsparungen von 260 Millionen DM: Die Aufwendungen für die Stahlindustrie betragen in diesem Zeitraum ein Mehrfaches.

Im August 1986 schicken Regierung und Landtagsparteien, Arbeitgeber- und Arbeitnehmerorganisationen einen gemeinsamen Hilferuf nach Bonn auf den Weg, ein »Saar-Memorandum« – genauso wie zehn und zwanzig Jahre zuvor. Gemeinsamkeit und sorgfältige Wortwahl bestimmen die Debatte im Hohen Haus. Man erkennt die bereits geleisteten Hilfen des Bundes und der Länder für die Saar-Region durchaus an, zeichnet die Sonderprobleme auf: Rückgang der Beschäftigten durch die Kohlekrise der sechziger Jahre von 60 000 auf 20 000 im Bergbau, durch die Stahlkrise von 40 000 auf 20 000 bei den Hütten. Man verweist auf die finanziellen Lasten für die Montanindustrie.

Typisch Lafontaine: Durch eine Provokation gefährdet er die gemeinsame Verabschiedung des »Saar-Memorandums«. Er stellt nämlich dar, daß die Stahlindustrie in Niedersachsen – der bundeseigene Salzgitter-Konzern – in den Jahren zuvor »weitaus größere Barzuführungen erhalten hat« als die Saar-Hütten. CDU und FDP verstehen diesen Hinweis als Aufkündigung der Gemeinsamkeit, beteiligen sich nicht an der Abstimmung über das Memorandum, vertreten allerdings seinen Inhalt, der auf eine Besserstellung des Saarlandes von jährlich 500 Millionen DM hinausläuft.

Lafontaines Provokationen kommen häufig nicht aus heiterem Himmel, sind oft zuvor schon einmal getestet worden, bevor sie für bundesweiten Wirbel sorgen. In der Sitzung des Saar-Landtages, bei der es am 6. November 1985 um die Abschaffung der Ministerialzulage von Landesbediensteten ging, stellte er den Besitzständen im Öffentlichen Dienst den Satz entgegen: »Die schlimmste Einkommenskürzung, die wir derzeit haben, ist die Massenarbeitslosigkeit.« Kein überregionales Blatt hat über diese Auseinandersetzung im Hohen Hause berichtet, über Lafontaines Feststellung: »Arbeitslose haben so gut wie keine Lobby.« Die breite Öffentlichkeit hat ihm rechtgegeben, die Organisationen der Staatsdiener haben ihm widersprochen. Obwohl diese ja nicht nur Mitarbeiter von Ministerien betreuen, die bis zu Lafontaines Entscheidung in den Genuß der Sonderzulage gekommen sind.

Drei Jahre später hätte man nur das Landtagsprotokoll von damals heraussuchen müssen: Was 1985 nicht wahrgenommen wurde, sorgt jetzt für Wirbel. Mitten in die Tarifauseinandersetzungen für den Öffentlichen Dienst platzt Lafontaines Vorstoß für eine »Arbeitszeitverkürzung ohne vollen Lohnausgleich«, wie es oberflächlich heißt. Frauen und Männer mit höheren Einkommen sollen auf einen Teil möglicher Gehaltszuwächse verzichten, um damit neue Arbeitsplätze zu schaffen. Konkret probt er dieses solidarische Modell – natürlich ohne Erfolg – im Bundesrat: Das Saarland bringt dort einen Vorstoß ein, Beschäftigte ab einer bestimmten Besoldungsgruppe sollten keine Gehaltszuwächse («Nullrunde«) haben, um mit dem eingesparten Geld der Steuerzahler zusätzliche Planstellen zu finanzieren. In einer Talk-Show im Fernsehen wird Lafontaine nach dem Warum seines Vorgehens gefragt, das die Gewerkschaften aufbringt: Er sei doch nicht in der FDP. In der Tat lassen Lafontaines Argumente vor allem die Wirtschaftskapitäne aufhorchen: »Wenn die Arbeitszeitverkürzung einen Beschäftigungseffekt haben soll, müssen wir die Kostenseite im Auge behalten. Alles andere geht an den ökonomischen Realitäten vorbei.« Diesen Satz spricht er am 16. Mai 1988 im Saar-Landtag. Beifall der FDP ist im Protokoll registriert.

Querelen

Zu diesem Zeitpunkt ist der SPD-Landesvorsitzende, Ministerpräsident Oskar Lafontaine, längst stellvertretender Parteichef der Sozialdemokraten auf Bundesebene, hat Kanzlerkandidat Johannes Rau die Bundestagswahl am 25. Januar 1987 mit Glanz und Gloria verloren.»Versöhnen statt spalten« ist sein Motto gewesen, ein Leitwort, das man dem Saarländer eher in umgekehrter Reihenfolge zuordnet.

Einen Tag nach dem Wahlfiasko drängt Lafontaine in der Bonner Saar-Vertretung darauf, die Entscheidung über die Nachfolge von SPD-Chef Willy Brandt rasch zu treffen: Der SPD-Patriarch hatte angekündigt, sein Amt 1988 in die Hände eines Jüngeren zu legen. Rau erklärt, er stehe für den Vorsitz nicht zur Verfügung. Wochenlang beherrscht die Frage die Medien, ob Hans-Jochen Vogel oder Oskar Lafontaine »es machen« werden. Kungelrunden der Parteilinken und -rechten sorgen für Spekulationen. Hartnäckig hält sich das Gerücht, man habe sich schon damals verständigt: Vogel soll Parteichef, Lafontaine Kanzlerkandidat 1990 werden. Letzterer dementiert wie üblich, er habe mit seinem Pressegespräch am 26. Januar 1987 einen Führungsanspruch erhoben.

Wochen später zeigt Lafontaine nach Meinung des Magazins *Der Spiegel*, »wer schon jetzt Herr im Haus ist«: Er setzt den früheren Hamburger Bürgermeister, Hans-Ulrich Klose, als Bundesschatzmeister der SPD durch. Sein »Coup« wird von der *Frankfurter Rundschau* als »kühl kalkulierter Durchmarsch in Hut und Mantel« umschrieben. Das Verfahren wird als »beschissen« kritisiert, das Ergebnis zählt. Der »kleine Napoleon« von der Saar *(Süddeutsche Zeitung)* hat dem Führungstrio Brandt, Vogel und Rau das Heft des Handelns aus der Hand genommen und seinen Mann installiert, der zunächst Originalkandidat des SPD-Chefs gewesen ist, dem aber abgewinkt hat.

Willy Brandt erkennt bei der Diskussion um die Berufung einer Pressesprecherin, daß seine Autorität geschwächt ist, kündigt seinen vorzeitigen Rücktritt an. Am 13. Juni 1987 wird Vogel zum Parteichef, Lafontaine mit Rau zum Stellvertreter gewählt. Der Saarländer wird geschäftsführender Vorsitzender jener Kommission, die das »Nach-Godesberg« der Sozialdemokraten vorbereiten und den überholten »Irrseer Entwurf« fortschreiben soll. Er führt später auch die Arbeitsgruppe »Wirtschaftlicher und sozialer Fortschritt '90« an, hält somit die programmatischen Fäden in der Hand. Und nutzt diese Positionen, um seine Vorstellungen mehrheitsfähig zu machen.

Sein Buch *Gesellschaft der Zukunft*, erschienen im März 1988, heizt die Diskussion um den wirtschaftspolitischen Kurs der SPD und ihr Verhältnis zu den Gewerkschaften an. Ausgerechnet dem einstigen »linken Flügelstürmer« ist es gelungen, mit seinen Arbeitszeitthesen bis tief ins bürgerliche Lager hinein Sympathien zu gewinnen, Mißtrauen auf der Arbeitgeberseite gegen die »Sozis« abzubauen.

Oskar Lafontaine öffnet den auf bezahlte Beschäftigung verengten Arbeitsbegriff, lenkt den Blick auf die Hausfrau, auf soziales Engagement. Er äußert Verständnis für den Wunsch der Unternehmerseite, die Maschinenlaufzeiten besser zu nutzen, greift das Tabu der Samstags- und Sonntagsarbeit auf. Heftig werden seine Thesen vom Gewerkschaftsflügel bekämpft: »Strategisch völlig falsch, tarifpolitisch schlicht Kappes«. Bei seiner Wiederwahl zum stellvertretenden SPD-Chef steckt Lafontaine einen Denkzettel ein: nur noch 293 Stimmen (vorher 353). Und dennoch wird dieser Bundesparteitag in Münster im Spätsommer 1988 zu einer wichtigen Erfolgsetappe des Saarländers, der seinen wirtschaftspolitischen Kurs durchsetzt: »Ich brauche keine überwältigende, aber eine solide Mehrheit für meine Ideen«, sagt er.

Natürlich finden sich Lafontaines Vorstellungen nicht in Reinkultur in der SPD-Programmatik wieder: Es entspricht seiner Strategie auf vielen Feldern, sich ungeschützt weit vorzuwagen, um in einem Kompromiß die Richtung, die Linie seines eigenen Wollens wiederzufinden. Und nach und nach neue Mosaiksteinchen hinzuzufügen, bis sich sein Gesamtkonzept ohne große Aufregung durchgesetzt hat. In der Arbeitsgruppe »Fortschritt '90« gelingt es ihm ebenso wie im neuen Grundsatzprogramm von Berlin. Die »Zicken und Zacken des Oskar Lafontaine« verbindet das Wochenblatt *Die Zeit* mit der Frage: »Kann aus dem provokativen Populisten ein produktiver Politiker werden?«

Bildung

Auf Landesebene hat es der Ministerpräsident leicht. Die Opposition findet sich in ihrer neuen Rolle nicht zurecht. Die eigene Regierungsvergangenheit schwappt bei fast allen Themen auf sie zurück. In der Schulpolitik etwa wird deutlich, wie wenig unpopuläre Einschnitte in die zersplitterte Bildungslandschaft die Stimmung in der Bevölkerung »für Oskar« negativ beeinflussen. Im Landesentwicklungsprogramm »Bevölkerung und Erwerbspersonen 1990« hatte die Vorgängerregierung von CDU und FDP bereits Anfang der achtziger Jahre Schulschließungen aufgrund der Bevölkerungsentwicklung als unumgänglich festgeschrieben: Das Kabinett Zeyer hatte nicht mehr die Kraft, aus dieser Erkenntnis die notwendigen Konsequenzen zu ziehen.

Als Oskar Lafontaine 1985 die Regierung übernimmt, gibt es im Saarland 205 Grundschulen, 57 Hauptschulen, 71 Grund- und Hauptschulen, 38 Realschulen, 37 Gymnasien und nur zwei integrierte Gesamtschulen. Als er sich zur Wiederwahl stellt, sind es 239 Grundschulen, 48 Hauptschulen, 35 Grund- und Hauptschulen, 35 Realschulen, 36 Gymnasien und 11 Gesamtschulen. Von der Opposition ist Kultusminister Breitenbach als »Schulkiller« beschimpft worden. Man hat versucht, die Neuordnung über eine Volksbegehren zu Fall zu bringen, dessen Zulässigkeit der Verfassungsgerichtshof verworfen hat. Man hat im Parlament zahlenmäßig mit die meisten Debatten über die Bildungspolitik geführt: Abgesehen von örtlichen Protesten, die schnell in sich zusammengefallen sind, ist keine Wirkung erzielt worden. Die Opposition hat beim Verfassungsgerichtshof des Landes sogar einen »Pyrrhussieg« erzielt: Der hat nämlich lediglich der immer mehr ausblutenden Hauptschule, die nach Meinung aller Parteien keine Zukunft mehr hat, eine Bestandsgarantie zugestanden. Und hat den Ausbau der Gesamtschulen, die von den Sozialdemokraten aus ihrer Ausnahmerolle herausgeholt und zu Regelschulen erklärt worden sind, gutgeheißen.

Nicht ungeschickt haben die Sozialdemokraten diese Organisationsreform im Schulwesen vermarktet. Nach dem Motto »Grausamkeiten begeht man am Anfang« sind die unpopulären Schritte sehr früh eingeleitet und durchgesetzt worden: Gut 50 Schulen dichtzumachen, ohne daß ein flächendeckender Aufstand eintritt, ist schon eine Leistung. Sie haben zudem den Elternwillen für die eigene ideologische Zielsetzung mobilisiert, mehr Gesamtschulen einzurichten. Und die unpopulären Schnitte mit pädagogischen Veränderungen überlagert: Kein »Sitzenbleiben« mehr nach der ersten Klasse in der Grundschule, Integration von behinderten und nichtbehinderten Kindern, Ausrufung einer Öffnung hin zu Nachbarschaftsschulen.

Genauso umstritten, doch für die künftigen Wahlchancen noch weniger bedeutend, sind Veränderungen im Hochschulwesen, gegen die vor allem Professoren aus dem konservativ-liberalen Lager Sturm laufen. Ihre Einwände gegen neue Machtstrukturen in den Gremien setzen sich auch deswegen nicht durch, weil die regierenden Sozialdemokraten mit der Reform der Organisation Zielsetzungen verbinden, die von einer breiten Mehrheit im Lande unterstützt werden: die Verstärkung der Forschungs- und Technologiepolitik, die Erweiterung der Universität um eine technische Fakultät.

Umwelt

Weniger erfreulich gestaltet sich die Umweltpolitik der Regierung Lafontaine, hier weist die Abschlußbilanz die stärksten Schwachstellen auf – eine bundesweite Erfahrung. Denn ein riesiges Vollzugsdefizit ist überall vorhanden. Von großen Erwartungen begleitet, tritt Umweltminister Jo Leinen sein Amt auf seinem Schleudersitz an, erwischt einen denkbar ungünstigen Start. Ein Fischsterben in der Saar – ausgerechnet im Sommerloch der Medien, die zu anderer Zeit dieses regionale Unglück viel kleiner gespielt hätten – wird ihm beinahe zum politischen Verhängnis. Als er nämlich vorschnell die Kokerei Fürstenhausen öffentlich zum Sündenbock abstempelt, fällt er auf den Bauch, muß öffentlich seinen Irrtum eingestehen. Lafontaine zeigt seinem »Pannen-Jo« die »gelbe Karte«, läßt ihn jedoch nicht fallen. Unmißverständlich bedeutet er ihm aber, ein »nächstes Mal« werde es nicht mehr geben, die Geduld sei erschöpft. Schon vorher hat der Minister unglücklich ausgesehen, als er in einem Interview den für eine Montanregion unmöglichen Satz gesagt hat, eine tote Stahlindustrie mache keinen Dreck mehr. Anträge der Opposition auf Vertrauensentzug und Mißbilligung werden dennoch abgelehnt.

Auf bedrucktem Papier sieht die Umweltbilanz schon besser aus: Ein neues Abfallgesetz schreibt den Vorrang von Müllvermeidung und Wiederverwertung fest. Novellen zum Naturschutz- und Wasserrecht können sich bundesweit sehen lassen. Doch im Vollzug hapert es. Der Müllnotstand, seit Jahren beschrieben, besteht am Ende der Wahlperiode weiter. Man hat sich zwar durchgerungen, nach einem ideologischen Nein zur Abfallverbrennung einen Kurswechsel zu vollziehen, hat die »thermische Verwertung« als realistische Antwort auf die wachsenden Müllberge befürwortet. Doch gebaut sind sie noch längst nicht, das Abfall-Recycling-Zentrum mit Verbrennungsanlage in Großrosseln-Velsen oder eine Sondermülldeponie in Perl-Eft-Hellendorf, alles Projekte »auf dem neuesten Stand der Umwelttechnik«.

Aufregung

Bundesweit Aufsehen erregt hat einer der ersten Beschlüsse des Kabinetts Lafontaine: die Aufhebung der »Richtlinien für die Prüfung der Verfassungstreue im Öffentlichen Dienst«. Stolz hat sich der Regierungschef zur »Vorreiterrolle« des Saarlandes beim Abschied vom »Radikalenerlaß« bekannt: »Pablo Picasso könnte hier nicht Zeichenlehrer, Bert Brecht oder Gustav Regler könnten hier nicht Deutschlehrer werden.« Ebenfalls auf Liberale gezielt: Im neuen Polizeigesetz fehlt der »finale Todesschuß«.

Für die Gewerkschaftsseite hält er als Bonbons ein neues Personalvertretungsrecht bereit. Und kurz vor dem Ende der Legislaturperiode noch ein Weiterbildungs- und Bildungsurlaubsgesetz, das in einer Sondersitzung kurz vor dem Wahltag am 27. Januar 1990 durchgepeitscht wird. Das beruhigt, ist er doch zuvor mit den Gewerkschaften nicht pfleglich umgegangen, vor allem nicht mit dem Öffentlichen Dienst. Die Stimmung an den Stammtischen hat er mit dieser Linie bestens getroffen.

Da haben sich die Opposition und die Beamtenschaft kleinkariert aufgeregt, als er einen Spitzenkoch aus dem Saarbrücker Nobel-Restaurant »Légère« abwirbt und mit dem Gehalt eines Ministerialrates in die Bonner Landesvertretung einstellt. Dahinter steckt die ganz einfache und wirklichkeitsnahe Erkenntnis, daß sich bei einem schmackhaften Essen und einem guten Schluck die besten Geschäfte tätigen lassen. Als die Protestwogen hochschwappen, ausgerechnet das arme Saarland leiste sich solchen Luxus, kehrt Lafontaine mit einem einzigen Satz die Stimmung um: Ein Spitzenkoch leistet mehr als mancher eingebildete »Sesselfurzer«. Das sitzt.

Schützenhilfe erhält er übrigens von seinem Herausforderer bei der Landtagswahl 1990, Bundesumweltminister Prof. Dr. Klaus Töpfer: Der CDU-Spitzenkandidat äußert sich sehr zufrieden über die Gaumenfreuden, die Spitzenkoch Hans-Peter Koop in der Bonner Vertretung des Saarlandes zaubert. Und pfeift die Kritiker aus der Landes-CDU schnell zurück: So kleinlich darf man nicht sein.

Bei der größeren Oppositionspartei hat es nach dem unerwarteten Tod von Werner Scherer einen Generationswechsel gegeben, der allerdings nur auf den ersten Mann beschränkt ist: Der Wirtschaftsassessor Peter Jacoby, Jahrgang 1951, hat Anfang 1987 den Vorsitz der CDU Saar übernommen, die mit ihrem Schicksal hadert. Der junge Parteichef weiß, daß eine Umkehr der Mehrheitsverhältnisse eine Langzeitaufgabe ist. Der Kampf 1990 erscheint schon im voraus als verlorene Schlacht, auch wenn pflichtgemäß in der Öffentlichkeit Optimismus verbreitet werden muß. Erste Wahl ist Jacoby allerdings bei der Suche des Parteichefs nicht gewesen: Schon damals hat man zunächst versucht, Klaus Töpfer, Staatssekretär und dann Umweltminister in Rheinland-Pfalz, für diese Aufgabe zu gewinnen. Doch Regierungschef Dr. Bernhard Vogel (CDU) hat abgewinkt: »Ich brauche diesen Mann in Mainz.« Als Töpfer in das Bonner Kabinett gewechselt ist, als im Konrad-Adenauer-Haus die Parole »Stoppt Lafontaine an der Saar« ausgegeben wird, macht es Jacoby zu seiner persönlichen Sache, den Bundesumweltminister als Herausforderer des Ministerpräsidenten zu gewinnen. Was im Herbst 1989 auf einem CDU-Landesparteitag vollzogen wird, die Wahl Töpfers zum Spitzenkandidaten, ist nur noch Formsache.

Im Saarland ist der Import kein Unbekannter: In der Saarbrücker Staatskanzlei war er unter Ministerpräsident Röder jahrelang Planungschef, in der Landeshauptstadt auch CDU-Kreisvorsitzender. Das berühmte »saarländische Wesen«, das der Schriftsteller Ludwig Harig als den Versuch einer »Harmonie der unausgetragenen Widersprüche« beschreibt, ist ihm nicht fremd. Die schönen Seiten des Lebens vermag er wie Lafontaine zu genießen. Der begeisterte Skatspieler kann bluffen, versucht wie der Amtsinhaber, »ein gutes Blatt zu bekommen« und es auszureizen. Und doch werden ihm nur ganz geringe Chancen eingeräumt, die Landtagswahl 1990 zu gewinnen.

Denn Oskar Lafontaine steht für das »Wir-Gefühl« der Saarländerinnen und Saarländer schlechthin, denen er ein neues Selbstbewußtsein vermittelt hat. Es sind nicht die klugen Programme der Parteien, die bei der Wahl den Ausschlag geben, es sind vor allem die Personen. Die große Mehrheit der Bevölkerung ist stolz auf den »Populisten«, auf den »Cäsar«, auf den »Napoleon« von der Saar, der bundesweit in den Schlagzeilen ist, auch in den negativen. »Unser Oskar« – das ist »unser Saarland«. Solchen Empfindungen, als »Saartümelei« verspottet, kann die Opposition keine gleichwertigen Gefühlswerte entgegensetzen. Ihre rationalen Argumente verpuffen da wirkungslos. Mit Lafontaine, mit seinen Stärken und Schwächen, identifizieren sich die Menschen einer gebeutelten Grenzregion, die schon immer zwischen Deutschland und Frankreich hin und her geschoben worden ist, Aufmarschgebiet für Truppen war, Fremdbestimmung hinnehmen mußte. Dem seltsamen Gemisch von ausgeprägten Minderwertigkeitskomplexen, von Behauptungswillen und Schlitzohrigkeit kommt »Oskar« am meisten entgegen: endlich »einer von uns«, der »denen im Reich« sagt, wo es lang geht. Dieses »Wir-Gefühl« ist der stärkste Trumpf, den der Regierungschef ausspielt. Ulrich Lohmar schreibt schon 1985: »Der schlaue Oskar sagt wir, wenn er ich meint.«

Ostpolitik

In einem Portrait, das Ludwig Harig 1987 für das *Zeit-Magazin* verfaßt hat, ist als letzter Absatz zu lesen: »Vielleicht ist die Stunde gar nicht fern, dann werden ein saarländischer Bundeskanzler Oskar und ein saarländischer Staatsratsvorsitzender Erich das alte Reich regieren. Zwei Saarländer an den Hebeln der Macht. Wer weiß, was dann den Deutschen blüht!« Nun, die Zeit von Erich Honecker ist längst abgelaufen, die Geschichte hat eine Wendung genommen, die noch Mitte 1989 niemand für möglich gehalten hätte. Und heute muß sich Lafontaine mit dem Vorwurf auseinandersetzen, gerade er, aber auch die SPD als Partei, habe mit dem DDR-Regime und dem SED-Unrechtssystem eine zu starke Nähe gepflegt, fast eine Art Komplizenschaft. Er verteidigt seine engen Kontakte mit dem Hinweis, dadurch habe er vielen Menschen helfen können, den Weg in die Freiheit zu gehen.

Auch andere Spitzenpolitiker wie Franz-Josef Strauß (CSU), der verstorbene Ministerpräsident des Freistaates Bayern, haben bei aller Kritik an Honecker und seinen Vorgängern pragmatisch gehandelt, Geschäfte gemacht. Die Jagdausflüge des Münchener Landesfürsten mit dem DDR-Staatsratsvorsitzenden werden jedoch eher mit dem Mantel des Schweigens überdeckt als die Begegnungen von Lafontaine mit Honecker, die von »saarländischer Folklore« begleitet sind.

Schon als Oberbürgermeister hat der SPD-Matador den gebürtigen Saarländer getroffen. Als Ministerpräsident besuchte er im November 1985 Ost-Berlin, erreichte dort, daß das Saarland zum Vorreiter deutsch-deutscher Städtepartnerschaften wurde. Er erhielt die Zusage, daß die DDR ein bei den Ford-Werken in Saarlouis produziertes Auto auf ihre Importliste nahm. Die Schlagzeile in der *Saarbrücker Zeitung*, 10 000 Ford-Fahrzeuge sollten in die DDR geliefert werden, beruhte jedoch auf einem Mißverständnis: Honecker selbst hat diese Zahl genannt, als er dem Blatt sein drittes Interview gab. Doch bei den Verhandlungen der Delegationen beider Seiten hat sich herausgestellt, daß dieser Weg (»10 000 auf einmal«) nicht gangbar wäre. Seither lasten die Oppositonsparteien wider besseres Wissen Lafontaine an, er habe mit der Zahl den Mund zu voll genommen.

Am Rande einer internationalen Pressekonferenz sagte Lafontaine jenen Satz, der zu bundesweiten Kontroversen führte, dem auch in der eigenen Partei widersprochen wurde: »Wenn man tatsächlich einen normalen Reiseverkehr will, dann wird man irgendwann in der Frage der Staatsbürgerschaft so entscheiden müssen, daß man eben die Staatsbürgerschaft anerkennt.« Eine eigene Staatsbürgerschaft der DDR also – ein Verrat am Grundgesetz, das die deutsche Einheit will? Im Saar-Landtag kommt es am 27. November 1985 zu einer erregten Debatte, in der Lafontaine dazu aufruft, ihn korrekt zu zitieren: »Irgendwann«, das ist nicht heute und morgen.

Am Ende finden SPD, CDU und FDP zu einer gemeinsamen Entschließung zusammen, der auch Lafontaine zustimmt und in der es heißt: »Leitidee der Zusammenarbeit ist das allen Menschen zustehende Selbstbestimmungsrecht.« Dieses ist in der früheren DDR ja mit Füßen getreten worden. CDU und FDP stimmen aber auch einer von der SPD eingebrachten Passage zu: »Wie in der Vergangenheit müssen dabei stets die rechtlichen Normen, die der Deutschlandpolitik zugrundeliegen, dahingehend überprüft werden, ob sie dem Ziel, die Menschen zusammenzuführen und ihnen ein Höchstmaß an Selbstbestimmung zu garantieren, förderlich sind.« Der gemeinsame Beschluß ist gerade erst Stunden alt, als Lafontaine seine Position darin bestätigt sieht. Von ihrer Jugendorganisation muß sich die CDU vorhalten lassen, hereingelegt worden zu sein.

Als Erich Honecker 1987 die Bundesrepublik Deutschland und dabei auch das Saarland besucht, wird Lafontaine vorgehalten, nicht deutlich gegen Mauer und Schießbefehl Stellung bezogen zu haben. Als der Saarlouiser Oberbürgermeister Richard Nospers (SPD) der Deutschlandpolitik der Bonner Regierung »imperialistischen Charakter« zuordnet und die deutsche Einheit als »Schimäre« abtut, distanzieren sich die Sozialdemokraten nur halbherzig: Punktgewinn für die Opposition.

Ein Jahr später ist es das Aussiedlerthema, das Wellen schlägt. Der Zustrom von Deutschstämmigen, Deutschen nach dem Grundgesetz, aus Osteuropa hat solche Ausmaße angenommen, daß viele Städte und Gemeinden ihre Aufnahmefähigkeit überfordert sehen. In dieser Situation warnt Lafontaine vor einer »übertriebenen Deutschtümelei« – ein neuer Stein des Anstoßes. Er warnt davor, »Deutschstämmige, die die deutsche Sprache schon seit Generationen nicht mehr beherrschen, anzuwerben«, ohne daß Wohnraum, Arbeits- oder Kindergartenplätze bereitstehen. Sein Hinweis, daß viele politisch verfolgte Asylbewerber aus schlimmeren Verhältnissen flüchten als Aussiedler, wird in Bonn polemisch zur Formel verkürzt: »Lafontaine ist dafür – Farbige rein, Deutsche raus.« Aus dem Freistaat Bayern wird ihm vorgehalten, er wolle eine »durchraßte und durchmischte» Gesellschaft, während CDU-Generalsekretär Heiner Geißler wie Lafontaine für eine »multikulturelle Gesellschaft« wirbt.

Die friedlichen Revolutionen in Ungarn und Polen, in der Tschechoslowakei und in der Deutschen Demokratischen Republik folgen. Die Zahl der Übersiedler aus der DDR bringt neue Herausforderungen für die Städte und Gemeinden. Turnhallen, Kasernen, Container müssen als Notaufnahmelager dienen. In dieser Situation ist es wieder Lafontaine, der auf den Stammtisch hört und sich dazu bekennt. Als Tausende aus der DDR in die Freiheit flüchten, sieht er keine Veranlassung, diese Abstimmung mit den Füßen zu kritisieren. Doch nach der Öffnung der deutsch-deutschen Grenzen und dem

Fall der Berliner Mauer am 9. November 1989 ruft er dazu auf, »den demokratischen Erneuerungsprozeß und den wirtschaftlichen Aufbau der DDR zu unterstützen«, finanzielle Leistungen nicht für das Weggehen, sondern für das Dableiben zu erbringen. Wörtlich in der *Süddeutschen Zeitung*: »Ich halte eine Politik, die das Weggehen der aktivsten Leistungsträger aus der DDR prämiiert, für völlig verfehlt. Ich halte sie auch nicht für patriotisch, sondern für eine Politik, die der Idee des Grundgesetzes widerspricht. Man kann nicht durch finanzielle Anreize zum Ausbluten der DDR beitragen.« Lafontaine hält die Sozialsicherungssysteme der Bundesrepublik für überfordert, wenn der Zugriff auf sie anhält.

Im Landtag wird ein Mißbilligungsantrag gegen den Ministerpräsidenten eingebracht – und abgelehnt. Dabei räumt er ausdrücklich eine Fehleinschätzung ein: »Wer hätte denn von uns jemals vorausgesehen, daß das Volk in der DDR in dieser Geschwindigkeit ein System hinwegfegt, von dem viele – auch ich – geglaubt haben, es würde länger bestehen bleiben?« An gleicher Stelle gesteht er einen weiteren Fehler offen ein: Justiz-Staatssekretär Roland Rixecker hatte ein Gesetz aus der Adenauer-Zeit überprüft, nach dem Deutsche in der DDR eine besondere Aufenthaltserlaubnis für den Westen brauchen, Wohnung und Arbeitsplatz vor der Einreise vorweisen müssen. Die Versendung dieser Expertise führt zu der allgemeinen Einschätzung, Lafontaine wolle für Übersiedler eine neue Mauer aus Paragraphen errichten. Er sagt: »Ein Fehler war es, dieses Gutachten weiterzugeben, ohne es zu kommentieren und ohne es gegen Mißinterpretation zu schützen. Zu keinem Zeitpunkt habe ich die Freizügigkeit in Frage gestellt.«

Belastet von dieser Panne stellt sich Lafontaine – das SPD-Präsidium hat zuvor mit seiner Stimme das Gutachten ad acta gelegt – im Dezember 1989 dem nach Berlin verlegten Bundesparteitag der Sozialdemokraten, der zunächst in Bremen vorgesehen war. Vorher ist viel spekuliert worden, der »Saar-Napoleon« sei auf dem Marsch nach Bonn schon gestoppt. Günter Verheugen, der frühere FDP-Generalsekretär und heutige SPD-Bundestagsabgeordnete: »So wird man nicht Bundeskanzler.« Brigitte Schulte, parlamentarische Geschäftsführerin der SPD-Fraktion im Bonner Parlament: »Man darf dem Stammtischdenken mancher Bürger nicht nachgeben.«

Das Aus für Lafontaine als Kanzlerkandidat? Das Gegenteil tritt ein: Lafontaine wird der umjubelte Star des Berliner Parteitags. Mit seiner Rede zum neuen SPD-Programm ruft er Ovationen hervor. Und in die Berliner Erklärung zur Deutschlandpolitik sind seine Leitideen eingegangen: »Wir sollten solche Regelungen überprüfen, die eine Abwanderung (aus der DDR) begünstigen. Gleiches gilt auch für die Regelungen über die Anerkennung von Rentenansprüchen.« Wie schon bei anderen Themen kein Lafontaine in Reinkultur, aber doch in wichtigen Konturen.

Vor dem Parteitag hatte der Mann, der seinen »Machiavelli besser gelesen hat als Marx und Engels« (FDP-Saar-Chef Horst Rehberger), im Präsidium eine »eisige Atmosphäre« vorgefunden, hatte eine »Zausestunde« erlebt. SPD-Chef Hans-Jochen Vogel, Johannes Rau und Herta Däubler-Gmelin hatten ihn gewarnt: »Die bauen Mauern ab, und Du versuchst, sie aufzurichten.« Stunden später sagt Lafontaine im Wahlkampf an der Saar: »Wenn ein Arbeitsloser keinen Arbeitsplatz findet, das ist auch eine Mauer. Und wenn einer keine Wohnung bekommt, das ist auch eine Mauer.« Und gibt denen in Bonn den guten Rat, mal zuzuhören, »was die Leute in den Dörfern und Städten sagen«. Nur wenige Tage später in Berlin wird er gefeiert und nicht zerrissen, wie vorhergesagt worden ist. Die Medienwelt, die ihn zuvor durch die Bank angegriffen hat, liegt ihm wieder zu Füßen. So schnell ändern sich die Zeiten. Und nach den ersten freien Wahlen in der DDR übernehmen Bund und Länder geschlossen jene Position, die Lafontaine bereits nach dem Fall der Berliner Mauer vertreten hat: Abschaffung der Notaufnahmeverfahren und von Sonderleistungen für Übersiedler. Wieder einmal hat er die richtige Nase gehabt, wie ihm sein Kollege Lothar Späth (CDU) bestätigt: »Wo der Lafontaine recht hat, hat er recht.«

Die Frage nach der Kanzlerkandidatur weist er allerdings getreu der offiziellen Sprachregelung zurück: »Ich bin, wie ich bin, und zuerst will ich mal die Landtagswahl gewinnen.« Wie schon fünf Jahre zuvor hat er ihren Testvorlauf unbeschädigt überstanden. Denn bei den Kommunal- und Europawahlen am 18. Juni 1989 haben die Sozialdemokraten wiederum zugelegt, in dreizehn weiteren Gemeinden eine CDU-Mehrheit gekippt. Nur in der Landeshauptstadt Saarbrücken haben sie eine bittere Pille schlucken müssen: Unter einem Oberbürgermeister Lafontaine waren es 1984 noch 51,1 Prozent, die in die Scheune eingefahren wurden, unter seinem Nachfolger Koebnick nur noch 47,3 Prozent. Die absolute SPD-Mehrheit in Saarbrücken ist weg, Republikaner sind im Stadtrat.

Ein Grund mehr, mit Blick auf die Landtagswahl den »Oskar-Bonus« auszuspielen und den Versuch zu wagen, die Rechtsaußenpartei und die Grünen gleichermaßen aus dem Parlament fernzuhalten. Über dem »Regierungsprogramm« der Sozialdemokraten 1990 bis 1995 steht mit Blick auf das »Wir-Gefühl«: »Unser Saarland gewinnt«. Fünf Jahre nach dem Machtwechsel heißt der zweite Slogan, der in Betracht gezogen wird: »Mir sinn widder wer«. Eine breite Aufbruchstimmung fegt Zweifler und Kritiker hinweg, deckt Eskapaden des Landesvaters zu, dessen Sprunghaftigkeit gefürchtet und dessen Schlitzohrigkeit bewundert werden. Zur Auswahl hat auch noch ein drittes Motto für den Wahlkampf der SPD, den »Oskar« fast ohne Bonner Hilfe bestreitet, gestanden: »Einer wird gewinnen.«

Interview

FILMER/SCHWAN

Was unterschied Sie von Ihrem Vorgänger im Amt des Oberbürgermeisters?

Ich hatte eine Koalition im Stadtrat und später die absolute Mehrheit, auf die ich mich stets stützen konnte. Ich ging unter das Volk. Herr Schuster war in letzter Zeit sehr krank und konnte dies nicht. Und ich setzte einmal für richtig gehaltene Entscheidungen auch durch.

Welche Stärken und Schwächen hatte der OB Lafontaine in der kritischen Rückschau?

Die Wahlergebnisse sprechen für eine hohe Zustimmung in der Bevölkerung. Schwächen – ich habe zu viele Journalistengespräche geführt und dabei zuviel Zeit verplempert. (Ironisch gemeint!)

Wo lassen sich welche Spuren aus Ihrer OB-Zeit in Saarbrücken finden?

Saarbrücker Schloß, St. Johanner Markt, Nanteser Platz, Burbacher Bürgerhaus, Stadtmitte Dudweiler, Ausbau des Ludwigsparks, eine Serie von Sozialwohnungen, die Begrünung der Stadt, der Umbau der Feuerwache zum Sprechtheater, Max-Ophüls-Preis, junges französisches Theater usw.

Was war die angenehmste und die unsympatischste Tätigkeit eines Saarbrücker Oberbürgermeisters?

Die angenehmste war wirklich, unter die Menschen gehen zu können und zu sehen, was aus den eigenen Entscheidungen und denen des Rates geworden ist.

Das Unsympatischste waren die Routinetätigkeiten, die oft auch langweilig waren.

Welche OB-Entscheidungen bedauern Sie?

Ich zweifle immer noch, ob die Entscheidung für die Westspange in dieser Größenordnung richtig war.

Das Amt des Ministerpräsidenten haben Sie nicht gerade mit großer Begeisterung übernommen, warum?
Weil die Landesfinanzen zerrüttet waren und weil die Stahlindustrie in einer tiefen Krise war. Es war nicht abzusehen, daß zumindest das letztere Problem gelöst werden könnte. (350 Mio. DM).
Wovon unterscheidet sich Ihr Amt von dem des Regierungschefs in Hamburg oder Bremen?
Die Funktionen des Hamburger oder des Bremischen Regierungs-chefs beinhalten auch die des Bürgermeisters. Diese Funktionen wer-den im Saarland von den Bürgermeistern und Oberbürgermeistern wahrgenommen.
Was hat Sie bisher außer der Stahlsanierung am meisten geplagt?
Die von der CDU und FDP zerrütteten Landesfinanzen. Eine Lösung ist noch nicht in Sicht.
Wo müssen künftige Schwerpunkte der Saar-Politik liegen, wer auch immer an der Saar regiert?
1. Umstrukturierung der Wirtschaft,
2. wie bisher: Ökologische Erneuerung,
3. Ausbau der wissenschaftlichen Infrastruktur,
4. Verstärkung der kulturellen Aktivitäten, das letzte Beispiel ist die Gründung der Hochschule für Kunst;
5. Sanierung der Landesfinanzen.
Was spricht für, was spricht gegen eine Neugliederung der Länder nach der Vereinigung Deutschlands?
Dafür sprechen schematische Ordnungsüberlegungen, etwa »alle gleich groß und alle finanziell in etwa ähnlich ausgestattet«. Dagegen sprechen historische, kulturelle und soziale Strukturen.
Muß das Saarland seine Selbständigkeit bewahren?
Ja, es ist bisher gut gefahren, sonst wäre es ein Regierungsbezirk von Rheinland-Pfalz oder eines größeren Landes.

VIII. Kapitel

Landesvater

MICHAEL GRABENSTRÖER

Wahlkampagne 1989/90

Die Marschrichtung ist klar, mit der die Sozialdemokraten 1989 in die Kommunalwahl ziehen. Vor allem die katholischen CDU-Bastionen im nördlichen Saarland sollen geschleift werden. Die SPD will erkennbar zulegen. Fraktionsvorsitzender Reinhard Klimmt hat die Vorarbeit geleistet. 52 Fraktionsbesuche in allen 52 Gemeinden des Landes, 52mal Eintauchen in die Probleme der SPD-Kommunalpolitiker, zuhören, zureden und zusichern. Nach Klimmt kommt Lafontaine, dem die politische Kleinarbeit nicht so sehr liegt. In allen 52 Saarkommunen hat der SPD-Sympathieträger seinen großen Wahlkampfauftritt, mit Musikkapelle, Steigermarsch und begeisterten Saarländern. Lafontaine, umgeben von einem hochmotivierten Team, startet durch, als gehe es schon bei den Kommunalwahlen im Juni 1989 um den Wiedereinzug in die Saarbrücker Staatskanzlei oder gar um das Bonner Kanzleramt. In kleiner Runde läßt er keine Zweifel aufkommen: »Wenn wir bei den Kommunalwahlen 5 Prozent verlieren, dann ist es auch mit dem bundespolitischen Gewicht vorbei.« Das will er natürlich behalten, sich sämtliche Optionen bis zur Kanzlerkandidatur scheinbar offenhalten, wohlwissend, daß er bei anhaltenden Erfolgen dann keine andere Wahl mehr hat.

Zur Kommunalwahl treibt Lafontaine seine Partei an. »Die Kommunalwahl ist die halbe Miete für die Landtagswahl«, ruft er Sozialdemokraten und Wählern zu, und jeder Saarländer, der ihn hört, ergänzt für sich den Satz ». . . und die Landtagswahl ist die halbe Miete für die Bundestagswahl«. Genauso haben es seine Wahlkampfstrategen geplant.

»Die drei Wahlkämpfe bilden eine Einheit«, geben sie offen zu. In einem Schlagabtausch um die Wählergunst verlieren, hieße das Ziel Bonn aufgeben. Doch die Gefahr besteht nicht. Die CDU, in Jahrzehnten Regierungsverantwortung an der Saar erstarrt und seit der Wahlniederlage 1985 in der Opposition noch nicht regeneriert, kämpft eher verzagt, unsicher, verhalten. Der jugendliche Noch-Parteivorsitzende Peter Jacoby kann kein schlüssiges sach- und personalpolitisches Konzept anbieten. Bundesumweltminister Klaus Töpfer, Wunschkandidat der Christdemokraten für die Landtagswahl im Januar 1990, wird als Nicht-Saarländer ohne Parteiamt ins Kommunalwahlrennen geschickt. Ein vergebliches Unterfangen. Der fernsehpräsente Bundesminister kann ohne die Verankerung im Saarland für seine Partei nicht punkten. Lafontaine zieht selbstherrlich seine Bahn, verquirlt Populismus mit Pragmatismus, vermengt alles mit Heimattümelei und einem kräftigen Schuß Saar-Sentiment. Der Ministerpräsident salbt die saarländische Seele, schweißt die Wähler zusammen, flößt ihnen ein neues Saar-Selbstbewußtsein ein, selbst wenn die Saarländer nicht mit allen politischen Eskapaden einverstanden sind. »Ich habe das Saarland im Bauch«, versichert er unvermittelt, als ob das als Erklärung für den Erfolg ausreiche. Lafontaine wandelt traumwandlerisch sicher auf dem schmalen Grat zwischen volksverbundener Bodenständigkeit und Überheblichkeit. Für die Saarländer bleibt er »Einer von uns«, wie die Werbetexter dann im Landtagswahlkampf hinausposaunen.

Bei den Kommunalwahlen sind die SPD-Zuwächse eher bescheiden. Erst spät kommt Lafontaine am 18. Juni 1989 in die Saarbrükker Volkshochschule, dem Stammquartier der Sozialdemokraten in erfolgreichen Wahlnächten. Dort muß er zur Kenntnis nehmen, daß sein Nachfolger im Saarbrücker Oberbürgermeisteramt Hans-Jürgen Koebnick die absolute Mehrheit eingebüßt hat. Trotzdem wird die Breitseite für das »Flaggschiff Saarbrücken« nicht zum Signal. Landesweit hat die SPD geringfügig zugelegt, die Union sackte um knapp 7 Prozent Punkte ab. Selbst aus den Verlusten des blassen Saarbrücker Lafontaine-Nachfolgers konnte die Union kein Kapital schlagen. Lafontaine zeigt sich zwar enttäuscht, sein Selbstbewußtsein ist jedoch nicht angekratzt. »Ich hätte Saarbrücken geholt.« Das klingt nicht prahlend, eher wie eine objektive Analyse. Außerdem wirbt er um Verständnis für den Verlierer. Schließlich hat es jeder schwer, der nach Lafontaine kommt und sich mit dem strahlenden Image des »Saarfontaine« herumplagen muß.

Die CDU ist zu sehr mit den eigenen Verlusten beschäftigt, um aus der Niederlage des Lafontaine-Nachfolgers im »roten« Rathaus Kapital zu schlagen. In der Landtagswahl, die Lafontaine in die Höhen schon fast bayrischer CSU-Prozentergebnisse katapultiert, reizt der Ministerpräsident das Strickmuster weiter aus. Lafontaine setzt auf einen Saar-Vorteil, seine Heimatverbundenheit. Er ist eben ein Ministerpräsident, der keine Dolmetscherin braucht, wenn die Redner bei Karnevalsveranstaltungen zur Mundart wechseln. Dabei bleibt offen, ob Lafontaine solche Pflichtauftritte schätzt. Lieber bewegt er sich im Kreis der Kulturprominenz und heimst auch dafür die Anerkennung seines Wahlvolkes ein.

Natürlich bereitet es dem Politstar Vergnügen, als Attraktion mit hohem Unterhaltungswert neben den Show-Größen zu agieren. »Stimmen für Oskar« heißt die Kulturtour durch das Saarland, die ein buntgemixtes Showprogramm auch in Ortschaften bringt, in denen ein Klaus Lage etwa ohne Lafontaines Zutun nicht auftreten würde. Die Wahlhilfe der Showprominenz mit Ute Lemper und Rokker Peter Maffay macht zweierlei klar: Lafontaine ist ein Star auf jeder Bühne, und so langsam wird ihm die saarländische Bühne zu klein. Stolz merken die Wahlkampfplaner an: Seit Willy Brandt hat es ein solches Aufgebot an Künstlern, die einen SPD-Politiker unterstützen, nicht mehr gegeben. Dabei handele es sich ja nur um einen Landtagswahlkampf. Noch ist der Kampf um die Staatskanzlei nicht gelaufen, da sondiert der Tourneemanager, der früher grüne Kulturveranstaltungen auf Tour schickte, schon für den nächsten Schritt der Lafontaine-Karriere. Hallen für die Bundestagswahltournee werden vorgebucht, Kontakte zu Künstlern geknüpft.

Lafontaine, von den Saar-Jusos fast liebevoll als »Held an den Stammtischen und in den Zeitgeistrestaurants« geschmäht, setzt auf seine Saar-Herkunft, »den Eingeboreneneffekt«, wie seine Gegner hilflos bekritteln. Lafontaine geriert sich als Retter der Stahlindustrie an der Saar, der vor einschneidenden Maßnahmen und vor begrenzten Konflikten mit den Gewerkschaften nicht zurückschreckt. Er kann aber auch auf den Lafontaine-Effekt für die saarländische Wirtschaft verweisen. Denn seit es den »Oskar-Glamour« in der bundesweiten Medienlandschaft gibt, transportiert der »Saar-Fürst« ganz ohne zusätzlichen Werbeaufwand mit, daß es in der Südwestecke der Republik nicht nur Stahlwerke und Kohlekrise, sondern auch eine französisch geprägte Lebensart gibt. Lafontaines

Image färbt auf das Saarland ab, und die Saarländer honorieren dies.

Dem Wahlkämpfer tut die von der CDU angezettelte Diskussion um die Kanzlerkandidatur des Ministerpräsidenten und den möglichen Weggang aus Saarbrücken keinen Abbruch. Er freut sich diebisch über die CDU-Kampagne, die nicht umhin kann, ihn ins Blickfeld zu rücken. Den Christdemokraten weist er mitten im Landtagswahlkampf die entscheidenden Denkfehler nach. Gleich zwei Wahlen hätte die Saar-CDU verloren gegeben, wenn sie auf »die Scheinkandidatur« des Ministerpräsidenten mit Kanzlerambitionen abziele. Kanzler könne er nämlich nur werden, wenn er zuvor im Saarland gewinnt und dann auch noch in Bonn Kohl aus dem Rennen wirft. Im Wahlkampf kommt ihm die Kanzlerfrage trotzdem ungelegen, obwohl schon lange klar ist: Wenn Oskar gewinnt, macht er auch das.

Nur Lafontaine, den sie im Saarland alle Oskar nennen, will sich nicht drängen lassen. Er will auch in der Kandidatenfrage, in der schon alle Vorentscheidungen gefallen waren, selbst entscheiden – nach den Landtagswahlen, in denen er die absolute Mehrheit von 1985 ausbauen will.

Herausforderer Töpfer

Die SPD-Strategie für die Landtagswahl fußt auf einer einfachen Rechnung mit Prozentzahlen. In der saarländischen Politik-Arithmetik heißt das für die Sozialdemokraten: Wir erreichen die absolute Mehrheit, zumindest wieder der Sitze im Saarlandtag mit seinen 51 Abgeordnetenplätzen, wenn wir die Grünen und die Republikaner unter der Fünf-Prozent-Grenze halten. Mit den Grünen hatte das schon 1985 geklappt, als Lafontaine den Berufs-Umweltschützer Jo Leinen als Ministerkandidaten präsentierte. Und seither haben die Saar-Grünen nicht an Gewicht gewonnen. Sie sind auch in fünf SPD-Regierungsjahren konturlos, profillos und gesichtslos geblieben. Unsicher sind die Wahlstrategen über die Chancen der Rechtsaußen-Parteien. Zumindest die Republikaner hatten sich ein saargemäßes Gewand verpaßt, einen Arzt aus Saarlouis, zudem früher stellvertretender Präsident beim Fußballclub Saarbrücken, an die Spitze der Liste gestellt. Außerdem hatten die Rechten bei den Kommunalwahlen Achtungserfolge in Saarlouis und Saarbrücken erzielt. Wahl-kampfplaner Reinhard Klimmt nahm die Einbrüche in traditionelle SPD-Wählerschichten sehr ernst, wetterte in seinem Unterbezirk Saarbrücken gegen die Sozialdemokraten, die zu oft »nur auf Emp-fängen herumgestanden haben, statt in die Kneipen der Arbeiterbe-zirke zu gehen«.

Den Sozialdemokraten sollte es in der Landtagswahl gelingen, dieses unzufriedene Wählerpotential wieder an Lafontaine zu bin-den. Dazu trugen auch Äußerungen des SPD-Spitzenpolitikers zur Übersiedlerproblematik und seine wortreiche Kritik an der »deutsch-nationalen Euphorie« bei. Lafontaines Vorstoß für die soziale Frage in der überschwappenden Deutschtümelei-Debatte Ende 1989 band mürrische SPD-Wähler wieder an die Partei.

Sozialschwache, die sich von der Flut der Aus- und Übersiedler bedrängt fühlten, konnten sich durch Lafontaine vertreten sehen. Der Regierungschef mit dem Sinn für französische Lebensart und dem Bewußtsein für die wechselhafte Geschichte seines Landes im deutsch-französischen Grenzgebiet stellte dem aufkeimenden Natio-nalismus den Jahrzehnte bewährten Internationalismus der Sozial-demokratie entgegen. Er schüre den Sozialneid, mußte sich Lafon-taine im Wahlkampf vorwerfen lassen, und konnte nach den Wahlen mit Genugtuung feststellen, daß Lafontainesche Denkansätze von Bayern bis Bonn auch in die CDU-Politik Eingang fanden.

CDU-Herausforderer Klaus Töpfer, vom Bundesparteivorsitzen-den Helmut Kohl ins Saarland gedrängt, nimmt nur widerwillig die Kandidatenpflicht auf sich. Knapp drei Wochen vor der Wahl bezieht er ein Domizil in Saarbrücken, rückt für die Pressefotografen mit sei-ner Frau Sessel, die dann später wenig genutzt zustauben. Der Lebensmittelpunkt der Familie Töpfer bleibt zunächst Mainz. Dabei spielt in diesem Wahlkampf der »Saarland-Effekt« die entscheiden-de Rolle.

Lafontaine, der den Namen seines Konkurrenten in seinen Reden nie erwähnt, höchstens vom »Atom-Minister« redet, der mit seiner Verantwortung für die Bonner Atompolitik die Kohlegruben und Kohlearbeitsplätze an der Saar gefährdet, flüchtet schalkhaft und verletzend in einen Vergleich. »Würden die Hamburger einen Bay-ern, womöglich noch in Seppl-Hosen, zum Bürgermeister wählen?« fragt er ganz saarbewußt. Dieser Appell an die »Gnade der saarlän-dischen Geburt« verschwindet zum Ende des Wahlkampfes aus

Lafontaines Reden. Da hat Töpfer den Kampf schon längst für aussichtslos erklärt. Dem CDU-Kandidaten haftet an, und kein SPD-Redner vergißt das, daß Töpfer, unter dem CDU-Ministerpräsidenten Franz Josef Röder Planungschef der Staatskanzlei, dem Saarland den Rücken kehrte, als es mit Röder, der CDU-Politik und dem Saarland bergab ging. Klimmt nennt Töpfer einen »Legionärstyp«, der stets dort das Vaterland suche, wo es ihm gutgehe. Lafontaine sieht in Töpfer einen Kandidaten, der in Bonn für das Saarland nichts erreicht hat. Unter solchen Voraussetzungen findet Töpfer keine Einstellung zum amtierenden Ministerpräsidenten. Der Bundesumweltminister, in Gesprächen mit Bürgern jovial bis zur Anbiederei, beklagt sich mehr als einmal in Journalistenrunden, daß er »an Lafontaine einfach nicht herankommt«. Lafontaine habe um sich herum einen »undurchdringlichen Cordon sanitaire« aufgebaut, ein Dickicht, durch das sich Töpfer hauen und stechen muß und in dessen Mitte »Lafontaine mit der unverbrauchten Kraft eines Jung-Siegfried sitzt«.

Das gehört zum Wahlkampfkonzept, seit Lafontaine in der politischen Arena agiert. Schon als Oberbürgermeister von Saarbrücken nahm er die Mitbewerber nicht zur Kenntnis. Alle Bemühungen zum direkten Schlagabtausch verpufften. Im Kommunalwahlkampf 1989 traf Töpfer kein einziges Mal zum direkten Vergleich auf Lafontaine. Bei der Landtagswahl ließ es sich einmal nicht vermeiden: Im Fernsehstudio des saarländischen Rundfunks kam es zur Diskussion. Natürlich kam Lafontaine als letzter, mit der großzügig bemessenen Verspätung des Platzhirschen. Natürlich wetterte Töpfer über die Fernsehgewaltigen, die nur eine einzige Diskussionsrunde angesetzt hatten. Das gehört zum Ritual.

Töpfer griff zu einem Bild aus einer Fabel von La Fontaine und verkündete vollmundig noch im Kommunalwahlkampf: »Wir werden uns auch in diesem Land den Käse wiederholen« – Töpfer der schlaue Fuchs, Lafontaine der aufgeplusterte Rabe. Dann hingen die Saar-Trauben für den CDU-Kandidaten mit dem vorsorglich reserviert gebliebenen Ministersessel in Bonn aber doch zu hoch. Als Töpfer den Landtagswahlkampf aufnahm, wirkte er bereits wie ein Kandidat, der auf verlorenem Posten steht. Die CDU war nach der Kommunalschlappe wenig für einen neuen Aufbruch motiviert, der Kandidat schien schon von vornherein von seiner Niederlage überzeugt. Der leidenschaftliche Skatspieler Töpfer hatte sich ein

170

miserables Blatt verpassen lassen, das gerade reichte, um aus dem Schneider zu kommen. Der Umweltminister, von Kohl dem Saarland als Aktivposten verordnet, mußte sich auf Saar-Unionsmaße zurechtstutzen lassen. Der Ministerpräsident überließ ihm nur das unergiebige Fingerhakeln mit der zweiten und dritten SPD-Garde. Der Saarland-Reimport Töpfer war die falsche Wahl, um Lafontaine auf dem Weg nach Bonn aufzuhalten. »Stoppt Lafontaine an der Saar« hatte das Bonner Adenauerhaus als inoffizielle Parole ausgegeben.

Töpfer wollte sich am Ende des Wahlkampfes sogar mit »Zehntel-Prozent-Punkten« begnügen, wenn er sie Lafontaine hätte abknöpfen können. Jedes Zehntel-Prozent, das Lafontaine abgibt, beschädigt den möglichen SPD-Kanzlerkandidaten – so damals noch die unerfüllte Hoffnung der Christdemokraten. Mit Töpfer erzielte die CDU am 28. Januar 1990 ihr schlechtestes Ergebnis in der Saargeschichte. Gegen Töpfer holte Oskar Lafontaine eines der besten SPD-Resultate in der Bundesrepublik – 54,4 Prozent der Wählerstimmen.

Neben der Freude über den Wahlausgang bei Lafontaine erkennbar auch der Zwang, unter dem er nun steht. Der saarländische Wähler hat ihm mit diesem Votum die freie Entscheidung, falls sie überhaupt noch möglich war, über eine Kanzlerkandidatur abgenommen. Die CDU-Analyse greift zwar zu kurz, ist aber trotzdem richtig: Die Wähler an der Saar haben entschieden, daß einer von ihnen, ein Saarländer die Chance erhalten soll, Kanzler zu werden. Lafontaine ist nach dieser Wahl, da mag er sich Bedenkzeit auserbitten, solange er will, der erste Saarländer, der für das wichtigste Amt in Bonn in Frage kommt. Oskar muß das jetzt machen, ist die Stimmung auf den Straßen nach dem Wahltriumph. »Einer von uns in Bonn«, das stärkt das Saar-Gefühl. Außerdem hat die SPD mit Blick auf Lafontaines Bonner Karriereaussichten stets Emotionen geschürt, mit einer Mischung aus Gefühl, Irrationalität und historischer Erfahrung an die Saarländer und ihre »Zurückgesetztheit« appelliert. Lafontaine und seine SPD-Mitstreiter haben den Saarländern klargemacht, was in der »wechselvollen Geschichte des Landes so alles an die Saar geschickt wurde«: Franzosen, preußische Beamte, preußische Berghauptmänner, die Stahlbarone aus dem Reich.

Da – so der bejubelte Umkehrschluß – sei es endlich Zeit, daß die Saarländer einen der ihren nach Bonn schicken. Nimmt man dazu die wirtschaftlichen Schwierigkeiten der Montanregion Saar, den Schuldenberg des Landeshaushaltes, der schon unter CDU-Regierungen aufgetürmt wurde, dann macht die Strategie einen Sinn. »Wenn die in Bonn uns nicht helfen, dann gehen wir nach Bonn und holen uns die Kriegskasse selber«, vereinfacht Klimmt in den Ortsvereinen.

»Ein neues Lebensgefühl, ein neues Wir-Gefühl« hat Lafontaine dem Saarland vermittelt. Dafür erntet er keinen Widerspruch, wenn er sich in den Versammlungen damit brüstet. Lafontaine drückte dem Land ein eigenes frisches Image auf und brachte damit gleichzeitig die Botschaft über: »Lafontaine ist das Saarland, das Saarland ist Lafontaine.« Die Identifikation mit der Galionsfigur Ministerpräsident, die nicht in irgendwelche Dienstgemächer entrückt ist, die nicht nur in Wahlkampfzeiten über den St. Johanner Markt geht und in einer Szenekneipe Wein trinkt, spiegelt sich auch in dem Wahlergebnis. Dabei ist es egal, ob Lafontaine sich in der Saarvertretung einen Szenekoch hält und Savoir vivre demonstriert. »Saar-voir vivre«, das ist auch ein Teil saarländischer Lebensart. Und Lafontaine präsentiert zur Freude seiner Landsleute, wo er nur kann, diese Seite der Saarmentalität.

Zweites Kabinett

»Erst kommt Oskar und dann lange Zeit nichts . . .« Saarländische SPD-Politiker, selbst in führenden Positionen, sind unter Lafontaine Realisten geblieben, jeder an seiner Stelle. Denn der Kanzlerkandidat hat ein ausgeprägtes Machtbewußtsein, ein Selbstwertgefühl, das keine Widersacher duldet, das empfindlich auf aufkommende Selbstdarsteller im Umfeld reagiert. »Das Saarland ist zu klein für zwei Politstars«, gesteht ein Minister ein, durchaus nicht unzufrieden mit der festgefügten Rollenaufteilung. Wer es dennoch probiert, wird in das bewährte Lafontaine-Schema zurückgedrängt. Jo Leinen, Umweltminister, mußte das erfahren, Staatssekretär Reinhold Kopp, Chef der Staatskanzlei, den sie den »Kardinal« nennen, weil er so kenntnisreich und machtbewußt wie die Purpurträger an Frankreichs Höfen agiert, bekam das zu spüren, und selbst »Freund Klimmt« würde nie an Lafontaines Führungsrolle zweifeln oder gar rütteln. Andere kämen erst gar nicht auf den Gedanken.

»Unruhe liebt der Mann nur, wenn er sie selbst inszeniert«, urteilt ein enger Mitarbeiter über den Saar-Regierungschef. So kam nur ein verhaltener Hauch von Unrast auf, als im Januar 1990 in den Champagner-Feiertagen nach der Wahl das zweite Kabinett Lafontaine zusammengestellt wurde. Die alte Riege blieb, hatte Lafontaine schnell entschieden. Um die von der SPD verlangte und in Parteitagsbeschlüssen verankerte Frauenquote zu erfüllen und sich trotzdem nicht von gewohnten Ministern und Staatssekretären zu trennen, die sich – allein das scheint ausschlaggebend – an ihn gewöhnt hatten, teilte er kurzerhand zwei Ressorts und stockte sein Kabinett auf.

Ausgewählt wurden Personen, die sich schon an Lafontaine gerieben hatten, deren Stellung in der feinabgestimmten Hackordnung nicht erst neu definiert werden mußte. Die Saar-SPD, sie spielte dabei eine zurückhaltende, kaum wahrnehmbare Rolle, war in den selbstherrlichen Entscheidungen um die Kabinettsbesetzung nicht gefragt. Als der DGB ungefragt Ratschläge verteilte, holte er sich eine brüske Abfuhr.

Kaum ein SPD-Unterbezirk im überschaubaren und gut zu führenden Saarland wäre auf die Idee gekommen, Druck auf den Wahlsieger zu machen. Er läßt sich eben, so die Erfahrung, mit der die Saar-SPD gelernt hat zu leben, in seine Entscheidungen nicht reinreden. So besetzte Lafontaine die Frauen-Minister-Positionen nach dem erprobten »Rückgriffs-Prinzip« – in Frage kommt, wer sich unter Lafontaine schon bewährt hat. Wenig überraschend nutzte er erneut das Saarbrücker Reservoir, aus dem er schon nach der ersten Kabinettsbildung seine Minister und Staatssekretäre rekrutiert hatte. Er machte Christiane Krajewski, unter Oberbürgermeister Lafontaine Leiterin des städtischen Jugendamtes, zur Gesundheits- und Sozialministerin und Marianne Granz, dem SPD-Landesvorsitzenden aus gemeinsamen Juso-Tagen vertraut, zur Ministerin für Bildung und Sport.

Aufstände aus der Region braucht Lafontaine nicht zu fürchten, selbst wenn Staatssekretär Kopp, Ortsvereinsvorsitzender in Alt-Saarbrücken, sich in mancher Parteiversammlung in der Stadt wegen der vielen Minister und Staatssekretäre heimisch wie in einer Kabinettsrunde fühlt. Der Regionalproporz ist für die Saarländer Sozialdemokraten in der zweiten Wahlperiode der absoluten Macht noch keine Frage, wenn auch Fraktionschef Klimmt den raren Nicht-

Saarländern im Kabinett vorausschauend und vorsorglich empfiehlt, »statt nach Saarbrücken ins Umland zu ziehen«.

Zur bewährten Riege gehören Wirtschaftsminister Hajo Hoffmann, sind mit Innenminister Friedel Läpple und Finanzminister Hans Kasper zwangsläufig auch die mächtigen »Regionalfürsten« unangefochten im Kabinett geblieben. Was läuft, entscheidet jedoch weitgehend allein Lafontaine, autoritär, instinktsicher und zielgerichtet. Wegweisende Entscheidungen sind seine Sache, das politische Alltagsgeschäft scheint ihn zunehmend zu langweilen. Doch ist er stets auf dem Sprung, wenn Saarbelange berührt sind, wenn seine Interessen, häufig genug, sich mit denen des Landes treffen.

Als 1989 Bonner Strukturmittel unverhofft zusätzliche Millionen in den defizitären Saarhaushalt spülen, empfindet Schuldenverwalter Kasper erstmals »Spaß an der Arbeit, da Geld da ist«. Doch Lafontaine hält den Daumen drauf, wie gewohnt, und während die Kabinettsrunde noch überlegt, wohin ein Teil der Mittel fließt, hat er seine Entscheidung schon getroffen. Gefördert werden soll die Renovierung der Burgruine Montclair über der Saarschleife, ein Wahrzeichen, ein Identifikationsobjekt. »Jeder Saarländer hat schon einmal auf dieser Burg gestanden«, erklärte Lafontaine auf dem Breitenstein hoch über der Saar – natürlich auch der »kleine Oskar«. Als Ministerpräsident und Saarländer glaubt er eben zu wissen, was die Saarländer wollen. Da ist er der »Saarfontaine«, der den häufig vor- und querdenkenden Bundespolitiker überdeckt. Lafontaine steht für das »Ideenland Saar«. Nach der CDU-Erstarrung der Saarpolitik wirkte jede Anregung schon wie ein frischer Windhauch, jugendliche Dynamik bereits wie eine gelungen umgesetzte Aktion.

Nach seinen Erfolgen in der ersten Amtsperiode befragt, erinnert er stets an die Rettung der Stahlindustrie. Lafontaine wollte aus dem Saarland wieder einen »sicheren Stahlstandort« machen, hat im Wahlkampf nichts versprochen, was er nicht auch halten konnte. Den Stahlkochern und Wählern schenkte er 1985 reinen Wein ein und wurde trotzdem gewählt. Die Gewerkschaften verpflichtete er zum Mittun. In der Fusion von Saarstahl und der Dillinger Hütte lag das Erfolgsrezept.

Nach der erfolgreichen Sicherung der Stahlindustrie, die das hochverschuldete Land mehrere 100 Millionen kostete, verspürt Lafontaine ein seltenes Erfolgserlebnis als Politiker. »Bei der Stahlsanierung wurde einmal für einen Politiker erfahrbar, daß sich politische Arbeit auch lohnt.« Und die erfolgreiche Stahllösung verrät über den Saar-Ministerpräsidenten noch mehr. »Engagement, das verwurzelt ist in der Verbundenheit zur eigenen Heimat, trägt manchmal weiter«, beschreibt er seine Motivation. Die Wähler honorieren dies Bekenntnis. Sie empfinden ähnlich wie Wirtschaftsminister Hajo Hoffmann. »Dieser barocke Jesuitenzögling, der nicht nur Trockenbrot und Wasser, sondern auch Freude predigt, ist ein Glücksfall für das Saarland.«

Kronprinz

Bei den saarländischen Sozialdemokraten herrscht Klarheit: Wenn aus irgendeinem Grunde Oskar Lafontaine als Ministerpräsident und SPD-Spitzenmann dem Lande nicht mehr zur Verfügung steht, dann ist die Nachfolgefrage entschieden. Reinhard Klimmt, 47 Jahre alt, Saarländer seit einem Vierteljahrhundert, Fraktionsvorsitzender seit dem Regierungswechsel 1985, ist nach Lafontaine »erste Wahl«.

Selbstbewußt, mit einem Schuß von Selbstironie, legt Klimmt Wert auf sprachliche Feinheiten: »Zweite Wahl wäre semantisch falsch.« Außerdem entspricht es nicht seiner tatsächlichen Rolle in der Saar-SPD. Dort gilt der Saarbrücker Unterbezirksvorsitzende, im Landesvorstand lediglich kooptiertes Mitglied, als »heimlicher Parteichef«. Klimmt regelt, schlichtet, ackert landesweit, bereitet das Feld für Lafontaine. Klimmt hält die Saar-SPD auf Kurs, diskussionsfreudig, zupackend, wenn es sein muß, autoritär wie sein Freund Lafontaine. Nur so kann sich Lafontaine seine in den Jahren immer länger gewordenen Ausflüge auf das Bonner Parkett erlauben. Klimmt ist sein Statthalter in der Saar-Partei, einer, der die uneingeschränkte Führungsrolle akzeptiert hat, einer, der »die Mäuse unter dem Tisch hält, wenn der Kater durch fremde Gefilde schnurrt«.

Klimmt und Lafontaine, das ist ein Verhältnis aus der politischen Sandkiste. Gemeinsam starteten sie ihren »Durchmarsch« durch die Partei. 1966, bei einer Busfahrt von der Stadt hinaus zur Universität, daran erinnert sich Klimmt gern, heckten die beiden Jusos aus, wie sie den etwas verschlafenen Saarbrücker SPD-Nachwuchs auf Vordermann bringen wollten. »Ich mach' den Vorsitzenden, und du machst den Stellvertreter«, soll Lafontaine gesagt haben, schon damals eine Spur forscher voranstürmend als Klimmt, der Lafontaines Selbstdarsteller-Qualitäten neidlos anerkennt.

Es kam wie ausgemacht, und seitdem funktioniert das Duo Klimmt/Lafontaine – phantastisch eingespielt, fast ohne aufzehrende Reibungsverluste. Der SPD-Fraktionsvorsitzende, der alte Bücher sammelt und trotzdem plastische Vergleiche mit dem Sport schätzt, sieht sich in dem Team mit dem vorwärtsstürmenden Lafontaine als »Ausputzer und Libero«. Welche Aufgabe er als wichtiger erachtet, auf solche Interpretationen will er sich nicht einlassen. »Der eine ist ohne den anderen nicht denkbar«, kommentiert der langjährige Partei- und Fraktionssprecher Burghard Schneider, seit der letzten Regierungsbildung Staatssekretär im Umweltministerium, diesen seit zwei Jahrzehnten andauernden gemeinsamen Aufstieg.

Der gebürtige Berliner Klimmt, der in Niedersachsen nahe Osnabrück als Sohn eines Volksschullehrers zwischen Gymnasium, Fußballplatz und Stahlwerk aufgewachsen ist, nimmt schon jetzt »in der Landespartie die Aufgaben wahr, für die Oskar Lafontaine gewählt worden ist«. Die stellvertretenden Landesvorsitzenden spielen in dieser Konstellation keine erkennbare Rolle. Die Saar-SPD, das sind Lafontaine und Klimmt. Der Fraktionsvorsitzende ist der Mann, der die Verbindung zur Basis sucht und pflegt. Klimmt redet in den Ortsvereinen Fraktur, wenn Oskar Lafontaine in Bundesangelegenheiten unterwegs ist. Klimmt bereinigt, beschwichtigt, besänftigt die Gemüter, wenn die Saar-Sozialdemokraten über Lafontaine'sche Arbeitszeit-Modelle grollen oder befürchten, durch den begrenzten Konflikt mit den Gewerkschaften unnötig Positionen einzubüßen. »Ich werde Oskar notfalls ausbremsen«, versichert er den besorgten Ortsvereinsvorständen. Das tut er dann aber nicht lautstark, sondern leise, hinter der öffentlichen Bühne, im direkten Gespräch. In dieser Polit-Beziehung habe noch nie einer sagen müssen, »der andere hat mich aufs Kreuz gelegt«.

Klimmt, der burschikos und hemdsärmelig wirkt, der in Gesprächen mit derber Ironie und einer Spur Distanz seine Positionen verdeutlicht, übt den Spagat zwischen intellektuellem Anspruch und der Politik, die man an den Theken auch noch verstehen kann. Dort spricht er die Sprache der Hüttenarbeiter und Bergleute, deutlich, drastisch, aber nicht anbiedernd. Die Saarländer verstehen ihn. Noch nie habe er in den 25 Jahren Politik an der Saar das Gefühl gehabt, »jeden Morgen Dialektunterricht nehmen zu müssen«, um im Saarland anzukommen. Manchem Sozialdemokraten wirft er vor, sich längst aus den Bevölkerungsschichten »herausemanzipiert zu haben«, die »an den Resopaltischen sitzen, dort wo das Heideröslein blüht und die Egerländer aufspielen«. Klimmt kann von sich behaupten: »Ich fühl' mich da noch wohl.«

Im Landtag hat er das Kunststück geschafft, fünf Jahre lang einen Ein-Stimmen-Vorsprung für die Regierung zu halten, die knappe Lafontaine-Mehrheit nie wackeln zu lassen. »Erpressungsversuche« von Abgeordneten, die mit ihrer Stimme in Einzelentscheidungen den Kurs festlegen wollten, sind nie nach außen gedrungen. Trotz seiner Direktheit, seinen ironischen Spitzen gilt Klimmt als Integrationsfigur. Seine Stärke ist das Zuhören, das Zusammenfassen, stets auf der Suche nach einem breit angelegten Grundkonsens, der auch die Veränderung des eigenen Standpunktes nicht ausschließt.

»Glaubwürdigkeit und Gerechtigkeit« sind die Attribute, mit denen ihn Abgeordnete bedenken. Auf Klimmt ist Verlaß. Was sich in der bewährten Freundschaft mit Lafontaine jahrelang erprobt hat, auch im Fraktionsalltag hat er es bewiesen. Deshalb ist im Saarland unstrittig: Nach Lafontaine kommt Klimmt – wer denn sonst?

FILMER/SCHWAN

Karriere

Als Oskar Lafontaine etwa drei Jahre alt war, löste vermutlich die einseitige und mangelhafte Ernährung bei ihm eine Augenentzündung aus. Zur Behandlung dieser recht langwierigen Kinderkrankheit ging er fast täglich mit seiner Mutter mittags zum Augenarzt. Jedesmal kamen sie am Bürgermeisteramt von Dillingen vorbei. Als sie den Amtssitz des Bürgermeisters einmal kurz vor 14 Uhr passierten – zahlreiche Angestellte kehrten aus der Mittagspause eilig zu ihrer Arbeitsstelle zurück und stürmten durch den Haupteingang – fragte er: »Wohin gehen diese vielen Leute alle?« Darauf die Mutter: »Die arbeiten dort.« »Wer sagt denen, was sie arbeiten sollen?« fragte Oskar nach. »Der Bürgermeister«, war die lapidare Antwort.

»Und wer sagt dem Bürgermeister, was er arbeiten soll?« wollte der Kleine wissen. »Der Landrat«, erklärte ihm die selten verlegene Mutter. Im Sprechzimmer des Arztes fragte der Mediziner Oskar: »Nun mein Lieber, was willst du denn einmal werden?« Spontan antwortete der Knirps: »Landrat!« Dem verblüfften Augenarzt mußte die Mutter erklären, weshalb Oskar ausgerechnet den Beruf des Landrats anstrebte.

Oskar wurde zwar nie Landrat, aber immerhin Bürgermeister, Oberbürgermeister und Ministerpräsident. Daß er Kanzler werden möchte, wissen alle.

Die Geschichte mit Oskar, der Landrat werden wollte, entspricht der Wahrheit, »ist eine wahre Begebenheit«, versichert Katharina Lafontaine. Diese Episode scheint richtungweisend für Lafontaine gewesen zu sein, wenigstens aber bezeichnend.

Lafontaine greift nur nach höchsten Ämtern. Nie gibt er sich mit Stellvertreterposten zufrieden. Er strebt Positionen an, in denen er möglichst autonom und eigenständig sein kann.

Die zweite hierarchische Ebene interessiert ihn kaum. Er betrachtet sie als »Durchlauferhitzer« für die obere Stufe der Karriereleiter. Diese Einstellung zieht sich wie ein roter Faden durch sein bisheriges politisches Wirken.

Stellvertreter des angeschlagenen CDU-Oberbürgermeisters in Saarbrücken zu sein, ertrug er nur deshalb vorübergehend, weil er sicher war, in kürzester Zeit den amtierenden Oberbürgermeister zu verdrängen, um an die Spitze der Landeshauptstadt zu gelangen.

Niemals hätte er sich mit dem Amt des stellvertretenden SPD-Landesvorsitzenden an der Saar zufriedengegeben. Für ihn kam nur der Landesvorsitz in Frage.

Selten nahm er Rücksicht auf Amtsinhaber und ihre politischen Verdienste. Er drückte Konkurrenten zur Seite, verschaffte ihnen aber einen passablen, nie kränkenden Abgang. Er sorgte zum Nutzen der Partei für ein höheres Niveau des Personalangebotes. Nie ließ er Verdrängte fallen, versorgte vielmehr seine verbitterten Gegner mit gutdotierten Posten, manövrierte sie meistens in seine Abhängigkeit. Viele leiden bis heute unter seinem Regiment, auch wenn er sie »anständig und honorig zur Seite räumte«.

Als Oppositionsführer wäre Lafontaine 1985 nicht in den Saarländischen Landtag eingezogen. Hätte er die Wahl verloren, würde er bei der nächsten sich bietenden Gelegenheit versucht haben, an die Spitze der Landespolitik zu gelangen. Aufzugeben, solange er die höchste Stufe noch nicht erreicht hat, ist nicht sein Fall.

Lafontaine war herb enttäuscht, als nach dem abrupten Abgang Willy Brandts ein neuer Parteivorsitzender gefunden wurde, der nicht Lafontaine hieß. Er wird es nicht zugeben: Gern hätte er die Nachfolge Brandts an der Spitze der westdeutschen Sozialdemokraten angetreten. Er hält es für einen gravierenden Fehler, Kanzlerkandidat, nicht aber Parteichef zu sein.

Mit der Position des Stellvertreters wird sich der Saarländer nicht lange zufrieden geben. Was immer aus seiner Kanzlerkandidatur wird: Er wird Hans-Jochen Vogel in nicht allzu ferner Zeit aus seiner Spitzenposition verdrängen und nach dem einflußreichen Amt greifen. Spätestens nach der gesamtdeutschen Wahl am 2. Dezember 1990.

Lafontaine kann über oder vor sich niemanden ertragen. In der hierarchischen Ordnung, die er grundsätzlich akzeptiert, möchte er immer oben, an der Spitze stehen. »Eher ruht und rastet er nicht«, urteilt ein Genosse. Dabei sind seine Mittel und Wege offen, meistens durchschaubar. Er wendet keine faulen Tricks an, sondern sucht den redlichen, fairen, aber äußerst hartbandagierten politischen Kampf.

Alles oder nichts, wohlkalkuliert und durchdacht, das ist seine Handlungsmaxime. Nicht um jeden Preis. Er ist intelligent und flexibel genug, sich auf neue Fakten und Situationen einzustellen, die ihn zum Umdenken bringen und zu anderem Handeln zwingen könnten.

Auch das ist eine Prognose: Sollte Lafontaine als Kanzlerkandidat die Wahl verlieren, wird er das Amt des Fraktionschefs und Oppositionsführers nicht annehmen. Bei aller Rebellion und provokativer Streitsüchtigkeit: Parlamentarische Opposition ist für ihn kein Arbeitsfeld. Ihm liegt die anstrengende und kaum effiziente Regierungskontrolle nicht. Die politischen Gestaltungsmöglichkeiten in der Opposition hält er für viel zu gering. Er möchte regieren und nicht opponieren, will verändern und gestalten, versucht, erlebbare politische Wirkung zu erzielen. All das ist dem Oppositionsführer versagt. Deshalb wird er diesen Job ablehnen. Statt dessen wird er bleiben, was er ist: populärer und eigenwilliger Ministerpräsident des Saarlandes. Er wird nur nach Bonn oder Berlin gehen, wenn er Kohl besiegt.

In einem Bonner Kabinett Minister zu werden, käme ihm nicht in den Sinn. Lafontaine reizt auf Bundesebene nur das Amt des Bundeskanzlers. Zweiter Mann oder Zweitwichtigster zu sein, lehnt er für seine Person ab. Er würde solche Positionen nur in dramatischen Ausnahmesituationen und nur für einen begrenzten Zeitraum akzeptieren.

In den letzten Jahren hat Lafontaine sich immer so verhalten, als müsse er zum Jagen getragen werden. Er redet und tut so, als wolle er die nächste Sprosse der Karriereleiter weder anpeilen noch übernehmen. Nichts anderes als Koketterie! Wer Lafontaine kennt, weiß, daß er sich nicht mit dem zufrieden gibt, was er gerade hat. Er möchte aber gedrängt und umworben werden, um für die Partei Lasten zu übernehmen. Längst bevor die SPD ihm die Kanzlerkandidatur übertrug, hatte er sich darauf eingestellt. Er wollte Kanzler werden. Diese Herausforderung nahm er bewußt an.

Nach außen gab er sich so, als sei er unentschlossen, als könne er die Entscheidung erst nach monatelanger Bedenkzeit fällen. Nichts als Taktik. Der angebliche Zweifler und Zauderer versuchte so die Partei zu disziplinieren, »hinter sich zu bringen«. Ein Schachzug, den er in der Saarpolitik bereits ausprobiert hatte.

Gern wäre er Oberbürgermeister geblieben. 1985 hatte er fest mit einer knappen Mehrheit von CDU und F.D.P. gerechnet. Dann die Einstimmenmehrheit der SPD. Später fiel es ihm angeblich schwer, die Bürde des Ministerpräsidentenamtes zu übernehmen. Er scheute zurück, weil das Land pleite war und die Strukturprobleme unlösbar schienen. Horrorvisionen quälten ihn. Verschuldung, Kohle- und Stahlprobleme und die Massenarbeitslosigkeit an der Saar bereiteten ihm schlaflose Nächte. Nein, Regierungschef an der Saar zu werden, galt nicht als ein erstrebenswertes Ziel. Doch weil seine Partei ihn rief und drängte, mußte er das Land regieren – gegen seinen Willen, wie er glauben machte.

Dann trat er an und bewältigte das Saarstahlproblem. Oft schien er unter der Last des Amtes zusammenzubrechen, schien seine Lebensfreude verloren zu haben. Manchmal rümpfte er die Nase und beklagte die gesamte kleinkarierte Landespolitik. Ebenfalls die engen Grenzen des politischen Handlungsspielraumes an der Saar. Die Weltpolitik faszinierte ihn. Als Kanzler der Bundesrepublik möchte er sie mitgestalten, vielleicht verbessern, jedenfalls mitmischen.

Positionen

Sein analytisches Denkvermögen, seine schnelle, vernetzte Kombinationsfähigkeit, seinen politischen Instinkt und seine Weitsicht bestreiten nicht einmal politische Gegner. Lafontaine zählt zu den politischen Köpfen der ersten Kategorie. Seine inhaltlichen Positionen waren nicht immer leicht und gleich erkennbar. Manche seiner Einstellungen revidierte er im Lauf der Jahre. Nie verschloß er sich neuen Erkenntnissen und Argumenten. Die Wandlungen im Denken und Handeln des Oskar Lafontaine resultieren aber nicht nur aus besserer Einsicht.

Machtfragen bewegen den Epikureer. Politische Umsetzbarkeit und Akzeptanz beim Wähler sind für ihn wichtig. Gelegentliche Anpassungsversuche an Trends und Zeitgeist blieben dem Kanzlerkandidaten nicht fremd. Oft bemühte er sich darum, verhielt sich populistisch.

Lafontaine kommt nicht aus der studentischen Protestbewegung. Nicht ein einziges »Sit-in« der »68er« erlebte er auf einem westdeutschen Universitätscampus. Politisch entstammt er weder dem Arbeitermilieu noch der Gewerkschaftsbewegung. Seine ÖTV-Mitgliedschaft datiert aus einer Zeit, als er bei den Saarbrücker Stadtwerken beruflich steil nach oben stieg. Auch mit Hilfe der Arbeitnehmervertreter. Ein überzeugter Gewerkschafter ist er nie geworden. Lafontaine hat nicht jene politische Tradition, jenen Stallgeruch, die in der SPD so wichtig waren und für die vielen Genossen so stilprägend. Seine Politisierung verdankt er zu einem guten Teil seinem Machtinstinkt. In der SPD beherrschte er ungewöhnlich schnell Verfahrensfragen. Er wußte, daß dies Machtfragen sein können. Sein Durchsetzungsvermögen ließ innerhalb der Partei aufhorchen.

Lafontaine galt in der SPD nie als Linker. Anfangs schien er den Genossen fast orientierungslos zu sein. Nach gängigem Rechts-Links-Schema ließ er sich nicht einordnen. Die Parteistruktur an der Saar war damals überaltert und konservativ. Am Streit zwischen rechten und linken Positionen exponierte sich der angehende Physiker selten. Aktuellen politischen Ereignissen begegnete Lafontaine nicht immer sofort mit eigenen Positionen und Meinungen. Abwartend und zurückhaltend reagierte er oft. Definitive Einstellungen mußte er sich erst erarbeiten. Er festigte sie häufig in harten Auseinandersetzungen und differenzierten Diskussionen. Prinzipielle Offenheit gehört zu seinen Wesenszügen.

Als gelernter Physiker nahm er sich rhetorisch das Recht heraus, »den Standpunkt des Naturwissenschaftlers« zu betonen. Auch in der kontroversen Diskussion um Atomenergie. Als die halbe SPD längst auf dem Antiatom-Kurs war, argumentierte Lafontaine dagegen. Er stand auf der Seite der Befürworter und erklärte jedem, der es hören wollte, »daß die Wiederaufbereitungsanlage die beste Art sei, Atommüll zu entsorgen«. Wer das nicht einsehe, verstehe nichts von der Sache. Diese »Standardposition« vertrat er bis Ende der siebziger Jahre. Bei kontroversen Diskussionen auf Landesparteitagen bediente er sich rechter Mehrheiten und setzte sich mit ihrer Unterstützung gegen die zunehmende Zahl der Kernkraftgegner durch. Lafontaine spürte instinktiv – und das ist eine Begabung – daß es damals im Landesverband Saar keine Mehrheit gegen die Atomkraft geben werde. Deshalb stieß er die Radikalreformer vor den Kopf. Er mißbilligte sogar den Antrag dieser Gruppe, »den Bund dazu zu bringen, seine Wissenschaftsausgaben für regenerative Energien und für fossile Brennstoffe in mindestens derselben Höhe aufzustocken wie für die Atomwirtschaft«. Damals wetterte Lafontaine: »Das ist Unsinn, das geht zu weit.«

Lafontaine revidierte bald seine Position. Ihm Opportunismus vorzuwerfen, wäre jedoch falsch. In der Bewertung der Atomwirtschaft und Atomenergie änderte er seine Meinung aufgrund neuer Erkenntnisse. Nachdem er sich ernsthaft mit der Gesamtproblematik auseinandergesetzt hatte, vollzog er über Nacht eine Kehrtwende. Nach kurzer Zeit verkündete er seine neue Position und versuchte nicht nur den konservativen Landesverband auf seinen neuen Kurs zu trimmen. Allen Ernstes glaubte er, auch noch die stadtbekannten Atomkraftgegner überzeugen zu müssen. Er warb vehement für seinen neuen Antiatomkraft-Kurs. Schließlich verkaufte er sogar seine neue Linie in der Öffentlichkeit als außergewöhnliche eigene politische Idee. »Das ist ein Phänomen, das ich bei ihm immer wieder erlebe«, bilanziert ein Kommunalpolitiker aus alter Zeit. »Er adaptiert unheimlich schnell, inhaliert eine Idee, frißt sie regelrecht auf und gibt sie als seine Idee wieder aus.«

Viele Weggefährten haben diesen schillernden Charakterzug des Oskar Lafontaine immer wieder betont. »Das kann man nicht vergessen!«

Bevor Lafontaine prominenter und einflußreicher Kritiker des Nato-Doppelbeschlusses wurde, hatte er Monate lang keine Einwände gegen ihn. Als große Teile der SPD längst aggressive Gegner des Doppelbeschlusses waren, wollte der Saarbrücker Oberbürgermeister davon immer noch nichts wissen. Auf den Landes- und Bundesparteitagen Ende der siebziger Jahre gehörte Lafontaine in der Sicherheitspolitik noch zu den Helmut-Schmidt-Anhängern. Plötzlich vollzog er eine Kehrtwendung und entfaltete sich zum intelligentesten Gegner der Sicherheitspolitik von Kanzler Schmidt. Vehement argumentierte er gegen den Nato-Doppelbeschluß. Wieder hatte er sich umfassend sachkundig gemacht. Seine neue Position bezog und entwickelte er aus der naturwissenschaftlichen und internationalen politischen Literatur. Lafontaine wurde zum Kristallisationspunkt seiner Partei. Niemand formulierte die Anti-Schmidt- und Antikernkraft-Position nachhaltiger und überzeugender als der Saarländer. Er schien von seiner Mission so beseelt zu sein, daß er ohne Rücksichtnahme an allen Fronten kämpfte. Fanatisch forderte er von seiner Partei, ihm zu folgen. Damals hielt er seinen Parteiaustritt für möglich, falls sich die SPD nicht vom Schmidt-Kurs lossagen würde. Wieder war es seine Idee, auf den Nato-Doppelbeschluß zu verzichten. Wieder »tauchte er als der Friedenspolitiker auf« und erläuterte den »Dummen« die neue Lage. Provozierend fragte er die Staunenden, ob sie seinen neuen politischen Kurs auch begriffen hätten. Sein Selbstwertgefühl grenzt an Selbstgefälligkeit.

1983 ging Lafontaine noch einen Schritt weiter und forderte in seinem Buch *Angst vor den Freunden* einen kompromißlosen Austritt der Bundesrepublik Deutschland aus der Nato. Direkt und ohne Wenn und Aber. Dabei hatte er allerdings zu kurz gedacht. Weder Statusfragen noch internationale Auswirkungen eines Austritts schien er bei seinem Vorschlag berücksichtigt zu haben. Aus der Erkenntnis, nicht alle Probleme ausreichend behandelt zu haben, formulierte er eine »intellektuelle Notlösung«: Bonn solle dem Beispiel Paris folgen und innerhalb der Nato die gleiche Position wie Frankreich einnehmen. Doch auch dieser Vorschlag war nicht zu Ende gedacht, eine Gleichsetzung der beiden Länder nicht zulässig. Mit der französischen Atomstreitmacht war die Verteidigungskraft der Bundeswehr nicht zu vergleichen. Und wie sollte die Forderung nach Abschaffung aller Atomwaffen in Einklang zu bringen sein mit seiner neuesten Überlegung zur Nato-Reform? Kurzum: Dieses Beispiel belegt, wie schnell Lafontaine griffige Forderungen formulieren kann, ohne dafür immer ein glaubwürdiges strategisches Konzept entwickelt zu haben. Zweifellos hat er in der Abrüstungs- und Sicherheitspolitik viel in Bewegung gebracht. Eigene originäre strategische Überlegungen sind aber nicht auszumachen.»Ich kenne seine brillante Aufnahme, sein blitzschnelles Erfassen von Ideen, entdecke aber keine, die wirklich von ihm stammt«, sagt ein Mitstreiter aus der Friedensbewegung.

Lafontaine ist ein Meister der taktischen Vorgehensweise. Alles überlegt er selbst und entwirft es auch. Niemand hilft ihm. Das ist eine eminente Leistung. Seine Lernfähigkeit ist bewunderungswürdig.»Viele Fragezeichen sind allerdings bei seinen Gedankenentwürfen in der Sicherheits-, Arbeitsmarkt-, Umwelt- und Deutschlandpolitik zu setzen. Seine Vorschläge wirken oft originell und sind immer schlagzeilenträchtig, bieten aber keine Perspektive, sind für mich Notlösungen, keine Strategien für Deutschland und die Zukunft. Ich vermisse bei diesem Vollblutpolitiker selbstständige, konstruktive Gedankengebäude. Gleichzeitig hat er einen sicheren Instinkt für Fehler anderer, für unkluge Rezepte der politischen Konkurrenz. Auch das ist eine intellektuelle Leistung«, urteilt ein Mitstreiter.

Muster

Lafontaine hält sich für den fähigsten Politiker in Deutschland. Vielleicht sogar in Europa.

Er glaubt seit langem, geeigneter und tauglicher für höchste Ämter zu sein als vergleichbare Berufspolitker. An der Saar residiert er längst als unumschränkter Herrscher. Der »Saar-Napoleon« fühlt sich prädestiniert, urteilt ein Vertrauter, »den Menschen das Heil zu bringen, Bedingungen für ein besseres Leben zu schaffen.« Der ehemalige Prümer Konviktorist hält von der politischen Potenz der Bonner Regierenden nichts. Genscher ausgenommen. Kohl unterschätzt er in seiner Überheblichkeit. Er hält ihn für einen tumben Toren, der als Regierungschef untauglich sei. Bei Kohl läßt er nichts gelten. Er verspottet den Amtsinhaber in der Bonner Adenauer-allee. Sein Hohn ist kaum zu steigern. Sich selbst hält der Saarländer für intelligenter und politisch talentierter. Geschickt verkauft er sich als genialen Macher, der alle agierenden Politiker in den Schatten stellt. Sein gelegentliches Abheben von der Wirklichkeit könnte ihm gefährlich werden.

Lafontaine leidet unter dem Mittelmaß der Bonner SPD-Partei- und Fraktionsführung. Er empfindet es als persönliche Niederlage, verriet uns ein Vertrauter, Herta Däubler-Gmelin als stellvertreten-de SPD-Vorsitzende nicht verhindert zu haben. Die Liste sozialde-mokratischer Genossinnen und Genossen, die er für untalentiert hält, ließe sich beliebig fortsetzen.

Der Saarländer wurde in den letzten Jahren immer aggressiver, weil er viele Bonner Entscheidungen seiner Partei für falsch und unlogisch hielt. Geduld und Gelassenheit verließen ihn. Der Ver-such, seiner Partei einen Maulkorb zu verpassen, resultiert aus die-sen Defiziten. Er traut weder Hans-Jochen Vogel noch Johannes Rau zu, die Partei zu führen. Dabei wirkt er verbissen und hektisch. Seine Liebenswürdigkeit und sein Witz leuchten seltener auf. Nach seiner Einschätzung läuft die Bundespolitik in die falsche Richtung, weist die Vereinigungspolitik gravierende Fehler und Mängel auf. Schlimmer noch: Niemand sieht das außer ihm. Allein auf weiter Flur wollte er für eine Kehrtwende sorgen. Ein Paukenschlag wurde allemal daraus.

Manchmal fehlt dem Saarländer das rechte Augenmaß, er über-schätzt die eigene Potenz. »Der ist größenwahnsinnig geworden«, sagt ein Vertrauter. Noch nie erlebte er eine existentielle Niederlage. Nie arbeitete er als abhängig Beschäftigter. In seinem ersten Job bei den Stadtwerken begann er nicht als kleiner, sondern als gemachter Mann, nämlich in der Vorstandsetage. Schnell erkannte er, daß er belesener, cleverer und durchsetzungsfreudiger war als sein unmit-telbarer Vorgesetzter, der sich mit ihm arrangierte. Als Lafontaine 800 Angestellte und 200 Linienbusse »unter sich hatte«, schlüpfte er in die Rolle des gerechten Arbeitgebers. Lafontaine stand an der Spitze, war die Spitze selbst.

Früh spürte und trainierte er seine Fähigkeit, gut »bei anderen anzukommen«. Seine noch unauffälligen Führungsqualitäten testete er in Schule und Konvikt. Er ging voran, zeigte Flagge, ging schon mal unbequeme Wege. Zuweilen vertrat er mutig Außenseiterpositionen, erkämpfte sich Mehrheiten und Gefolgschaft. In Schule und Partei lernte er, wie wichtig es ist, andere zu überzeugen, mit Argumenten auf seine Seite zu ziehen. Als Oberbürgermeister registrierte er seine Wirkung in der Öffentlichkeit. Menschen für sich zu begeistern, verstand er. Seine rhetorische Fähigkeit spielte er aus. Damit gewann er Massen, brachte Mehrheiten bei Kommunal- und Landtagswahlen zustande. Der erfolgverwöhnte Saarländer besitzt Charisma und Ausstrahlung. Viele halten ihn für einen idealen Politiker. Lafontaine kommt an, findet Resonanz und immer mehr Akzeptanz, sonnt sich seit Jahren in der Popularitätskurve.

Daß Angriff meistens die beste Verteidigung ist, gehört zu seinen politisch-taktischen Rezepten. Immer entkam er gefährlichen Niederlagen, vollzog flexibel erstaunliche Wendungen. Stets zu seinem Nutzen, nie zu seinem Schaden.

Wenn Lafontaine angreift, schlägt er meistens richtig zu. Seine Attacken, seine Konfliktstrategie folgen immer dem gleichen Muster. »Ein Bild verdeutlicht es am besten«, folgert ein Weggefährte. »Wenn man einen großen Nagel einschlagen will, benötigt man einen großen Hammer. Mit dem schlägt man dann kräftig zu. Man trifft den Nagel auf den Kopf, erschlägt aber auch alles, was um den Nagel herum existiert. Rechts und links ist alles platt und kaputt. Im übertragenen Sinn: Die einen sagen, Lafontaine hat den Nagel auf den Kopf getroffen, toll, wie er das wieder gemacht hat. Andere meinen, er hat zwar den Nagel auf den Kopf getroffen, aber dabei gleichzeitig vieles zerstört.« Für den politischen Alltag heißt das: Der Saarländer bedenkt beim Zuschlagen nicht immer die Nebenwirkungen. Geht es schief, tut er so, als habe er das alles nicht so gemeint, sei mißverstanden oder falsch wiedergegeben worden. Es müsse an der Dummheit der Menschen liegen. Allerdings bringt er es auch fertig, Verletzte, Getroffene, Plattgedrückte wieder aufzurichten. Er kann sich sogar bei Betroffenen entschuldigen. »Zuerst aber den Holzhammer drauf und nachher den Leuten vorwerfen, ihr habt mich gar nicht verstanden. Das ist sein Stil. Danach schiebt er eine differenziertere Betrachtungsweise nach, läßt Einwände gelten,« urteilt ein Genosse.

Auf diese Art und Weise geht er viele Konflikte an, bricht Kräche vom Zaun, provoziert bis aufs Blut, bringt sich dabei in die Diskussion. Fast immer trifft er den neuralgischen Punkt, produziert

Schlagzeilen, provoziert den öffentlichen Widerspruch der Angeschlagenen.

Dieses Verfahren hat Grenzen, verschleißt auch den Angreifer. Die permanente Wiederholung funktioniert ab einem bestimmten Niveau nicht mehr. In der Bundespolitik mit ihrer starken Außenwirkung wird von gestandenen Politikern sensibles, subtiles und geräuschloses politisches Handeln erwartet. Daran will sich Lafontaine noch nicht gewöhnen. Das entspricht nicht seiner politischen Leidenschaft. Seine Kritiker werden sich allerdings an diese Art politischer Konfliktbereitschaft gewöhnen müssen.

Regierungsstil

Ungnädig geht der saarländische Ministerpräsident oft mit Kabinettskolleginnen und -kollegen um. Tränen sollen schon geflossen sein. Auch bei Hartgesottenen. Es gibt bekanntlich »Management by motivation«. Eine gute Basis der Regierungskunst. Lafontaine hält davon nichts. »Management by Anschiß« ist seine Methode. Auch nach dieser Devise betreibt er Regierungsgeschäfte.

Der Herr Ministerpräsident kommt fast immer zu spät zur Kabinettssitzung. Alle Augen warten auf ihn. Wenn er erscheint, kann er jovial, umgänglich, sogar lustig sein. Sein Mienenspiel verändert sich, wenn er in die Niederungen der saarländischen Landespolitik gerät. Sie reizt ihn nicht sehr, ekelt ihn zuweilen an, stößt oft auf sein Desinteresse. Stinksauer kann er werden, bekommt er auf Nachfragen keine schlüssigen Antworten. Nur selten erwischten Kabinettsmitglieder ihn in der letzten Zeit bei der ernsthaften Auseinandersetzung mit landespolitischen Problemen. Aufbrausend und oberlehrerhaft kann er reagieren, wenn einer ihm Wissenslücken nachweist. Kaum einer wagt das noch! Wenn Lafontaine aber wirklich ein Problem bearbeitet und analysiert hat, brilliert er, demonstriert seine intellektuelle und politische Fähigkeiten. Doch das ist in Saarbrücken immer seltener die Regel. Manches, was zur landespolitischen Entscheidung ansteht, bezeichnet er mitunter als »Scheißdreck«. Oft registrieren die Minister, daß er sich mit anderen politischen Inhalten auseinandersetzt. Er kann schimpfen und brüllen, hält manchen Kleinkram für eine arge Zumutung, verläßt sogar hin und wieder aufgebracht den Kabinettssaal. Gestandene Landesminister werden zusammengestaucht, wagen sich kaum noch zu äußern, verhalten sich mucksmäuschenstill. Einige berichten praktisch nichts mehr aus ihren Ressorts – wenn sie nicht vom Ministerpräsidenten ausdrücklich gefragt werden – und halten lieber den Mund. Innenminister Friedel Läpple hat sicher keine Angst vor Lafontaine, doch auch er schweigt meistens, zeigt kaum noch Beteiligung. Wenn er sich zu Wort meldet, ist er fast immer so gut präpariert, daß ihn der Ministerpräsident nicht »anpinkeln« kann. Umweltminister Leinen hat bittere Kabinettssitzungen erlebt. Er war oft Zielscheibe gnadenloser Attacken. Nicht immer begründet. Daß Leinen es überhaupt unter Lafontaine ausgehalten hat, läßt sich kaum erklären. Wer sich das Niederknüppeln, das Fertigmachen gefallen läßt, »nicht zurückkeilt«, muß viel ertragen. Fast jeder im Kabinett Lafontaine hat es erlebt. Jeder Minister hat ein Bombardement von Attacken durchstehen müssen.

Außer Justizminister Arno Walter, auf den der Ministerpräsident hört und den er offenbar als einzigen von seinen Ministern für kompetent und ministrabel hält, haben fast alle den wutschnaubenden Zorn und die herablassende Verachtung des Mannes von der Saar zu spüren bekommen. Wie kleine Sünder wurden sie oft behandelt, bis zur Menschenverachtung. Doch sie hielten durch bis heute. »In seinen Augen sind sie alle Lehrbuben, alle Lehrbuben, politische Lehrbuben«, sagt ein politischer Beobachter in Saarbrücken. »Im Kabinett läßt er Dampf ab, läßt sich gehen. Jeder soll spüren, wer der Mächtige, der wahre Chef ist. Niemand darf übermütig werden. Sie alle haben nur dank seiner Fähigkeiten, dank seines Wahlsieges Ämter bekommen und halten können. Er holte für sie die absolute Mehrheit. Ohne ihn wären sie kleine Leute. Parteifunktionäre. Alles haben sie dem Ministerpräsidenten zu verdanken. Und der behandelt sie wie Lakaien.«

Seit 1989 ist Ministerpräsident Lafontaine seltener präsent. Seine bundespolitischen Verpflichtungen beanspruchen ihn sehr. Doch Lafontaine kann schlecht delegieren. Seiner Stellvertreterin Brunhilde Peter überläßt er ungern »höhere Befugnisse«. Seinem Vize, Hans Kasper, dem Finanzminister, traut er wenig zu. Doch die Entscheidungen müssen getroffen werden. Immer häufiger entstehen für die Verwaltung, vor allem für die Ressortchefs, unangenehme Situationen. Das Entscheidungsvakuum versuchen »Möchte-gerne-Ministerpräsidenten« auszufüllen. Da werden Fäden gezogen, wird gemauschelt und getrickst, entsteht hektische Betriebsamkeit. Gründliche Diskussionen und differenzierte Arbeitsgespräche sind rar geworden. Im Kabinett wird selten differenziert diskutiert. Als politisches Beratergremium spielt es kaum noch eine Rolle. Das Kabinett degenerierte zum Notariat. Tagesordnungen werden abgehakt.

Unausgesprochen hat Lafontaine dem Chef der Staatskanzlei, Reinhard Kopp, Entscheidungsbefugnisse übertragen. Und der fühlt sich zu Höherem berufen. Personal- und Planungspolitik sind seine Steckenpferde. Er reißt an sich, was er kriegen kann, füttert die Administration. Der Lafontainesche Regierungsstil läßt sich kaum noch als »professionell« beschreiben. Daß er dennoch funktioniert, wundert nicht nur Insider.

Helfer

Lafontaine verläßt sich am liebsten auf seinen politischen Instinkt. Sein Fähigkeit, die richtigen Fragen zu stellen, funktioniert exzellent. Beides bedarf jedoch der gedanklichen Gravur und Verfeinerung, die bei ihm manchmal zu kurz kommen. Helfer in der Not ist dann SPD-Fraktionschef Klimmt, der auch Lafontaines Wahlkampf als SPD-Kanzlerkandidat managen wird. Der potentielle Nachfolger Lafontaines an der Saar hat den nachhaltigsten Einfluß auf ihn. Beide respektieren sich. Beide besitzen gleiche politische Grundauffassungen, ähneln sich mental.

Sie leben in einer symbiotischen Beziehung, absolut loyal. Dieses Tandem ist effektiv und erfolgreich. Lafontaine traut Klimmt viel zu, er vertraut ihm. Klimmt berät und entscheidet mit. Vor schwierigen personellen und sachlichen Entscheidungen sucht Lafontaine Klimmts Meinung. Klimmt treibt Lafontaine aber auch an. Mit ihm streitet er über Mittel und Wege der Politik. Klimmt ist Lafontaines politischer Diskussionspartner, ein Mann von »gnadenloser Gefolgschaftstreue«. Ihre gegenseitige Abhängigkeit ließ sie alle ernsthaften Krisen überstehen. Klimmt argumentiert streng und hart, kann Lafontaine contra geben, sogar Einspruch erheben. Wer Lafontaine energisch und überzeugend widerspricht, hat Erfolg bei ihm. Bis zu Rückziehern! Solche Erfolgserlebnisse konnte der Nichtsaarländer Klimmt etliche Male verbuchen.

Lafontaines absolutistisches Herrschaftssystem an der Saar ist auch deshalb möglich, weil kaum jemand den Mut hat, ihm ein »So nicht« entgegenzusetzen. Niemand legt sich quer, erhebt Einspruch, übt Gegendruck aus. An der Saar ist er im Kabinett, aber auch in der Staatskanzlei von vielen Leisetretern umgeben. Schmeichler und Opportunisten hat er sich durch seinen Umgangsstil, durch seine Haltung herangezogen. Die meisten sind so, wie er sie haben wollte.

Lafontaine haßt es, unvorbereitet konfrontiert zu werden. Wenn starke Persönlichkeiten ihn in einer Situation erwischen, auf die er mangels Vorbereitung nicht präpariert ist, nicht mitdiskutieren kann, taucht er ab. Er verkrümelt sich. Daß ihm das möglichst selten passiert, dafür sorgt seine Staatskanzlei.

Kopf dieses »Machtzentrums« ist Staatssekretär Reinhold Kopp, Jahrgang 1949, geborener Saarländer, ein glänzender Jurist. Der Chef der Staatskanzlei wird auch »Kardinalstaatssekretär« genannt. Bei der jüngsten Kabinettsreform blieb ihm zwar jeglicher Machtzuwachs versagt – Kopp wollte noch zusätzlich Bevollmächtigter des Saarlandes beim Bund werden – doch die Beförderung nach B 9 bescherte ihm wenigstens eine deftige Gehaltserhöhung. Weil er jetzt der höchstbezahlte Staatssekretär im Kabinett Lafontaine ist, wird er augenzwinkernd mit einem kirchlichen Purpurträger verglichen. Ansonsten ragt der ehemalige Juso-Vorsitzende und SPD-Landtagsabgeordnete, der auch Präsident des »Allgemeinen Turn- und Sportvereins Saarbrücken« (ATSV) ist, nicht großspurig heraus. Kopp gilt als intelligent, hoch effektiv, ausgesprochen ehrgeizig, aber auch intrigant. Er hält Lafontaine den Rücken von landespolitischen Querelen und administrativen Problemen frei, kontrolliert die Regierungsarbeit. Der frühere Referent bei der Saarbrücker Oberfinanzdirektion und Rechtsanwalt ist ein politischer Kopf, der Lafontaines Wünsche exekutiert. Der machtbewußte Jurist kennt alle Tricks und Kniffe der Verwaltung, läßt die Ministerien nicht aus dem Ruder laufen, lenkt als umsichtiger Steuermann die Ministerialbürokratie, verteilt gern Noten, paßt auf, daß niemand übermütig wird. Dünkel und Hochmut anderer weiß er zu bremsen. Er selbst fühlt sich als Lafontaine-Vize. Kopp ist für den Ministerpräsidenten als ausführendes Organ der Landespolitik wichtig, als Wächter des Regierungsapparates. Sein sachpolitischer Einfluß auf Lafontaine ist dagegen gering. Als politischer Berater spielt er kaum eine Rolle. Ihm fehlt der persönliche, emotionale Zugang zu Lafontaine.

Kritiker halten Kopp für einen »Karrieristen ohne Skrupel«, der seinen Willen durchsetzt und seinem Herrn hundertprozentig zur Verfügung steht. Für Lafontaine ein ergebener Vasall.

An der Saar stieß Lafontaine noch nie an seine Grenzen. Noch wurde er nicht richtig gefordert, herausgefordert. Er genießt Narrenfreiheit im Saarland. Sieht man von wenigen Journalisten der *Saarbrücker Zeitung* ab, gibt es kaum ernst zu nehmende Kritiker seiner Politik. Die Vertreter der Oppositionsparteien tun sich sehr schwer mit ihrer Kritik und parlamentarischen Kontrolle. Über sie lacht Lafontaine zuweilen hämisch.

Sparringspartner

Hans-Georg Treib ist ein außergewöhnlich niveauvoller Wissenschaftler. Romanist und Germanist. 1985 verpflichtete Lafontaine dieses Sprachtalent. Eine glückliche Entscheidung für beide Seiten. Treib, mit einer Kinderärztin verheiratet, leitet in der Staatskanzlei die Grundsatzabteilung. Er steht von allen Mitarbeitern, die dort ihren Dienst versehen, dem Ministerpräsidenten am nächsten. Sie kennen sich seit langem.

Der 1939 in Pommern geborene »Saarländer« verbrachte seine Kindheit in Lafontaines Nachbarort Wadgassen. Wie Lafontaine verlor auch Treib seinen Vater kurz vor Ende des Zweiten Weltkrieges. In Frankreich machte Treib sein Abitur und studierte Romanistik, Germanistik, Ethnologie und Sozialwissenschaften in New York (Columbia University), Saarbrücken, Marburg, Straßburg und Paris (Sorbonne). 1965 schaffte er den Abschluß »Licencié-ès-lettres«. Sein Schwerpunkt war die französische Literatur. In Paris betätigte er sich zunächst in der Forschung, übernahm später eine Reihe von Lehraufträgen an französischen und deutschen Hochschulen und arbeitete in der Erwachsenenbildung. Politisch schloß er sich in den sechziger Jahren der »Parti Socialiste Unifié« an, zu der damals auch Michel Rocard gehörte. Seit seiner Rückkehr an die Saar 1975 ist Treib SPD-Mitglied. Er gehört dem SPD-Landesvorstand an und hat die Funktion des Bildungsreferenten der Saar-SPD übernommen.

Treib hatte seine Dissertation so gut wie fertig, als sie ihm während eines Besuchs bei seiner Mutter, die in New York lebt, gestohlen wurde. Leider vergaß er, ein zweites Exemplar seiner Arbeit zu Hause zu hinterlegen. Er hätte ganz neu beginnen müssen. Treib gab auf.

Für Lafontaine wurde er zum unverzichtbaren Mitarbeiter. Im Laufe der Jahre entwickelte sich zwischen beiden ein kongeniales Verhältnis. Der hochbegabte Treib hat keine Karriereambitionen, keine Machtgelüste. Politischer Ehrgeiz geht ihm ab. Selbstlos und bescheiden steht er Lafontaine als Ghostwriter und Ideengeber zur Verfügung. Weil Treib sich kaum für Machtgebärden interessiert, läßt Lafontaine ihn an sich herankommen. Ihr Arbeitsverhältnis entwickelte sich zu einem ausgeprägten Freundschaftsverhältnis. Nach Klimmt und Niles ist Hans-Georg Treib der Mann, dem Lafontaine vertraut, den er in seine nächste Nähe läßt. Neben Reinhard Klimmt, seinem Sprachrohr in schwieriger Zeit, und Dr. Lothar Kramm gehörte Treib zu den wenigen, die während seiner Genesungszeit ständigen Zugang zum Ministerpräsidenten hatten.

Treib ist einfühlsam und kann sich in Lafontaines Gedankenwelt am besten hineinversetzen. »Er denkt wie Oskar, Oskar denkt wie er«, urteilt ein Beobachter. Treib ist Mitverfasser seiner Bücher, Vorträge, Reden und Regierungserklärungen. Er gilt als der beste und wichtigste Schreiber, der Lafontaine inspiriert und ihm innovative Gedanken vermittelt. Treib ist eine Art geistiger Sparringspartner. Im Dialog der beiden entwickelten sich viele Ideen und Handlungsweisen. Treib »verinnerlichte« den Sprachfluß und die Sprachgewohnheiten des Machtpolitikers, ist bestens vertraut mit dessen glänzender Rhetorik.

Zu den wenigen geistigen Sparringspartnern an der Saar, auf die Lafontaine baut, zählt auch der promovierte Diplomvolkswirt Lothar Kramm. Auch er arbeitete schon für Lafontaine, als dieser noch Oberbürgermeister von Saarbrücken war. Kramm ist seit 1986 Leiter der Abteilung »Grundsatzfragen und Planung« in der Staatskanzlei. Zuvor war er zehn Jahre lang wissenschaftlicher Mitarbeiter an der Bundeswehruniversität in München und habilitierte sich im Fach Politikwissenschaft an der Universität Augsburg.

Kramm unterstützte Lafontaines »strukturpolitische Großtat« bei der Saarstahl-Sanierung und vertrat ihn maßgeblich bei den langwierigen und schwierigen Verhandlungen. Er gilt als kluger, weitsichtiger Verhandlungsführer und kompetenter Gegenpart der Industrielobby. Sein Sachverstand und sein politisches Einfühlungsvermögen werden überall anerkannt und gelobt. Kramm gehört zu den wenigen, die Lafontaine in ökonomischen Fragen Denkanstöße vermittelt haben. Treib und Kramm sind in der Lage, sich auf Lafontaines Mentalität und Gedankenstil so einzustellen, daß er sich wiedererkennen kann. Beide haben nicht den Ehrgeiz, ständig zu beweisen, daß sie sachkundiger sind. Das schätzt Lafontaine.

Ein anderer attestiert Lafontaine Unbefangenheit und Unverstelltheit, vor allem aber den reflektierten Gebrauch seines gesunden Menschenverstandes, mit dem er sich Problemen nähert. Gemeint ist der Franke Gert Keil, Jahrgang 1947, Pfeifenraucher und Radrennfahrer. In der Staatskanzlei ist er seit Anfang 1989 zuständig für Grundfragen der Wirtschaftspolitik und der Außenpolitik. Sein vordringliches politisches Ziel: Die SPD muß »wieder common-sense-fähig werden« in der Wirtschaftspolitik. Er meint, daß sie es dank Lafontaine weitgehend geschafft hat. Der 43jährige studierte Philosophie, Psychologie, Soziologie und Theaterwissenschaften an der Universität Erlangen-Nürnberg. 1976 promovierte er im Fach Philosophie über ethische Grundlagen der Wissenschaften. Keil blieb an der Universität, arbeitete als Assistent und als Mitglied des akademischen Senats und wurde Lehrbeauftragter in den Fächern Philosophie und Psychologie. 1981 holte ihn SPD-Bundesgeschäftsführer Peter Glotz nach Bonn und machte ihn zum Referenten im Parteivorstand, zuständig für die »Bewertung und Entwicklung politischer Strategien«, insbesondere für die »Entwicklung einer wirtschaftspolitischen Strategie der Partei«. Keil, ein talentierter analytischer Berater, der sich selbst zur 68er Spätlese zählt, »wohngemeinschaftsgeprägt, -geschädigt und gleichwohl -angeregt«, wurde für Lafontaine unentbehrlich. Dieser auch bonngeprägte und »barackenerfahrene« Helfer gehört im Lafontaine-Team zu den wichtigsten Leuten. Seine realistische Forderung: »Wir kommen nur weiter, wenn wir die Chemiearbeiter für den Umweltschutz und die Professoren für die Arbeitswelt mobilisieren können.«

Zum engen Kreis um Lafontaine gehört seit 1988 auch sein wissenschaftlicher Referent Hartmut Wagner, 37 Jahre alt, verantwortlich für Fragen der Ökologie, Technologie, Wissenschaft und Kultur. Zur Zeit arbeitet er nach Dienstschluß noch am Abschluß seiner rechtsphilosophischen Dissertation mit dem Titel: »Utopie, Menschenrechte, Naturrecht – zur Rechtsphilosophie Ernst Blochs«.

Wagner studierte Rechtswissenschaft, Philosophie und Psychologie an der Universität des Saarlandes, machte beide juristische

Staatsexamen mit Bravour sowie das Lizentiat der Rechte und war acht Jahre lang wissenschaftlicher Mitarbeiter am Institut für Rechts- und Sozialphilosophie der Universität des Saarlandes.

Peter Fischer, 51 Jahre, gehört zu den älteren in Lafontaines junger Beratercrew. Er leitet die Abteilung Öffentlichkeitsarbeit. Ein Mann mit Phantasie und Kreativität, ein altes Schlachtroß in saarländischen Wahlkämpfen. Mit Lafontaine verbinden ihn viele Jahre des erfolgreichen Kampfes um die politische Macht an der Saar.

Büro

Wichtig für den Ministerpräsidenten ist auch noch der 35jährige Horst Flackus, seit zwei Jahren persönlicher Referent des Ministerpräsidenten. Der hellwache Rheinländer studierte in Bonn Politikwissenschaft, Wirtschaftspolitik und Psychologie. Viele Jahre arbeitete er als Abgeordnetenassistent im Deutschen Bundestag, zuletzt als Pressesprecher der bayrischen SPD-Bundestagsabgeordneten. An die Saar kam er über Kontakte zu Lafontaines Bürochef Tom Rutert-Klein.

Ihn, den Düsseldorfer, hatte man Ende 1985 für die Lafontaine-Crew angeworben. Zwei Jahre später wurde er Leiter des Büros. Zuständigkeitsbereich: »Management unlimited«. Tom Rutert-Klein studierte Sozialwissenschaften und Geschichte, wollte eigentlich Lehrer werden. Während seiner Studienjahre war er immer auf eine Nebentätigkeit angewiesen, um den Lebensunterhalt zu verdienen: Über sieben Jahre lang arbeitete er als Assistent bzw. wissenschaftlicher Mitarbeiter von Bundestagsabgeordneten der SPD (darunter Brigitte Erler, Liesel Hartenstein, Renate Schmidt und Egon Lutz). Rutert-Klein ist seit 1974 SPD-Mitglied. Er übernahm führende Funktionen bei den Jungsozialisten und in der Kommunalpolitik des Rhein-Sieg-Kreises. Heute findet er dazu keine Zeit mehr.

Wie ein Uhrwerk soll Lafontaines Büro funktionieren. Doch Sand im Getriebe gibt es auch hier. Organisatorisch möchten Rutert-Klein und Flackus ohne Fehl und Tadel bleiben. Das klappt nicht immer. Um Lafontaines Mammutprogramm zu realisieren, leisten sie nicht selten Generalstabsarbeit.

Stützen

Maria Zimmermann, langjährige Spitzenreporterin der *Saarbrücker Zeitung* und seit Lafontaines Ministerpräsidentenzeit Pressesprecherin der Landesregierung, hat an Einfluß verloren, weil Lafontaine ein »Selbstläufer« für die Presse geworden ist. Einflußreichere Mitarbeiter haben sie verdrängt, intrigieren gegen sie und spielen sich auf. Die begabte Journalistin, die nach dem Abitur einige Semester in München studierte, arbeitet zur Zeit unter Wert. Die geborene Berlinerin ist seit 1966 an der Saar tätig, kennt Lafontaine aus nächster Nähe seit über zwanzig Jahren. Sie ist ein Unikat unter den dynamischen Lafontaine-Helfern, deren Stimme mehr Gewicht verdiente.

Lafontaine tauschte seine Helfer schon oft aus. Wer es länger in seiner Nähe aushält, muß leidensfähig und selbstlos, vor allem aber den Launen und »Anschissen« gewachsen sein. Lafontaine verlangt, daß seine An- und Vorgaben umgehend ausgeführt werden. Und zwar sofort. Wenn das so nicht läuft, reagiert er mit Drohgebärden.

Lafontaine gilt bei vielen seiner Mitarbeiter als ein schonungsloser, kaltschnäuziger Vorgesetzter, der drangsalieren kann. Sekretärinnen halten es im allgemeinen nicht lange bei ihm aus. Seine Launen sind schwer zu ertragen. Die beiden Vorzimmerdamen Margit Heil und Hilde Lauer besitzen neben Sachkompetenz auch ein dickes Fell und ein stoisches Gemüt.

Derjenige, der jede Ungebärdigkeit verkraftet, dazu noch stets froh und freundlich ist, heißt Todilar Schott, Künstlername »Tott«, ein ehemaliger Kneipenwirt, Maler und Rocker, Jahrgang 1941. Bevor ihn Lafontaine als Sozialarbeiter ins Saarbrücker Jugendzentrum holte, gehörte er zur »Luzifer-Gang«, die als harte Rockergruppe galt. Tott arbeitet seit 1987 als rechte Hand Lafontaines in der Staatskanzlei: zuständig für den persönlichen Bereich, vom Einkaufen bis zum Kochen. Der künstlerische Zeichner versorgt den Weinkeller, »bekocht« Lafontaines Gäste zu Hause, chauffiert ihn zu »Illhäusern« über die Grenze nach Frankreich und beschützt ihn. Lafontaine kann sich auf den ehemaligen Ringer und ausgezeichneten Karatekämpfer verlassen. Tott ist Lafontaines Bodyguard, Koch, Chauffeur und Freund. Vielleicht ist diese Freundschaft die tragfähigste von allen.

Schwächen

Mit welchem Politiker könnte Lafontaine verglichen werden? Vielleicht mit John F. Kennedy, dem er in Intelligenz und Härte, aber auch im Umgang mit Macht und Frauen ähnelt. »Saar-Napoleon« genannt zu werden, beleidigt Lafontaine nicht. Ähnlichkeiten hat er auch mit dem jungen François Mitterrand. Der Franzose ist wie der Saarländer kunstinteressiert, belesen, beschlagen in der Literatur, in der Philosophie. Beide sind ausgesprochene Machtpolitiker.

Wie Mitterrand hat Lafontaine große Probleme, jemanden vor oder über sich zu haben. Das hält der Saarländer nicht aus. Dann müßte er sich rechtfertigen, sich auseinandersetzen.

Lafontaine verfolgt Macht mit Eloquenz, allerdings auch mit Zynismus. Bei ihm haben Beobachter manchmal den Eindruck, daß er Macht um ihrer selbst verfolgt. Auch wenn er dies nie zugeben würde. Jedenfalls versteht er es, Macht durchaus repressiv als auch kompensatorisch einzusetzen, das Spektrum reicht von direkter Bestrafung über Inaussichtstellung bis zur direkten Belohnung. Er weiß jedenfalls, daß er mit Führungsqualitäten ausgestattet ist, die ein autosuggestives Selbstwertgefühl geschaffen haben.

Lafontaines Schwäche ist seine Unfähigkeit, Kritik anzuhören, Kritik anzunehmen und einzustecken. Er hält sie schlicht »für eine Majestätsbeleidigung«, für unangemessen. Niemand in seinem Umfeld wagt es ungestraft, Kritik zu artikulieren. Niemand seiner Helfer käme auf die Idee, Kritisches über ihn weiterzugeben. Im Gegenteil – sie be- und »verstärken« ihn. Allein Fraktionschef Reinhard Klimmt besitzt die Fähigkeit, ihm feindosiert Kritik nahezubringen. Bei allem Selbstbewußtsein: Lafontaine fürchtet Konkurrenz, paßt mit weitgespanntem Scharfsinn auf, daß neben ihm niemand hochkommt. Er will der Erste sein, der »absolute King«. Er will – trotz rivalisierender Tendenzen – anerkannt sein als der »Leithammel«. Er kennt seinen Wirkungsgrad. Seinen »Vasallen« gegenüber verhält er sich meistens treu und solidarisch.

Lafontaine besitzt – wie jeder andere auch – eine Sehnsucht nach menschlicher Nähe. Gleichzeitig überfallen ihn Mißtrauen und oft Angst, wenn sich Menschen ihm zu intensiv nähern. Kommt er an den Tisch von Freunden und Bekannten, schlägt oft schlagartig die Stimmung um. Die lockere Atmosphäre ist dahin. Vieles wirkt nur noch gekünstelt und aufgesetzt. Lafontaine schafft Distanz. Ihm fehlt die Gabe, Vertrautheit zu schaffen. Vermutlich registriert er das überhaupt nicht mehr. Eine diskrete Verstellung hat sich eingeschlichen. Man sagt nicht mehr, was man denkt.

Sein größter Fehler scheint wohl zu sein, sich selber zwar menschliche Schwächen und Deformationen zuzugestehen, sie aber seinen Mitarbeitern und Ministern nicht zu gestatten.

Skrupellos kann er sein, wenn er meint, den politischen Kurs ändern zu müssen. Er wechselt von »jetzt auf gleich die Pferde«, rennt niemals gegen die Wand, sucht sich manchmal eine »Richtung ohne Wand« und sprintet.

Seine Ungeduld wirkt beklemmend und kann, wie ein Mitarbeiter verriet, »auf die Nerven gehen«. Beklagt wird auch sein nachlassender Gerechtigkeitssinn. Seine Undiszipliniertheit wurde in letzter Zeit immer auffallender. Lafontaine hört nicht mehr konzentriert zu, meint, alles besser zu wissen als andere. Er ist erheblich mißtrauischer geworden. Von dieser Berufskrankheit aller Politiker blieb er nicht verschont. Seiner Umgebung in der Staatskanzlei, im Kabinett, in der Landespartei vermittelt er allzu oft, sie sei töricht, undiszipliniert und einfältig. Seine intellektuelle Überheblichkeit hat Ausmaße angenommen, daß selbst Freunde manchmal an ihm zweifeln. Es sei seine zentrale Schwäche, sagen einige, alle für »Dummbeutel« zu halten. Unbeherrscht, geradezu notorisch seien seine Ausbrüche und Beschimpfungen.

Lafontaine ist für viele Weggefährten eine schillernde, undurchschaubare, hochdifferenzierte Persönlichkeit mit umfassendem Detailwissen. Wer ihn privat erlebt, entdeckt einen aufmerksamen, sensiblen, feinsinnigen Gastgeber mit ostentativem bürgerlichen Lebensstil. Äußerst kultiviert.

Sicher hat er nach dem Attentat einen Reifungsprozeß durchlaufen. Er alterte schneller als er an Jahren alt ist. Bestimmte Wesenszüge haben sich »verkarstet«. Seine Besserwisserei grenzt bereits, sagt ein Vertrauter, an »Altersstarrsinn«.

Der zielorientierte Egozentriker hat keine erkennbare Bindung an Arbeiter oder Malocher. Fasziniert war er seit eh und je von »Kopf-Leuten«. Erfolgreiche Menschen schätzt er. Solche, die Außergewöhnliches fertig gebracht haben und kreativ sind. Ob in der Kunst, der Musik, im Sport, in der Wirtschaft. Bei ihm zählt Leistung.

Wichtig ist für Lafontaine die »Kleiderordnung«. Diese Haltung teilt er mit Hans-Jochen Vogel. Die Kleiderordnung muß immer stimmen. Wer oben ist, ist oben. Wer unten liegt, hat Pech gehabt. Lafontaine besitzt im Grunde konservative, althergebrachte Ordnungsvorstellungen.

Sein Bild von der Gesellschaft ist traditionell hierarchisch strukturiert. Wenig fortschrittlich denkt er über Abtreibung. Die Abtreibungspraxis in der DDR hält er – meinen Beobachter – für zu liberal.

Er denkt in Hierarchien, sieht die Rolle des Mannes letztlich als führend, als tragend an. So wie er immer an der Spitze stand, meistens den Vorsitz führte, so ist auch sein Rollenverständnis. Über die Quotenregelung rümpft er die Nase. Der Mann, Oskar Lafontaine, lenkt, denkt, gibt die Richtung an, geht voran. Er dominiert, kommandiert und führt – wo immer er sich bewegt.

Lafontaine ist Alleindarsteller, kein Teamworker. Motivationen zu fördern, fällt ihm schwer. Zu sehr verläßt er sich auf seinen politischen Instinkt. Ihm vertraut er. Er weiß immer schon, was sich hinter Handlungsweisen anderer verbirgt. Mit blitzartiger Schnelligkeit urteilt er und liegt nicht immer richtig.

Lafontaine redet, diskutiert zu wenig mit Leuten seines Vertrauens. Eine stärkere Kommunikation in und mit der Partei scheint er für unergiebig zu halten. Manchmal wirkt er kontaktarm, scheut Gespräche mit Genossen, denen er sein Ohr leihen sollte. Er verfügt über keine Hausmacht in der SPD, ist auf vielfältige Unterstützung angewiesen. Daß kein starker Landesverband uneingeschränkt hinter ihm steht, scheint ihn nicht anzufechten. Daß er Klagen über mangelnde Kontakte zur SPD-Bundestagsfraktion überhört, ja vom Tisch fegt, ist ein gravierender Fehler. Seine Selbstüberschätzung schlägt hier voll durch. Sollen doch die Genossen Fernsehnachrichten aufmerksam verfolgen, seine Reden hören, seine Interviews lesen und seine Wahlkampfauftritte ansehen, scheint er zu denken, dann wissen sie, wie der Fürst von der Saar denkt und handeln möchte.

Verhalten konservativ ist seine Körpersprache. Fast introvertiert-frömmelnd. Wie er dasteht, die Hände gefaltet, den Kopf nach oben richtet: Er gleicht einem katholischen Priester sonntags auf der Kanzel. Dazu seine bedächtige, unaufgeregte Rhetorik. Sie könnte aus einer Lehrprobe des Priesterseminars stammen.

Lafontaine möchte gern ein begnadeter, berufener Visionär sein,

einer, der vom Innersten her überzeugt ist, nicht den Menschen, sondern die Menschheit zu befreien: nicht nur von ihren Ketten. Auch
diese Grundhaltung ist zutiefst christlich-konservativ. Der Oskar
von der Saar läßt sich beinahe mit dem römischen Papst vergleichen,
der auch einer Mission gehorcht.

Gefühle

Lafontaine kann »furchtbar« sentimental sein. Wenn er seinen
»Durchhänger« hat und »einen draufmachen« will, geht er mit Vorliebe in seine spanische Stammkneipe »La Guitarra«. Hier fühlt er
sich wohl, gut aufgehoben. Er liebt spanische Folklore, kennt sich
darin sogar ein wenig aus. Huldvoll-gönnerhaft läßt er sich hin und
wieder vorspielen. Gitarrenklänge liebt er, hört gern die Melodien,
die der stimmgewaltige Gastwirt vorträgt. Oft summt er mit, läßt
Gefühle heraus. Sein Applaus ist spontan und wirkt ehrlich. Wenn er
in Stimmung ist, »tierisch sentimental«, kommt ein wenig vom richtigen Oskar heraus, das, was er normalerweise verschweigt: seine
Sehnsucht nach Wärme, Liebe, Geborgenheit, Nähe und Mensch-
lichkeit, nach Freundschaft. Seine Sehnsucht, anerkannt zu werden,
schimmert durch, seine skeptisch-pessimistische Sicht der Weltlage,
sein Hunger nach vergangenen, besseren Zeiten. Und er nimmt sich
vor, die Welt zu verändern. Auch das gehört zu Oskar Lafontaine: Er
ist ein mitfühlender, sich in seinem Amt einsam fühlender, leidensfä-
higer Politiker, der den Ursachen seiner Einsamkeit nachsinnt.

Lafontaine hat nur wenige echte, wirklich aufrichtige Freunde.
Gewiß, er hat viele ihm freundschaftlich gesinnte Bekannte aus Politik und Kultur. Doch keinem von ihnen würde er sich öffnen und
anvertrauen. Über persönliche Probleme, familiäre Angelegenhei-
ten würde er sich vielleicht mit einem Freund aus Prümer und Bonner Jahren austauschen, mit Dr. Bernd Niles.

Seine Freundschaft zu Willy Brandt ist zerbrochen. Niemals hatte
er es gewagt, ihn anzugreifen. Nie war aus seinem Mund ein abwer-
tendes Urteil gekommen. Der Lieblingsenkel empfand zu seinem
Vorbild eine starke emotionale Bindung, die er in dieser Form zu
kaum einem anderen Menschen pflegte. »Er bewunderte und liebte
Willy«, urteilt ein Journalist von der Saar. »Wie ein Kind seinen
Vater ehrt, so verhielt sich Lafontaine.« Zu seinem einzigen Vorbild

ging er auf Distanz, löste sich von ihm, um eigenständig und unabhängig werden zu können. Der SPD-Ehrenvorsitzende hatte sein »Mandat« erfüllt, als der Kanzlerkandidat Lafontaine »ausgerufen« worden war. Der Enkel schien seinen wichtigen Förderer nicht mehr zu brauchen. Zuvor hatte es zwischen beiden öfters gekriselt. Lafontaines Auseinandersetzungen mit den Gewerkschaften hielt Brandt für unsinnig. Auch andere Ausfälle des Enkels enttäuschten den Bonner Mentor. In der Deutschlandpolitik verlor Brandt 1989/90 den Glauben an Lafontaines politischen Instinkt. Ein tiefer Graben entstand. Unüberwindbar. »Was zusammengehört, wird zusammenwachsen.« Diese frühe zutreffende Prognose Brandts teilte Lafontaine nicht. Daß Brandt von seiner internationalen Position abließ und in das »nationale Horn stieß«, hat Lafontaine bis heute nicht verstanden.

Zum Bruch der beiden führten auch erhebliche Meinungsverschiedenheiten zwischen dem »Macho-Saarländer« und Brigitte Seebacher-Brandt.

Vorbilder möchte Lafontaine nicht nennen. Menschen wie Mahatma Gandhi oder Albert Schweizer nötigen ihm Respekt und Bewunderung ab. Für ihn sind sie religiöse Figuren, die außerordentliche Wirkungen erzielten. Er schätzt Menschen aller Epochen, die große Erfolge aufweisen können, ganz gleich auf welchem Gebiet.

Leben

Am liebsten wäre er Botschafter im Vatikan. In der Toskana möchte er gern leben. Auch in Südfrankreich fühlt er sich wohl: Rotwein trinken und Ziegenkäse essen. Lafontaine genießt intensiv. Die Lust am Leben kennzeichnet ihn. Nach dem Kölner Anschlag noch auffälliger.

Ähnlich wie Helmut Schmidt signalisiert er seiner Umgebung immer wieder, daß er auch anders leben könne, daß er nicht Politiker bis an sein Lebensende bleiben müsse. Oft droht er, alles hinzuschmeißen. Etliche Male erlebten seine Berater einen schwankenden, zögernden, verstimmten Matador, der auf die Kanzlerkandidatur verzichten, die Zwänge, den Druck nicht länger ertragen wollte.

Dieses Verhalten gehört aber auch zu seiner Herrschaftsmethode.

Katharina und Hans Lafontaine mit ihren Zwillingen Hans und Oskar (auf Vaters Schoß).

Oskar (links) und Hans gerade fünf Monate alt. Dieses Bild entstand im Februar 1944.

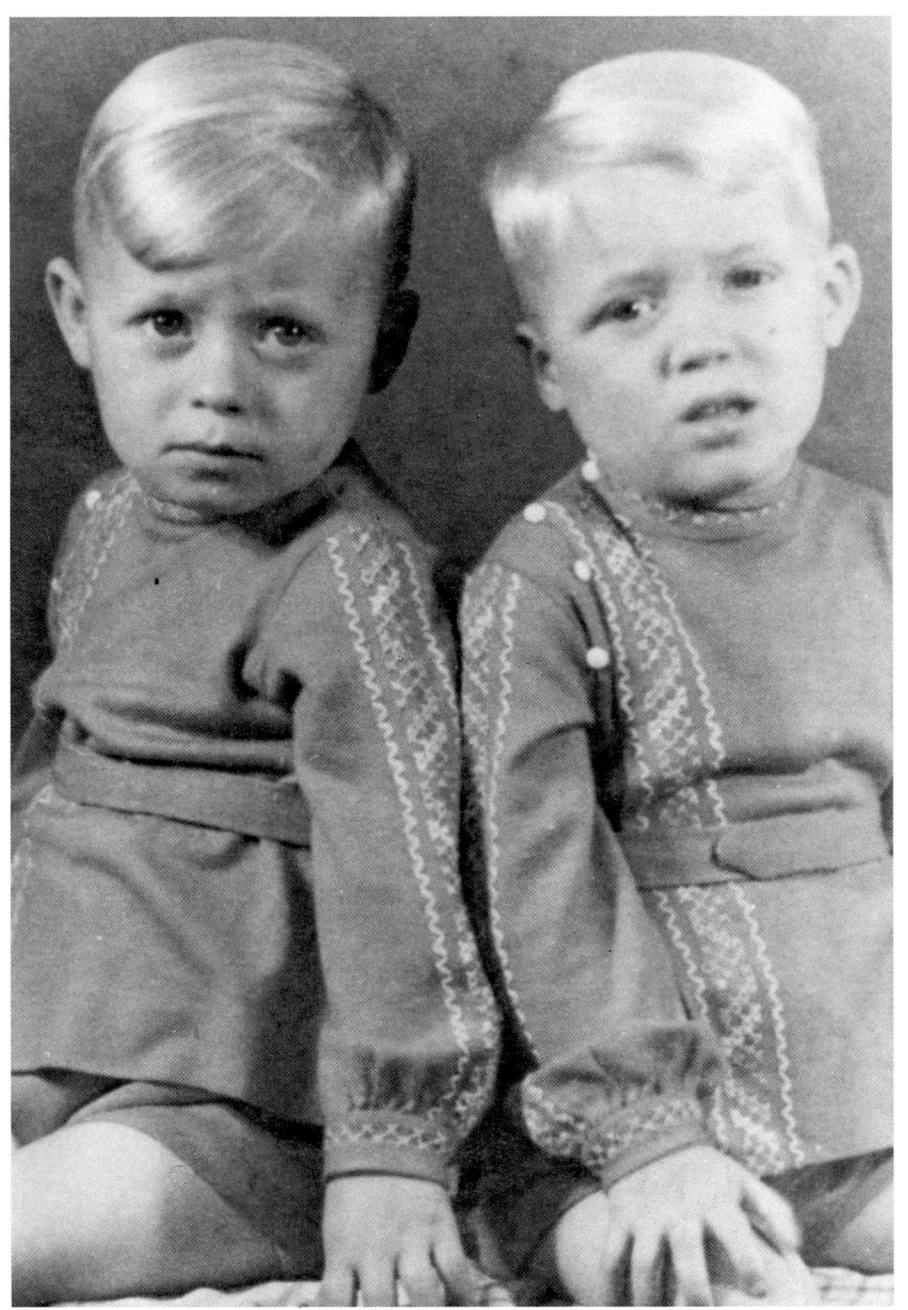

Hans und Oskar im dritten Lebensjahr.

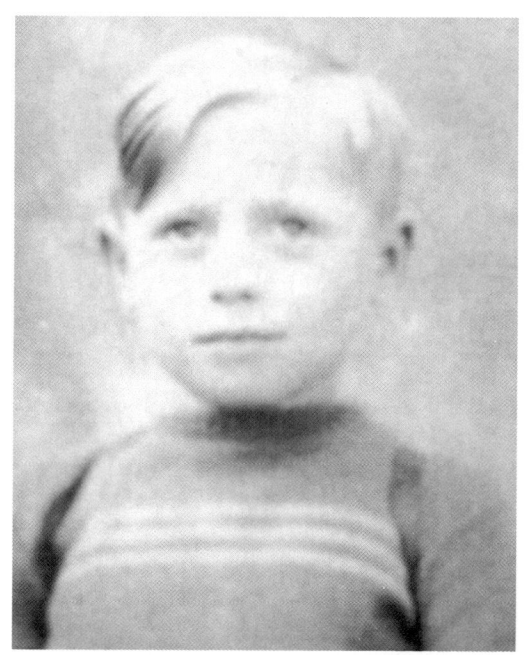

Erstkläßler Oskar 1949.

1. Schuljahr 1949 vor der Pachtener Pfarrkirche St. Maximin.
Oskar (1. Reihe, 2. von rechts) und Hans (2. Reihe, 1. von rechts).

Stolze Rollschuhfahrer vor ihrem Haus Fischergasse 39.
Oskar rechts, Zwillingsbruder Hans links.

Die Lafontaine-Zwillinge tragen bis zum Abitur fast immer die gleiche
Kleidung. Wandertag der 2. Volksschulklasse in Pachten, 1950.

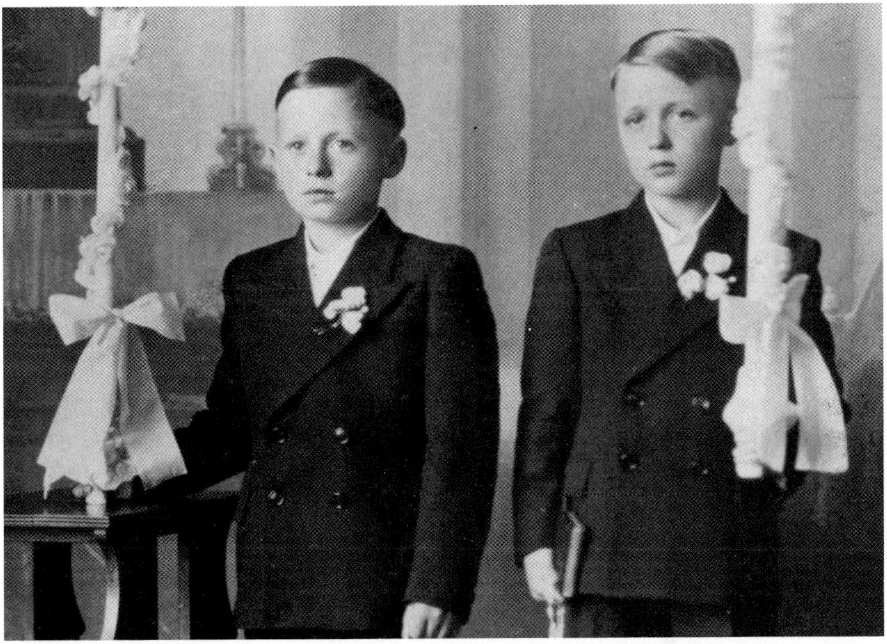

Erstkommunion von Oskar (links) und Hans am 20. April 1952. Einen Tag später erfahren die Lafontaines, daß Vater Hans im Krieg gefallen ist.

Oskar (links) und Hans 1956, Quartaner der Prümer Reginoschule.

Feier nach dem mündlichen Abitur 1962. Oskar (im Pullover) hat noch keinen Grund zum Feiern. Seine Prüfung findet einen Tag später statt.

Offizielle Verabschiedung des Abiturjahrgangs 1962 der Reginoschule. Oskar kann mit seinem Reifezeugnis voll zufrieden sein.

*Der SPD-Landesvorsitzende und Oberbürgermeister
der Landeshauptstadt Saarbrücken in seinem Arbeitszimmer 1983.*

*Vereidigung des neugewählten saarländischen Ministerpräsidenten
am 9. April 1985.*

*Der neue saarländische Ministerpräsident zu Besuch bei Bundespräsident
Richard von Weizsäcker am 9. Mai 1985.*

Ein seltenes Bild: Der saarländische Ministerpräsident bei Bundeskanzler Helmut Kohl in Bonn am 24. Mai 1985.

Der Friedens- und Zukunftsforscher Robert Jungk zusammen mit dem saarländischen Ministerpräsidenten bei einer Großkundgebung gegen das französische Kernkraftwerk Cattenom am 20. Juni 1986.

*Der saarländische Ministerpräsident in Ost-Berlin nach einem Konzert
des Pop-Sängers und Freundes Peter Maffay am 12. März 1987.*

*Am Abend der Landtagswahl vom 29. Januar 1990. Erneut erringt Lafontaine
die absolute Mehrheit für die SPD. Der Ministerpräsident und seine
Lebensgefährtin Christa Müller bei der anschließenden Siegesfeier.*

*Der saarländische Ministerpräsident mit seiner 75jährigen Mutter,
Katharina Lafontaine, im Februar 1990.*

*Der wiedergewählte Ministerpräsident zu Besuch in Paris
bei Staatspräsident Mitterrand am 14. März 1990.*

Der SPD-Parteirat nominiert am 27. März 1990 einstimmig Lafontaine zum Kanzlerkandidaten.

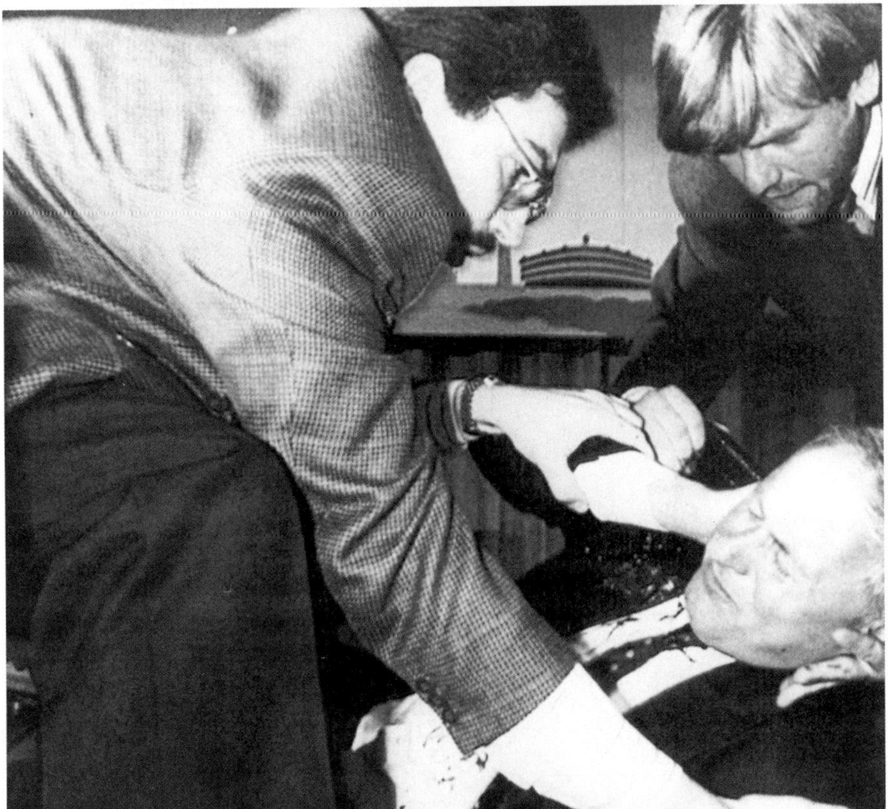

*Der stolze Vater mit seinem Sohn Frederic auf der Saarmesse
in Saarbrücken am 22. April 1990.*

*Anschlag in Köln am 25. April 1990. Die geistesgestörte Adelheid Streidel
aus Bad Neuenahr hatte Lafontaine mit einem 30 Zentimeter langen
Messer in den Hals gestochen. Der Schwerverletzte liegt am Boden.*

*Sieben Tage nach dem Attentat verläßt der saarländische
Ministerpräsident die Kölner Universitätsklinik.*

Der Rekonvaleszent mit Sohn Frederic auf der Terrasse seines Hauses in Saarbrücken am 10. Juni 1990.

Der SPD-Kanzlerkandidat, der SPD-Bundesvorsitzende und der SPD-Vorsitzende der DDR, Wolfgang Thierse, auf einer Bonner Pressekonferenz am 14. Juni 1990.

*Der Kanzlerkandidat mit seinem politischen Ziehvater Willy Brandt.
Das freundschaftliche Verhältnis zwischen beiden hat sich in jüngster Zeit
merklich abgekühlt.*

Auf diese Weise erzeugt er Unruhe im engsten Arbeitsfeld, manchmal sogar kreative Nervosität und Bewegung. Die »Machtquelle Persönlichkeit« setzt er vehement ein. Sie ist sein Kapital.

Zwei Seelen wohnen, ach, in seiner Brust. Einerseits liebt er die Machtfülle, genießt Größe, Einfluß und Dynamik der Macht. Andererseits fordert seine Machtorientierung und -konzentration einen hohen Preis: extreme Anspannung, übermäßigen Zeitaufwand, kaum Privatleben und fortwährendes Mißtrauen gegenüber seiner Umgebung.

Lafontaine treibt sich selbst an, läßt sich nicht drängen. Seinen Anspruch, alles besser als andere zu wissen und zu können, provoziert er selber. Er ist es, der vielen bescheinigt, dumm und idiotisch, nur zweite Wahl zu sein. Wenn er aber viele für unfähig hält, dann – so denken viele – soll er es auch selbst machen. Lafontaine übernimmt also die Lasten eigener Fehleinschätzung.

Dabei gehört er eigentlich zu den eher trägen, mußeorientierten Menschen. »Er ist ziemlich faul«, sagt einer der Vasallen. Ja, der saarländische Ministerpräsident hält kaum etwas von Sekundärtugenden, die er einst Kanzler Schmidt vorwarf.»Was ihm völlig abgeht, ist arbeiten«, gestand einer aus der Staatskanzlei.»Der schafft nicht viel, läßt andere für sich malochen.« Lafontaine möchte mit geringstem Arbeitsaufwand Ergebnisse erzielen. Der »Faulpelz«, meinen Insider, besitze eine »angekratzte Arbeitsmoral«. Damit stehe er in krassem Gegensatz zu Helmut Schmidt, zu Herbert Wehner oder zu Hans-Jochen Vogel, doch in nahezu kongenialer Wesenseinheit zu Willy Brandt.

Geprägt hat Lafontaine sein bisheriger, dem Erfolg verhafteter Weg. Eine entscheidende politische Niederlage erlebte er noch nicht. Auch nicht bei der Diskussion um den Staatsvertrag. Fast gottgegeben steigt er auf die nächste Karrierestufe. Warum sollte er sein Leben ändern, revidieren, etwas anders machen, seine Einstellung überprüfen? Sein bisheriges Erfolgsrezept war stimmig. Seine verletzenden Ausfälle im Landeskabinett lassen sich nur damit erklären, daß er mit dieser Ebene längst abgeschlossen hat.

Lafontaine ist dünnhäutig wie fast alle führenden Politiker: leicht reizbar und verletzbar. Wer über ihn lacht, sich lustig macht, reizt ihn bis aufs Blut. Witze über sich kann er in Hülle und Fülle erzählen. Das gehört zu seinen Kalkulationen. Er kokettiert damit, über sich selbst lachen zu können. Wehe aber, es lacht jemand über ihn, über seine Sprache, seine öffentlichen Auftritte oder dergleichen, der erfährt – sofort oder später – seine ganze Strenge. Wer ihn auslacht, muß sich auf was gefaßt machen. Wer ihn der Lächerlichkeit preisgibt, erlebt einen hochaggressiven, aufbrausenden, meistens unbeherrscht reagierenden Politiker.

Leicht zu kränken ist er, wenn sein Äußeres kritisiert wird. Beleidigt fühlt er sich bereits, wenn seine Kleidung zum Thema wird. Wehtun kann man ihm auch, wenn man seine Scheidungen anspricht. Ein gewaltiger, aber zart besaiteter Herrscher!

Kunst

Der Saarländer schätzt Kneipenbummel. Manchmal traf er sich samstags mit heimischen Künstlern in der Saarbrücker Altstadt. Mit den Malern Hans Dahlem und Lothar Meßner ist er seit langem befreundet. Der Heimatdichter Ludwig Harig verehrt seinen Landesvater und schreibt in Hamburger Magazinen ausgefeilte und subtile Lobeshymnen auf ihn. Das mag Oskar. So muß es sein. Das saarländische Künstlermilieu hat er allerdings seit geraumer Zeit hinter sich gelassen. So wie die politische Elite an der Saar.

Lafontaine will sich nicht mit Mittelmaß umgeben. Das Provinzielle versucht er abzulegen. Er sucht die Nähe derjenigen, die auf seiner Ebene agieren: an der Spitze, immer oben.

Günter Grass, Lew Kopelew, Klaus Staeck oder der Wiener Bildhauer Alfred Hrdlicka gehören dazu. Namen waren für ihn stets auch Nachrichten. Heinrich Böll, Robert Jungk und Walter Jens zählten früher ebenfalls dazu. Und mit Boris Becker und Steffi Graf sitzt er ebenso gern in einer Talk-Show zusammen wie mit Beckenbauer oder Littbarski. Eben halt Erfolgsmenschen.

Im saarländischen Landtagswahlkampf 1988/89 tingelten für ihn nach dem Motto »Stimmen für Oskar« unter anderen Thomas Freitag, Klaus Lage, Klaus Hoffmann, Ron Williams, Ute Lemper und Peter Maffay. Bei der Kultur-Tour durch das Saarland zogen namhafte Gruppen und Sänger für ihn in den Kampf, um die Erst- und Jungwähler anzusprechen. Der Ministerpräsident nahm die willkommene Unterstützung dankbar an. Geschickt stellte er sich an die Seite der glanzvoll auftretenden Künstler. Die wiederum verharrten in Ehrfurcht, wenn sie auf der Bühne neben ihm agierten.

Seit einiger Zeit hält sich Peter Maffay auf dem ersten Platz der Lafontaineschen Hitliste. An diesem »Macho-Typ, der auch Seele zeigen kann«, seufzt ein Berater, scheint er einen Narren gefressen zu haben. Beide mögen sich, sehen sich oft. Weshalb er eigentlich diesen »rockigen Schnulzensänger« in seiner Nähe duldet, so ein Vertrauter, sei allen rätselhaft. »Ich verstehe nicht, warum Lafontaine so unwählerisch ist, kritiklos noch dazu«, fragt sich ein Intellektueller, der ihn gut kennt, und meint damit nicht nur Peter Maffay.

Lafontaines Verhältnis zu Künstlern hat etwas Mittelalterlich-Höfisches an sich. Ein Feudalherr leistet sich eben seine Minnesänger und Künstler.

»Der Oskar versteht was von bildender Kunst, etwa so wie er auch etwas von Weinen versteht«, urteilt ein Künstler.»Aber eigentlich mehr im Sinne des Genusses. Er betrachtet künstlerische Werke in der Regel unter dem Aspekt der eigenen Kunstverwertung. Das ist nichts Verkehrtes, das ist legitim. Das macht Helmut Kohl auch.«

Lafontaine hat Freude am intellektuellen Disput; er sucht geistige Kapazitäten, möchte mit berühmten Leuten zusammensein. »Dummes Gewäsch« langweilt ihn.

Einige Intellektuelle, die den Ministerpräsidenten öfters erlebten, haben den Verdacht, daß er einerseits prominente Intellektuelle bewundert, gleichzeitig aber das Gefühl hat, ihnen nicht immer gewachsen zu sein. Zurückhaltend erlebten sie den Saarländer, wenn er über Themen sprach, die er noch nicht »beackert« hatte. Nie würde er Ahnungslosigkeit zugeben. Geschickt zöge er Gemeinplätze heran, kombiniere schnell. Vieles bleibe oberflächlich und plakativ. »Bei niveauvollen Gesprächen über Kunst und Ästhetik stellt sich heraus, daß er nicht so beschlagen ist, wie er gern vorgibt«, bilanziert ein Insider. Lafontaine habe ein sentimentales Verhältnis zur Kunst. Dabei spielten auch kleinbürgerliche Kompensationen eine Rolle.

Lafontaine eignete sich im Laufe der Jahre durch viele Begegnungen gediegenes Kunstwissen an. Ihn zum Banausen und Dilettanten zu degradieren wäre ungerecht. Im Vergleich zu den meisten Politikern seiner Generation versteht er von den »schönen Künsten« eine ganze Menge. »Ich glaube, daß er mehr vorgibt, als er drauf hat«, behauptet jedoch einer, der es wissen will.

Frauen

Seine erste große Liebe lernte Lafontaine in den Semesterferien 1966 kennen. Bei einem sommerlichen Ausflug ins benachbarte Bekkingen landeten er und seine Freunde in der gemütlichen Gaststätte »Gondeler Mühle«, auch »Villa Waldfried« genannt. Die Wirtsleute verwöhnten die jungen Männer mit deftigem Essen und kühlem Bier. Nach der sechsten Runde entdeckte der Bonner Student eine junge attraktive Frau hinter dem Tresen, die nur die Tochter des Wirtes sein konnte: sympathisch und charmant. Die freundliche Wirtstochter blieb nicht abgeneigt. Der erste flüchtige Kontakt reichte aus, um Lafontaine zum angesehenen Stammgast und festen Freund zu machen.

Wegen Ingrid Bachert wechselte er 1966 die Universität und zog nach Saarbrücken. In getrennten Wohnungen, aber unter einem Dach, lebten die beiden in St. Johann. 1967 heiratete Oskar die zwei Jahre ältere Ingrid, die eine kaufmännische Lehre gemacht hatte und in einem saarländischen Unternehmen arbeitete. Ihre Einkünfte waren bescheiden. Sie zogen in eine Vier-Zimmer-Wohnung auf dem Saarbrücker Eschberg.

Warum Lafontaine so früh heiratete, verrät er nicht. Ingrid war vermutlich die Drängende, die eine Studentenehe aus moralischen Gründen besser fand als das »wilde Zusammenleben«.

Die Hochzeit wurde feierlich in Weiß gefeiert. Die kirchliche Trauung fand in einem der schönsten saarländischen Klöster statt, in »Sankt Gangolf«, in der Nähe von Mettlach.

Ingrid Lafontaine, ein femininer, praktisch orientierter Frauentyp, betreibt heute in der Saarbrücker Altstadt einen florierenden Kunsthandel. »Glaskunst am Markt« steht in blauer Leuchtschrift über ihrem Lädchen, prall gefüllt mit kostbaren, edlen und teuren Kunstwerken aus Glas.

Sie versteht viel von Glaskunst. Kauft vor allem in Frankreich ein. Vertreibt Werke von Franzosen, Briten, Niederländern und Deutschen. Die professionelle Händlerin besitzt die Fähigkeit, Kunst mit Kommerz zu verbinden. Sie gibt Kurse an der Volkshochschule und leitet Exkursionen ins benachbarte Frankreich.

1982 ließ sie sich von Oskar Lafontaine scheiden. Die eher unpolitische Saarländerin mit SPD-Parteibuch seit 1966 wollte nicht die »Frau an seiner Seite« sein, pochte auf Eigenständigkeit. Die kinderlose, problembeladene Ehe ging nach fünfzehn Jahren zu Ende. Dem Egomanen Lafontaine fiel die Trennung schwer. Er verlor Vertrautheit und Geborgenheit. Ihr Auseinandergehen sei nobel verlaufen. »Wirklich gentlemanlike«, sagt ein Freund.

Studentenehen halten meistens nicht lange. Politikerehen sind äußerst gefährdet. Lafontaine blieb nie lange allein. 1982 heiratete er die Saarländerin Margret Müller, weil ein Kind unterwegs war.

Margret Lafontaine war Sport- und Germanistikstudentin, als sie den Saarbrücker Oberbürgermeister kennenlernte. Nach der Geburt des Sohnes Frederic 1982 – sie stand kurz vor dem ersten Staatsexamen – brach sie ihr Studium ab, obwohl sie bereits alle vorgeschriebenen Scheine besaß. Der zunächst angestrebte Lehrerberuf war längst nicht mehr ihr Ziel. Allerdings fand sie im Hausfrauen- und Mutterdasein auch nicht gerade ihre Erfüllung. Die 1953 in Düppenweiler geborene Saarländerin richtete sich im Keller ihres Hauses ein Atelier ein und frönte ihrem Hobby, der Töpferei. Jahre zuvor hatte sie bereits ansehnliche Batiken hergestellt, die von Kennern hoch gelobt werden. Im Laufe der Zeit verfeinerte sie ihre künstlerischen Fähigkeiten, beendete die Herstellung von Gebrauchskeramik wie Schalen und Vasen und schlug die bildhauerische Richtung ein. Margret Lafontaine gilt inzwischen als eine kreative Künstlerin mit originellen Ideen. Ihre Arbeiten wurden schon mehrfach ausgestellt und fanden beträchtliche Resonanz.

Die Saarländerin lebt mit Frederic in Berlin und widmet sich ihrer schöpferischen Arbeit. Schwerpunkt ist derzeit die Bildhauerei.

Auch Margret Lafontaine ließ sich von ihrem Mann, dem erfolgsverwöhnten Ministerpräsidenten scheiden. 1988 trennte sie sich von dem Berufspolitiker, weil sie ihren Freiraum bewahren und den Anspruch auf ein autonomes Leben nicht aufgeben wollte. First Lady des Saarlandes zu sein, entsprach nicht ihrer Vorstellung. Auf Repräsentation, Haus und Kind abgedrängt zu werden, schien ihr unerträglich zu sein. Ihre Auffassungen über Zusammenleben liefen weit auseinander, ließen sich nicht länger »unter einen Hut bringen«. Tiefe seelische Wunden ließen sich nicht mehr heilen. Bis heute hat der Saarländer nicht richtig verwunden, daß sie ihn im Stich ließ und sich mit seinem Sohn von ihm absetzte.

Margret Lafontaine ist keine eingefleischte Sozialdemokratin. Die parteilose Schönheit gilt als »Ökopaxin«. Politisch steht sie den grünen Realos nahe.

Niemand hat soviel Einfluß auf Lafontaine wie Reinhard Klimmt, wenn auch in begrenztem Maße. Doch auch Margret Lafontaine beeinflußte ihren Mann in den ersten Jahren ihrer Ehe. Seine Wende in der Energie- und Sicherheitspolitik, meinen Freunde, soll auf sie zurückgehen. Sie habe dem Saarbrücker Oberbürgermeister zeitgenössische Literatur vor die Nase gehalten, die der studierte Physiker verschlungen habe. Er instrumentalisierte das neue Wissen für seine Politik.

Von seiner zweiten Frau erhielt Lafontaine vielfältige Anregungen, die sie allerdings nicht bewußt dem Politiker »andrehen« wollte. Die attraktive Künstlerin, die in ihrer Wirkung auf Lafontaine wegen ihrer zurückhaltenden und ruhigen Art oft unterschätzt wurde, machte ihn mit den Schriften von Erich Fromm, Günter Anders, Horst-Eberhard Richter und Ronald D. Laing bekannt, um nur einige Beispiele zu nennen. Lafontaine beschäftigte sich an ihrer Seite mit den Problemen der antiautoritären Erziehung ebenso wie mit der humanistischen Psychologie-Literatur. Geschickt nutzte der Politiker diesen Stoff für seine Außenwirkung. »Ich kenne Fromm, hast du Anders gelesen, das steht doch schon bei dem Briten Laing, lies doch mal Richter nach.« Seine Reden und Interviews wimmelten damals von Literaturzitaten aus der genannten Lektüre. Ob er aus der Vielfalt der Anregungen und Hinweise irgendetwas für sich persönlich nutzte, ist fraglich. Er selbst zog für seine Politik die Konsequenzen aus den großen Werken der genannten Autoren. In seiner eigenen Lebenshaltung änderte sich kaum etwas.

Niederlagen blieben ihm im Beruf bisher erspart, im privaten Bereich mußte er viele ertragen. Das Scheitern seiner Ehen empfindet er als Makel. Der unbelehrbare Macho neigt dazu, Frauen zu beherrschen. Die Erotik der Macht kommt ihm dabei entgegen. Lafontaine glaubt, unwiderstehlich zu sein. Er weiß, daß Machtbesessenheit und Sexualität eng beieinander liegen. Der Saarländer sucht auch bei Frauen Bestätigung und Bewunderung.

Die Frankfurterin Doris-Christa Müller ist seit 1989 seine »Neue«. »Punk« – wie die hellblonde Dame mit Bürstenhaarschnitt in gewissen Kreisen genannt wird – arbeitet seit 1988 im Bonner Erich-Ollenhauer-Haus als Referentin in der SPD-Programmkommission. Kopf dieser einflußreichen Kommission ist Lafontaine. In den tagelangen Sitzungen lernte er seine spätere Lebensgefährtin kennen. Sie begleitete die Arbeit der Mammutkommission inhaltlich und organisatorisch. Nach dem Kölner Attentat auf Lafontaine 1990 wurde Christa Müller bundesweit bekannt. Rund um die Uhr weilte sie an seinem Krankenbett, wich nicht mehr von seiner Seite.

Die Hotelierstochter, 1956 in Frankfurt geboren, machte 1975 ihr Abitur und besuchte anschließend für ein Jahr die Frankfurter Sprachschule mit dem Abschluß »Wirtschaftsdolmetscher in Englisch und Französisch«. Von 1976 an studierte Christa Müller an der Frankfurter Johann-Wolfgang-Goethe-Universität und legte 1981 ein gutes Examen als Diplom-Volkswirt und Diplom-Kaufmann ab. Parallel zum Studium arbeitete sie zwei Jahre lang als wissenschaftliche Hilfskraft bei den Frankfurter Professoren Helberger und Hauser und bei Professor Joachim Gäbler 1982/83 als akademischer Tutor.

1983 ging die attraktive Akademikerin nach Brüssel und wurde »Bedienstete auf Zeit mit den Aufgaben einer Verwaltungsreferendarin beim Wirtschafts- und Sozialausschuß der Europäischen Gemeinschaften«. Nach zweijähriger Auslandserfahrung kehrte die fließend Französisch, Englisch und Niederländisch sprechende Frankfurterin nach Hessen zurück und wurde für ein Jahr lang parlamentarische Referentin im Hessischen Landtag. Ende 1986 wechselte Christa Müller als Beamtin in die Wiesbadener Staatskanzlei und arbeitete bis Anfang 1988 für Ministerpräsident Holger Börner. Der Regierungswechsel zu Walter Wallmann löste den Wunsch nach beruflicher Veränderung aus. Die Staatsdienerin sagte der Beamtenlaufbahn ade und akzeptierte bei der Bonner SPD-Bundestagsfraktion einen Angestelltenvertrag. Ihr Schreibtisch stand allerdings in der SPD-Baracke.

Seit Juni 1990 arbeitet die beurlaubte Beamtin für die Bonner Friedrich-Ebert-Stiftung. In deren Auftrag organisiert Christa Müller Seminare über Wirtschaftsreformen und europapolitische Veranstaltungen für Reformkräfte in der DDR.

Die undogmatische Sozialdemokratin gab ihr erstes Interview 1990 in der Juni-Ausgabe der Hamburger Zeitschrift *marie claire* des Verlages Gruner und Jahr. Hier Auszüge von Antworten auf Fragen von Marie Luise Weinberger:

Zur Eigenständigkeit:

»Mein Leben war bislang durch finanzielle Unabhängigkeit und Berufstätigkeit geprägt. Durch meine Arbeit habe ich Kraft und

Energie gewonnen. Und Selbstbewußtsein, das ich früher nicht hatte. Gerade mein letzter Job als Referentin der Programmkommission hat mir ungeheuren Spaß gemacht. Ich werde versuchen, mir meine berufliche Selbständigkeit zu bewahren. Allerdings, und das ist die Lektion, die ich gelernt habe: Meine berufliche Tätigkeit muß ich in einem anderen, von Oskar Lafontaine weit entfernten Bereich fortsetzen.«

Zu ihrer neuen Rolle:

»Ich bin nicht Jacqueline Kennedy und gebe mein bisheriges Leben für ihn auf. Kluge, moderne Frauen träumen sicher nicht von einer solchen Rolle. Nochmals: Ich will finanziell unabhängig bleiben, von der neuen Mütterlichkeit und Weiblichkeit halte ich wenig. Ein mir wohlgesonnener Zeitgenosse gab mir neulich einen Rat, der die Absurdität der ganzen Situation verdeutlicht. ›Christa, wenn du es mit dem Arbeiten einfach nicht lassen kannst, dann studiere Medizin oder schule auf etwas anderes um.‹ Jetzt sind wir meiner Meinung nach beim Kern des Problems. Oskar Lafontaine und ich sind beide in derselben Sphäre, in der Politik, engagiert, haben ähnliche Grundüberzeugungen und sind zudem noch in der gleichen Partei tätig. Das ist selbst für aufgeklärte Geister zuviel – es wird ein Unvereinbarkeitsbeschluß postuliert. Er ist für das Politische zuständig, sie für das Private. Ist das nicht die Bankrotterklärung einer angeblich frauenfreundlichen Zeit?«

Zur Heirat:

»Ein Mann wie Oskar Lafontaine läßt sich nicht heiraten. Die aufgezwungene Verehelichungsdiskussion führt bei mir zu gewissen Trotzreaktionen, und ich schalte zunächst einmal auf stur. Wo ist das Recht der Öffentlichkeit und der Journaille begründet, sich derart intensiv in eine Partnerschaft einzumischen? Ich fordere das Recht auf Intimität.«

Zum Feminismus:

»Ich bin sicher Feministin, soweit damit die Abschaffung patriarchaler Strukturen und damit verbundener Diskriminierung gemeint ist. Allerdings wende ich mich entschieden gegen die Gleichmacherei der Geschlechter. Kein Geschlecht darf das andere unterdrücken oder sich ihm einfach anpassen.«

Zum Recht auf Faulheit:

»Die protestantische Arbeitsethik, die dem Menschen suggeriert, daß er arbeiten muß, um zu leben, ist längst nicht mehr zeitgemäß.

208

Ich bin Anhängerin des Aufklärers Schlegel, der geschrieben hat, daß die Faulheit das letzte Gut ist, das vom Paradies übriggeblieben ist. Das Recht auf Faulheit ist nichts anderes als die Forderung nach einer Abrüstung der Arbeitsgesellschaft. Viele in unserer Gesellschaft sind ganz ohne Arbeit, andere arbeiten wiederum zuviel . . . Ich gebe frank und frei zu: zuviel, in der Regel 40 Stunden in der Woche. Aber mit Spaß. Für viele bedeutet aber Arbeit Anstrengung oder Streß. Oder, um mit Karl Marx zu sprechen, Entfremdung von sich und der Natur. Ich meine, und hier liegt der frauenpolitische Aspekt meiner Argumentation, daß der Sektor der Erwerbsarbeit der Nichterwerbs- und Hausarbeit gleichgestellt wird, ideell wie finanziell. Männliche und weibliche Rollen werden so flexibel. Natürlich brauchen wir auch radikale und flexible Formen der Arbeitszeitverkürzung.«

Zum Thema Frauen:

»In Sachen Frauen halte ich es mit Friedrich dem Großen: Jede soll nach ihrer Fasson glücklich werden. Ich bin für die freie Wahlmöglichkeit zwischen Berufstätigkeit und Hausfrauendasein. Wenn eine unserer Geschlechtsgenossinnen nun mal partout am Herd bleiben will, dürfen wir nicht arrogant auf sie niederblicken oder ihr falsches Bewußtsein vorwerfen. Wenn eine Frau ganz nach oben will, dürfen wir ihr nicht ein verächtliches ›Karrierefrau‹ hinterherrufen. Frauen in die Fabrik und ans Fließband. Dieses Modell ist ja in der DDR vierzig Jahre lang praktiziert worden. Und jetzt zeigt sich, daß alleiniges Arbeiten uns Frauen auch nicht zur Emanzipation führt. Wir müssen Strukturen und Organisationen verändern.«

Zur Frauenquote:

»Ich habe es bislang immer ohne Quote geschafft. Als Droh- und Disziplinierungsinstrument halte ich die Quote für wichtig. Wir müssen aber aufpassen, daß sie nicht zu einem »Es-müssen-40-Prozent-Frauen-sein-Prinzip« degeneriert. Uns hilft es wenig, wenn schlecht qualifizierte oder überforderte Frauen in die falschen Positionen geraten. Aber die Dinge regeln sich von selbst. Liest man neuere Managementbücher oder betrachtet aktuelle Entwicklungen, stellt man fest, daß oft von der Produktivkraft Weiblichkeit gesprochen wird. Intuition, Fähigkeit zum Kompromiß, Kooperation, also jene typisch weiblichen Werte, gelten nun als Eigenschaften, die in den Führungsetagen gebraucht werden.«

Tagebuch

FILMER/SCHWAN

8. Februar 1990

Was geschichtliche Stunden sind, läßt sich kaum dauerhaft definieren. Doch es gibt Stunden, die den Betrachter bewegen. Er spürt, daß er Zeuge eines Ereignisses geworden ist, das Erschütterungen auslösen wird, daß die Wirklichkeit von gestern die Wirklichkeit von heute zum Sprechen bringt. Es gibt schlichte Worte, die vor überzogenen Hoffnungen warnen sollten. »Deutschland« zählt dazu.

Immer wieder fragt man sich, weshalb gab es eigentlich keine Konzepte für den Tag X, für eine Vereinigung? Jetzt stehen alle vor dem Chaos, werden getrieben, lassen sich treiben. Die beiden deutschen Staaten rasen ohne Streckenplan aufeinander zu.

Es wird viele Politiker geben, die unter dem Druck sich beschleunigender Verhältnisse ihre Überzeugungen von gestern über Bord werfen. Lafontaine warnt, gibt zu bedenken, möchte verzögern.

3. März 1990

Ein vereintes Deutschland dürfe nicht in der Nato bleiben, hat Lafontaine heute in einem Rundfunk-Interview gefordert. Es sei ein Irrtum, wenn der Bundeskanzler, wenn seine Berater glauben, daß das vereinte Deutschland in der Nato bleiben könne. Die Unionsparteien zetern. Willy Wimmer von der CDU raunzte: »Er ordnet bedenkenlos die Interessen der deutschen und europäischen Sicherheit seinen persönlichen Machtinteressen unter. Die SPD ist offenbar bereit, auf Lafontaines Route zu gehen. Die Vorschläge des Saarländers haben sich schon in der Vergangenheit als politische Brandstiftung erwiesen.«

Es ist gut, daß Lafontaine Öl ins Feuer gießt. Seine Fragen müssen öffentlich erörtert werden. Das liegt sowohl im Interesse der Deutschen als auch der Russen und Amerikaner, vor allem aber der europäischen Verbündeten.

4. März 1990

In der *Welt am Sonntag* lesen wir von Ernst Cramer: ».. . Der listenreiche Saarländer gar, der im Dezember Helmut Kohl aus dem Kanzleramt vertreiben möchte, schürt unablässig sozialen Haß zwischen West und Ost. Wenn in der sozialdemokratischen Domaine Bremen, dem ersten Land, das keine Ausländer mehr aufnehmen will, Menschen mit sächsischem Dialekt lautstark als ›DDR-Schweine‹ tituliert werden, so ist das eine Folge der Demagogie Oskar Lafontaines. Im Vergleich steht er einem Franz Schönhuber fast nicht nach . . .«

Jede Karriere ist vieldeutig. Auch seine. Wo gibt es handhabbare Definitionen? Kennt einer wirklich seine politischen Orientierungen und Einstellungen? Ist er der Prototyp westlicher politischer Kultur? Inbegriff von Wissen, Glauben, Kunst, Moral, Gesetz, Sitte und allen übrigen Fähigkeiten und Gewohnheiten? Sicher nicht, sagen die einen, sicher doch, sagen die anderen.

Er hat ein »wahnsinnig gutes Feeling« seufzt eine Mitarbeiterin.

Oskar Lafontaine macht irgendwie die Frauen an. Dieser saarländische Napoleon. »Der hat mehrere Lampen offen.« Sie scheinen ihn zu kennen.

23. März 1990

»Ich allein«, könnte über seiner politischen Laufbahn stehen. Er steht im Mittelpunkt, verkörpert – voll mühsam verhaltenen Ehrgeizes – den politischen Intellektuellen, den nachdenkenden, den vordenkenden, den selbstdenkenden Politiker, eine Mischung aus Theoretiker und Beter, Menschheitsbeglücker und Verstandesmensch, Dorfwahrsager und Provokateur. Er gehört zu denen, die eifrig bemüht sind, von sich reden zu machen. Die Verletzungen seiner Jugend bleiben hinter sorgfältig onduliertem Selbstbewußtsein verborgen. Ein fulminanter Kraftprotz, der im Fortschritt den Rückschritt entlarvt.

Da ist ein metallischer Zug in seinem Wesen, der aufhorchen läßt. Ja, er hat etwas von einem Windmacher. Heute schreibt Robert Leicht in der *Zeit* zu Lafontaines Nominierung zum Kanzlerkandidaten: »Die herrische Art, in der Lafontaine seiner Partei ein Vertrauensvotum, in Wirklichkeit eine Unterwerfungserklärung abforderte, wirkte so makaber wie unrealistisch. Zum einen weiß er doch aus eigenem vergangenen Tun selber am besten, wie wenig sich eigenständige Köpfe unter die Knute des Vormanns fügen. Zum anderen: Ein Moses, der sein Parteivolk, noch dazu aus beiden deutschen Staaten, unfehlbar zum gelobten, zum geeinten Land zu führen wüßte, ist er jedenfalls nicht.«

Daß zwischen Vergangenheit und Gegenwart die Ursachen unserer und seiner Geschichte liegen, weiß Lafontaine. Er weiß, was Karrierismus, Feigheit und Bürokratismus in der Sozialdemokratie angerichtet haben; wieviel Intrigen ein Leben begleiten. Er hat sich nicht geschont. Bekennt mehr Farbe, als anderen in seiner Partei lieb ist. Er hält nicht mehr die rechte Wange hin, wenn er auf die linke geschlagen wird; fragt sich gelegentlich wohl noch, was mit dem Herzen sei, das auf der Seite der Schwachen und Unterdrückten schlägt.

Für was hat er als erstes in seinem Leben Partei ergriffen; wo ist ihm Partei abverlangt worden? Wofür hat er zum erstenmal in seinem Leben Prügel – und zwar nicht in der Familie – bezogen?

Wer ihn im letzten Landtagswahlkampf gegen Töpfer erlebte, den Schlesier, konnte meinen, »die stillwaltenden Kräfte des Heimischen« (Heidegger) bei Lafontaine zu spüren. Immer wieder wies er auf seine Bodenständigkeit hin, erwartete von seinen Saarländern das Bekenntnis zum Vertrauten, zum Heimischen. Nur so könne man dem Ungeheuren, dem Unheimischen widerstehen. Der Heidegger in Lafontaine trieb seine ärgsten Blüten. »Wer groß denkt, muß groß irren«, scheint auf den Saarländer zuzutreffen.

1. April 1990

Oskar, der Sieger von der Saar, gilt als das beste Zugpferd der Sozialdemokraten. Seinen Wert schätzen vor allem Manager im Dienstleistungsgewerbe. 76 Prozent der befragten Führungskräfte dieser Branche sprachen sich für ihn aus. So belegt es eine *Capital*-Umfrage. Er degradiert andere Hauptdarsteller seiner Partei zu Statisten.

Immer deutlicher wird, daß die F.D.P. in Zwiespalt gerät. Zwischen Genscher und Kohl funkt es seit langem nicht mehr. Wer mit

Vertrauten der beiden spricht, erhält den Eindruck, daß dies Verhältnis endgültig ramponiert ist. Wenn Genscher springen könnte, wie er möchte, wäre er längst auf der anderen Seite.

Mit Lafontaine, den er schätzt, wird es möglich werden. Allerdings reibt man sich in der kleinen blaugelben Partei an dem Populisten mit den Neidparolen. Viele rümpfen die Nase, wenn sie über den Herz-Jesu-Sozi reden.

Für die SPD gibt es keine Alternative zu dem Saarländer. Doch so richtig froh scheint die Partei nicht zu werden, seit er zum Kanzlerkandidaten nominiert wurde. Seine fordernde, selbstherrliche Art verstimmt viele Genossen. Sie haben sich unterworfen. Viele grummeln. Sie verargen ihm, daß er die Wähler in der DDR verstört haben könnte, als er die Finanzhilfen für DDR-Übersiedler gestrichen haben wollte.

Sie, seine Genossen, kreuzen ihm an, daß er noch nach dem Mauerdurchbruch zwei getrennte deutsche Staatsbürgerschaften wollte. Ach, Oskar, seufzen manche, die einstimmig für ihn votieren. Die Spannung wird zunehmen.

Das Bessere, das weiß auch der barocke Saar-Napoleon Lafontaine, ist nun mal der Feind des Guten. Politik ist – trotz vieler Gemeinheiten   für ihn das beste Instrument, um gesellschaftliche Ordnung zu wahren. Ohne Politik, ohne Politiker würden sich Gesellschaften kaum organisieren können. Sie trieben in kürzester Zeit in den Kampf aller gegen alle.

4. April 1990

Wachsende Unzufriedenheit in der DDR. Die Ostberliner Koalitionsparteien spüren es. Sie versuchen, sich auf das Sachprogramm der künftigen Regierung zu verständigen. An einer Großen Koalition zweifelt niemand mehr. Bis zum 11. April soll die Besetzung der Ressorts stehen. Morgen konstituiert sich die Volkskammer. Der CDU-Vorsitzende de Maizière wird sicher mit der Regierungsbildung beauftragt. Welche Ratschläge hat Oskar Lafontaine der SPD in der DDR gegeben?

Lafontaine hat sich vehement für eine Regierungsbeteiligung der SPD in der DDR ausgesprochen. Er setzt auf den beratenden, verzögernden Einfluß der Ost-SPD in der Regierung de Maizière.

Intern machte Lafontaine darauf aufmerksam, daß Interessenkonflikte zwischen West- und Ost-SPD vermeidbar seien. Mehr und mehr mausert sich der Saarländer zum ernst zu nehmenden Kohl-Herausforderer.

Weltgeschichte geschieht in diesen Tagen. Die europäische Stabilität gerinnt. Die Schwärmer entdecken im Niedergang des Alten die Struktur des Neuen. Was aber ist das Neue? Was geschieht mit dem Warschauer Pakt? Was mit der Atlantischen Allianz? Die Sekretäre in den Staatskanzleien grübeln über den raschen Wandel. Die Chefunterhändler spekulieren auf den Gängen. Wie reagieren? Wie die sowjetischen Truppen auf deutschem Boden loswerden?

Wo sind die Architekten, die dem europäischen Fundament ein neues Gesicht geben? Wer versetzt die Ecksteine westlicher Erneuerung? Die Gemeinplätze gelten zunächst einer schnellen Wiedervereinigung, nein, Vereinigung. Was aber heißt das für Europa? Weshalb quält sich der europäische Einigungsprozeß so unendlich langsam?

5. April 1990

Lafontaine macht seinen ersten Auslandsbesuch als Kanzlerkandidat der SPD in Polen. In Warschau sagt er zur Frage der Westgrenze Polens: Diese Grenze müsse ohne Vorbehalt anerkannt werden. Lafontaine unterstützt den Wunsch der polnischen Regierung, an den Verhandlungen der beiden deutschen Staaten und der vier Großmächte (zwei plus vier) beteiligt zu werden, und zwar in den Polen betreffenden Fragen.

In Hans Apels Buch *(Der Abstieg)* lesen wir über Oskar Lafontaine: »Er hat in den letzten Jahren wieder bewiesen, daß er immer dann ohne Rücksicht auf Verluste politische Akzente setzt, wenn es ihm nützt und ihn in den Mittelpunkt der öffentlichen Debatte rückt. Er war es, der den Kampf gegen Helmut Schmidt und die sozialliberale Koalition rücksichtslos führte, um fünf Jahre später Schmidt und auch Karl Schiller als die bedeutendsten sozialdemokratischen Wirtschaftspolitiker zu bezeichnen. Er war es, der die Bekenntnisse von Johannes Rau zur Nato auch in der heißen Phase des letzten Bundestagswahlkampfs dadurch in Zweifel zog, daß er unseren Austritt aus der Nato-Integration forderte. Und auch diese Position wird er revidieren, wenn er das für geboten erachtet. Vogel folgt den jeweiligen Mehrheiten. Lafontaine sorgt sich um sein persönliches Profil.«

Über die Fahrrinne des anderen deutschen Staates wird immer

214

kontroverser gestritten. Die Gefühle gehen hoch. Auf der einen Seite jene nachdenklichen oppositionellen Köpfe der ersten Stunde, auf der anderen Seite wirtschaftliche Interessen. Der Ruf nach Zusammengehörigkeit weckt Hoffnungen und Befürchtungen.

Die wirtschaftliche Situation in der DDR wird von Tag zu Tag schlechter. Außerdem müssen jene, die besonnen bleiben möchten, den täglichen Vergleich mit der Bundesrepublik aushalten. Die Konzeption vieler DDR-Bürger heißt nun mal DM. Zwar ist damit Angst verbunden, weil DM auch für einen aggressiven Kapitalismus steht. Doch das eigene Leben zählt. Jeder möchte reisen, endlich Bananen kiloweise essen, die guten wie die miesen Seiten des Wohlstands am eigenen Leibe spüren. Die Geduld der meisten läßt sich nicht länger auf die Probe stellen.

Die Einheit kommt. Und sie wird kein nationales, sondern ein soziales Problem sein.

IX. Kapitel

Attentat

FILMER/SCHWAN

Streß

Lebensfreude und Unberechenbarkeit werden Oskar Lafontaine ebenso wie Konfliktbereitschaft und Machtinstinkt von Freunden und Gegnern als auffälligste Eigenschaften attestiert.Ein übersteigertes Selbstwertgefühl und ein außergewöhnliches Gedächtnis kommen hinzu. Nicht zu vergessen sind Rechthaberei und analytische Eigenständigkeit.

Der Hobbykoch und Kunstsammler findet nur noch wenig Zeit für seine Steckenpferde. Seit Übernahme der Kanzlerkandidatur ist er ausgebucht. Er wird verplant, findet kaum noch Gelegenheit zum Fußballspielen in der Mannschaft der SPD-Landtagsfraktion. Wahlkampf in der DDR, in Nordrhein-Westfalen und in Niedersachsen. Lafontaine ist im Frühjahr 1990 der begehrteste, weil attraktivste Wahlkämpfer, stiehlt heimischen Matadoren die Schau. Sie sonnen sich in seinem Glanz, bewundern seine agile Originalität. Der Reise- und Wahlkampfstreß – fünf, sechs Termine pro Tag – macht ihm nichts aus. Als er am 24. April 1990 nach einem glanzvollen Wahlauftritt in Bochum und – danach noch – als Überraschungsgast in einer Talk-Show kurz vor Mitternacht ins Düsseldorfer Hotel Intercontinental kommt, ist der Arbeitstag noch nicht gelaufen. Er liest noch die Korrektur seines Interviews, das er vor acht Stunden der Züricher *Weltwoche* gegeben hat.

Nach siebenstündigem Schlaf erscheint Lafontaine kurz nach 8 Uhr zum Frühstück. Mittwoch , 25. April 1990. Er wirft einen Blick in die Morgenpresse und bespricht mit seiner Bonner Büroleiterin Pia Wenningmann den Ablauf des neuen Tages. Dann bricht er nach

216

Bonn auf. Gegen 10.30 Uhr kommt er im Erich-Ollenhauer-Haus an. Ein kurzes Treffen mit Horst Ehmke, einem der stellvertretenden Vorsitzenden der SPD-Bundestagsfraktion. Dann Vorbesprechung für eine gemeinsame Pressekonferenz, die um 11 Uhr beginnen soll. Thema ist die Sicherheitspolitik der SPD mit Blick auf die »Einigung Deutschlands und Europas«. Am Tag zuvor war das sicherheitspolitische Positionspapier nach monatelangen Kontroversen mit knapper Mehrheit von der SPD-Bundestagsfraktion verabschiedet worden.

Selbstbewußt fordert der SPD-Kanzlerkandidat vor der Bonner Presse eine schrittweise Halbierung der deutschen Streitkräfte und meinte, die Überwindung der Blöcke sei keine Utopie mehr. Bis zur Auflösung der Militärbündnisse solle das geeinte Deutschland jedoch in der Nato verbleiben. Beim Übergang zu einer Europäischen Friedensordnung seien jetzt abrüstungspolitische Signale der Deutschen erforderlich, sagt Lafontaine. Der Bundesregierung wirft er vor, auf die neue sicherheitspolitische Lage nicht zu reagieren. Als überfällig bezeichnet er die Reduzierung der Wehrpflicht und den Verzicht auf Großmanöver, Tieffubungen und Rüstungsprogramme wie den »Jäger 90«. Wer Abrüstung immer noch nicht als zentrale politische Aufgabe begreife, verplempere Volksvermögen. Beim Aufbau eines europäischen Sicherheitssystems, das sich vom Atlantik bis zum Ural erstrecken sollte, müßten für Deutschland zeitlich begrenzte Übergangsregelungen gefunden werden. vehement wendet sich Lafontaine gegen eine Ausdehnung der Nato nach Osten. Mit dem Stationieren von Nato-Truppen auf dem heutigen DDR-Gebiet werde die Politik Gorbatschows schlecht entlohnt. Strategien und Struktur des westlichen Bündnisses müßten den neuen Gegebenheiten in Europa angepaßt werden. Das derzeitige Konzept der Vorneverteidigung und des nuklearen Erstschlags erklärte Lafontaine für überholt. Parallel zu den Regelungen für Deutschland müßte die Integration der europäischen Staaten gefördert werden, meinte der SPD-Kanzlerkandidat. Erneut regt er die Schaffung multinationaler Brigaden an. Er könne sich vorstellen, daß eine deutsch-polnische Brigade in Polen stationiert werde.

Rückblick

Mit fünfminütiger Verspätung kommt Oskar Lafontaine zusammen mit Pia Wenningmann in die saarländische Landesvertretung. Seit 12.30 Uhr sind wir an diesem 25. April 1990 verabredet. Der Tisch ist festlich gedeckt. Ein Arbeitsessen. Zum Aperitif wird ein trockener Sherry getrunken. Lafontaine nippt am Gerolsteiner Sprudel, ein »stilles« Mineralwasser aus der Vulkaneifel. Sein Koch, Heinz-Peter Koop, schaut kurz herein, begrüßt die Tafelrunde und wünscht »Guten Appetit allerseits«. Dann folgt der erste Gang: Ragout von frischen Morcheln und grünem Spargel auf leichter Gemüsesauce. Lafontaine erzählt von seinen Eltern, beschreibt den Vater aus der Sicht seiner Mutter. »1916 wurde er geboren. Sein Geburtsdatum habe ich jetzt nicht im Kopf. Das können wir gleich aber klären. Ich rufe am Ende unseres Gespräches meine Mutter an.«

Lafontaine wirkt ein wenig unkonzentriert, hat noch nicht ganz von der deutsch-polnischen Brigade auf die zwanziger Jahre umgeschaltet. »Mein Vater war kein Bergmann und auch kein Hüttenarbeiter, wie immer wieder geschrieben und gesagt wird. Die Großväter hatten diese Berufe. Mein Vater war Bäcker, und kurz vor dem Krieg arbeitete er als Heizer auf Dampfloks der Eisenbahn. Den Krieg erlebte er vom Anfang bis zum Ende und mußte kurz vor der Kapitulation noch sterben. Vater hat uns als Kinder nur ein paarmal gesehen. Ich kann mich an ihn überhaupt nicht erinnern. Ich war damals noch zu klein.« Er schildert seines Vaters Talente und seiner Mutter Begabungen, spricht über Ähnlichkeiten der Zwillinge mit den Eltern. »Meine Mutter meint immer, ich sähe ihr ähnlich und mein Bruder Hans dem Vater. Ich meine das Gegenteil. Also mein Bruder gleicht meiner Mutter, ist so groß wie der Vater und scheint auch im Verhalten und Charakter dem Vater ähnlich zu sein. Ich selbst gleiche überhaupt niemandem.« Lafontaine erzählt, wie er zusammen mit der Mutter das Grab seines Vaters in Bad Brückenau suchte und fand. Er berichtet, wie lange der Vater als vermißt galt. Dann beschreibt er seine Mutter. Ihr Geburtsdatum kommt wie aus der Pistole geschossen. »Tante Gretel kümmerte sich in den ersten Jahren um uns. Sie ist die älteste Schwester meiner Mutter. Sie konnte gut kochen.« Lafontaine sprudelt wie ein Wasserfall. Er hat die Vorspeise kalt werden lassen und schlingt sie nun herunter. Er trinkt einen kräftigen Schluck Mineralwasser und öffnet seine Krawatte.

Pia Wenningmann protokolliert, schreibt Fragen auf, die offen bleiben, noch geklärt werden müssen. »Es gab keinen Mann in der Familie. Deshalb sind die Analysen der Psychologen ja auch richtig, daß wir vaterlos aufgewachsen sind. Wir haben keine väterliche Autorität erlebt, wurden von ihr nie begrenzt. Ein Nachteil? Ich habe davon nichts gespürt und habe darunter auch nie gelitten.« Lafontaine beschreibt den Gemeindepfarrer, die erste Beichte und das katholische Milieu. »Ich erinnere mich noch, wie meine Mutter in der Kirche vorgebetet hat. Sie war aktiv in der Gemeinde, hat viel für die Kirche getan, schleppte uns immer mit.«

Der zweite Gang wird serviert. Zwei Serviererinnen kümmern sich um uns, schauen nach, ob genügend zu trinken da ist und ob wir endlich aufgegessen haben. Filet vom Steinbutt, gegrillt, mit frischen Kräutern. Lafontaine nimmt die sorgfältig zubereiteten Speisen kaum wahr, schiebt den Fischteller zur Seite. Er erzählt von seiner ersten Lehrerin, von seinen Leistungen in der Volksschule. Der Saarländer kann sich an Einzelheiten kaum erinnern. Er hastet durch die ersten Lebensjahre, verweist auf eine Klassenkameradin, auf seine Mutter, »die noch alles genau weiß«, und auf seine Lehrerin Fräulein Hoffmann. »Sie war eine sehr resolute und sehr tüchtige Lehrerin. Jung, unverheiratet. Sie gab damals alle Fächer und war mit meiner Mutter sowas wie befreundet.«

Das Steinbuttfilet ist längst kalt geworden. Die Bedienung schenkt Wein nach. Ein Ruwer-Riesling. Dieser Wein kommt nicht von der Saar, sondern von den steilen Hängen des kleinen Nebenflusses der Mosel namens Ruwer. Heinz-Peter Koop hat den Riesling von »Schloß Grünhaus« bei einem führenden Winzer entdeckt. Wir trinken einen »Maximin Grünhäuser Herrenberg«, Jahrgang 1988. Dieser Wein gedeiht auf harten Schieferböden und wird noch in Stahltanks gelagert. Ein typischer fester Riesling, stählern-grün. Ganz nach Lafontaines Vorstellungen, der beispielsweise schwere Elsässer Rieslinge überhaupt nicht mag. Der gestreßte Kanzlerkandidat nimmt jedoch keinen Schluck vom erstklassigen, rassigen »Rebensaft«. Er trinkt Mineralwasser.

Endlich probiert er den erkalteten Steinbutt. Lafontaine ißt hastig. Er berichtet von seiner Jugendzeit. Der Kanzlerkandidat schildert die Aufnahmeprüfung am Prümer Gymnasium, die ersten Wochen im Bischöflichen Konvikt, das Verhältnis zu seinem Zwillingsbruder Hans. »Ich war der körperlich immer weitaus Stärkere.

Mein Bruder war immer etwas kränklich, so daß ich praktisch eine Schutzfunktion für ihn übernommen habe. Lange Jahre. Geistig waren wir wohl ähnlich begabt und talentiert. Er war besser in Sprachen als ich. Dafür konnte ich besser Mathematik und Physik als er. Aber wenn es um die Prügeleien ging, war ich immer derjenige, der gefordert war.« Lafontaine erinnert sich an die Jahre im Prümer Konvikt: »Der Tag begann mit einer Messe. Jeden Morgen Gottesdienst, um 6 Uhr in der Frühe. Ich war auch Meßdiener. Das heißt: Ich habe für mein Leben ausreichend Messen besucht.«

Der Hauptgang wird serviert: Gefüllter Kaninchenrücken an Koriandersauce. Lafontaine trinkt Mineralwasser und erzählt weiter. »Musik spielte eine wichtige Rolle im Konvikt. Ich lernte Trompete, kann sie aber heute nicht mehr spielen. Wesentlicher war eigentlich für mich das Singen, war der Gregorianische Choral. Hierbei entwickelte ich das erstemal Sinn für Ästhetik. Für meine musikalische Bildung war das von Bedeutung. Bis zum Ende der Schulzeit sang ich in der Schola mit.« »Sollten Sie Priester werden«, wollen wir wissen. »Ja, das war die Zielsetzung dieses Hauses. Nur als Neunjähriger konnte man doch noch nicht wissen, was man will. Das hat man anfangs gar nicht richtig mitbekommen, was das Ganze eigentlich sollte. Erst später, als wir mündiger wurden, sind wir dahintergekommen. Meine Entscheidung, nicht Priester zu werden, ist früh gefallen. Ich habe das Konvikt ja auch verlassen müssen. Die Konviktsleitung versuchte uns zu indoktrinieren. Wir haben uns dagegen aufgelehnt, als unser Bewußtsein kritischer wurde. Ich sage aber auch, daß es vielfältige Bildungsangebote gab, die positiv waren.«

Der Kanzlerkandidat macht eine Pause, wendet sich dem Kaninchenrücken zu. Mit unglaublicher Geschwindigkeit verspeist Lafontaine das hellweiße, magere Fleisch. Für jeden Feinschmecker ein Genuß. Für Lafontaine heute ein eher lästiges »auch essen müssen«. Er scheint seine Hektik nicht zu verlieren, schaut auf die Uhr, nippt am Wasserglas, blickt seine Büroleiterin an und fragt: »Wieviel Zeit haben wir noch?« Wir sprechen über die staatliche altsprachliche Reginoschule, sein Prümer Gymnasium, fragen nach seinem Klassenlehrer Erwin Schneider. »Ein Ersatzvater war er nicht. Das würde zu weit gehen. Eine prägende Figur allerdings war er für mich schon. Er hat vielen Mitschülern Probleme bereitet. Mich behandelte er wie ein Hätschelkind, das eben sehr begabt war, wie er meinte.

220

Er war kein besonders guter Pädagoge für schwächere Schüler. Er konnte kommandieren und demütigen. Sie mußten hundertmal einen Satz schreiben oder sich unter die Uhr stellen – mittags um drei – und unentwegt sagen ›Ich habe mein Buch vergessen‹. Schneider brachte Schüler zur Verzweiflung. Mich hat er immer geschont und gelobt.« Der ehemalige Konviktzögling beschreibt seine Lehrer, ihre Lehrmethoden, ihren Unterricht. Lafontaine erinnert sich gut. Kann lautstark lachen, wenn er sich an Streiche erinnert, erzählt Geschichten aus dem Griechischunterricht, sinniert über Sinn und Nutzen seiner humanistischen Bildung. »Bei einer altsprachlichen Übersetzung kann man nicht schludern, was man bei modernen Sprachen eher kann. Das strenge Verweilen an alten Texten zwingt zu präzisem Denken. Außerdem vermitteln Latein und Griechisch die Grundlagen einer breiten Allgemeinbildung, die doch nützlich ist.«

Heinz-Peter Koop erscheint, der Koch der Bonner Saarvertretung. Er will wissen, ob es geschmeckt hat, bietet lauwarmen frischen Ziegenkäse auf Gemüse in Pergament gegart an. Lafontaine bittet Koop, um den ihn nicht nur viele Bonner Politiker beneiden, aus Termingründen auf den Käsegang zu verzichten. Er ist in Zeitnot. Der Kanzlerkandidat antwortet immer hastiger auf Fragen nach Abiturnoten und Studienjahren in Bonn und Saarbrücken. Er begründet seinen Verzicht auf eine akademische Laufbahn und seinen Eintritt bei der Verkehrsgesellschaft Saarbrücken am 1. April 1969. Während er die Dessert-Variation »Saarland« herunterlöffelt – hausgemachtes Rhabarbereis, Kompott, Mousse au Chocolat und frische Sorbets –, beschreibt er seine steile Karriere als Verkehrsexperte. »Im ersten Jahr verdiente ich 1524 DM brutto. Das weiß ich noch genau. BAT II. Das war für damalige Verhältnisse viel Geld. Als ich dann nach oben kletterte und Vorstandsmitglied wurde, verdiente ich verdammt viel Geld. 5000 DM. Das war viel Geld. Von diesem Zeitpunkt an habe ich immer viel Geld verdient für meine Verhältnisse. 1970 kaufte ich mir mein erstes Auto. Einen nagelneuen Peugeot 404. Den Führerschein? Wann habe ich den Führerschein gemacht?« Lafontaine zieht seine Brieftasche heraus und kramt einen alten Lappen hervor. »Am 12. Dezember 1969 bestand ich die Fahrprüfung. Jetzt weiß ich es wieder. Zuerst habe ich den Busführerschein Klasse II gemacht, dann die Fahrprüfung für Personenkraftwagen, Klasse III. Den Busführerschein machte ich bewußt deshalb, damit mir im Betrieb niemand vorhalten konnte, ich hätte keine Ahnung vom Busfahren, wisse nicht einmal, wie so ein Bus funktioniere.«

Lafontaine lacht und beschreibt die Motive für seinen Parteieintritt, schildert seine Parteikarriere, die mit dem Eintritt in die SPD 1966 begann. Gleich Unterbezirksvorsitzender der Jungsozialisten, ab 1968 Mitglied des SPD-Landesvorstandes, im selben Jahr Stadtrat. »Neben meinem kommunalpolitischen Engagement lag meine Haupttätigkeit bei den Stadtwerken. Also ich habe mich um die Werkstatt der Saarbahnen gekümmert, auch um den Fahrbetrieb und sogar um das Kaufmännische. 800 Angestellte und 200 Busse. Ich erinnere mich noch an die Einführung der Gelenkfahrzeuge. Es war eine Rationalisierungsmaßnahme. Auch erinnere ich mich an ein grenzüberschreitendes Projekt: Das war damals die erste durchgehende Buslinie von Saarbrücken nach Forbach. Ich vollbrachte eine erste europäische Tat. Mit Senator Busch aus Forbach vereinbarte ich eine durchgehende Linie über die Grenze. Im französischen Wölferdingen ließ ich ihn so gut bewirten, daß er diesem Projekt zustimmte. Zu meiner Tätigkeit gehörte auch aufzupassen, daß der Fahrplan stimmte, der Fahrzeugpark in Ordnung und die Sicherheit gewährleistet waren«.

Ein Espresso für den Ministerpräsidenten. Lafontaine schaut wieder zur Uhr, wirkt nervös, blickt fragend zu Pia Wenningmann. »Noch fünfzehn Minuten, dann müssen wir gehen«, sagt sie. »Wer ist Ihnen im Leben wichtig gewesen?« wollen wir wissen. »In meinem Leben wichtig gewesen?« Er überlegt einen Moment. »Bernd Niles, mein Freund seit den Prümer Jahren, eine wissenschaftliche Kapazität, er war, er ist wichtig für mich. Unter den Lehrern: Klassenlehrer Schneider und Griechischlehrer Rose. Auch Fräulein Hoffmann hat meine Kindheit geprägt. Das kann man sagen. Politisch war eindeutig Willy Brandt der Wichtigste. Mehr fällt mir im Moment nicht ein. In der Kulturszene habe ich wirklich eine große Schwäche für Grass und Hrdlicka.«

»Haben Sie mit dem Katholizismus gebrochen, glauben Sie an Gott?« ist die letzte Frage für heute. »Ach, gebrochen ist zu dramatisch. Der kulturelle Hintergrund des Katholizismus ist geblieben. Dazu ließe sich noch vieles sagen. Dafür fehlt uns jetzt die Zeit. Ich bin kein praktizierender Katholik mehr, aber auch nicht aus der Kirche ausgetreten. Auf die Frage, ob ich noch an Gott glaube, kann einer wie ich nicht mit ›Ja‹ antworten. Ich müßte Ihnen erst einen philosophischen Vortrag halten, um meine Zweifel und Ungewißheiten darzustellen. Das macht man wahrscheinlich wieder mit zunehmendem Alter, wenn man Angst vor dem Tod hat oder was weiß ich.« »Wer ist in Ihrem Leben noch wichtig gewesen?« schieben wir nach.

Lafontaine putzt sich den Mund mit der Serviette ab, steht auf und geht zum Telefon. »Gib mir mal meine Mutter«, bittet er Pia Wenningmann. Sie weiß ihre Nummer auswendig. »Ja bitte?« Katharina Lafontaine meldet sich in Saarbrücken. Ihr Sohn übernimmt den Hörer. Er erklärt ihr unser Buchprojekt, erläutert ihr unsere Recherchen, empfiehlt ihr, uns zu empfangen, und macht mit ihr einen Gesprächstermin fest. Dann fragt er seine Mutter nach Daten, die er auch für sich geklärt haben möchte. »Ich wiederhole also noch einmal: Vater ist am 25. 5. 1916, drei Tage und ein Jahr nach Dir, geboren. Nach der Ausbildung als Bäcker ging er zum Arbeitsdienst. Dann wurde ihm freigestellt, zum Militär oder zu einem Gleisbautrupp zu wechseln. Er ging zum Gleisbautrupp, weil er dort mehr Geld bekommen hat. Und da war er anderthalb Jahre. Das ist die Zeit bei der Reichsbahn. Und wann wurde er richtig eingezogen? Aha, das war vor Kriegsausbruch 1938. Und dann war er doch bei allen Feldzügen im Osten und im Westen dabei? In Polen, in Rußland, in Frankreich. Und in Cannes wurde er verwundet. Das wußte ich ja gar nicht. Ja, und dann ist er gefallen, in Kreuzberg in der Rhön, bei einer Meldefahrt. Das stimmt doch so.« Sein Umgangston ist herzlich. Die gute Beziehung ist auffallend. »Wieviel Witwenrente hast Du bekommen? Zuerst 40 Mark, mit zwei Kindern 40 Mark.« Pia Wenningmann schaut auf die Uhr und bittet ihn dringend, das Gespräch zu beenden. »Und sonst geht es gut?« Lafontaine verabschiedet sich von seiner Mutter: »Bis demnächst, tschüß, wir können ja telefonieren, wenn noch was unklar ist.« Er verabschiedet sich und verschwindet. Es ist 15 Uhr und fünf Minuten.

Pflicht

Um 15.15 Uhr empfängt Lafontaine im Erich-Ollenhauer-Haus den stellvertretenden Erziehungsminister Rumäniens, den Siebenbürger Sachsen Hans Otto Stamp, und den neuen rumänischen Botschafter in Bonn, Radu Comsa. Beide bedrängen den Kanzlerkandidaten, baldmöglichst Rumänien zu besuchen, um sich ein eigenes Bild von der Lage des Landes nach der blutigen Revolution zu machen. Sie bitten ihn, die hoffnungslose Situation der Rumäniendeutschen vor Ort kennenzulernen. Lafontaine kann keine Zusage geben. Sein Terminkalender ist für die nächsten Wochen randvoll. Er ist total ausgebucht. Seine Reisen nach Moskau und Washington sind fest eingeplant. Er will zuallererst die Großmächte besuchen, will mit Gorbatschow und Bush sprechen.

Um 15.30 Uhr kommen die beiden amerikanischen Journalisten Timothy Apple und Robert Keatley vom *Wall Street Journal* zu einem seit langem geplanten Interviewtermin. Sie haben einen Dolmetscher mitgebracht. Auf sein Umgangsenglisch will Lafontaine sich nicht verlassen.

Er erläutert seinen politischen Befund, schildert den beiden, in der Bundesrepublik könnten Unmut und Unzufriedenheit über die Deutschlandpolitik der Bundesregierung wachsen. Noch einmal unterstreicht er seine massive Kritik an der übereilten Terminplanung. Er halte die Kosten für die Vereinigung für unzumutbar. Lafontaine sagt das Scheitern Kohls voraus und ist überzeugt, daß er die nächste Wahl gewinnt. Er befürchtet ein rapides Ansteigen der Inflation bei Einführung der DM in der DDR und fordert eine Kostenumlage auf die Industrie und eine drastische Kürzung des Verteidigungshaushaltes. Der Kanzlerkandidat sieht Kanzler Kohl in einer Falle, weil er den DDR-Bürgern zuviel versprochen habe. Das könne er jetzt nicht einlösen. Der Saarländer verhehlt nicht, daß es ihm lieber gewesen wäre, den Status beider Staaten beizubehalten und allen Menschen Wohlstand und soziale Sicherheit zu gewährleisten.

Nach anderthalb Stunden verabschieden sich die Journalisten von Lafontaine, bedanken sich für das Gespräch, besonders auch für seine humorvolle und unterhaltsame Art. Der Zeitplan wurde eingehalten. Alle Zeitvorgaben stimmen bis zur Stunde.

Pünktlich um 17 Uhr trifft Juri Kwizinskij, der scheidende sowjetische Botschafter in der Bundesrepublik, in der SPD-Baracke ein. Er hatte sich mit Lafontaine zu einem Abschiedsplausch verabredet. Dreißig Minuten lang tauschen sie ihre Positionen und Ansichten über die Weltlage aus, über die deutsch-sowjetischen Beziehungen, die deutsche Vereinigung, über die politischen Veränderungen in

Osteuropa. Sie sprechen über die Probleme Gorbatschows, über den Nationalitätenkonflikt, über das Aufbegehren der baltischen Staaten.

Nach der Verabschiedung von Kwizinskij bleibt Lafontaine eine halbe Stunde Zeit, bevor er zum Wahlkampfeinsatz nach Köln aufbrechen muß. Endlich allein, redigiert er den Entwurf seiner Rede, die er am Freitag im Deutschen Bundestag halten soll. Dann nämlich will der SPD-Kanzlerkandidat, im Anschluß an die Regierungserklärung zum deutsch-deutschen Staatsvertrag, sein deutschlandpolitisches Konzept vorlegen.

Um 18 Uhr starten der graue Mercedes mit der Saarbrücker Nummer und ein Begleitwagen mit saarländischen Sicherheitsbeamten in Richtung Köln zu einer Wahlkampfveranstaltung mit Johannes Rau. Rush-hour, Stauungen, Berufsverkehr. Kurz nach 19 Uhr trifft Lafontaine zusammen mit seiner Bonner Büroleiterin Pia Wenningmann in der Stadthalle von Köln-Mülheim ein.

Attentäterin

Die Stadthalle ist brechend voll. In der zweiten Stuhlreihe, am Mitteleingang, sitzt eine Frau, die ein weißes Sommerkleid trägt. Ihre Lippen sind hellrot geschminkt, das schwarze Haar ist glatt zurückgekämmt und mit einer auffallenden Silberspange gerafft. Sie will Johannes Rau umbringen. Ihr Name: Adelheid Streidel.

Am 28. Juli 1947 wurde sie in Heppingen geboren. Ihr Vater stammt aus einer Bayerischen Holzschnitzerfamilie und wurde Chef-Croupier im Bad Neuenahrer Spielcasino. Nach dem Besuch einer Klosterschule wechselte sie auf eine Hauswirtschaftsschule und ließ sich zur Arzthelferin ausbilden. Ihre erste Arbeitsstelle bekam sie in Nürnberg. Sie heiratete, wurde geschieden und zog 1980 in das Haus ihrer Eltern nach Bad Neuenahr. Immer häufiger entwickelte sie Wahnvorstellungen und fühlt sich verfolgt. Zweimal beantragte sie einen Waffenschein, weil sie sich schützen müsse. Sie lebe alleine und sei wiederholt vergewaltigt worden. Nachdem die örtlichen Behörden ihre Anträge abgelehnt hatten, versuchte sie auf illegalem Weg an eine Waffe zu kommen. Eintausend Mark bot sie mehreren Bürgern von Bad Neuenahr, wenn sie ihr eine Pistole besorgten. Ohne Erfolg.

1986 versuchte sie ein Haus anzuzünden und wurde verhaftet. Von einem Psychiater in Bad Neuenahr wurde sie für »nicht schuldfähig« erklärt. Sie leide an paranoider Schizophrenie. Dies sei eine Persönlichkeitsstörung mit Wahnvorstellungen. So das Urteil des Experten. Das Strafverfahren gegen Adelheid Streidel wurde eingestellt. Es folgte eine monatelange stationäre Behandlung in einer Klinik. Anschließend sollte sie psychiatrisch betreut werden. Sie hörte nicht auf den Rat der Ärzte, nahm die Behandlung nur selten wahr.

1989 starb ihre Mutter. Für Adelheid Streidel eine folgenschwere Zäsur. Ihre Wahnvorstellungen nahmen zu. Mit Tabletten versuchte sie sich am 9. Dezember umzubringen. Ihr Vater rettete sie vor dem sicheren Tod. Gegen Ende des Jahres beschließt sie, einen Politiker zu ermorden. Mitte Januar 1990 beantragte ihre Schwester Irene Niehues eine Pflegschaft, um die psychiatrische Behandlung durchzusetzen. Ihre Schwester Adelheid Streidel, die mit Handzetteln gegen »Menschentötungsfabriken« protestiere, sei »auch eine Gefahr für andere«. Das zuständige Amtsgericht rührte sich nicht und traf keine Entscheidung. Erst am 24. April 1990 forderte die Amtsärztin Dr. Rita Fuchs »die Verfügung zur Bestellung eines psychiatrischen Gutachtens« vom Gericht an. Zu spät.

Unterdessen hat sich Adelheid Streidel telefonisch bei den Bonner Parteizentralen nach den Wahlkampfveranstaltungen in Nordrhein-Westfalen erkundigt. Sie entscheidet sich für die Kölner SPD-Wahlkundgebung mit Johannes Rau und Oskar Lafontaine.

Schon vor Wochen hat sie im Bad Neuenahrer Kaufhaus Moses für 28 DM das breitklingige Fleischermesser erstanden. Vorsorglich kaufte sie einen Tag später ein zweites kleineres Messer für 16 DM.

Am 25. April 1990 arbeitet sie wie gewohnt in der Praxis des Internisten Dr. Assmann, der sie seit drei Wochen als Arzthelferin angestellt hat. Mittags geht Adelheid Streidel in das italienische Restaurant »Piccola Milano« essen. Sie bestellt sich Tagliatelle mit Tomatensauce. Anschließend trinkt sie in der Bad Neuenahrer Bahnhofsgaststätte einen Kaffee und erkundigt sich bei Taxifahrer Franz Josef Ley, der mit seinem Wagen vor dem Bahnhof steht, was eine Fahrt nach Köln kostet. Sie steigt ein und bittet den Taxifahrer, sie zur Stadthalle nach Köln-Mülheim zu bringen. Unterwegs erzählt sie lediglich, daß sie zu einer Veranstaltung mit Johannes Rau will. Ansonsten schweigt sie und hört sich die Kassette mit Opernchören an, die der Taxifahrer angestellt hat.

Um 15.30 Uhr trifft Leys Taxe mit Adelheid Streidel vor der Stadthalle in Köln-Mülheim ein. Sie zahlt 118 DM, davon 1,50 DM Trinkgeld.

Sie hat noch viel Zeit bis zum Beginn der Veranstaltung und bummelt durch den Kölner Stadtteil Mülheim, Richtung Wiener Platz. Sie kauft bei Woolworth ein Fläschchen »4711« und eine neue Strumpfhose, weil ihre eine Laufmasche hat. Auf der Kaufhaustoilette zieht sie die neue an. Anschließend trinkt sie in einer Kneipe zwei Tassen Kaffee. Auf dem Weg zur Stadthalle kauft sie an einem Blumenstand zwei Sträuße Schnittblumen für insgesamt 27,50 DM: zwölf rote Rosen und einen weiteren Strauß mit neun weißen Margeriten und fünf hellroten Rosen. Die eingewickelten Blumengebinde steckt sie zu den beiden Messern und einem Poesiealbum in ihre Tasche. Etwa um 17 Uhr, zwei Stunden vor Beginn der Politikerauftritte, kommt sie zur Stadthalle zurück und nimmt weit vorne in der zweiten Reihe Platz. Sie zieht ihren Mantel aus und wartet. Einige Musiker proben noch ihre Songs. Der Margeritenstrauß liegt auf ihrem Schoß, den zweiten Strauß hat sie in eine Stofftragetasche gesteckt. Adelheid Streidel will in die Nähe von Johannes Rau kommen und mit einem der beiden Messer seine Luftröhre treffen. Sie weiß, daß ein solcher Stich sofort zum Tode führt.

Allmählich füllt sich die Halle. An den Seitenwänden stehen Fans, in der Mitte sitzen viele auf dem Boden.

Wahnsinnstat

Im Saal heizt die Rockband »Bock auf Rock« die Besucher an. Rau und Lafontaine treffen sich kurz nach 19 Uhr im Stadthallen-Restaurant. Rau ißt noch eine Kleinigkeit. Lafontaine trinkt ein »Kölsch«. Um 19.30 Uhr ziehen die Wahlkämpfer in die Mülheimer Stadthalle ein. Über 2000 Menschen jubeln den beiden zu. Ein Heimspiel für die Spitzengenossen. Politiker und Sicherheitsbeamte steigen über die Leute, die im Mittelgang sitzen. Registriert werden eine angenehme Enge und eine gute Wahlkampfstimmung. Als Rau und Lafontaine das Podium erreicht haben, steht die weißgekleidete Frau in der zweiten Reihe auf und will zur Bühne eilen. Ein Ordner stoppt sie. Adelheid Streidel geht wieder zurück und setzt sich hin. Dann spricht der Kanzlerkandidat, der saarländische Ministerpräsident, über dreißig Minuten lang. Seine Standardrede wird von heftigen Ovationen unterbrochen. Am Ende ist der Beifall überwältigend. Dann spricht Rau. Wieder donnernder Applaus, Jubel, Festtagsstimmung. Es ist 20.44 Uhr. Adelheid Streidel hält es nicht mehr auf ihrem Stuhl. Sie packt die Blumensträuße und versucht, auf das Podium zu gelangen. Sicherheitsbeamte weisen sie zurück. Die nordrhein-westfälische Wissenschaftsministerin und Kölner Spitzenkandidatin für den Düsseldorfer Landtag, Anke Brunn, dankt den Hauptrednern, dankt den Besuchern und schließt die Kundgebung. Zuschauer erheben sich und spenden noch einmal tosenden Beifall. Fotografen drängen auf die Bühne, ebenso ARD-Kameramann Rudi Herrmann und die Frau in dem auffallend weißen Kleid mit den beiden Blumensträußen. Adelheid Streidel geht auf die beiden Politiker zu, streckt ihnen die Blumensträuße hin, die beide etwas verlegen annehmen. Dann sagt sie:»Ich möchte ihnen ein paar Blumen überreichen, weil ich Sie so sehr verehre.« Dabei hält sie Lafontaine das grüne Poesiealbum hin. Adelheid Streidel beobachtet noch, wie der Saarländer zu schreiben beginnt, greift in ihre Tasche, nimmt das Messer mit der breiten Klinge in die Hand und sticht zu. Sie trifft Lafontaine an der rechten Halsseite. Es ist 20.45 Uhr.

Die Attentäterin will flüchten. Sicherheitsbeamte reißen sie zurück, entwaffnen sie.»Sagen Sie Ihren Namen! Wer sind Sie?« schreit einer von ihnen. Adelheid Streidel schweigt. Johannes Rau wird jetzt von seinen Leibwächtern umringt und aus der Halle gedrängt. Oskar Lafontaine liegt auf dem Boden, ist bei vollem Bewußtsein. Er drückt mit seiner Hand auf die Wunde, aus der unablässig Blut fließt.

Um 20.47 Uhr alarmiert ein Stadthallenpförtner Polizei und Feuerwehr. Wenig später kämpft sich ein Notarzt von der Merheimer Klinik und zwei Rettungssanitäter zur Bühne durch. Lafontaine hat hohen Blutverlust. Der Arzt Dr. Bertil Bouillon beatmet ihn sofort mit Sauerstoff und gibt ihm eine kreislaufstabilisierende Spritze.

Unterdessen alarmiert die Kölner Feuerwehr Notärzte, Rettungswagen und Sanitäter. Um 20.50 Uhr verliert Oskar Lafontaine das Bewußtsein. Ein zweiter Notarzt trifft ein. In der Halle lähmendes Entsetzen. Chaos bricht aus. Zwei Rettungshubschrauber werden angefordert, die Kölner Universitätsklinik wird verständigt. Lafontaine wird eine Blutprobe entnommen, um entsprechende Konserven in der Klinik bereitzustellen. Um 21.22 Uhr ist der Kanzlerkandidat transportfähig. Er wird in Begleitung von zwei Notärzten zur Kölner Universitätsklinik gebracht. Zu diesem Zeitpunkt hat er über drei Liter Blut verloren. Um 21.55 Uhr wird der lebensgefährlich verletzte Lafontaine in den Operationssaal der Uniklinik geschoben. Ein Team unter der Leitung des bekannten Kölner Herzchirurgen Professor Dr. Dr. Heinz Pichlmaier (59) und des Chefs der Hals-Nasen-Ohren-Klinik, Professor Dr. Eberhard Stennert (51), wartet bereits auf den Schwerverletzten. Die erste Feststellung: Lafontaine ist nur um Millimeter dem Tode entronnen. Der Messerstich hat nicht die Halsschlagader getroffen, sondern zwei Venen verletzt. Zum besseren Verständnis: Die Halsschlagader versorgt das Gehirn mit Blut. Wenn sie durchtrennt wird, ist eine Rettung fast unmöglich. Dagegen transportieren die Venen das verbrauchte Blut zum Herzen zurück. In diesem Falle ist eine Rettung noch möglich.

Zwei Stunden lang dauert die Operation des Kanzlerkandidaten. In der Nacht trifft die SPD-Spitze ein: Brandt, Vogel, Rau. Hunderte von Menschen versammeln sich vor der Klinik. Sie bangen um das Leben des Saarländers. Radio- und Fernsehstationen unterbrechen ihr laufendes Programm. »Tagesschau« und »Heute-Journal« bringen Sondersendungen. Bundeskanzler Kohl hält sich gerade bei Mitterrand in Paris auf. Beide Politiker sprechen von einer verabscheuungswürdigen Tat und wünschen Oskar Lafontaine baldige Genesung. Niemand weiß, ob er den Anschlag überlebt. Die Ungewißheit wird zur Qual. Erst gegen Mitternacht treten Professor Pichlmaier und SPD-Chef Vogel vor laufende Kameras und verkünden die erlösende Nachricht, daß Lafontaine die Operation überstanden habe. Der prominente Chirurg macht unmißverständlich klar, daß der Patient noch nicht außer Lebensgefahr sei.

Morgens gegen 5 Uhr erwacht er aus der Narkose. Er kann sprechen und beklagt sich über Schmerzen. Später dann das ärztliche Bulletin. Darin heißt es: »Der Ministerpräsident des Saarlandes, Herr Oskar Lafontaine, wurde nach einer Messerstichverletzung der rechten Halsseite gegen 21.45 Uhr in die Klinik eingeliefert. Durch die Verletzung und eine schwere Ausblutung bestand Lebensgefahr. Der Ministerpräsident hat in kreislaufstabilem Zustand die Nacht zunächst in Narkose verbracht. Die akute Lebensgefahr scheint beseitigt. Wir hoffen auf einen weiteren, ungestörten Heilungsverlauf.«

Am Donnerstagmorgen tritt das Saarkabinett zu einer Sondersitzung zusammen. Trauer und Bestürzung sind zu spüren. Lafontaines Vertrauter Klimmt fährt noch in der Nacht mit Lafontaines Lebensgefährtin Christa Müller nach Köln. Sie sind die ersten, die an das Krankenbett des Schwerverletzten dürfen. In der Saarbrücker Staatskanzlei laufen die Telefondrähte seit Stunden heiß.

In Bonn kommt die SPD-Fraktion zu einer Sondersitzung zusammen. Hans-Jochen Vogel informiert aus erster Hand die Genossen.

In der SPD-Zentrale gehen Genesungswünsche aus aller Welt ein. Der sowjetische Staatspräsident wünscht Lafontaine »eine rasche Genesung«. Bundespräsident Richard von Weizsäcker telegrafiert: »Nehmen Sie sich jede notwendige Zeit, auf daß Sie später Ihre verantwortungsvollen, großen Aufgaben wieder aufnehmen können.«

Adelheid Streidel verbringt die Nacht in einer Zelle des Kölner Polizeipräsidiums. Auf eine sofortige Vernehmung wird verzichtet. Bis 7 Uhr morgens schläft die Attentäterin. Nach 8 Uhr beginnt die Vernehmung. Ein Psychiater ist dabei. Wie sich herausstellt, hatte sie bis zuletzt vor, Rau zu töten. Erst in letzter Sekunde habe sie auf der Bühne entschieden, Lafontaine umzubringen, weil der ihr »politisch wertvoller« erschienen sei. Den Beamten wird rasch klar, daß Frau Streidel ein Fall für Psychiater und nicht für Juristen ist. Das für sie entscheidende Erlebnis sei die Erscheinung Jesu Christi in ihrer Wohnung gewesen. Er habe sie an die Hand genommen und sei mit ihr über das nächtliche Land nach Hamburg geflogen. Dort habe er ihr eine große Lebensmittelfabrik gezeigt, in der unschuldige Menschen zu Plätzchen verarbeitet werden, die andere Menschen wieder essen würden. Alle verantwortlichen Politiker wüßten davon, würden aber nichts dagegen tun. Das Verhör dauerte bis 15 Uhr. Eine Vernehmung zum Tathergang ist überflüssig. Die Staatsanwaltschaft beantragt die Verlegung Adelheid Streidels in eine Nervenklinik. Das Gericht stimmt zu.

Lafontaine hat den Anschlag überstanden. Die Heilung seiner Stichwunde verläuft optimal. Genau eine Woche nach dem Anschlag kann der saarländische Ministerpräsident die Kölner Universitätsklinik verlassen. Er zeigt sich erstaunlich gut erholt. An die zahlreichen Journalisten gewandt, sagt der Kanzlerkandidat beim Verlassen der Klinik: »Ich hoffe, Sie verstehen, daß Sie mich eine Zeitlang nicht mehr sehen werden.« Lafontaine erholt sich einige Wochen lang in seinem Haus in Saarbrücken. Der Rekonvaleszent begibt sich an Christi Himmelfahrt, dem Vatertag, also am 25. Mai 1990, zum erstenmal wieder in die Öffentlichkeit. Mit seiner Lebensgefährtin Christa Müller besucht er das Aufstiegsspiel des 1. FC Saarbrücken gegen den VfL Bochum im Saarbrücker Ludwigsparkstadion. Der Populist zeigt sein Gespür für große Inszenierungen. Wie ein Triumphator zieht er unter dem Jubel des Publikums durchs Marathontor ins Stadion.

Wie sagte der Saarländer in einem *Spiegel*-Interview: »Das Attentat ist ein Ereignis, das ins Leben integriert werden muß und das mich zu einem anderen Menschen gemacht hat.«

BERTIL BOUILLON

Erinnerungen an den Einsatz

25. April 1990, nach einem arbeitsreichen Tag, versah ich in der Klinik noch einige Tätigkeiten auf meiner Station, als ich zu einem Notarzteinsatz alarmiert wurde. Beim Verlassen der Klinik mit dem Notarztwagen wurde uns über Funk mitgeteilt, daß sich in der Mülheimer Stadthalle eine Explosion bzw. Schießerei ereignet habe. Innerlich richteten wir uns auf mehrere Verletzte ein, im Kopf versucht man noch einmal die möglicherweise notwendigen Maßnahmen durchzuspielen.

Kurz bevor wir die Stadthalle erreichten, kam die Rückmeldung eines bereits vor Ort eingetroffenen Einsatzfahrzeuges, daß nur eine Person verletzt worden sei, Oskar Lafontaine. Wir hatten nicht mehr viel Zeit, weiter darüber nachzudenken, da wir bereits die weiträumigen Absperrungen um die Halle passiert hatten und kurz darauf den Einsatzort erreichten. Wir stiegen aus dem Wagen und wurden von Ordnern sofort zum Ort des Geschehens geleitet. Die vielen Menschen am Eingang der Halle verfolgten uns mit ihren Blicken, noch nie hatte ich so viel Betroffenheit in Gesichtern gesehen!

Als wir den Innenraum der Halle erreichten, erblickten wir sofort den Verletzten, der neben dem Rednerpult in einer großen Blutlache lag. Es waren bereits zwei oder drei Rettungssanitäterteams sowie einige »Zivilisten« um den Patienten bemüht. Es war sofort eine

»vertraute« Atmosphäre, denn ich kannte die Rettungssanitäter aus Hunderten von gemeinsamen Einsätzen, und auch sie erkannten mich sofort. Dies ist in Notfallsituationen von unschätzbarem Wert, um ruhig und konzentriert arbeiten zu können. Man weiß, wer welche Stärken oder auch Schwächen hat, und kann sie entsprechend sinnvoll einsetzen. Wir begrüßten uns mit einem kurzen »Hallo« und versuchten die Situation mit einem Blick zu erfassen. Ein Rettungssanitäter schilderte kurz noch einmal den Vorfall, den Zustand des Patienten bei seinem Eintreffen und die getroffenen Maßnahmen.

Man sah sofort, daß der Patient blaß und kaltschweißig war und viel Blut verloren haben mußte. Im Bereich des rechten Halses befand sich eine größere Wunde, die sofort anfing heftigst zu bluten, als der Rettungssanitäter den Druckverband sowie seine Finger aus der Wunde entfernte. Es mußten größere Arterien oder Halsvenen verletzt worden sein. Dieser Sanitäter hatte wahrscheinlich mit seinem mutigen Griff in die Wunde verhindert, daß der Patient verblutet war.

Zunächst sprach ich den Patienten aber an, als ich erkannte, daß er spontan die Augen öffnete und vorsichtig nach oben blickte. Ich fragte ihn, ob er mich verstehen könne, und er nickte kurz mit dem Kopf. Zum Sprechen war er wohl zu schwach, aber ich wußte nun, daß er nicht bewußtlos war. Ich versuchte betont Ruhe auszustrahlen, bat die Sanitäter um entsprechend »lautloses« Arbeiten und sagte dem Patienten, daß alles in Ordnung sei und wir ihm gut helfen werden.

Zunächst wollte ich ihm Infusionen anlegen, um den Blutverlust zu ersetzen und den Kreislauf zu stabilisieren. Dieser war schwach, ein Blutdruck ließ sich kaum noch messen oder tasten. Die Venen der Arme zur Anlage einer Infusion waren kaum zu sehen, und ich war froh, daß die Nadel beim ersten Stich saß. Dies ist die halbe Miete, dachte ich mir, jetzt kann eigentlich nichts mehr schiefgehen. Ich spritzte dem Patienten dann ein Beruhigungsmittel, um ihn abzuschirmen, damit er diese Situation nicht voll erlebte. Zu diesem Zeitpunkt trafen zwei weitere Kollegen ein. Wir kannten uns und setzten gemeinsam die Arbeit fort. Es wurden weitere Infusionen angelegt und die Blutung weiter durch Druck kontrolliert. Da der Blutverlust groß war, die lebenswichtigen Funktionen deutlich beeinträchtigt und weiter gefährdet waren, entschlossen wir uns, den Patienten zu narkotisieren und künstlich zu beatmen. Nach kurzer Vorbereitung führten wir einen kleinen »Schlauch« in die Luftröhre ein und beatmeten den Patienten mit Sauerstoff. Nachdem sich die Situation des Patienten stabilisiert hatte, bereiteten wir den »geordneten« Rückzug vor. Schläuche und Kabel wurden gesichert, der Patient auf einer Vakuummatratze gelagert und das Transportfahrzeug vorbereitet. Etwa zwanzig Minuten hatten wir für unsere Arbeit vor Ort benötigt.

Als die Sanitäter noch einmal alles gecheckt hatten, brachten wir den Patienten in den Rettungswagen. Wieder gingen wir an der betroffenen Menschenmenge vorbei, vielen standen Tränen in den Augen. Auf Grund der Verletzung entschieden wir uns, den Patienten in die Universitätsklinik zu transportieren, und meldeten ihn über die Einsatzzentrale bereits vor unserer Abfahrt dort an.

Auf dem Transport stabilisierte sich der Zustand weiter, und wir konnten den Patienten nach einer Fahrt von wenigen Minuten an das bereits wartende Operationsteam übergeben.

Als wir aus dem Operationstrakt wieder zu unseren Einsatzfahrzeugen gelangten, kamen die ersten Journalisten auf uns zu. Aber noch konnte und wollte keiner von uns etwas sagen. »Wird er überleben, und wenn ja, wird etwas zurückbleiben?« Dies waren die Fragen, die an diesem Abend immer wieder gestellt wurden. Wir wußten es nicht, wir wußten nur, daß wir den Patienten durch die erste Phase gebracht hatten und damit vielleicht die Voraussetzungen geschaffen hatten, daß alles gut ausgehen konnte.

Spontan klopften wir uns gegenseitig auf die Schulter und waren froh, daß es so gut geklappt hatte. Langsam wich die Angespanntheit einem ersten Gespräch im Rettungsteam. Wir besprachen die Einschätzung der Situation, die Bedeutung der Blutung, die getroffenen Maßnahmen, die Zeit, die wir gebraucht hatten. Hatten wir alles richtig gemacht, welches waren die Fehler, was hätte man besser machen können? Eigentlich hatten wir das Gefühl, daß es ziemlich optimal gelaufen war, und waren auch ein ganz klein bißchen stolz, daß unser Rettungssystem in der Stunde »X« so gut funktioniert hatte.

Ich erlebte den Anschlag

Wo bin ich – in Deutschland? Mein Blick geht über eine tobende Masse von Menschen. Wahlveranstaltung der SPD in der Mülheimer Stadthalle. Meine Gedanken sind woanders. Gestern auf dem Neumarkt bei Kohl und Blüm traf mich ein Ei. Erlebe ich heute das gleiche? Ich schaue, die Halle ist überfüllt. Kein Gegenplakat, keine Demonstranten, nur hin und wieder ein Zwischenruf. Auf dem Kölner Neumarkt – bei Kohl und Blüm – leben wir Deutschen im Paradies. Bei Rau und Lafontaine droht bald eine Hungersnot.

Im letzten Jahr begleitete ich an Weiberfastnacht das Kölner Dreigestirn mit der Kamera. Wir zogen durch die Kölner Säle Gürzenich, Börse, Flora usw., überall die gleichen Reden, überall die gleichen Pointen und heute hier in der Stadthalle kein Unterschied. Es fehlt nur der Tusch, die Masken, und die Leute sind nicht besoffen.

Hier wird der politische Gegner verhöhnt und beschimpft. Egal bei welcher Partei, das Volk sitzt unten, die Parteigrößen oben. Sie aalen sich im grölenden Beifall. Letztes Jahr – acht Tage nach dem Dreh mit dem Kölner Dreigestirn – war ich in Afghanistan, in einem Land mit bitterster Armut. Wo werde ich in einer Woche arbeiten? Diese Gedanken gehen mir durch den Kopf.

»Dreh mir bitte Rau und Lafontaine, wenn sie über Blüm herziehen«, sagt der Redakteur vom Bayerischen Rundfunk, Thomas Morawski, zu mir. Die Kamera ist unten – seitwärts neben der Bühne – aufgebaut. Nach Lafontaine spricht Rau. Plötzlich schiebt sich ein Mann mit feuerrotem Filzhut an mir vorbei, nimmt aus einer Plastiktüte eine Zeitung, hebt diese mit beiden Händen über seinen Kopf. Er tanzt vor dem Rednerpult hin und her. Die Leute lachen, der Ordner neben mir kann das alles nicht sehen, ich mache ihn darauf aufmerksam. Mit mehreren Kollegen führt er den Demonstranten ab. »Die Farbe des Hutes gefällt mir«, sagt Rau. Das Volk tobt.

Thomas Morawski bittet mich, Zuhörer aufzunehmen. Ich drehe die Kamera ins Publikum, mache Totalen und Großaufnahmen. Schon beim Reingehen von Rau und Lafontaine war mir die Frau mit dem weißen Kleid aufgefallen. Irgendwie von der Art her schien sie zu jenen zu gehören, die bei Männern zu kurz kommen. Bildfüllend nehme ich sie auf ihrem Stuhl sitzend auf. Im Rücken einen Blumenstrauß und auf den Knien auch einen. Im Sucher kann ich dieser Frau groß ins Gesicht sehen.

»Wir machen ein Interview mit Rau«, sagt Thomas zu mir.

»Frank, wir gehen auf die Bühne, denn nach der Veranstaltung ist der Trubel im Zuschauerraum zu groß«, sage ich zum Toningenieur. Die Kamera nehme ich vom Stativ auf die Schulter und gehe mit Frank auf die Tribünentreppe zu. Ordner versperren uns den Weg. »Bayerisches Fernsehen, wir machen ein Interview mit Rau«, sage ich mit bewußt starkem fränkischem Akzent. Grinsend machen die Ordner die Treppe frei. »Ein Bayer, so hoch im Norden«, höre ich hinter mir.

Auf der Bühne spricht Anke Brunn das Abschiedswort. Wir stehen neben ihr und drehen Rau und Lafontaine. Winkend lassen sie sich von der Menge feiern. Anschließend laufen wir auf die andere Tribünenseite. Ich schwenke mit der Kamera von den Zuschauern auf die Politiker. Im Zuschauerraum sehe ich die Frau in Weiß mit ihren zwei Blumensträußen auf die Treppe zugehen.

»Wo ist Thomas?« frage ich Frank.

»Unten!« Ich schaue zur Treppe. Unser Redakteur wird von den Ordnern zurückgehalten. »Lassen Sie doch bitte unseren Redakteur nach oben«, rufe ich den Ordnern zu. Sie lassen ihn durch. Ich drehe mich zur Bühne und richte meine Kamera auf Rau. Wo bleibt unser Redakteur? Da schiebt sich die Frau in Weiß an mir vorbei, und ich höre: »Laßt die Frau durch. Sie will Blumen überreichen!«

Ich konzentriere mich auf das Interview. Plötzlich ein Aufschrei im Publikum. Instinktiv schalte ich die Kamera ein. Was ist passiert? Durcheinander auf der Bühne. Ordner, Sicherheitsleute rasen hin und her. Lafontaine sinkt hinter dem Rednerpult zu Boden. Er preßt die Hand gegen den Hals. Ich sehe Blut im Gesicht. Von der Hand tropft Blut auf den Boden. Einige Sicherheitsleute stürzen sich auf die Frau in Weiß, drehen ihr die Hände auf den Rücken. Ein Ordner verdeckt mir die Kameraoptik. Von mehreren werde ich an meiner Arbeit gehindert. Ich weiß nicht genau, was passiert ist. »Verlassen Sie die Bühne!« brüllt ein Mann. Es geht alles blitzschnell. In Bruchteilen von Sekunden. Mir schießt durch den Kopf: 1988 warst du in Borken bei der Schlagwetterkatastrophe mit 55 Toten. Mein Kollege vom Hessischen Rundfunk wurde damals von den Ordnungskräften vom Bohrloch verwiesen. Im letzten Augenblick bot er den Rettungsleute an, sein Aufnahmemikrofon in das Bohrloch hinunterzulassen. Man gestattete ihm das und rettete fünf Bergleute. Was soll ich machen? Das Durcheinander wird immer größer. Ich höre Leute brüllen: »Arzt, wo ist ein Arzt?« Ich sehe, wie Männer die Attentäterin an mir vorbeizerren. »Wie heißen Sie? Was machen Sie?« rufe ich. Schlagartig lassen die Ordner von mir ab. Ich kann die Frau aufnehmen, kann drehen, wie sie irre in die Kamera lächelt. Eine Woche später werde ich diese Aufnahme als Titelbild einer deutschen Illustrierten sehen. Ich schwenke zurück auf die Bühne. Eine große Blutlache ist zu sehen. Eine Tragbahre wird gebracht. Mehrere Menschen knien vor Lafontaine, der am Boden liegt. Der Saal wird geräumt. Ich drehe das alles, doch alles ist weit weg, irgendwie unreal. Bleich steht Thomas Morawski neben mir. Jetzt erfahre ich erst, daß die Frau in Weiß mit einem Messer zugestochen hat. Nach der Aufforderung der Ordner müssen wir die Halle verlassen. Wir gehen zum Seitenausgang hinaus. Entsetzte Menschen stehen vor der Halle, manche weinen. Ich drehe sie. »Hau ab!« schreit einer. Ich drehe mich zur Seite. Da, ein Aufschrei, die Attentäterin wird zum Polizeiauto gebracht. Ich drehe. Leute stürzen auf die Gruppe zu, bedrohen die Frau. Lynchatmosphäre herrscht für einen Augenblick. Besonnene drängen die Rachsüchtigen ab. »Ich kann die Helfer im Saal hören«, sagt Frank Börsting. Unser Funkmikrofon steht noch auf dem Rednerpult. Wir hören über Kopfhörer die Anweisungen der Ärzte.

Thomas Morawski nimmt die Videokassette und fährt zur Tagesschauredaktion des WDR. Auf einer Brüstung stellen wir hinter Bäumen unsere Kamera auf. Nach Auskunft eines Polizisten soll in wenigen Minuten ein Hubschrauber landen. Wir warten. Um 21.30 Uhr rast ein Rettungswagen, begleitet von vier Polizeiautos, zur Uniklinik.

Für uns ist der Auftrag in der Mülheimer Stadthalle beendet. Wir wollen unser Mikrofon holen. Die Halle ist gesperrt. Eisige Atmosphäre schlägt uns entgegen. Man läßt uns nicht hinein. Einem Kripobeamten biete ich die Aufnahmen zu Auswertungszwecken an. Er hört erstaunt zu, verschafft uns Zugang.

Der Saal ist leer. Kripobeamte haben die Spurensicherung aufgenommen. Ein Beamter erfragt unsere Adressen zur Zeugenvernehmung. Die Bühne ist mit einer drei Quadratmeter großen Blutlache bedeckt. Riesige Mengen blutgetränkter Papiertücher liegen auf dem Boden. Ein junger Kripomann steht mit einem Sprechfunkgerät vor der Bühne. Er dirigiert die Beamten lässig routiniert hin und her. Mehrere Ordner beobachten mich skeptisch. Sie warten nur auf eine Bewegung an meiner Kamera, um uns endgültig aus dem Saal zu schmeißen. Ich verzichte auf Aufnahmen. Wir holen unser Mikrofon, verabschieden uns von der Kripo und fahren zum WDR.

Aufregung in der Tagesschauredaktion. Alles rennt hin und her. Auf der einen Seite ist man entsetzt über das Attentat, auf der anderen Seite froh, Exklusivmaterial zu haben. Ich sehe meine ersten Bilder bei der Sondersendung der Tagesschau. Danach bittet mich Ulli Deppendorf, Chef der Aktuellen Redaktion, mit ihm zur Uniklinik zu fahren. Polizei sichert den Klinikeingang. Eine Menge Journalisten wartet. Ich packe die Kamera, ein Fotograf kommt auf mich zu. »Sie sind doch der Kameramann von der Stadthalle!« Augenblicklich sind wir von Journalisten umringt. Mikrofone und Kassettenrekorder werden mir entgegengehalten. Eine Akkulampe brennt. Der WDR-Hörfunk macht ein Interview. Fragen von den Kollegen aus allen Richtungen. Wir warten in gespannter Atmosphäre. Man diskutiert. Plötzlich ein Raunen in der Menge. Im Dunkeln nähert sich ein Pulk von Politikern der Absperrung. Lampen flammen auf, Blitzlichter. Die Spitze der SPD erscheint. Gedränge entsteht. Ich kann mich in eine gute Aufnahmeposition stellen. Mikrofone werden vor meine Kameraoptik gehalten. Mit der linken Hand drücke ich die Mikrofone zur Seite. Hans-Jochen Vogel spricht über den Gesundheitszustand von Oskar Lafontaine. Dem Ministerpräsidenten Lafontaine gehe es den Umständen entsprechend. Der Gesundheitszustand habe sich stabilisiert, aber es bestehe immer noch Lebensgefahr. Danach gibt der operierende Professor noch Auskunft. Schnell fahren wir zum WDR zurück, um das Material auf Sendung zu bringen. In der Redaktion herrscht immer noch große Hektik. Jeder sucht jeden. Trotzdem läuft alles hervorragend. Eine Sekretärin gibt mir eine dpa-Meldung: »Kameramann Rudi Herrmann erklärt die Attentäterin für verrückt!«

Es ist noch keine Stunde vergangen, schon geht diese Meldung in alle Welt. Ulli Deppendorf bittet uns, zur Uniklinik zurückzufahren. Ich interveniere. Wir sind seit 9 Uhr vormittags auf den Beinen, sind kreuz und quer durch das Ruhrgebiet gefahren, es ist jetzt 2 Uhr nachts. Er zeigt Verständnis. Wir möchten dann doch bitte um 7 Uhr vor der Klinik das andere Team ablösen.

Ich kann und will nicht nach Hause in meine Wohnung. In den letzten Tagen hat mich zu jeder Tages- und Nachtzeit ein rauschgiftsüchtiger junger Mann angerufen und die wirrsten Sachen auf meinen Anrufbeantworter gesprochen.

Ich fahre mit dem Toningenieur nach Hause. Wir hören die Nachrichten. Der Zustand von Oskar Lafontaine ist weiterhin ernst. Ich kann nicht einschlafen, bin aufgewühlt. Was wäre passiert, wenn die Frau eine Pistole oder eine Handgranate gehabt hätte?

Was habe ich in meinem Leben für Glück gehabt! Letztes Jahr in Afghanistan, auf dem Rückweg von Kabul nach Pakistan fuhr ein Begleitfahrzeug auf eine Mine. Der Fahrer war sofort tot ...

Alles zieht an mir vorbei, Banküberfall mit Geiselnahme auf der Domplatte, Zugunglück in Königsdorf ...

Der Wecker schellt. Wir stehen auf. Um 7 Uhr stehen wir vor der Uniklinik.

»Rudi, tolle Aufnahmen gestern!« höre ich von den Kollegen. Einer kommt auf mich zu und fragt: »Hast du die Rechte am Bild?« Nein! »Schade, dann wärst du heute ein reicher Mann!« Ich kann darauf verzichten, mit solchen Aufnahmen reich zu werden. Karl-Peter Schickendanz, WDR-Redakteur, meint: »Weißt du noch, U-Bahnhof Neumarkt, das Bombenattentat!« Ich kann mich erinnern. Wir drehten früh um 5 Uhr die Verwüstung. Alles lag in Trümmern. Kurze Zeit nach Beendigung unserer Dreharbeiten krachte die Decke runter und begrub zwei Leute unter sich. Eiskalt läuft es mir den Rücken hinab.

Langsam wird es warm. Die Sonne scheint. Müde setzen wir uns in das Auto und dösen vor uns hin. Es ist noch keine drei Monate her, da drehte ich in einer rasenden Menge von 30 000 Aserbaidschanern vor dem KP-Gebäude in Baku. Alle glaubten, wir wären vom türkischen Fernsehen. Unser Redakteur war im Trubel verschwunden. Wir waren allein. Fäuste reckten sich gegen die Staatsmacht im Gebäude. Die Stimmung wurde immer hitziger. Die Leute redeten auf uns ein. Wir verstanden kein Wort. »German Television!« rief ich. »East or West?« verstand ich gerade noch im Durcheinander. »West, West!« brüllte ich. Die Mienen der Umstehenden erhellten sich. Man klopfte uns auf die Schulter. Wir konnten weiter drehen. Ein Mann begrüßte uns auf deutsch. Er habe im Heimstudium Deutsch gelernt, um einmal Hitlers »Mein Kampf« lesen zu können, erklärte er stolz. Peinlich, peinlich.

Laut schreiend scheucht eine belgische Kollegin vor der Kölner

Uniklinik ihr Kamerateam hin und her. Die Anzahl der Journalisten ist größer geworden. Schaulustige haben sich eingefunden. Ausländische Fernsehmoderatoren machen ihre Statements vor laufender Kamera. Ich habe den Eindruck, daß sie wichtiger sind als die Aussage. Man hat sich geschminkt, gekämmt, abgepudert, aufgehellt und zigmal geübt.

Der Kioskbesitzer am Eingang erzählt mir stolz von seinem »Riesenumsatz« durch das Attentat. Langsam wird mir bewußt, welchen dokumentarischen Wert meine Aufnahmen haben, und die Frage stellt sich, hast du richtig gehandelt, solche Bilder zu machen. Oder hätte ich abwarten müssen, bis ich genau wußte, was passiert ist? Ich habe gedreht, mechanisch, fast unbewußt registriert und aufgenommen.

Im letzten Jahr nach dem Afghanistandreh wurde ich in den *Nürnberger Nachrichten* zitiert: »Die Kamera ist die humanste Waffe der Welt.«

Sie ist es wirklich. Vielleicht schafft es einmal die Fernsehtechnik, die Schönheiten und Schrecklichkeiten dieser Welt plastischer, realistischer und lebensnaher dem Zuschauer ins Wohnzimmer zu bringen. Wir Deutschen leben wie die Maden im Speck. Die größten Probleme, die wir hier haben, sind nicht die materiellen, sondern die im Kopf.

Unruhe bei den Journalisten. Wir springen aus dem Auto, greifen zur Kamera. Der Parteivorsitzende der SPD, Hans-Jochen Vogel, gibt ein Statement zur Gesundheitslage von Oskar Lafontaine. Er ist über dem Berg! Gott sei Dank!

Ich schaue herum. Wo ist mein Redakteur? Nirgends zu sehen! Hinter der Kamera rufe ich: »Herr Vogel, halten Sie es für richtig, daß man eine Frau mit zwei Blumensträußen und einer Plastiktüte unkontrolliert auf die Bühne läßt?«

»Wir als Politiker wissen, wenn wir so in der Öffentlichkeit stehen ...«

Wir packen unsere Geräte ein und fahren zurück zum Sender.

Anteilnahme

Wenige Stunden nach der Wahnsinnstat stapeln sich in der Kölner Universitätsklinik, in der Saarbrücker Staatskanzlei und im Bonner Erich-Ollenhauer-Haus Telegramme, Fernschreiben, Telefaxe, Karten, Briefe und Geschenke. Betroffenheit und Bestürzung sind in der Bundesrepublik außerordentlich groß. Auch außerhalb bundesdeutscher Grenzen regt sich tiefempfundene Anteilnahme. Die Telefone stehen nicht still. In Köln, Bonn und Saarbrücken rufen besorgte Bürger, Freunde und Verwandte an. Wie ein Schock hat die Nachricht vom Attentat auch auf politische Gegner gewirkt. Jeden hätte es treffen können. Erleichterung am 26. April 1990, als die Nachrichtenagenturen melden, Lafontaine sei außer Lebensgefahr. Die Flut der Genesungswünsche schwillt an. Sozialdemokraten unterschiedlicher Gruppierungen und regionaler Gliederungen schreiben an den Schwerverletzten. Parteifreunde melden sich aus der ganzen Welt. Ministerpräsidenten, Oberbürgermeister und Landräte schicken Genesungswünsche. Fast alle Botschafter aus der Bundeshauptstadt verfassen Schreiben an den saarländischen Ministerpräsidenten.

»Bitte gesund werden und weitermachen«, telegrafiert der Frankfurter Dezernent Daniel Cohn-Bendit. Erhard Eppler formuliert: »Komm auf die Beine, wir brauchen Dich!« Betriebsratsvorsitzende melden sich und wünschen schnelle Genesung. Mediziner, Psychologen und Psychoanalytiker bieten ihre Dienste an. Einer von ihnen wirbt für ein besonderes Verfahren: »Das ganzheitliche Naturheilsystem«.

Briefe an den Schwerverletzten schicken Kinder, viele junge Frauen, die aus ihrer Sympathie für Lafontaine kein Hehl machen. Pastoren, Bischöfe, Maler, Schriftsteller, Schauspieler und Sänger übermitteln gute Wünsche.

»Entsetzen und Dankbarkeit. Wir wollen noch viele Wege mit Ihnen gehen«, telegrafiert der inzwischen verstorbene Kölner Maler Meistermann.

Spitzenfunktionäre des Gewerkschaftsbundes und Industriebosse zeigen ihre Betroffenheit. Auch Lafontaines alter Klassenlehrer Erwin Schneider sendet telegraphisch »Meine Glückwünsche zum überstandenen Attentat. Herzliche Genesungswünsche«.

Elf Aktenordner umfassen die Reaktionen auf den Anschlag. Viele Briefe kommen aus der Bevölkerung der Bundesrepublik und der DDR. Allein drei Aktenordner Post von Kindern.

»Ich bin erst dreizehn Jahre alt und verstehe nicht sehr viel von Politik, aber über das Attentat auf Sie war ich echt geschockt. Ich bin froh, daß Sie es überlebt haben und nach Aussagen von Kollegen und Ärzten wieder so gut drauf sind, daß sie scherzen können. Ich wünsche Ihnen, daß Sie bald wieder zu voller Gesundheit kommen, erholen Sie sich vom politischen Streß und leben Sie voll auf! Alles Gute, Sarah Burdelak.« Und die achtjährige Nicole Bensberg aus Jülich meint: »Als ich den Bericht im Fernsehen gesehen habe, war ich entsetzt. Ich bin froh, daß Sie die Operation gut überstanden haben. Schade, daß wir Sie die nächsten Wochen nicht sehen . . .

Alles Gute und Liebe von mir und von meinen Eltern. Hoffentlich wird Ihr Wunsch, Bundeskanzler zu werden, wahr. Viele nette Grüße! Nicole.«

»Lieber Oskar Lafontaine,« schreibt Claudia Barth aus Bonn, »zunächst einmal möchte ich mich vorstellen: Ich bin eine vierzehnjährige Gymnasialschülerin, die schon immer an Ihrer Politik interessiert war. Gestern abend hörte ich mit Entsetzen von dem Attentat auf Ihr Leben. Ich wünsche Ihnen von Herzen eine rasche Gesundung, damit Sie Ihre politischen Aktivitäten wieder aufnehmen können. Aber im Augenblick ist Ihre vollständige Genesung viel wichtiger. Alles Gute und herzliche Grüße.«

Aus Bübingen an der Saar bekommt der Schwerverletzte auch einen Brief: »Lieber Oskar Lafontaine, als meine Mama mir heute morgen von der bösen Tat erzählt hat, war ich sehr traurig. Ich bin erst neun Jahre alt und verstehe nicht so viel von Politik, aber ich mag Dich unheimlich gerne. Alles Gute für Dich und viel Gesundheit. Dein Tim.«

Aus Berlin schreibt Richard Lehmann-Brauns an den saarländischen Ministerpräsidenten: »Ich war erschüttert und sehr traurig, als ich von dem Mordanschlag hörte, der an Ihnen verübt worden ist. Ich bin zehn Jahre alt und interessiere mich sehr für die Politik in Deutschland, vor allem in Berlin. Ich wünsche Ihnen baldige Genesung und viel Kraft für Ihre weitere Arbeit. Bitte grüßen Sie Ihren Sohn von mir. Darf ich Sie um ein Autogramm bitten, wenn Sie wieder gesund sind?«

Oskar Lafontaine hat alle Kinderbriefe im Laufe der Monate Mai und Juni persönlich beantwortet. Ebenso die mitfühlenden Reaktionen aus allen sozialen Schichten und politischen Lagern der noch beiden deutschen Staaten. So schreibt Christopher Baumgarten aus West-Berlin: »Sehr geehrter Herr Lafontaine, wie wohl jeder Bürger unseres Landes mußte ich mit Bestürzung und Abscheu erleben, in welch abstoßender Form Ihnen nach dem Leben getrachtet worden ist.

Obgleich oder gerade weil ich ein entschiedener Gegner Ihrer Politik bin, und das schon seit Jahren, hoffe ich, daß Sie ganz, ganz schnell wieder auf die Beine kommen, damit die Zukunft unseres Landes nicht durch schizophrene Attentäter mitbestimmt wird, sondern durch gewählte Politiker.

Nochmals, Herr Lafontaine, meine allerbesten Genesungswünsche; gönnen Sie mir das Vergnügen, mich ideologisch mit einem kerngesunden Ministerpräsidenten und – wenn es denn sein muß – sozialdemokratischen Kanzlerkandidaten auseinandersetzen zu können. Alles Gute.«

Gerd Adelmann aus Schorndorf soll stellvertretend für viele Menschen zitiert werden:

»Mit Entsetzen und Traurigkeit habe ich gestern abend im Fernsehen von dem Attentat auf Oskar Lafontaine vernommen. Ich habe gebetet, daß Herr Lafontaine diesen Anschlag überleben möge.

Nun höre ich, daß er »über den Berg sei«. Dem Himmel sei Dank. Gebe Gott, daß sich so etwas nie wiederholt, egal welcher Politiker es auch sei. Oskar Lafontaine weiterhin gute Besserung und die besten Grüße.«

Aus Köln schreibt Volker Schaller diese Zeilen: »Sehr geehrter Herr Lafontaine, bestürzt haben wir Ihren Schicksalsschlag miterlebt. Gott gebe Ihnen die Kraft, in den nächsten Wochen Ihre alte Stärke und Weisheit zu erhalten! Wir beten für Sie.
Ihr Volker.«

Petra Mosselmann aus Ludwigsburg schreibt am 26. April 1990:
»Sehr geehrter Herr Lafontaine,
erschüttert habe ich heute morgen von dem grauenhaften Anschlag, der auf Sie verübt wurde, im Radio gehört. Soeben wurde mitgeteilt, daß Sie aus der Narkose erwacht seien und wohl das Schlimmste überstanden sei.

Ich möchte Ihnen auf diesem Weg alles, alles Gute wünschen und hoffe, daß Sie bald wieder gesund sind. Es wäre sehr traurig, wenn eine so strahlende Persönlichkeit, wie Sie es sind, dem deutschen Volk genommen würde.

Mit herzlichen Grüßen.«

Schließlich die Meinung eines Augenzeugen des Kölner Anschlags:

»Sehr geehrter Herr Ministerpräsident,

ich wünsche Ihnen nach diesem häßlichen Anschlag in meiner Heimatgemeinde (ich wohne nur fünf Minuten zu Fuß von der Stadthalle entfernt) baldige Genesung.

Ich bin selbst Augenzeuge dieses Anschlages auf Sie gewesen. Ich spreche sicherlich im Namen aller Anwesenden sowie aller Kölner Bürger, wenn ich meine, daß dieses ein ebenso abscheuliches wie sinnloses Verbrechen war. Die Betroffenheit der Teilnehmer der Veranstaltung in der Mülheimer Stadthalle war sehr groß. Nach dem Ende der Veranstaltung waren die Gedanken vieler Teilnehmer bei Ihnen und Ihrem Gesundheitszustand. Ich persönlich habe für Ihre Genesung gebetet. Ich muß an dieser Stelle die Hilfsbereitschaft der Veranstaltungsbesucher lobend erwähnen. Viele von uns haben Gassen für die Rettungsmannschaft aufgeschlagen, haben die Leute aus der Halle rausgezogen, Straßen mit den Körpern abgesperrt, damit die Rettungsarbeiten möglichst schnell durchgeführt werden konnten.

Ich hoffe trotz allem, daß Sie bald wieder zu neuer Tatkraft finden werden und sich in Ihrer Arbeit sowie in Ihrer politischen Grundeinstellung nicht beirren lassen, denn an dem lang anhaltenden Applaus für Ihre Rede haben Sie sehen können, welche Hoffnungen die Bürger der Stadt Köln und wahrscheinlich auch der BRD in Sie setzen. Wir Mülheimer Bürger würden uns sehr freuen, Sie auch demnächst wieder bei uns begrüßen zu dürfen. Ich denke, wir werden Ihnen einen ebenso triumphalen Empfang wie am 25. April 1990 bereiten.

Ich hoffe, Ihnen diese Genesungswünsche auch einmal persönlich überbringen zu können. Nochmals alles Gute für Ihre Genesung und für Ihre weitere Tätigkeit als Kanzlerkandidat bzw. ab 2. Dezember 1990 als Bundeskanzler eines irgendwann einmal vereinten Deutschlands.

Ihr Hans Lang«

Der Vorsitzende des Rates der Evangelischen Kirche in Deutschland, Dr. Martin Kruse, schickt am 26. April diesen Brief: »Die Nachricht von dem unseligen Attentat hat uns zutiefst erschreckt. Wir sind dankbar, daß Ihr Leben gerettet werden konnte. In solchen Augenblicken kommt zum Bewußtsein, wie kostbar das Geschenk des Lebens ist. Von Herzen wünsche ich Ihnen im Namen des Rates der EKD gute Genesung, ein dankbares Herz und einen zuversichtlichen Mut. Gott schütze Sie!«

Der Trierer Bischof, Dr. Hermann Josef Spital, telegrafiert in die Kölner Universitätsklinik:« Mit Bestürzung habe ich von dem Attentat auf Sie erfahren. Von Herzen wünsche ich Ihnen eine baldige Genesung. Ich bitte Gott, daß er Sie in diesen Tagen seine heilende Nähe erfahren läßt. Mit herzlichen Grüßen!«

Heinrich Albertz, Pfarrer und ehemaliger Regierender Bürgermeister von Berlin-West, schreibt drei Tage nach dem Anschlag auf den saarländischen Ministerpräsidenten: »Lieber Oskar, nachdem die erste Flut der guten Wünsche abgeebbt sein wird, möchte ich Dir nur sagen, wie sehr ich in Schrecken, Erleichterung und Hoffnung an Dich denke, jeden Tag, und, wie es sich für einen Christen gehört, jede Nacht beim Abendgebet. Bitte habe die.nötige Geduld zum Gesundwerden. In allem Dein Heinrich Albertz.«

»Lieber Herr Lafontaine, lieber Oskar«, schreibt *Spiegel*-Herausgeber Rudolf Augstein am 30. April 1990, »vor etwa vier Wochen hatte ich ein Messer an meinem Hals. Das ist natürlich mit Ihrem Unglück nicht zu vergleichen. Wahr ist, daß man erst nach Wochen den Schock kriegt. Bei Ihnen bin ich sicher, daß Sie ihn überwinden werden, soweit das überhaupt möglich ist. Mit herzlichen Genesungswünschen.«

»Lieber Oskar«, formuliert sein Freund Günter Grass am 26. April 1990, »die letzten Nachrichten geben uns Gewißheit, daß Du Dir, aber auch uns erhalten bleibst. Vielleicht war doch – nach altbewährtem katholischen Kinderglauben – ein Schutzengel mit im Spiel. Ich wünsche Dir Kraft zur Genesung, liebevolle Pflege und ein geduldiges Staatsvolk. Herzlich Dein Günter.«

Johannes Mario Simmel hielt sich zur Zeit des Anschlages in Köln auf. Er telegrafiert aus dem Dom-Hotel in die Universitätsklinik: »Sehr lieber Herr Lafontaine, in den Nachrichten hörte ich soeben, daß es Ihnen den Umständen entsprechend gut geht. Noch völlig geschockt von dem verbrecherischen Anschlag auf Sie, übermittle ich Ihnen meine herzlichsten, innigsten und besten Genesungswünsche. Seien Sie umarmt von Ihrem allzeit getreuen Johannes Mario Simmel.«

Die Kölner Rockgruppe BAP schickt in die Uniklinik nicht nur ein Telefax: »Lieber Oskar, mit den besten Wünschen für Deine rasche Genesung möchten wir Dir dies Fläschchen zukommen lassen. Laß Dich nicht unterkriegen. Liebe Grüße Balou + BAB.«

Auch Ute Lemper telegrafiert: »Lieber Oskar, denke fest an Dich und sende Dir die liebsten Besserungswünsche. Deine Ute Lemper.«

Liedermacher, Kabarettisten, Moderatoren und Fernsehmacher schreiben an den Schwerverletzten. Unter anderem Drafi Deutscher, Dieter Thomas Heck, Hans-Dieter Hüsch, Marius Müller-Westernhagen, Manfred Sexauer, Dietmar Schönherr, Esther Vilar und Stefan Wald. Journalisten aus der gesamten Republik, vor allem aus Bonn, versichern Oskar Lafontaine ihre tiefe Anteilnahme.

Am 26. April 1990 landet in der Saarbrücker Staatskanzlei auch ein Telegramm der Kinder von Franz-Josef Strauß: »Lieber Herr Lafontaine, mit großer Bestürzung haben wir von dem widerwärtigen Anschlag auf Sie erfahren. Wir wünschen Ihnen von ganzem Herzen baldige Genesung. Ihre Monika und Michael Hohlmeier, Max-Josef Strauß und Franz-Georg Strauß.«

Aus dem Ausland bekommt Lafontaine unter anderem Post von Bettino Craxi, Jacques Delors, Valentin Falin, Felipe Gonzales, Edward M. Kennedy, von den Bürgermeistern aus Metz und Nantes, von Gaston Thorn und Franz Vranitzky.

Michael Gorbatschow, der Präsident der UdSSR, schickt dieses Telex: »Sehr geehrter Herr Lafontaine, mit großer Anteilnahme und Bestürzung habe ich von dem Attentat auf Sie erfahren. Sie sind in der Sowjetunion als ein bedeutender Politiker bekannt, der einen Beitrag zur Annäherung zwischen unseren Staaten und zur Förderung der gesamteuropäischen Zusammenarbeit geleistet hat. Ich wünsche Ihnen baldige Genesung und vollständige Wiederherstellung. Michael Gorbatschow.«

Am 26. April 1990, 15.15 Uhr, kommt in der Kölner Universitätsklinik, Station HNO, ein Telegramm des Bundespräsidenten an:

»Lieber Herr Lafontaine! Fassungslos habe ich gestern abend die Nachricht von dem schrecklichen Anschlag auf Ihr Leben vernommen. Um so erleichterter bin ich, daß Sie nach den dramatischen Stunden der letzten Nacht, wie wir alle hoffen, das Schlimmste überstanden haben. Über alle Parteigrenzen hinweg sind die Gedanken der Menschen heute bei Ihnen. Mit ihnen zusammen begleiten Sie meine allerherzlichsten Wünsche für Ihre vollständige Genesung. Nehmen Sie jedoch die notwendige Zeit, auf daß Sie später Ihre verantwortungsvollen, großen Aufgaben wieder aufnehmen können.

Ihr Richard Weizsäcker, Bundespräsident.«

Bundeskanzler Helmut Kohl, der sich zur Zeit des Anschlags auf Lafontaine in Paris aufhält und von der französischen Hauptstadt aus noch in der Nacht das »feige Attentat« verurteilt, richtet einen Tag später einen handgeschriebenen Brief an Lafontaine:

»Sehr geehrter Herr Ministerpräsident!

Die Nachricht von dem Attentat auf Sie hat mich tief erschüttert. Ich hoffe sehr, daß Sie die Folgen dieses brutalen Anschlags bald überwinden werden und bei guter Gesundheit Ihre Arbeit wieder aufnehmen können.

Mit allen guten Wünschen für eine baldige Genesung und freundlichen Grüßen Ihr Helmut Kohl.«

Bundesaußenminister Hans-Dietrich Genscher telegrafiert in die Saarbrücker Staatskanzlei am Tag nach dem Anschlag:

»Lieber Oskar Lafontaine, mit meinen Gedanken und meinen guten Wünschen bin ich in diesen schweren Stunden bei Ihnen. In alter Verbundenheit Ihr Hans-Dietrich Genscher«

Fünf Tage nach dem Attentat telefoniert Lanfontaine mit dem Bundesaußenminister, während er die übrige Post schriftlich beantwortet.

Lothar de Maizière, Ministerpräsident der Deutschen Demokratischen Republik, schickt ein Telefax von Berlin in die Kölner Uniklinik:

»Sehr geehrter Herr Ministerpräsident, mit großer Bestürzung und Betroffenheit habe ich von dem Attentat auf Sie erfahren. Im Namen meiner Regierung und ganz persönlich übermittle ich Ihnen meine besten Genesungswünsche.

Mit freundlichen Grüßen Lothar de Maizière.«

Markus Meckel, amtierender Vorsitzender der DDR-SPD und Außenminister der DDR, ruft am Abend des Anschlags besorgt in der Universitätsklinik an. Am 30. April 1990 schickt er einen Brief an seinen Genossen:

»Lieber Oskar!

Eben höre ich, daß Du am Mittwoch Köln verlassen kannst, um nach Saarbrücken, gewissermaßen schon fast nach Hause, zu kommen.

Wir sind alle unheimlich froh darüber, daß mit Deiner Genesung in den nächsten Wochen wieder zu rechnen ist. Ich freue mich für Dich und Christa, ich freue mich für die SPD und ich freue mich für unser Land. Ich habe viel an Dich gedacht in diesen letzten Tagen, mit Sorge und Angst, mit Hoffnung und nun mit der zunehmenden Gewißheit, daß wir auch in Zukunft werden zusammen wirken können. Vorerst aber solltest Du die Zeit haben, die Du brauchst, um wieder ganz richtig hergestellt zu sein, und Dich nicht gedrängt fühlen, zu schnell wieder auf der politischen Bildfläche zu erscheinen. Ich freue mich auf den Tag, an dem Du wieder eine kraftvolle Rede hältst.

Oskar, morgen ist der 1. Mai. Du hattest Dich angeboten, hier bei uns an diesem Tag zu reden, und wir fanden nicht die richtige Gelegenheit und ich nicht die Kraft, eine solche zu organisieren. Unsere Partei muß noch manches lernen hier. Doch die Kräfte und die personelle Decke sind sehr begrenzt. Nun wäre es sowieso nichts geworden. Ich wünsche Dir gute Besserung und Gottes Segen.

Wenn Du am Freitag noch in Köln gewesen wärst, hätte ich die Gelegenheit genutzt, Dich zu besuchen, doch schaffe ich es ins Saarland nicht.

Oskar, laß es Dir gut gehen. Grüß Christa.

Alles Gute Dein Markus.«

Auch Rainer Eppelmann, Minister für Abrüstung und Verteidigung, schreibt am 2. Mai an den saarländischen Ministerpräsidenten:

»Sehr geehrter Herr Lafontaine!

Vorige Woche machte mich die Nachricht vom wahnwitzigen Anschlag auf Ihr Leben überaus betroffen. Mit um so größerer Freude hörte ich dann von Ihrer Rettung und rasch fortschreitenden Genesung.

Von Herzen wünsche ich Ihnen, Ihre Gesundheit möge bald ganz wiederhergestellt sein, so daß Sie Ihre verantwortungsvolle politische Tätigkeit in aller Frische wiederaufnehmen können!

Voller Hochachtung Rainer Eppelmann, Minister für Abrüstung und Verteidigung.«

PDS-Vorsitzender Gregor Gysi telegrafiert:

»Mit Erschütterung und Empörung haben wir von dem Attentat auf Sie erfahren. Wir verurteilen zutiefst solche Terroranschläge. Ich wünsche Ihnen von ganzem Herzen baldige Genesung.«

Bundespolitiker aller Parteien wenden sich an den Schwerverletzten. Genesungswünsche kommen auch von den Politikerinnen und Politiker der Grünen. Unter anderen von Petra Kelly und Gert Bastian, von Waltraud Schoppe und Hubert Kleinert. Von den Unionsparteien schreiben an Lafontaine Ursula Lehr, Alfred Dregger, Rainer Barzel, Manfred Rommel, Heribert Scharrenbroich, Hans-Eberhard Schleyer, Lothar Späth (»Lieber Oskar«), Bernhard Vogel und Wolfgang Wagner aus Mainz.

Der damalige niedersächsische Ministerpräsident, Dr. Ernst Albrecht, gehört auch zu den ersten aus der Reihe der politischen Gegner, die sich an den Schwerverletzten wenden:

»Lieber Herr Kollege Lafontaine,

ich bin entsetzt. So etwas darf einfach nicht sein: und es geschieht doch. Ich wünsche Ihnen von Herzen eine schnelle Genesung. Ich habe in diesen Stunden viel an Sie gedacht.

Mit besten Grüßen Ihr Albrecht.«

Auch der bayerische Ministerpräsident telegrafiert:

»Lieber Herr Kollege,

noch unter dem unmittelbaren Eindruck der Nachricht von dem verwerflichen Attentat, das auf Sie, den Ministerpräsidenten eines der Länder der Bundesrepublik Deutschland, verübt wurde, übermittle ich Ihnen meine ganz persönlichen Genesungswünsche sowie die der bayerischen Staatsregierung.

Ich hoffe, Sie werden mit Hilfe Gottes die Kraft finden, diesen Anschlag zu überwinden, damit Sie möglichst bald wieder Ihr Hohes Amt zum Wohle Ihres Landes ausüben können.

In aufrichtiger Verbundenheit

Dr. h. c. Max Streibl, Bayerischer Ministerpräsident.«

Dr. Walter Wallmann, hessischer Ministerpräsident, schreibt:

»Sehr geehrter Herr Kollege,

mit großer Bestürzung habe ich die Nachricht von dem feigen Anschlag aufgenommen, der auf Sie verübt worden ist. Ich möchte Ihnen mein Mitgefühl aussprechen und wünsche Ihnen persönlich und im Namen der hessischen Landesregierung von ganzem Herzen eine baldige und vollständige Genesung.

Mit allen guten Wünschen
Dr. Walter Wallmann – hessischer Ministerpräsident.«

Handgeschrieben übermittelt Dr. Norbert Blüm, Bundesminister für Arbeit und Sozialordnung, diese Zeilen an den SPD-Kanzlerkandidaten:

»Lieber Herr Lafontaine, mein Mitgefühl möchte ich Ihnen auf diesem Wege zum Ausdruck bringen.

Wir müssen uns bei aller Notwendigkeit der Klarheit in der politischen Auseinandersetzung die persönliche Wertschätzung erhalten. Das wollte ich Ihnen versichern. Ich wünsche Ihnen gute Besserung und die Wiederherstellung Ihrer Schaffenskraft.

Mit herzlichem Gruß Ihr Norbert Blüm.«

Professor Dr. Klaus Töpfer, Lafontaines unterlegener Herausforderer bei den saarländischen Landtagswahlen, telegrafiert drei Tage nach dem Anschlag nach Köln:

»Sehr geehrter Herr Lafontaine,

der hinterlistige Anschlag auf Ihr Leben hat mich sehr erschüttert und entsetzt. Auch wenn die brutale Tat erneut zeigt, daß es trotz perfektionierter Sicherheitsvorkehrungen keinen zuverlässigen Schutz vor menschenverachtender Gewalt gibt, braucht unsere Demokratie als unverzichtbare Voraussetzung für ihren Bestand das Vertrauen in die Gewaltlosigkeit politischer Auseinandersetzung. Dies gebieten zudem der menschliche Respekt auch vor dem politisch Andersdenkenden, die Achtung seiner Person, seiner Würde und selbstverständlich seiner Gesundheit.

Ich freue mich sehr darüber, daß Sie, sehr geehrter Herr Lafontaine, sich inzwischen auf dem Wege der Genesung befinden. Ich hoffe, daß Ihre Gesundheit so schnell wie möglich wiederhergestellt ist, und wünsche Ihnen aufrichtig alles Gute.

Mit den besten Grüßen verbleibe ich

Ihr Klaus Töpfer.«

Von den zahlreichen Briefen und Telegrammen aus den Reihen seiner politischen Freunde sei das Telegramm des Regierenden Bürgermeisters von Berlin, Walter Momper, zitiert:

»Lieber Oskar,

mit Empörung und Bestürzung, aber auch zugleich mit Schmerz und Trauer und großer Sorge um Dich, habe ich sowie die Bevölkerung Berlins den hinterhältigen Anschlag auf Dich entgegengenommen. Gewalt ist kein Mittel der Auseinandersetzung. Mit all unseren

Kräften müssen wir uns jeglicher Art von Gewalt widersetzen. So etwas darf sich nie wiederholen. Ich übermittle Dir meine besten Genesungswünsche, unsere Hoffnung und Zuversicht begleiten Dich.
Mit herzlichsten Grüßen
Walter Momper.«

Premierministerin Margaret Thatcher telegrafierte an Oskar Lafontaine:

»Es hat mich bestürzt, von dem Attentat zu erfahren, das auf Sie verübt worden ist. Bitte nehmen Sie meine besten Wünsche für eine volle und rasche Genesung entgegen.«

Auch der Präsident der Vereinigten Staaten drückte seine Anteilnahme aus:

»Sehr geehrter Herr Ministerpräsident,

mit großer Bestürzung habe ich von dem Anschlag auf ihr Leben erfahren und möchte Ihnen für Ihre vollständige und baldige Genesung alles erdenklich Gute wünschen.

Dieses schreckliche Ereignis führt uns wieder einmal vor Augen, daß es auch in einem freien Land großen Mut erfordert, am demokratischen Prozeß mitzuwirken. Wer ein öffentliches Amt bekleidet, ist überall auf der Welt zur Verteidigung der Demokratie gefordert.

Meine besten Wünsche begleiten Sie.

Ihr George Bush. «

Der französische Präsident François Mitterrand telegrafierte an Oskar Lafontaine:

»Äußerst betroffen von dem Attentat, dem Sie kürzlich zum Opfer fielen, möchte ich Ihnen meine Sympathie und die besten Wünsche für Ihre baldige Genesung übermitteln.

Ich verbinde hiermit meine anteilnehmenden Gedanken.«

WOLFRAM SCHÜFFEL/BARBARA SCHADE

Folgen

Im Rahmen einer Biographie Oskar Lafontaines erscheint es uns, das heißt einem Arzt und einer Psychologin aus drei Gründen geboten, auf die gesundheitlichen Auswirkungen eines Attentates einzugehen:

1. Es soll dargelegt werden, welche Auswirkungen lebensbedrohliche Situationen allgemein auf solche Menschen haben, die für uns von Bedeutung sind.
2. Es soll dargelegt werden, inwieweit dieser betroffene Mensch stellvertretend für viele andere Betroffene sich Belastungen unterzieht und diese (nicht) bewältigt.
3. Aus einer uns verbindenden Solidarität soll gefragt werden, welche Schlußfolgerungen praktischer Art wir ziehen können.

Der Abschnitt ist aus der Kenntnis heraus geschrieben, die ein Autor (W. Sch.) als Internist und Psychotherapeut im Umgang mit Menschen unter *Extrembelastungen* an seinen Arbeitsstellen gesammelt hat. Diese Arbeitsstellen waren die Universitätskliniken von Ulm in den Jahren 1968 bis 1976 und Marburg ab 1976 sowie die Arbeitsgruppe Stolzenbach-Hilfe/Borken, die nach dem Grubenunglück vom 1. Juni 1988 eingerichtet wurde. Die Autorin (B. Sch.) hat durch ihr Fachwissen bei der Entwicklung von Bewältigungsprogrammen in Extremsituationen beigetragen.

Für Oskar Lafontaine stellt das Attentat vom 25. April 1990 eine *Extrembelastung* dar. Der Messerstich der geistig verwirrten Adelheid Streidel hatte die Arteria Carotis interna, die innere Halsschlagader, um einen Millimeter verfehlt. Damit war die Sauerstoffversorgung des Hirnes zwar nicht unmittelbar, das heißt innerhalb der nächsten drei bis vier Minuten bedroht gewesen; lebensbedrohlich war die Situation andererseits dadurch, daß durch die Verletzung pulsierender von der Carotis externa abgehender Gefäße ein massiver Blutverlust in das umliegende Gewebe und nach außen zu verzeichnen war. Soweit für einen Außenstehenden beurteilbar, hätten die lebensrettenden Maßnahmen einschließlich der sich anschließenden Operation nicht günstiger ablaufen können.

In der Regel, wie zahlreiche Untersuchungen zeigen, erleben die Opfer von Gewaltverbrechen die körperlichen Verletzungen weniger belastend als die psychischen Schäden. Die Gewalttat setzt eine jähe Unterbrechung bisher erlebter Kontinuität. Sie bewirkt eine Störung des Fühlens, Empfindens und Verhaltens. Die Störung reicht von relativ leichten kurzzeitigen Beschwerden bis hin zu langwierigen und schwierigen »Posttraumatischen Belastungsstörungen« mit schwersten somatischen Folgen und Auswirkungen im sozialen wie intrapsychischen Bereich.

Die »Posttraumatische Belastungsstörung« (PTSD, aus dem

angelsächsischen Post-Traumatic Stress Disorder) ist zur bekanntesten Störung dieser Art geworden. Im Bild dieser Störung werden die Reaktionen von Menschen auf Belastungen erfaßt, die jenseits der üblichen menschlichen Erfahrungen liegen. Die »Posttraumatische Belastungsstörung« wird seit 1981 als ein neu definiertes, umschriebenes Krankheitsbild in den allgemeinverbindlichen Diagnosekriterien für psychische Störungen aufgeführt. Sie hat viel mit dem gemeinsam, was früher als traumatische Neurose bezeichnet wurde.

Ein solches belastendes Ereignis hat auch Oskar Lafontaine erfahren. Die Folgen des Ereignisses stellten eine ernsthafte Bedrohung der Kontinuität seines Lebens in somatischer wie psychischer und sozialer, das heißt insgesamt in gesundheitlicher Hinsicht dar. Hierbei ist ein wichtiger Aspekt der Definition des PTSD, daß nicht die Reaktionen eines Menschen als »unnormal« oder »krank« definiert werden. Dem Ereignis selbst, dem Trauma wird die Abnormalität zugeschrieben. Jeder Mensch, sofern er gesund reagiert, würde mit den beschriebenen Symptomen reagieren. Diese Symptome werden mit Hilfe der Definition des PTSD zusammengetragen. Es finden sich drei Klassen von Symptomen:

1. Das traumatische Ereignis wird ständig auf mindestens eine der folgenden Arten wiederholt: drängende Erinnerungen an das Ereignis, belastende (Alp-)Träume, plötzliches Fühlen und Durchleben traumatisch empfundener Ereignisse, die an das Geschehene erinnern.
2. Anhaltende Vermeidung von Bildern, die mit dem Trauma in Verbindung stehen, was sich in besonderen Aktivitäten, Vergeßlichkeiten, Gefühlen der Isolierung und Entfremdung und emotionaler Enthaltsamkeit bemerkbar macht.
3. Anhaltende Zeichen erhöhter Erregung, die sich unter anderem in Schlafstörungen, Konzentrationsstörungen und vermehrter Schreckreaktion bemerkbar machen.

Die beschriebenen Symptome setzen normalerweise unmittelbar oder bald nach dem Trauma ein. Die Beeinträchtigungen können jeden Schweregrad annehmen. Jeder Lebensbereich kann hiervon erfaßt werden. Drogen-, Medikamenten- oder Alkoholmißbrauch kann sich entwickeln. Bei den meisten Menschen führt das Trauma zu Erscheinungen, die zunächst den beschriebenen Zeichen ähneln. Sie schwächen sich jedoch meistens innerhalb der folgenden Wochen ab. Sich vergrößernde oder in der Intensität gleichbleibende Angstzustände bis zum Ende der ersten Woche können einen Indikator für eine sich entwickelnde Störung im Sinne des PTSD darstellen.

Aus Untersuchungen zu psychischen Folgen von Katastrophen geht hervor, daß das *subjektive Erleben* einer ernsthaften Lebensgefahr eine sogenannte »vermittelnde Variable« für die Entwicklung eines PTSD darstellt. Es ist hier entscheidend, ob das Opfer eine überwältigende und traumatische Hilflosigkeit empfunden hat. Ausgeprägte *persönliche Kompetenz* im Umgang mit Gefahrensituationen erweist sich dagegen als Puffer gegen überwältigende Angstgefühle und als Schutz gegen die Entwicklung eines PTSD.

Schätzungen gehen davon aus, daß bei Naturkatastrophen etwa 30-59 Prozent der Betroffenen ernstzunehmende Störungen entwickeln. Bei Katastrophen, deren Auslösung Menschen zugeschrieben wird, liegen die Schätzungen noch höher.

Zu diesen immer wieder zitierten traumatischen Ereignissen und Katastrophen werden unter anderem die ernsthafte Bedrohung des eigenen Lebens sowie auch die bloße *Beobachtung* einer solchen Bedrohung des Lebens einer nahestehenden Person gezählt. Demzufolge haben viele der Aussagen, die hier gemacht werden, möglicherweise auch für den nordrhein-westfälischen Ministerpräsidenten Johannes Rau ihre Gültigkeit. Erinnert man sich an die Bilder des Attentats und an die sichtliche Betroffenheit Raus, der leichenblaß und wortlos vor der Kamera stand, auch in späteren Interviews den Eindruck von tiefer Betroffenheit hinterließ, so bleibt kaum Zweifel, daß auch er als psychologisches »Opfer« dieses Anschlages eingestuft werden muß. Er war nicht nur Zeuge; vielmehr kommt erschwerend hinzu, daß es mehr oder weniger Zufall war, der Lafontaine in die »geeignetere« Position für den Messerstich der Attentäterin brachte. Unsere eigenen Erfahrungen in Borken, wie die Erfahrungen europäischer Katastrophenhelfer legen zwingend nahe, nach derartigen Opfern sowohl im Kreis der Angehörigen wie im Kreis der Retter zu fahnden.

Erschütterte Grundüberzeugungen

Das Trauma bewirkt eine Diskontinuität, eine Unterbrechung allen in sich selbst Gewachsenen wie der Bezüge zur Umwelt. Das zentrale Organisationsprinzip der Persönlichkeit wird verletzt. Es scheinen sich unter den Grundannahmen zur Beschaffenheit unseres Selbst und unserer Umwelt drei Typen von Überzeugungen herauszukristallisieren, die bei traumatischen Vorfällen besonders stark in den Vordergrund rücken:

1. der Glaube an die persönliche Unverletzbarkeit,
2. die Wahrnehmung der Welt als bedeutungsvoll und verständlich,
3. die Wahrnehmung von uns selbst als positiv.

Zu 1.: In unserem alltäglichen Leben operieren wir unter der »Illusion der Unverletzbarkeit«. Es wurde gezeigt, daß Menschen im alltäglichen Leben die Wahrscheinlichkeit von positiven Ereignissen über- und die von negativen Ereignissen unterschätzen. Wir sehen uns selbst viel weniger von Ereignissen wie Krankheit, Verbrechen und Unfällen gefährdet als unsere Mitmenschen. Tritt ein solches Ereignis ein, erleiden wir Gefühle intensiver Angst und Hilflosigkeit, die die verlorengegangene »Überzeugung der Sicherheit« begleiten. Typisch ist die Angst eines Opfers, das Ereignis könne noch einmal passieren, insbesondere dann, wenn das erlebte Trauma von einem anderen Menschen ausging. Lafontaine war sich der Gefahr eines hautnahen Kontaktes zum Publikum bewußt: »Im übrigen muß man wissen, daß jemand, der sich ständig auf Massenveranstaltungen bewegt, eine solche Möglichkeit auch gegenwärtig hat und eine gewisse Vorarbeit leistet. Ich habe immer damit gerechnet, daß so etwas passieren kann, weil absoluter Schutz bekanntlich nicht möglich ist.« (*Spiegel* 22/1990.)

Wie oben erwähnt, bilden eine hohe persönliche Kompetenz im Umgang mit bzw. die Vorbereitung auf eine solche gefährliche Situation einen Puffer gegen die Ausbildung eines PTSD oder anderer schwerwiegender gesundheitlicher Konsequenzen.

Zu 2.: Die andere Grundannahme ist der Glaube, daß die Welt geordnet, *bedeutungsvoll und verständlich* ist. Wir streben danach, das Geschehen um uns als kontrollierbar wahrzunehmen. Man kann geradezu für den einzelnen Menschen persönliche Konstrukte beschreiben, sie quantifizierend darstellen, wie er die Umwelt wahrnimmt. Wir glauben, daß sich alles in gerechter Weise vollzieht. Wir verhalten uns so, als ob wir erhalten, was wir verdienen, und verdienen, was wir erhalten, ja selbst dann, wenn wir dies abstreiten (»Theorie einer gerechten Welt«). Der Glaube an dieses »Soziale Gesetz« ist sehr stark, und Ereignisse, die dem widersprechen, wie z. B. Verbrechen, sind extrem problematisch. Um zu überleben ist es notwendig, dem Ereignis und dem Leid einen Sinn abzugewinnen – die Verwirrtheit der Adelheid Streidel ist vielleicht ein Schlüsselpunkt, um mit der Interpretation des Ereignisses in diesem Sinne zurechtzukommen. Ihr kann keine Böswilligkeit unterstellt werden, da sie aufgrund ihrer Verwirrung nicht zur Verantwortung herangezogen werden kann. Somit kann die hautnah erfahrene Aggression auf die geistige Verwirrtheit der Täterin zurückgeführt werden. Das positive Konzept der Welt muß nicht in Frage gestellt werden.

»Der Attentäterin ging es nicht darum, politischen Schaden anzurichten – die Motive der Tat sind einzig in der verwirrten Persönlichkeit von Adelheid Streidel zu suchen.« (*Spiegel* 18/1990.) Lafontaine selbst in diesem Interview: »Ansonsten empfinde ich keinen Haß, wenn ich an Frau Streidel denke. Sie ist Täterin und Opfer zugleich.«

Zu 3.: Wir möchten uns selbst als positiv wahrnehmen. Die Erfahrungen eines traumatischen Ereignisses führen aber zwangsläufig dazu, die Wahrnehmung der eigenen Person in Frage zu stellen, *negative Selbstwahrnehmungen* werden durch die Traumatisierung aktiviert. Opfer sehen sich selbst als schwach, hilflos, bedürftig, furchtsam und außer Kontrolle. Die amerikanischen Wissenschaftler M. Brad und D. Sangery betonen, daß eine essentielle Komponente des psychischen Gleichgewichts einer Person die Wahrnehmung der eigenen Autonomie darstellt. Opfer eines Gewaltverbrechens erleben unweigerlich eine enorme Gefährdung dieser Autonomie. Sie erleben Hilflosigkeit und Schwäche, woraus der Verlust des Selbstwertgefühls und ein Gefühl der Andersartigkeit resultieren kann.

Lafontaine hierzu im Interview: »Das Attentat ist ein Ereignis, das ins Leben integriert werden muß und das mich zu einem anderen Menschen gemacht hat.« Auf die Frage, wie er denn »ein anderer« definiere, antwortet Lafontaine: »Ich glaube, daß es schon für das Weiterleben von Bedeutung ist, wenn man weiß, es gab einen Moment, in dem man dem Tod nahe war.« (*Spiegel* 22/1990.)

Oskar Lafontaine wird oft zitiert als »Lebenskünstler«, »Gewinnertyp« und auch als »lebensdurstiger Herausforderer«. Man kann annehmen, daß er recht gut dazu in der Lage ist, das Attentat im Hinblick auf die gefährdete Autonomie zu assimilieren: Er war auf ein Attentat vorbereitet, die Täterin war geistesgestört, selbst ein Opfer; schließlich kann man von einer besonderen Flexibilität gepaart mit überragenden intellektuellen Fähigkeiten ausgehen, was gestatten sollte, vergleichsweise gering belastet die aktuellen Geschehnisse zu verarbeiten.

Problematisch scheinen sich jedoch die gleichzeitig ablaufenden Konflikte um den Staatsvertrag und der Streit innerhalb der SPD auf Lafontaine auszuwirken. Als Reaktion auf diese unmittelbar folgende zweite schwere Krise erwog Lafontaine die Zurücknahme seiner Kanzlerkandidatur und sogar ein totales Ausscheiden aus der Politik. Es stellt sich die Frage (wenn es sich nicht um einen politischen Schachzug handelte), ob dies als Zeichen von Überbelastung gewertet werden kann? Hierzu noch zwei Zitate: »Es gebe im Leben noch andere Dinge, die ihm wichtig seien« (*Spiegel* 24/1990.) Und: »Fünf, zehn Jahre kürzer treten, leben, wie es mir gefällt.« (*Spiegel* 25/1990.)

Bewältigungsstrategien und der Bedarf nach Solidarität

In der Literatur werden verschiedene *Bewältigungsstrategien* beschrieben, um mit außergewöhnlichen Belastungen umzugehen. Es handelt sich um intrapsychische, handlungsmäßige und schließlich soziale, zum Teil institutionelle Strategien.

Eine »intrapsychische Strategie« ist es, die Tat so zu interpretieren, daß sie einen Sinn ergibt. Diejenigen, die hierzu in der Lage sind, werden seltener von Streßsymptomen heimgesucht. »Immer wieder fragte er sich, ob er das Attentat als einen Wink des Schicksals begreifen und die im März angenommene Kanzlerkandidatur aufgeben solle.« (*Spiegel* 25/1990.) Opfer suchen nach Kausalerklärungen, die eine Deutung der Ereignisse liefern und das Bedürfnis nach einer Sichtweise der Welt befriedigen, in der Ereignisse sinnvoll werden. Frau Streidel, so die einfache Erklärung, ist krank, und das Attentat ist eine Konsequenz ihres Verfolgungswahns. Wiederum Lafontaine selbst: »Solche Gedanken beschäftigen mich nach einem solchen Attentat natürlich noch intensiver als vorher.«...»Ich brauche Zeit und Ruhe, um das Attentat zu überwinden.« (*Spiegel* 22/1990.) Mit Klarheit wird vom Opfer herausgestellt, daß zur Überwindung der erfahrenen Diskontinuität Zeit und Ruhe unabdingbar sind.

»Handlungsmäßige Strategien« sollen einerseits der Wiederholung eines vergleichbaren Ereignisses entgegenwirken. So erlernen viele Opfer von Gewalttaten Techniken der Selbstverteidigung. Sehr, sehr wichtig für die Bewältigung ist die soziale Unterstützung durch Familienangehörige, weitere Verwandte, Freunde und professionelle Helfer, wie z. B. Sozialarbeiter, Psychologen und Ärzte, die sämtlich spezieller Ausbildung bedürfen. Es ist bekannt, daß die Genesung um so schneller vonstatten geht, je gezielter die soziale Unterstützung des Opfers erfolgt. Gespräche ermöglichen zum einen eine emotionale Erleichterung wie auch ein Übernehmen oder Erlernen von Fähigkeiten und Strategien der anderen im Umgang mit eigenen Problemen. So war sicherlich Willy Brandt für Oskar Lafontaine eine große Hilfe. Dieser war 1973 bei einem Hubschrauberunglück auf dem Massada-Felsen in Israel und ein zweitesmal bei einem Zusammenbruch dem Tode entronnen. Er sagte zu Lafontaine: »Das ist ein bißchen so, als ob du ein zweites Leben geschenkt bekommen hättest.« Woraufhin Lafontaine erwiderte: »Das sehe ich auch so.« Brandt prognostizierte Lafontaines psychische Rekonvaleszenzchancen als positiv, er werde »etwas gefestigter« in den Bundestagswahlkampf gehen.

Der Beistand seiner Lebensgefährtin Christa Müller und seines Freundes Reinhart Klimmt dürften ebenfalls sehr zur Bewältigung beigetragen haben.

Auf die professionelle Hilfe von Psychotherapeuten angesprochen, meinte Lafontaine, er wolle die Annahme solcher Angebote nicht ausschließen. »Man kann nicht verläßlich vorhersagen, wie die weitere Genesung verläuft. Ich halte auch nichts davon, das Stehaufmännchen zu spielen. Das würde meiner Lebensphilosophie völlig widersprechen. Aber damit Sie die Dinge richtig einordnen: Wenn alle Zwangsneurotiker in der Politik therapiert würden, gäb's 'ne. Menge Arbeit.« (*Spiegel* 22/1990.)

Mit »sozialen Strategien« ist gemeint, daß wir unserer eigenen Gefährdung stärker bewußt werden müssen, weil jeder von uns das Opfer von morgen sein kann. Oder anders ausgedrückt: Lafontaine wurde Opfer; er kann Helfer werden, wenn er die bewußte Auseinandersetzung mit den Folgen des Attentates durchlebt und vorlebt.

Ein wegweisendes Beispiel der Bewältigung von Extrembelastungen ist der in Oslo lebende Leo Eitinger. Nach der Besetzung Norwegens durch Nazi-Deutschland wurde er mit 1500 norwegischen Juden nach Auschwitz deportiert. 26 von ihnen überlebten. Er war einer von ihnen. In dem Buch *Von der Erkenntnis des Leides* berichtet er, wie er anderen in seinen Leidensweg Einblick erlaubte und hieraus die fortgeschrittenste europäische Institution zur Katastrophenbewältigung (in Oslo) entstand. Sie wird heute von seinem Mitarbeiter Lars Weisaeth geleitet. Dieser beriet uns nach dem Grubenunglück von Borken. So konnte jüdisches Leid zur Linderung von Leid in Deutschland beitragen. Gleichzeitig mußten wir für die Bundesrepublik registrieren, wie unterentwickelt unsere Arbeitsmöglichkeiten im Bereich der Katastrophenbewältigung sind. Unsere Erfahrungen zeigten uns aber auch gleichzeitig, daß in der Gemeinschaft nahezu unerschöpfliche Ressourcen brachliegen, die wir einsetzen können. Sie dienen letztlich dem Ziel, eine Solidarität zwischen Betroffenen, Helfern und ihrer Umwelt herzustellen; die Mitglieder der drei Gruppen verbindet die Einsicht, daß sie jederzeit mit der Notwendigkeit konfrontiert sein können, Rollen wechseln zu müssen.

Zum Abschluß noch ein Zitat Lafontaines, das den Tenor dieser Abhandlung gut zusammenfaßt: »Ich kann mir die Bilder von Köln ansehen, ohne daß mich das sonderlich mitnimmt. Ich wußte ja im Moment der Tat, was passiert war, und hatte, als ich am Boden lag, Zeit, um mir klarzuwerden, was das bedeutet. Als ich aus der Narkose erwachte, hatte ich das Gefühl, du bist über den Berg.« (*Spiegel* 22/1990.)

Es geht um das Erinnern können, das heißt, aus dem Inneren heraus sich die Bilder von damals neu besehen können, um auf diese Weise neue Freiräume zu schaffen, an der auch die Umwelt teilhaben kann. Gleichzeitig möchte ich an dieser Stelle und im Sinne des erwähnten Rollenwechsels an die Bereitschaft der Leser appellieren, uns behilflich zu sein, die weitere Arbeit der Concerted European Action for Coping with Disaster (EuroActDis) zu unterstützen. Sie hat zum Ziel, europäische Zusammenarbeit auf dem Feld der Katastrophenbewältigung und der Katastrophenvorbeugung zu fördern.

Tagebuch

FILMER/SCHWAN

2. Mai 1990

Sieben Tage nach dem Attentat konnte Lafontaine heute die Universitätsklinik wieder verlassen. Menschen warteten draußen. Leicht gebräunt trat der saarländische Ministerpräsident an die Mikrofone. Ein karierter Schal verdeckte die Wunde. Mit leiser, aber fester Stimme dankte Lafontaine »den vielen Menschen, die mir nach dem Attentat geholfen und die mir später Mut gemacht haben«. Er lächelte den 150 Bürgern und Journalisten zu. »Ich hätte nicht gedacht, daß eine solche Welle von Zuneigung kommt.« Besonders viele Kinder hätten ihm geschrieben und Bilder gemalt. Er vergißt auch nicht die politischen Gegner, »von F.D.P.-Kreisverbänden bis Norbert Blüm, die mir alles Gute gewünscht haben«.

Dann fährt er nach Saarbrücken. Klinikdirektor Pichlmaier hat dem Patienten dringend eine Erholungsphase »fernab jeglicher beruflicher Inanspruchnahme« angeraten.

Der eigenen Geschichte, der eigenen Erfahrung läßt sich nicht entkommen. »Erinnerungsknoten« (Luciana Glaser) halten uns fest, machen Abgründe sichtbar, spiegeln Existenz wider, machen schmerzlich Wirklichkeit sichtbar. Seine Narbe wird bleiben. Den eigenen Körper als Ort der Zerstörung erlebte er in Köln. Seither beschäftigte sich Lafontaine mehr als sonst mit dem Koordinatensystem des Todes. Eine desillusionierende Macht trat in sein Leben, schuf ihm einen neuen »Erinnerungsknoten«, eine nach innen gerichtete Aufmerksamkeit, ein erweitertes Gefühl eigener Durchsichtigkeit. Er hat gespürt, wie schnell die Kraft des Körpers verbraucht ist.

Seine Schulzeit prägte ihn stärker, als er heute wahrhaben will, ließ eine Identität wachsen, die erst nach und nach durchlöchert wur-

259

de. Prüm blieb eine seiner Lebensfallen, ein Labyrinth der Widersprüchlichkeiten. Stunden um Stunden verbrachte er dort, wollte oft fort und blieb da. Dort entstanden Träume, denen er heute hinterherläuft – sein Glaube an Gerechtigkeit, seine Versuche, Liebe zu finden, Güte, Verständnis, Geborgenheit. Dem Wortgeklingel der Rituale zu mißtrauen lernte er in Prüm, aber auch jede auftretende Person als Stück der eigenen zu sehen. Was er wirklich bewältigt hat, wird der Beobachter erst am Ende seines Lebens erfahren.

An diesem Tag einigen sich die Regierungen der beiden deutschen Staaten endgültig über die Einzelheiten der Währungsumstellung. DDR-Bürger, die über 60 Jahre alt sind, können nicht nur – wie zunächst geplant – 4000, sondern 6000 Ost-Mark zum Kurs 1:1 umtauschen.

4. Mai 1990

Die Gewerkschaften sind in den letzten Jahren der 35-Stunden-Woche Schritt für Schritt nähergekommen. Erstmals aufgestellt wurde die Forderung im Herbst 1977. Heute gelang der Durchbruch. Die Tarifparteien im Bezirk Nordwürttemberg/Nordbaden vereinbarten nach einem Verhandlungsmarathon die Verkürzung der Arbeitszeit in zwei Schritten bis 1995. Außerdem sollen Einkommen um 6 Prozent erhöht werden. Franz Steinkühler sprach von einem eindrucksvollen Sieg.

Lafontaine ist von der Reaktorkatastrophe von Tschernobyl ebenso geprägt wie von der Gewißheit, daß das Ozonloch unseren Erfahrungen und Vorstellungen eine neue, tiefgreifende Furche gegeben hat. Die Kultur der Angst – inzwischen auch der Todesangst – hat ihn zukunftsfähig werden lassen. Sein Engagement gegen Atomkrieg und Aufrüstung machten ihn zum alternativen Mahner. Seine Einsichten werden auch – natürlich – von vagen Empfindungen bestimmt. Er sucht rationale Urteile, hat nicht oft – wie Kohl – moralisiert. Der Umbau der Industriegesellschaft blieb sein Thema. Sein Politikverständnis orientierte sich an der Durchsetzungsfähigkeit der Handelnden.

5. Mai 1990

Ein sonniger Frühlingsmorgen. Genscher ist Gastgeber der ersten Ost-West-Außenministerkonferenz über Deutschland: zwei plus vier. In den letzten Tagen und Wochen hetzte er von einem Termin zum anderen. Von Dublin nach Warschau, dann nach Brüssel und wieder zurück nach Bonn. Zweimal unterbrachen Schwächeanfälle seinen Tatendrang. Das Verhältnis zwischen Kohl und Genscher ist ramponiert.

6. Mai 1990

Im britischen *Observer* ist zu lesen:»Wenn das 20. Jahrhundert uns irgendetwas gelehrt hat, dann ist es, daß Frieden kein natürlicher Zustand auf dem europäischen Kontinent ist. Es stimmt zwar, daß die Tradition nationalistischer Gefühle im Westen durch die Gründung der Nato und der Europäischen Gemeinschaft geändert wurde. Aber im Osten sind diese nationalistischen Gefühle gerade erst wieder freigesetzt worden . . .

Da die Sowjetunion eine Supermacht bleibt, kann man auf die USA nicht verzichten, um das europäische Gleichgewicht zu halten. Das bedeutet, daß die Nato in der absehbaren Zukunft nicht so still verschwinden kann wie ihr Gegenstück im Osten.«

7. Mai 1990

Auch die zweite demokratische Wahl in der DDR sorgte für einige Überraschungen. Allerdings waren sie nicht so spektakulär wie bei der Volkskammerwahl. Die Parteien der »Allianz« behaupteten ihren Spitzenplatz, die DSU verlor. Insgesamt veränderte sich das Meinungsbild der DDR-Bevölkerung kaum.

Wer sich in der DDR umhört, stößt auf Aufbruchstimmung, mehr jedoch auf Skepsis, Unsicherheit und Sorge. Pfarrer Führer, mit dem wir in Leipzig sprachen, befürchtet für den Herbst 1990 Demonstrationen.

45 Jahre nach Ende des Zweiten Weltkriegs steht die deutsche Politik wieder am Kreuzweg. Wohin? Der Ostblock löst sich auf, die Vereinigung der beiden deutschen Staaten vollzieht sich mit einer Rasanz, die schwindelerregend ist. Die kommunistische Wirtschafts- und Gesellschaftsordnung ist offenkundig gescheitert, die europäische Integration verläuft zwar gebremst, doch wird sie erfolgen. Nationalstaatliche Ideen gehören der Vergangenheit an.

Wieder zeigt die Geschichte, daß politische Macht, die wirtschaftlich nicht abgesichert wurde, scheitert. Der Ostblock bestätigt diese These.

Politiker müssen international denken, nationale Organisations-
muster durch internationale abgelöst werden. Offenheit wird ein
Baustein für gesellschaftliche und staatliche Systeme sein. Dadurch
wird auch den Bürgern größtmögliche Freiheit gewährleistet. Daß
Politiker das Mögliche verwirklichen helfen, ist ihre eigentliche Bestimmung. Ganz ohne Zweifel handeln sie in einem äußerst komple-
xen Umfeld. Die vielfältigen Probleme lassen sich auf nationaler Ebene nicht mehr lösen. Die rapide Zerstörung menschlicher Lebensgrundlagen nimmt weiter zu. Böden werden vergiftet, Wasser und
Luft ebenso, Wälder – trotz lauter Hilferufe – weiter zerstört.

17. Mai 1990
Einen Tag vor der Unterzeichnung des Staatsvertrages mit der DDR
hat der stellvertretende SPD-Fraktionsvorsitzende Horst Ehmke
seiner Fraktion empfohlen, dem Abkommen im Bundestag nicht
zuzustimmen. Bundeskanzler Kohl trage allein die Verantwortung
für den von ihm durchgesetzten »schnellsten, risikoreichsten und
kostspieligsten Weg zur deutschen Einheit«, sagte Ehmke. Dies dürften die Sozialdemokraten nicht verwischen. »Ich sehe bisher nicht,
daß ich meiner Fraktion werde raten können, dem von der Kohl-
Regierung ausgehandelten Staatsvertrag zuzustimmen.« Er meinte,
die sozialen Risiken für die DDR-Bürger und die finanziellen Risiken für die Bundesbürger seien nach wie vor unübersehbar.

18. Mai 1990
Im Bonner Palais Schaumburg wurde der Staatsvertrag zwischen der
Bundesrepublik und der DDR unterzeichnet. Das Vertragswerk
sieht eine Wirtschafts-, Währungs- und Sozialunion zum 1. Juli 1990
vor. Die Aufspaltung der Deutschen in zwei Staatsvölker wird damit
beendet. Für beide wird es gravierende Konsequenzen haben. Wir
werden unseren Wohlstand mit den »Landsleuten« teilen müssen.
Das wird mittelfristig Opfer verlangen – hier wie dort. Die Kosten
lassen sich noch nicht übersehen. Die taktischen Positionsgefechte
können vergessen werden. Jetzt beginnt die deutsch-deutsche Ver-
antwortungsgemeinschaft. Und es gibt keinen Weg zurück.

Jubel wird es zum Staatsvertrag kaum geben, auch nicht eindeuti-
ge Ablehnung. Mit diesem Vertrag verschwindet die Deutsche
Demokratische Republik. Die Vereinigung wurde beschleunigt.
Auch dazu gab es keine Alternative.

19. Mai 1990

Daß er traumwandlerisch sicher immer wieder den richtigen Nerv trifft, hat Gunter Hofmann 1988 in der *Zeit* beschrieben: »Ja zu kürzeren Arbeitszeiten ohne vollen Lohnausgleich, nein zur überzogenen Deutschtümelei, ja zur Sonntagsarbeit, nein zum Verantwortungs-Imperialismus der SPD, ja zu Genscher, zum Unternehmertum und zur Marktwirtschaft ohne Wenn und Aber – schon lange hat man keinen Politiker erlebt, der es wie Oskar Lafontaine fertiggebracht hätte, in so kurzer Zeit mit so lapidaren Stichworten so leidenschaftliche Kontroversen in der Sozialdemokratischen Partei wie in der Republik auszulösen.«

Tatsächlich, wenn er etwas sagt, erhitzen sich die deutschen Stammtische, er liefert den Stoff für Journalisten. »Oskar, der Tabubrecher, ist ein öffentliches Ereignis«, schrieb Hofmann 1988. Aus seiner Feder stammen subtile Beschreibungen über den Saarbrücker. Heute hat sich Oskar Lafontaine öffentlich zurückgemeldet.

20. Mai 1990

»Dickköpfig, eigensinnig, überheblich, Staralüren nicht abhold«, so schilderten ehemalige Mitschüler und Kommilitonen Oskar Lafontaine. Einige dieser Eigenschaften haben sich auf hohem Niveau stabilisiert.

Plötzlich ist aus dem Vorstoß Lafontaines bitterer Ernst für seine Genossen geworden. Sie müssen über das weitere Tempo der Vereinigung Deutschlands entscheiden. Durch den Wahlsieg in Niedersachsen liegt bei der neuen Mehrheit der SPD-regierten Länder im Bundesrat der Schlüssel zur Verabschiedung oder Blockierung des Staatsvertrages. »Drücken geht nicht mehr«, urteilen prominente Bonner Genossen. Auf der einen Seite steht der eher staatspolitisch denkende Vogel, auf der anderen Seite agiert der aggressive, gerissene, eigensinnige Lafontaine, der Helmut Kohl als einen Politiker an den Pranger stellen möchte, der blind im Machtrausch »ohne Rücksicht auf Verluste« die Vereinigung anstrebt.

21. Mai 1990

Lafontaine lehnt den Staatsvertrag nicht nur aus strategischen Gründen ab. Vielmehr sieht er in ihm das Werk seines Gegenspielers, der die deutsche Einheit zu sehr als seine Privatsache betreibt und damit die DDR ins wirtschaftliche Chaos stürzt. Er besteht auf Nachbesserung, will der Kohlschen »Fehlsteuerung« entgegensteuern.

Oskar Lafontaine möchte Kohl ruppig und direkt auflaufen lassen. Er setzt auf Konfrontation. Das zögerliche, halblaut gesprochene Nein der Sozialdemokraten (West) zum Staatsvertrag läuft sowohl seiner strategischen als auch inhaltlichen Vorstellung zuwider. Er hat mit seinem Rücktritt gedroht, will die Partei zur Gefolgschaft zwingen, hat seinen Machtanspruch erneuert. Zähneknirschend begibt sich die SPD auf seinen Kurs. Lafontaine weiß, daß er Kohl nur »schaffen« kann, wenn er Punkte macht. Immer und immer wieder.

Daß er es faustdick hinter den Ohren hat, weiß jeder, der ihn kennt. Daß er zuschlagen, entschlossen hinlangen kann, hat er gezeigt, seit er die politische Bühne betreten hat. Er provoziert, setzt aufs Ganze und hat damit Erfolg gehabt. Fast immer ging es aufwärts. Geschickt nutzte er seinen Vorteil, griff meistens direkt an, und zwar brachial. Er kennt die Barometer der Ignoranz, besitzt ein außergewöhnliches Gespür für die Stimmungslagen des einfachen Mannes. Das emotionale Gewürge deutscher Stammtische und Sportvereine kennt er aus dem Eff-eff. Politik betreibt er nicht nur mit dem Kopf, sondern auch mit dem Bauch. Die sich verbreitenden Vorbehalte gegen den Vereinigungsprozeß und seine Folgen will er aufnehmen; er ist davon überzeugt, daß die Politik der Wirtschafts- und Währungsunion, mit höchstem Risiko betrieben, verdammt ist zu Mißerfolgen. Daß er auch die auf Besitzstand bedachten bundesdeutschen Wähler berücksichtigt, liegt auf der Hand.

25. Mai 1990

Frankreich fürchtet das wachsende politische und wirtschaftliche Gewicht der Bundesrepublik. Die Wirtschafts- und Währungsunion mit der DDR wird mit gemischten Gefühlen, vor allem aber skeptischen Einstellungen betrachtet. Dies wurde während einer Veranstaltung des Instituts der französischen Wirtschaft (Institut de l'Entreprise) in Paris deutlich. Von 600 neuen Gemeinschaftsunternehmen in der DDR hätten rund 96 Prozent einen westdeutschen Partner. »Wir müssen präsent sein, und zwar rasch«, forderte Valérie Giscard d'Estaing. Wer sich jetzt nicht in der DDR engagiere, versäume den rechten Zeitpunkt und begünstige damit die deutsche Übermacht.

264

Professor Walter von der Deutschen Bank prognostizierte, das Wachstum in der DDR werde in den nächsten Jahren 7 bis 10 Prozent betragen, gegenüber 3 Prozent in der Bundesrepublik.

Aus Bonn ist zu hören, daß bei der Umsetzung des Staatsvertrages die DDR sich für den Umweltschutz und gegen den Mißbrauch von Parteivermögen einsetzen wolle. Mit anderen Worten: Kohl lenkt ein. Lafontaine hat Treffer gelandet. Es wird nachgebessert. In München warf Franz Schönhuber das Handtuch. Der 67jährige trat als Bundesvorsitzender der Republikaner zurück. Das ist ein Erfolg für Kohl, der dem rechtsradikalen Volkstribun seine Grenzen gezeigt hat.

Heute ist in der *Frankfurter Neue Presse* zu lesen: »Das Nein der SPD zum deutsch-deutschen Staatsvertrag hat ganze drei Tage gehalten. Alles deutet darauf hin, daß sich eine Einigung über den Staatsvertrag erzielen läßt, so daß er als eine Vorstufe zur Vereinigung beider deutscher Staaten fristgerecht und ohne Schwierigkeiten Bundestag und Bundesrat passiert. Die SPD, die noch am Montag meinte, sie könne vor Kraft nicht laufen, hat eingesehen, daß jede Verzögerung nicht nur der Sache, zum Beispiel der Währungsunion und damit den DDR-Bürgern, schadet, sondern auch ihr selbst. Es ist gut, daß die Sozialdemokraten sich nicht viel Zeit gelassen haben, um von Lafontaines Besserwisserei wegzukommen.«

Für Lafontaine ist es kein Kostümstück. Der Machtpolitiker – von vielen als Nestbeschmutzer und Verräter beschimpft – kalkuliert kühl. Dabei erzielt er nicht nur erwünschte Integrationseffekte. Er will die nächste Bundestagswahl gewinnen, am liebsten aber die gesamtdeutsche Wahl. Daß Kohl ein wuchtiger Gegner sein wird, davon geht er aus.

Lafontaine verlangt von seiner Partei ein Nein zur schnellen Wirtschafts- und Währungsunion. In der SPD rumort es. Viele fürchten um die Glaubwürdigkeit der Partei. Zwischen Lafontaine und Vogel hat es gehörig gefunkt.

Daß seine Partei der Union auf den Leim kriechen könnte, in vielem zu gefügig sei, fürchtet Lafontaine. Wiederholt hat er im häuslichen Kreis die Dummheit mancher Genossen gerügt. Das deutliche Ja der SPD zum Vertragswerk und die zögernde, gedämpfte Kritik mancher Genossen daran paßt ihm nicht. Er macht Kohl für die »abrupte Einführung« der DM in der DDR verantwortlich, meint, die DM zum 1. Juli 1990 drüben einzuführen, sei eine eminente Fehlentscheidung.

Lafontaine segelt hart am Wind, fordert seinen Genossen das Letzte ab, hat wiederholt Gefolgschaft angemahnt. Er weiß, daß nur er es schaffen könnte, Kohl zu schlagen.

Seit seiner Jugend gehört er zu jenen, die Kniefälle genießen. Aufsässigkeit war ihm nie fremd. Und im richtigen Augenblick zu handeln kennzeichnet seinen Substanzwert. Macht machte ihn selten ohnmächtig. Im Werdegang dieses Mannes steckt nicht nur die personenreich wimmelnde Geschichte der Fischergass'. Habemus papam. Die SPD benötigt ihn auch.

26. Mai 1990

Wieder einmal in Leipzig: Gespräche mit Redakteuren der *Leipziger Volkszeitung*. Viele Bürger, sagen sie, reagierten auf die Dissonanzen innerhalb der SPD in der Bundesrepublik recht irritiert. Wenn das mit der Währungsunion am 2. Juli nicht hinhaue, sei hier der Teufel los. Natürlich wüßten die meisten, meint der Chef vom Dienst, daß dieser Lafontaine für sie nur Verbesserungen erreichen wolle. Er gebe dem Saarländer auch recht, alles verlaufe viel zu hektisch und überstürzt.

Die Leute wüßten nicht mehr, was eigentlich los sei, wirft der Lokalredakteur ein. Er habe mit Menschen gesprochen, die nicht mehr wissen, was die Sozis eigentlich wollten. Überall stoße er auf Unwissenheit und Verunsicherung.

Die versammelten Journalisten geben dem Kanzler-Herausforderer recht. Ja, es wäre günstig, wenn die Umweltschutzbestimmungen oder die Reprivatisierung – wenigstens im Anhang – exakter und genauer gefaßt würden.

Im Rathaus zu Aachen erhielt gestern der ehemalige ungarische Außenminister Horn den Karlspreis. Und zwar als Dank und Anerkennung dafür, daß er und die ungarische Führung Tausenden von DDR-Bürgern durch die Öffnung der Grenze zur Flucht in den Westen verholfen hatten. In seiner Entgegnung sagte Gyula Horn u. a.:

»Zur Zeit höre ich, welche Sorgen die Vereinigung der beiden deutschen Staaten bereitet. Ich möchte jene, die wegen dieser Sorgen Bedenken hegen, darauf hinweisen, daß sie diese Sorgen vor einem Jahr freudig übernommen hätten. Und als ungarischer Amtsträger bekenne ich, daß ich diese Sorgen gerne auf mich nähme, hätte ich die Aussicht, alle Ungarn zu vereinen . . .«

28. Mai 1990

Lafontaine sei zu feige, offen zu seiner Ablehnung der Einheit Deutschlands zu stehen, wetterte der Fraktionschef der CDU, Alfred Dregger. Ein Nein im Bundestag wäre nach Dreggers Meinung ein schwerwiegender Vorgang, der Panik in der DDR auslösen und die Sowjets verleiten könne, in der Frage der deutschen Einheit auf Zeit zu spielen.

In der Union holzt jeder gegen den Kohl-Herausforderer. Auch der parlamentarische Geschäftsführer der Union, Bohl, riet der SPD, sich »nicht unter das Joch von Oskar Lafontaine zu beugen«. Überall Schelte für Lafontaine, doch Lob und Streicheleinheiten für die Sozialdemokraten. Das gehört zur Strategie der CDU/CSU: In der SPD knirscht es vernehmlich. Oskar übertreibe, er mute seiner Partei zuviel zu, ist aus der SPD-Fraktion zu hören. Sein politischer Riecher in Ehren, aber er taktiere die SPD in die Abseitsfalle der Union.

Nachdem gestern Lafontaines innerparteiliche Gegner über ihn hergefallen sind, ergriffen heute seine Freunde das Wort in den Auseinandersetzungen um den Staatsvertrag. Reinhard Klimmt, wahrscheinlicher Nachfolger Lafontaines auf dem Stuhl des Ministerpräsidenten, forderte die SPD auf, im Bundestag den Vertrag abzulehnen, im Bundesrat dagegen passieren zu lassen. Ob sich dieser Spagat wirklich dem Wähler vermitteln läßt, muß bezweifelt werden. Auch Gerhard Schröder stärkte dem Saarländer den Rücken. Der Staatsvertrag sei in der vorliegenden Form nicht zustimmungsfähig. So habe es der Vorstand letzte Woche einstimmig beschlossen.

Angeheizt wurde die innerparteiliche Diskussion durch *Bild*. Die Zeitung beschrieb den »Aufstand in der SPD« und lockte mit dem Titel »Wankt Lafontaine – kommt Momper?«. Überall Gerüchte. Auch in der CDU wird spekuliert, ob Engholm der neue Kanzlerkandidat der SPD werde.

29. Mai 1990

Die wirtschaftliche Lage in den DDR-Betrieben ist schlimmer, als allgemein geschildert und angenommen wird. Das hat der stellvertretende Direktor des Manfred-von-Ardenne-Forschungsinstituts in Dresden, Siegfried Schiller, gesagt. Es werde in der DDR nach dem 1. Juli einen »Flächenbrand an Konkursen« geben. Die Ergebnisse der rechnerischen Bestandsaufnahme in den Betrieben seien erschütternd. Schiller hält es für möglich, daß 70 Prozent der DDR-Betriebe den Neuanfang nicht überleben. In der Bundesrepublik werde die tatsächliche Lage zu optimistisch dargestellt. Rund vier Millionen Beschäftigte müßten eine andere Stelle finden und würden zunächst arbeitslos.

Für den 14. Juni sind alle Führungsgremien der SPD nach Bonn einberufen worden, um einen klaren Kurs für die Schlußabstimmungen in Bundestag und Bundesrat abzustecken. Vogel plädierte heute für das Kommen Lafontaines. Er solle seine deutschlandpolitische Position bei dieser Gelegenheit vor den Gremien der Partei vertreten. Abhängig sei dies von der Frage, ob die Genesung Lafontaines ausreichend fortgeschritten sei. In jedem Fall habe der Mensch Vorrang vor politischen Überlegungen.

Die Auseinandersetzung über den Staatsvertrag mit der DDR, sagte der Vorsitzende der SPD-Fraktion im baden-württembergischen Landtag, Spöri, sei eine Belastung, aber auch eine Chance für die SPD. Diese Auseinandersetzung könne sich – wie viele Konflikte – positiv auswirken. Immerhin habe Lafontaine erreicht, daß jetzt ernsthaft über Lösungsmöglichkeiten diskutiert werde, wie vermeidbare Arbeitslosigkeit verhindert werden könne, wenn die Wirtschaft der DDR mit einem Schlag der internationalen Konkurrenz ausgesetzt werde. Lafontaine habe die Programmtüftler in Bewegung gesetzt.

Trotz des Flankenschutzes von Spöri hat sich die Stimmung in der SPD gegen Lafontaine gewendet. Der Abgeordnete Niggemeier, ein rechter Genosse, meinte, das Tempo der Revolution richte sich nicht nach der Straßenverkehrsordnung. Durch die Überwindung der Spaltung Deutschlands dürfe nicht eine in sich gespaltene SPD entstehen. Lafontaines Drohungen und Wendemanöver spielen in vielen Briefen, die die Baracke erreichten, eine erhebliche Rolle. Er wird als neuer »Duce« attackiert. Es rumort.

»Die halben Schweine und das Vaterland« überschrieb Antje Vollmer, Bundestagsabgeordnete der Grünen, heute ihren Gastkommentar in der *taz*. Sie setzt sich mit dem Recht der Opposition auf ihr Bild eines anderen Deutschlands auseinander:

»Wendezeiten – wir wissen es – fressen Hoffnungsträger. Von irgendwas muß der Schornstein schließlich rauchen. Den Daumen runter für den Überbringer schlechter Nachrichten! Selten hatte

Oskar Lafontaine, der Vielbetreute, so einhellig alle Politpädagogen auf sich versammelt. Rudolf Augstein bläst ihm sein vertrauliches ›tja, tja, Oskarchen‹ ins Gesicht. Der Graf straft mit dem Stöckchen ab, Frau Renger tritt mit dem Stöckelschuh nach, und auch die *taz*-Redakteurin erzieht mit (›Ich empfehle eine kleine Nach-Kur in Berlin‹). Wer nicht mit will, wo alle hinwollen, den bestrafen die Deutschen. Aber woher kommt das Missionarische, die Aggressivität und Unduldsamkeit?

Einer muß ja das kollektive Stumme ausdrücken, das Unbehagen, daß etwas Unberechenbares abläuft. Wenn sie es denn alle so genau wissen, die Augstein, Kohl, Lambsdorff und Dohnanyi, so könnten sie doch gütigst dies kleine Weilchen abwarten, bis ihr Rechthaben und unser Jahrhundertirrtum klar ans Licht der Sonne kommt. Könnte ja sein, daß Oskar Lafontaine nur ein bißchen zu schwarz sieht, zu sehr von ›down, down, and away‹ und von Ferne her. Könnte sein. Könnte sein, daß die SPD eher einen Kanzlerkandidaten fürs große Gemeine bräuchte. Könnte aber auch nicht sein. Die Wahrheit ist nämlich, daß alle an einem Gesellschaftsexperiment teilhaben, das ohne Beispiel und ohne Vorbild ist. Instinkt steht da gegen Instinkt und Überzeugung gegen Überzeugung. So brutal ist noch nie – außer in Kriegszeiten – eine Gesellschaft in eine andere hineingestürzt, beziehungsweise gestürzt worden. Nun finde ich, daß es an begleitendem Hurra-Geschrei für diesen einmaligen Vorgang in allen westdeutschen Medien und Parteien wahrhaftig nicht mangelt. Da freut man sich doch über jeden, der (übrigens mit respektablen mitmenschlichen Gründen) nicht im Geiste mitmarschiert.

Nach diesem fiebrigen Sommer kommt ein Herbst, und erst im Winter werden alle genauer wissen, was ging und was nicht geht. Mag ja sein, daß Helmut Kohl dann Schwein gehabt hat und mehr Glück als Verstand. ›Bloß machen zwei halbe Schweine noch‹ – sagt Wolf Biermann – ›kein ganzes Vaterland.‹

Solange dies Wunder noch nicht geglückt ist, hat die Opposition alles Recht, auf ihrem Bild eines anderen Deutschlands zu bestehen, das nicht nach dem Gardemaß des Kanzlers geschnitzt ist.«

30. Mai 1990

Witzig, straff bis zur wohlgesetzten Pointe kann Lafontaine sein. Konzentration und Wachheit scheinen ihm angeboren zu sein. Er besitzt eine ausgesprochene Doppelbödigkeit. Manchmal zeigt er sich direkt und ironisch. Doch er beherrscht auch den betulichen, altbackenen Humor. Bildungsphiliströse Gesten und Sentenzen ließ er verschwinden. Das war einmal. Daß seine Lebenspartnerin Christa Müller ein Buch über das Recht auf Faulheit geschrieben hat, muß ihn fasziniert haben. »Die protestantische Arbeitsethik, die dem Menschen suggeriert, daß er arbeiten muß, um zu leben, ist längst nicht mehr zeitgemäß«, sagte sie kürzlich in einem Interview, das sie *Marie claire* gab. An anderer Stelle: »Es kann nicht Sinn des Lebens sein, möglichst viel zu arbeiten. Wir müssen lernen, möglichst gut zu leben.«

Wer ihre Sätze liest, sieht Oskar Lafontaine in einem anderem Licht. Er scheint in den letzten beiden Jahren von ihr gelernt zu haben. Vielleicht aber steckte diese Weisheit schon immer in dem saarländischen Napoleon.

In der *Frankfurter Rundschau* steht unter der Überschrift »Kohls Kandidaten-Kür«:

»Die SPD-Opposition in Bonn hat immerhin ihr Hauptziel in dem politischen Prozeß zur deutschen Einigung erreicht: endlich mitbeteiligt zu sein und einbezogen zu werden in die Bonner Absprachen mit Ost-Berlin. Ob diese sichtbare Mitverantwortung nun ›Runder Tisch‹ heißt, den die SPD seit dem Fall der Mauer ebenso eindringlich wie vergeblich gefordert hatte, oder ›Delegationsgespräch‹, ist eine Geschmacksfrage. Auf jeden Fall liegt die Zusage des Kanzlers vor, die Verhandlungen über den weiteren Weg zur deutschen Einheit im gleichen Rahmen fortzusetzen.

Ob dieser ›Erfolg‹ einem Kritiker des Staatsvertrages wie dem SPD-Kanzlerkandidaten Oskar Lafontaine, dem ja die ganze Richtung nicht paßt, ausreicht, um auf den Mehrheitskurs seiner politischen Freunde einzuschwenken, bleibt ungewiß. Er hält den Staatsvertrag für eine ›eminente Fehlentscheidung‹, mit oder ohne die sich auf Druck seiner Partei abzeichnenden Verbesserungen. Der Kandidat will Spielraum für seinen Konfliktkurs gegen den Kanzler, der Vorsitzende Mitbestimmung bei Kohls Einheitskurs.

Auf den Saarländer kommt deshalb unerbittlich der Augenblick zu, an dem er sich entscheiden muß zwischen dem Verlust seiner Glaubwürdigkeit, wenn er zustimmt, und dem Verlust seiner Kandidatur, wenn er ablehnt. Nun hat es Kohl sogar in der Hand, durch großzügiges Entgegenkommen seinen Herausforderer zu stürzen. Am Ende erfüllt er vielleicht sogar alle SPD-Wünsche, nur um sich seines einzigen, wirklich gefährlichen Widersachers zu entledigen.«

1. Juni 1990

Volle Breitseiten gegen Lafontaine schießt Theo Sommer heute in der Wochenzeitung *Die Zeit*. Ohne die eigene Phantasie übermäßig zu strapazieren, ahnt der Leser, mit welcher vergnügten Schadenfreude Herausgeberkollege Helmut Schmidt die Zeilen begleitet. Sommer meint über den falschen Mann zur falschen Zeit: »Ein Sturm im Wasserglas? Der SPD-Vorsitzende Hans-Jochen Vogel täuscht sich. Die westdeutschen Sozialdemokraten stecken in einer tiefen Krise, vergleichbar nur ihrem inneren Würgen vor der Verabschiedung des Godesberger Programms und dem bitteren Streit über die Nachrüstung. In dieser Krise wird sich entscheiden, ob in den neunziger Jahren mit ihnen als gestaltender Kraft in der deutschen Politik zu rechnen sein wird oder ob sie der Jahrhundertwende im Abseits entgegenkrebsen, dorthin verführt von ihrem Kanzlerkandidaten 1990.

Oskar Lafontaine hat sich verrannt. Er hätte sich eine andere deutsche Zukunft vorstellen können (und wohl lieber vorgestellt) als die ungeteilte Staatlichkeit der Nation – wie viele andere hierzulande auch, denen die Freiheit aller Deutschen dringlicher war als die Einheit aller Deutschen, das Zusammenwachsen Europas wichtiger als das Zusammenwachsen Deutschlands. Aber nun, da die Geschichte uns unverhofft die Chance der Vereinigung an unsere Gestade gespült hat und die sechzehn Millionen Landsleute im Osten mit Macht darauf drängen, daß wir diese Chance beherzt ergreifen, stellt er sich gegenüber der neuen Wirklichkeit blind und taub. Er schmollt, weil die Geschichte einen anderen Weg eingeschlagen hat als jenen, den er bevorzugt hätte. Und er versucht seiner Partei eine Politik aufzuzwingen, die in Wahrheit auf Politikverweigerung hinausläuft.

Mahnungen zur Selbstbesinnung und Selbstbescheidung wären ja am Platze gewesen. Auch die Kritik, daß der Vollzug der deutschen Einigung vom Bundeskanzler allzu oft im Alleingang betrieben worden ist, ohne ausreichende Abstimmung mit der Opposition, den Bundesländern, den Verbündeten und Partnern, hat ihre Berechtigung. Aber wegen der Mängel in der Prozedur deren Produkt in Bausch und Bogen zu verwerfen – das müßte schon besser begründet

271

werden. Lafontaine nennt die Einführung der D-Mark zum 1. Juli ›eine eminente Fehlentscheidung‹, den Staatsvertrag empfindet er als ›in sich widersprüchlich und unschlüssig‹. Sein Nein allerdings zum Staatsvertrag beruht selber auf einer eminenten Fehleinschätzung, und seine eigene Argumentation ist widersprüchlicher und unschlüssiger als das Vertragswerk, das er kritisiert.

Die Fehleinschätzung liegt darin, daß Lafontaine eine Alternative zum Staatsvertrag unterstellt, die nirgendwo sichtbar ist. Er ergeht sich in düsteren Prophezeihungen, doch ein eigenes Konzept oder Rezept legt er nicht vor. Er ventiliert nur die Befürchtungen, nicht die Hoffnungen, stellt ausschließlich auf die Risiken der deutschen Union ab, nicht auf die Chancen. Natürlich gibt es Schwierigkeiten zuhauf: Umstellungsprobleme, Firmenkonkurse, Arbeitslosigkeit in der DDR. Dagegen stehen jedoch handfeste Möglichkeiten: Wachstumsziffern in asiatischen Größenordnungen, die Schaffung von Millionen neuer Arbeitsplätze, die Sicherung der Hochkonjunktur bis weit in die Neunziger hinein. Davon sagt Lafontaine kein Wort. Er spielt bloß auf den schwarzen Tasten des Wiedervereinigungsklaviers.

Seine Widersprüche und Unstimmigkeiten aber? Sie sind nicht zu übersehen.

Den jetzt eingeschlagenen Weg hält Lafontaine für ›überhastet und damit falsch‹. Vor einem halben Jahr noch sagte er: ›Auch von der Bundesregierung ist Schnelligkeit gefordert … Am dringlichsten ist jetzt aber, daß beide Regierungen eine Antwort auf das Währungsproblem finden.‹

Er versteckt sich bei seiner Ablehnung der raschen Währungsunion hinter Sachverständigenrat, Bundesbank, Bundeswirtschafts- und Bundesfinanzministerium – den Hochburgen der ökonomischen Orthodoxie. Für eine sozialdemokratische Führungsfigur sind das merkwürdige Berufungsinstanzen. Im übrigen haben sie mittlerweile ihr früheres Urteil revidiert. ›Was ökonomisch falsch ist, kann politisch nicht richtig sein‹, diktierte der Saarländer dem *Spiegel* ins Protokoll. Aber wer weiß schon, was bei den beispiellosen Vorhaben, eine Kommandowirtschaft in eine freie Marktwirtschaft zu überführen, wirtschaftlich falsch oder richtig ist? Gilt nicht umgekehrt auch: Was politisch falsch ist, kann ökonomisch nicht richtig sein?

Im vorigen Jahr sang Lafontaine in einem Buch das hohe ›Lied vom Teilen‹: Vom Umverteilen. Jetzt freilich argumentiert er als Wohlstands-Egoist, dem der Gedanke ans Teilen ein Greuel ist. Dabei schiebt er das Prinzip der sozialen Gerechtigkeit vor. Doch die Tarnkappe des Begriffs ist durchsichtig: Dahinter verbirgt sich nichts anderes als der Sozialneid der Stammtische und die Besitzstandsmentalität der *beati possedentes* in der Bundesrepublik. Wo bleibt die Solidarität mit jenen Deutschen, die vierzig Jahre lang allein auf den Trümmern des Kriegs sitzengeblieben waren? Wo wenigstens das realistische Eingeständnis, daß wir jede Milliarde, die wir nicht zur Besserung der Dinge in Deutschland ausgeben, für Millionen von Übersiedlern werden ausgeben müssen, die zu uns strömen, weil sie drüben keine Aussichten haben – es sei denn, es würde Lafontaines alte Idee wiederbelebt und ihnen der Zuzug gesperrt?

Ungereimtheiten, wohin man blickt. In dem Ratschlag, den der Kanzlerkandidat seiner Partei gibt, rutschen sie ab in pure Unredlichkeit: Im Bundestag soll die SPD gegen den Staatsvertrag stimmen, im Bundesrat jedoch ihn passieren lassen. Damit hat Lafontaine sein Konto bei den eigenen Genossen wohl überzogen. ›Ein ganz schlauer Bauer‹ – so nannte ihn einst Hans Apel. Jetzt ist er über seine Schlaubergerei gestolpert. In der Bundestagsfraktion zumindest zitieren neuerdings viele die Sätze, die Apel vor zwei Jahren in einem ganz anderen Zusammenhang sprach, nachzulesen in seinem Memoirenband *Der Abstieg*: ›Nun muß Schluß sein mit der Rücksichtnahme auf Lafontaine. Der reitet sich und uns immer tiefer in den Sumpf.‹

Der Mann, den Willy Brandt einmal ›eine gelungene Mischung aus Napoleon und Mussolini‹ nannte, hat die deutsche Sozialdemokratie gespalten. Die SPD-Ost hat ihm eine klare Absage erteilt. Die SPD-West begehrt gegen das Diktat aus Saarbrücken auf. Wie könnte sie auch anders? Sie wirft dem Bundeskanzler vor, daß er die deutsche Vereinigung als Privatangelegenheit betreibt. Wie dürfte sie da dem eigenen Spitzenmann durchgehen lassen, daß er die Deutschlandpolitik der Partei ähnlich selbstherrlich bestimmt?

Lafontaine haßt den Rechtfertigungszwang in der Politik. Er möchte am liebsten führen, ohne überzeugen zu müssen: autoritär. Hochgemut und hochmütig, teils Spielernatur, teils Machtmensch, zuweilen ideologisch bis zur Verbohrtheit, zuweilen pragmatisch bis zum Opportunismus – so macht er in rastloser Hektik Politik. Sein Ehrgeiz, so scheint es, wird nur gebremst durch den Gedanken, daß dessen Erfüllung ihm einen Verlust an Lebensqualität bescheren würde.

Die Partei, die sich ihm in den Arm geworfen hatte wie das Burgfräulein dem Ritter auf dem Schimmel, wird allmählich seiner Unstetheit überdrüssig . . .«

6. Juni 1990

Für Walter Momper, Regierender Bürgermeister von Berlin, ist der stellvertretende Parteivorsitzende und Kanzlerkandidat Lafontaine »der beste Mann, den die SPD für dieses Amt zu bieten hat«. In einem Interview mit der *Frankfurter Rundschau* sagt Momper zu Spekulationen, er könne Lafontaine als Kandidat ablösen, solche Gedanken schmeicheln »natürlich meiner Eitelkeit, aber sie entbehren jeder Grundlage«.

Die Gerüchteküche kocht. Interviews, Spekulationen und gezielte Indiskretionen belegen eine Tatsache deutlich: In der SPD kracht es. Die mühsam ausgedachte Rollenverteilung droht zu zerplatzen. Willy Brandt ist mit Oskar Lafontaines Kurs nicht mehr einverstanden. Er fürchtet, daß über die Partei erneut das historische Verdammungsurteil, »vaterlandslose Gesellen« zu sein, gefällt wird. Lafontaine steht – wie wir aus Saarbrücken hören – kurz vor der Aufgabe. »Er möchte die Brocken hinschmeißen!«

Für die SPD geht es jetzt darum, mit welchem Kurs die deutsch-deutsche Entwicklung gesteuert werden soll.

9. Juni 1990

Lafontaine läßt die Genossen zappeln. Kommt er nach Bonn, kommt er nicht? Bleibt er Bundeskanzlerkandidat, bleibt er nicht? Hinter vorgehaltener Hand schäumen die Genossen. Einerseits wissen sie, daß sie ohne Lafontaine chancenlos sind, andererseits wollen sie vor ihm nicht länger auf dem Bauch kriechen. Vogels Anspielung »vom Sturm im Wasserglas« gehört zu den wohlmeinenden Untertreibungen des Parteivorsitzenden, der von Lafontaine »vorgeführt« wird.

Der Saarländer – das wird immer deutlicher – verfolgt mehrere Ziele gleichzeitig. Er will sich weithin sichtbar von Kohl absetzen, jedenfalls so weit, daß er einen »glaubwürdigen Wahlkampf« gegen Kohl führen kann. Zweitens will er Kohls Fahrplan für frühe gesamtdeutsche Wahlen stören. Drittens greift er nach dem Parteivorsitz. Er möchte die SPD noch fester unter seine Knute bringen.

10. Juni 1990

Im Saarbrücker Privathaus Lafontaines blickte ein gelöst, aber überlegen lächelnder Kanzlerkandidat in die Runde. Vogel kam mit Björn Engholm am Vormittag hierher. Johannes Rau hatte abgesagt, da wegen der Wetterlage der pünktliche Rückflug mit dem Hubschrauber nicht garantiert werden konnte und er seinen Auftritt als »Sprecher« in Prokofieffs »Peter und der Wolf« in Hamm nicht gefährden wollte.

Nach dem Gespräch sagte Hans-Jochen Vogel unter Hinweis auf Lafontaines einstimmige Nominierung als Kanzlerkandidat im letzten März: »Ich verlasse jetzt sein Haus mit dem Eindruck, daß sich daran nichts geändert hat.«

Lange wurde während des zweieinhalbstündigen Gespräches über die Vereinigung der beiden sozialdemokratischen Parteien gesprochen. Lafontaine – hat uns ein enger Vertrauter gesteckt – wolle demnächst Vogel als SPD-Vorsitzenden ablösen und später gesamtdeutscher SPD-Vorsitzender werden. Das also ist der eigentliche Clou des quirlig-aggressiven Saarländers. Lafontaine ist 46 Jahre, Vogel 64 Jahre alt.

In der *Hamburger Morgenpost* lesen wir: »Was Lafontaine wirklich will mit seiner absehbar fruchtlosen, wenn auch berechtigten Mäkelei am Staatsvertrag, ist auch Wochen nach seiner ersten Drohung, die Kandidatur hinzuwerfen, noch nicht klar. Er hätte guten Grund, sich selber böse zu sein. Als prominenter Vertreter einer Generation, die keine Deutsche-Reichs-Nostalgie mehr in der Seele lagert, hätte er schon zu Beginn der Wende in der DDR bremsen können. Als kommender Mann der SPD galt er schon damals. Statt dessen ließ er die SPD eine höchst unfruchtbare Doppelstrategie fahren: In der DDR warb Willy Brandt für ein Deutschland, während Lafontaine zu Hause Bedenken vortrug.«

Journalisten, Parteipsychologen und Funktionäre aller Art rätseln über das faszinierende »Projekt Lafontaine«. So viele Brüche, so viele Ungereimtheiten, so viele sauertöpfische Mienen! Hin und her werden die Interpretationen geschoben. Könnte dieser politische Klotz nicht einfach dickköpfig, eigensinnig und brachial-muskulös aus- und angelegt sein?

11. Juni 1990

Oskar Lafontaine bleibt Kanzlerkandidat. Dies ist die Meldung des Tages. Er »wird den Wahlkampf als Kanzlerkandidat führen«, verkündete Hans-Jochen Vogel, »die Partei wird ihn mit aller Kraft stützen«.

In Bonn erklärt der Parteivorsitzende weiter, es gebe im Führungsgremium der SPD »volle Einheit« darüber, daß der Staatsvertrag jetzt nicht mehr scheitern dürfe, da sonst in der DDR ein unbeherrschbares Chaos zu befürchten sei. Die SPD sei an dem »falschen Weg« des Bundeskanzlers zwar nicht beteiligt gewesen, habe sich aber um eine Minderung der Risiken bemüht. Es sei das Verdienst von Oskar Lafontaine, auf diese Risiken und die Verantwortung des Kanzlers dafür hingewiesen zu haben.

Bissig reagiert Vogel auf ein Gespräch des stellvertretenden Fraktionsvorsitzenden Ehmke, der für eine gesamtdeutsche SPD einen »jüngeren Vorsitzenden« empfohlen habe. Björn Engholm, Schleswig-Holsteins Ministerpräsident, wütet, Ehmke müsse wohl »mit dem Klammerbeutel gepudert« sein, weil er ausgerechnet jetzt diesen Vorstoß unternommen habe. Vogel kocht. Er weiß, daß Lafontaine auch Vorsitzender der SPD werden möchte, weiß seit langem, daß Lafontaine die Messer gegen ihn gewetzt hat. Aufmerksam hat er die noch geheim gehaltenen Bemühungen einer Gruppe führender Sozialdemokraten verfolgt, Lafontaine auf den Sessel des Vorsitzenden einer gesamtdeutschen SPD zu hieven. In Bonn ist zu hören, daß Lafontaine in der Frage der Kanzlerkandidatur erst eingelenkt habe, nachdem ihm Vogel während eines Telefonats zugesagt habe, ihn zum Vorsitzenden der vereinigten SPD vorzuschlagen. Dieser aggressive Vorstoß läge durchaus auf seiner Linie. Der hart zuschlagende Lafontaine betrachtet sein Verhalten keineswegs als »würdeloses Spiel« mit der eigenen Partei, wie Theo Waigel ihm dies vorgeworfen hat. Ihm geht es um seine Person und um die zentralen Fragen nach der Zukunft Deutschlands. Und beides läßt sich für Lafontaine nicht trennen. Mißverstanden und verfolgt wird er sich heute nicht fühlen.

Lafontaine hat ohne Rücksicht auf die Partei seinen Willen oktroyiert. Er hat sich durchgesetzt. Auch wenn ein Scherbenhaufen zurückbleibt, auch wenn die Genossen des ermüdenden Gezerres überdrüssig sind: Sie behalten eine scharfzüngige, für Kohl gefährlich werdende Waffe. Lafontaine kennt das kurze Gedächtnis der Öffentlichkeit und der Politik. Ihn kümmern nicht die Spätfolgen, denn er weiß, daß die SPD zu ihm keine Alternative anzubieten hat.

14. Juni 1990

Der Politpoker um den Staatsvertrag ist für Lafontaine zunächst gelaufen. In der Landesvertretung des Saarlandes zog er heute mit zwei Mitarbeitern Bilanz seines ersten Auftritts nach dem Attentat in Bonn. »Ich habe in den letzten drei Wochen die Grundlage geschaffen für die Wahlauseinandersetzungen der letzten drei Monate dieses Jahres.« Er machte einen zufriedenen Eindruck, zeigte Verständnis für jene Genossen, die ihm vorgehalten hatten, er rede mehr mit anderen als mit der eigenen Partei. »Es war nicht länger aufrechtzuerhalten, daß ich nur über Medien vermittelt worden bin. Da war Freude, daß ich wieder voll in den Gremien der Partei aufgetreten bin.«

Nach wochenlangem Streit hat sich die Partei auf einen Kompromiß verständigt. Die sozialdemokratische Bundestagsfraktion stimmt in dieser Woche dem Staatsvertrag mit der DDR zu. Lediglich 22 Abgeordnete stimmten bei einer Probeabstimmung dagegen. Für Hans-Jochen Vogel ist das ein Erfolg. Die Fraktion steht mehr denn je hinter ihrem Fraktionsvorsitzenden. Auch das hat Lafontaine – wenn auch unfreiwillig – geschafft. Er wird Vogel kaum noch ausrangieren können. Dem Kanzlerkandidaten hat der quälend verlaufende Krach bei den Wählern geschadet. Kohl profitiert vom Streit der Genossen. Es könnte sein, daß der Fuchs Lafontaine bei der Diskussion um den Vorsitz der gesamtdeutschen SPD einlenkt.

Lafontaine – das haben wir immer wieder erläutert – geht meistens aufs Ganze. Er möchte neuer Vorsitzender, also erster Chef einer vereinigten gesamtdeutschen SPD werden. Allerdings wird in der Bundestagsfraktion der Sozialdemokraten mächtig Wind gegen ihn gemacht. Auch die DDR-SPD ist nach dem Hin und Her beim Staatsvertrag gegen den Landesfürsten von der Saar. Sie fühlt sich durch seine Vorstöße eher in den Regen gestellt als unter den Schirm gezogen.

15. Juni 1990

Lafontaine glaubt an eine Rückkehr zu den Wurzeln aufgeklärter abendländischer Vernunft. Er gehört zu jenen, die frei zu sein scheinen von Nationalismus. Sein Erfahrungshorizont ist kosmopolitisch. Er vermag in jeglicher Hinsicht über den Tellerrand zu sehen. Daß in einer kosmopolitisch strukturierten Welt Frieden realisiert werden muß, gehört für ihn zu den Selbstverständlichkeiten. Vor allem aber, daß in einer einheitlichen, befriedeten Welt Freiheit existiert. Bewegungsspielraum kennzeichnet das Credo dieses urbanen Politikers, der Mühe aufgewendet hat, Fremdes kennenzulernen.

Der Sozialismus ist für ihn eine Theorie, über die sich streiten läßt. Mit dem Charme weltläufiger Lässigkeit hat er sich manchmal daran wundgerieben

16. Juni 1990

Nach dem von Lafontaine entfachten Streit um den Staatsvertrag zur Wirtschafts- und Währungsunion mit der DDR hat der Kanzlerkandidat erheblich an Popularität verloren. Die großen Meinungsforschungsinstitute Infas und Emnid meldeten übereinstimmend einen Sympathieverlust von sechs Prozent innerhalb einer Woche. Damit fiel Lafontaine erstmals seit Monaten deutlich hinter Kohl zurück. Leistungsstreben und Gestaltungsdrang besitzt Oskar Lafontaine reichlich. Seine Leistungen sind auch Teil seines Geltungsstrebens. Leistungsehrgeiz lebte er häufig aus. Fast immer ging es ihm auch darum, durch Leistung den eigenen Geltungswert zu erhöhen.

Leistung zu bringen, über sich selbst hinauszuwachsen – dies wurde Teilprogramm seiner Persönlichkeit, seines Machtwillens. Dadurch wurden seine Interessen zentral bestimmt.

18. Juni 1990

Klar ist jetzt, daß sich die Bundes-SPD am 27. September mit ihrer Schwesterpartei in der DDR zu einer gesamtdeutschen Partei zusammenschließen wird.

Auf dem Vereinigungsparteitag stellt die SPD-West 400 Delegierte und die SPD der DDR 100. Damit erhält sie mehr Delegierte als ihr nach der Zahl ihrer Mitglieder eigentlich zustehen.

19. Juni 1990

Seine Anhänger legen sich für ihren Oskar mächtig ins Zeug. »Du mußt es ihm sagen, Willy, ich bin nicht sein Enkel, sondern deiner«, hat Gerhard Schröder zu Brandt gesagt. Die Befürworter eines Generationswechsels in der SPD – Schröder, Scharping, Spöri, Wieczorek-Zeul – blasen zum Angriff gegen Vogel. Sie wollen, daß Lafontaine neuer Parteivorsitzender wird. Seine Gegner witzeln: »Typisch Oskar, der sitzt in Spanien und läßt hier die Puppen tanzen!«

Klar ist seit heute, daß mit Ausnahme Niedersachsens und des Saarlandes die SPD-geführten Länder im Bundesrat dem Staatsvertrag zustimmen werden.

20. Juni 1990

Wer ihn kennenlernt, den frechen Oskar, begegnet Nachdenklichkeit, Engagement und Detailwissen. Freiheit hält er für existenznotwendig. Und man nimmt es ihm ab: Freiheit für möglichst alle in menschenwürdiger Existenz zu schaffen und zu sichern. Das betont er, das läßt sich an seinen Einlassungen ablesen. Er setzt sich den Spannungen und Konflikten aus, die bei der Verwirklichung dieser Aufgabe auftreten; er weiß, daß sie das unaufhebbare Dilemma der Politik kennzeichnen, das in der Diskrepanz zwischen Rechtsalltag und sozialem Wandel immer wieder neu zu überbrücken und zu formulieren ist.

Daß er Konfliktstoffe durch rechtzeitiges Ansprechen benennt, gehört für ihn zum Bestand politischer Kultur. Er punktiert Widersprüche, bemüht sich, innere Gegensätze aufzuzeigen. Er gehört zu den tatkräftigen Politikern der Bundesrepublik, die versuchen, gesellschaftliche Tatbestände und Veränderungen anschaulich zu beschreiben, um Wählern zum angemessenen Bewußtsein zu verhelfen.

Lafontaine – darin besteht einer seiner Vorzüge – formuliert mit Nachdruck jene Fragen, die zu stellen für Willensbildung und parlamentarische Kontrolle lebensnotwendig sind. Jede Institution müsse sich in Frage stellen lassen, hat Gustav Heinemann einmal gefordert. Lafontaine macht davon Gebrauch. Zukunft ist für ihn ein wichtiges politisches Thema.

Er setzt darauf, daß Konflikte friedlich ausgetragen werden können. Die Macht politischer Apparate und Institutionen hat er kennengelernt. Er wurde Teil davon. Lafontaine ist davon überzeugt, daß Bürger nicht zur Restgröße verkommen dürfen. Auch deshalb versucht er, Einfluß zu nehmen auf die Lenkungsmittel öffentlicher Meinung. Er bestätigt sich als Filter, verdeutlicht Zielsetzungen, artikuliert Werthaltungen.

In *Le Monde* lesen wir über die Chancen von Regierung und Opposition bei den kommenden Bundestagswahlen:

»Wie kommt es, daß Bundeskanzler Kohl und die CDU, die das Land seiner Einheit entgegenführen und mehr diplomatische und wirtschaftliche Erfolge erzielen als alle ihre Vorgänger, daraus im

Blick auf die Wahlen keinen Nutzen ziehen? Die Umfragen sagen zwar einen knappen Sieg der Regierungskoalition voraus, aber sie enthalten auch besorgniserregende Warnungen für den Kanzler und seine Partei: Seine Popularität ist weit geringer als die seines Gegners Oskar Lafontaine. Lafontaine hat vor allem etwas sehr Entscheidendes begriffen: Die Westdeutschen dieses ausgehenden Jahrhunderts sind sich bewußt, daß die Zeit, die sie heute erleben, die glücklichste der ganzen Geschichte ihres Landes ist und daß man die grundlegenden demographischen, wirtschaftlichen und ökologischen Gleichgewichte erhalten sollte. Die vom Kanzler vorgeschlagene Einheit erscheint vielen als ein Abenteuer, das das Ende dieser gesegneten Zeit bedeuten könnte. Lafontaines Wette ist das genaue Gegenteil von Kohls permanentem Pokerspiel. Er stützt sich auf die Überzeugung, daß die Einheit eine mehr dem bürgerlichen Komfort als dem nationalen Überschwang zugeneigte Gesellschaft erst einmal aus dem Gleichgewicht und in Unsicherheit bringen wird. Sozialdemokrat zu sein, kann auch heißen, konservativ zu sein: ein Paradox, das der neuen Generation der Erben von August Bebel und Karl Liebknecht keine angst macht.«

21. Juni 1990

Die deutsche Vereinigung entfaltet Schubkraft, setzt aber auch vagabundierende Kräfte und Ängste frei. Das deutsch-polnische Verhältnis bewegt sich. Niemand zweifelt mehr daran, daß Helmut Kohl sein Versprechen wahrmachen wird, die Grenze an Oder und Neiße vertraglich anzuerkennen. Kohl gerät in politischen Aufwind. Neues entsteht. Die Wahrheit folgt einer spannungsreichen Linie. Lafontaine – verraten Vertraute – spüre, daß er sich zu weit aus dem Fenster gelehnt habe. Die publizistischen Breitseiten der letzten Wochen haben ihn, den Erfolgsverwöhnten, beeindruckt. Menschen suchen in schwerer, aufgewühlter See lieber nach Steuerleuten, welche die Kleinmütigen, Verzagten und Aufgebrachten hinter sich zu versammeln wissen, als nach Meuterern.

Oppositionschef Vogel hat im Bundestag deutlich gemacht, daß alle in einem Boot sitzen. Eine Ablehnung des Staatsvertrages würde in der DDR »unkontrollierbare Entwicklungen« in Gang setzen. Genau das ist der Punkt, den Lafontaine zu wenig berücksichtigt hat: Es gibt keine Alternative, die Deutschen haben keine andere Wahl, als die riskante Fahrt durchzustehen.

23. Juni 1990

Der Parteirat der DDR-SPD hat sich gegen die Neuwahl des gesamten Parteivorstands bei dem für September geplanten Vereinigungsparteitag ausgesprochen. Damit lehnte das Gremium in Ostberlin die Forderung von Anhängern des Kanzlerkandidaten Lafontaine in der bundesdeutschen SPD ab, bei der organisatorischen Einigung den Vorstand neu zu besetzen.

In der DDR gibt es jetzt 130 000 Arbeitslose. Rund 30 000 mehr als in der letzten Woche. Noch ist das ganze Ausmaß der damit verbundenen Probleme in der Bundesrepublik nicht erkannt worden. Lafontaine wird auf fatale Weise bestätigt. Ändern hätte er es auch nicht können.

24. Juni 1990

Der hessische SPD-Vorsitzende Hans Eichel hat Partei- und Fraktionschef Hans-Jochen Vogel aufgefordert, Oskar Lafontaine als künftigen gesamtdeutschen Parteivorsitzenden vorzuschlagen. Beim Landesparteitag der hessischen SPD sprach sich der Kasseler Oberbürgermeister dafür aus, den Saarländer »mit aller Konsequenz« Helmut Kohl gegenüberzustellen. Gegen »den ganzen Kohl« forderte Eichel, müsse »der ganze Lafontaine« gesetzt werden. Er spielte damit auf Kohls Position als Bundeskanzler und Parteivorsitzender an.

Viele Menschen in der DDR drohen ins Abseits zu geraten. Sie fühlen sich deklassiert, erleben sich ohne Spielraum, erneut unterdrückt, den wirtschaftlichen Prozessen ausgeliefert. Sachzwänge schaffen Sachwänge.

Der Sozialismus scheiterte, weil er die gelebte Erfahrung der Arbeiter und Angestellten ignorierte. Lafontaine hat in der Sache recht. Er mußte den Staatsvertrag in Frage stellen.

Der Parteisoldat Vogel spürt, daß seine Zeit abgelaufen ist. Er kennt seinen Oskar. Er weiß auch, daß sich die Partei verjüngen muß. Im SPD-Strategiepapier zur PDS versuchte man, eine Antwort zu finden, weshalb Gregor Gysi – trotz erheblicher SED-Altlast – so ein gutes Image, vor allem bei der Jugend und Teilen der Intelligenz besitzt. Ob sich dessen Erscheinungsbild wirklich mit »naiver Neugier« erklären läßt?

Die SPD setzt ebenfalls bei ihrem Kanzlerkandidaten auf »naive Neugier«.

25. Juni 1990

Der Staatsvertrag ist verabschiedet. Im Dezember werden gesamtdeutsche Wahlen stattfinden. Die Proteste gegen den Tempomacher Kohl können vergessen werden. Seine Politik scheint erfolgreich zu werden. Lafontaine muß auf Zeit spielen. Der Wahlkampfalltag naht. Und die Arbeitslosenzahlen steigen in der DDR.

Klar ist seit heute, daß Hans-Jochen Vogel auch der erste Vorsitzende der gesamtdeutschen SPD sein wird. Dies empfahl – bei einer Gegenstimme – das Parteipräsidium. Im Klartext heißt das, daß Vogel der Partei wenigstens bis zum Frühjahr 1991 vorsitzen wird. Voraussichtlich im Mai '91 soll die SPD-Führung neu gewählt werden.

Im Streit um den Parteivorsitz hat er die Oberhand behalten. Die Linken in der SPD befürchten nun, Vogel habe durchaus Chancen, den Parteivorsitz auch über den Parteitag im Mai zu behalten. Einige rechnen inzwischen mit einer Niederlage Lafontaines gegen Kohl.

1. Juli 1990

Politiker fuchteln mit Worten, mit Phrasen. Daran gewöhnt sich der Wähler. Geschichtliche Augenblicke sind erst später zu erkennen.

Die Einheit vollzieht sich, wird vollstreckt. Die DM ist zum kleinsten gemeinsamen Nenner der Deutschen geworden. In Leipzig stiegen um Mitternacht einige Leuchtraketen in den Himmel. Autos hupten. Statt vieler Trabis sind gebrauchte Golfs zu sehen. Vom Vaterland spricht Gott sei Dank niemand. Unter der Leuchtschrift der HO-Läden steht jetzt Tschibo. Die westdeutsche Fußballnationalmannschaft stürmt auf den Titel zu. Mitteldeutschland ist Restdeutschland geworden. In den Läden wird fleißig eingeräumt. Kollege Weiser deutet stolz auf seine 42 Kolleginnen. Sie arbeiten rund um die Uhr, räumen Regale ein. 70:30. Siebzig Prozent der Waren kommen aus dem Westen, dreißig aus der DDR.

Nichts spricht für eine eigenständige, gesunde DDR-Wirtschaft. Die Brüder und Schwestern wollen genießen, wollen endlich Mallorca sehen, bevor viele arbeitslos werden. Sie erleben diesen Tag nicht in Hochstimmung »So ein Tag, so wunderschön wie heute«, sondern mit äußerst gemischten Gefühlen.

Nach fast genau 45 Jahren sind die Grenzen zwischen beiden deutschen Staaten gefallen. Zeitgleich mit der Währungsunion wurden alle Grenzkontrollen aufgehoben. Ausländische Kollegen – mit denen wir sprechen – sorgen sich um die Auferstehung des deutschen Kolosses.

Hans-Dietrich Genscher kam gestern in seine Heimatstadt Halle, um dort die erste große Commerzbank-Filiale in der DDR zu eröffnen. Als aussichtsreiche SPD-Kandidaten für das Amt des ersten Ministerpräsidenten für Mecklenburg-Vorpommern werden Klaus von Dohnanyi und Hans Koschnik gehandelt.

2. Juli 1990

Verflogen sind zunächst die Befürchtungen vieler Experten, die Nachfragewelle der DDR-Bürger könnte einen Inflationsschub auslösen. Weder die Leipziger noch die Magdeburger haben ihre Konten geplündert. Skepsis und Besonnenheit siegten. Die Ossies tasten sich nur langsam ans Konsumbuffet. Sie wissen, daß ihre Mittel ziemlich begrenzt sind. Jeder erwartet harte Zeiten, hat Angst um seinen Arbeitsplatz.

Die Regierung der DDR rechnet im Lauf des nächsten halben Jahres mit einer halben Million Arbeitslosen. Uns scheint diese Zahl eher zu niedrig gegriffen. In Bad Kösen sprachen wir mit Saale-Winzern. Sie fürchten das Schlimmste, bleiben auf ihren Weinen hocken, die während der Honeckerzeit Renner waren.

4. Juli 1990

Die Arbeitslosigkeit in der DDR stieg im Juni um rund 50 Prozent, und zwar um 47 300 auf 142 100. Sie erreichte einen neuen Höchststand.

In Turin schlug die Fußballmannschaft der Bundesrepublik ihren Angstgegner England und erreichte das Weltmeisterschaftsendspiel. Oskar Lafontaine ließ sich – publikumswirksam – nach dem Spiel interviewen. Das bringt Pluspunkte. Gespannt sind wir, was jetzt im ZDF ablaufen wird. Vermutlich erhält ZDF-Redakteur Wolfram Esser, der Lafontaine zu diesem medienwirksamen Aufgalopp verhalf, einen Rüffel. Ein solcher Fernsehauftritt, das wissen die Politiker, ist mehr wert als hundert Wahlveranstaltungen. Alle – nicht nur Lafontaine – schlucken viele Kröten, um das Fernsehen zu instrumentalisieren.

Die Hochkonjunktur in der Bundesrepublik zeigt keine Ermüdungserscheinungen. Der Exportmotor läuft auf Hochtouren. Der Exportüberschuß der BRD stieg im Mai auf zwölf Milliarden DM.

Kräftiger als erwartet.

Auf der Hauptversammlung der Daimler-Benz-AG sagte der Vorstandsvorsitzende Edzard Reuter u. a.:

»Alles in allem teilen wir die Überzeugung, daß der östliche Teil Deutschlands nach einer vielleicht schwierigen, doch nicht allzu lange andauernden Übergangszeit auf eine blühende wirtschaftliche Entwicklung rechnen kann. Vorwärtsstrebende Arbeit, wohin man blickt. Sie ist notwendig, um mit einer Welt, die in Bewegung geraten ist, nicht nur Schritt halten, sondern sie mitgestalten zu können. Es mag ein Gemeinplatz sein, daß gerade beim Übergang in eine neue Epoche Engagement, Leistungsfähigkeit und Qualifikation entscheidende Faktoren sind. Wir treffen deswegen Vorsorge, um rechtzeitig die besten Köpfe der jungen Generation an uns zu binden . . .

Antoine de Saint-Exupéry hat einmal gesagt:»Wenn du ein Schiff bauen willst, dann trommle nicht Männer zusammen, um Holz zu beschaffen, Aufträge zu vergeben und Arbeit zu verteilen – sondern lehre sie die Sehnsucht nach dem weiten endlosen Meer.« Unsere Sehnsucht ist eine friedlichere Welt mit umweltverträglichem Wohlstand für alle – dafür arbeiten wir mit unserem Können und unserem Einsatz.«

7. Juli 1990

Was vor Monaten noch undenkbar gewesen wäre, war heute auf dem 28. Parteitag der KPdSU in Moskau zu hören. Bei einem scharf geführten Rededuell mit dem konservativen Gorbatschow-Gegenspieler Ligatschow hat Außenminister Schewardnadse die Vereinigung der Bundesrepublik mit der DDR verteidigt. »Es hätte katastrophale Folgen für das Ansehen der UdSSR, die Vereinigung Deutschlands zu blockieren«, rief der sowjetische Außenminister. Er reagierte auf den Vorwurf von Ligatschow, die Bundesrepublik schlucke einfach die DDR.

11. Juli 1990

Lafontaine ist wieder voll da. Im ZDF wurde er von Gustav Trampe interviewt. Vehement plädierte er für die Fünf-Prozent-Hürde im gesamtdeutschen Wahlgebiet.

Lafontaine erscheint zur rechten Zeit. Gebräunt, gut erholt, locker und wortreich stellt er unter Beweis, wie gut er »drauf« ist. Eine

284

Stunde später sagt DDR-Arbeits- und Sozialministerin Regine Hildebrandt in STERN TV, sie habe gerade die neuen Arbeitslosenzahlen erhalten: In der DDR sei bald die 200 000-Grenze erreicht. Sie macht einen erschöpften, depressiven Eindruck.

Das Gefühlserlebnis »Attentat« hat Lafontaines Denken neu strukturiert. Sein Dasein erhielt eine einzigartige Erfahrung. Zum erstenmal erlebte er sich abgehoben von seinem Wirken und in einer Art Gegenstellung zur Umwelt. Der Schmerz, das Leiden hatten Signalcharakter für den ungestümen Politiker, dem eigentlich alles im Leben geglückt war.

Schmerz lehrt uns, sagt Buytendijk, »wie das Leben in sich die Möglichkeit birgt, zum Feind seiner selbst zu werden«. Lafontaine spürte, welche Gnade es ist, atmen zu können. Er hat den Pfahl im Fleisch gespürt. Auch er mußte erfahren, daß Schmerz und Leiden neue Zugänge zum Geistigen erschließen. Alle, die ihn in dieser Zeit gesehen und gesprochen haben, betonen, er habe diese Phase als Wink des Schicksals begriffen.

12. Juli 1990

Kanzlerkandidat Lafontaine schießt wieder aus vollen Rohren. Er bewertet das Plädoyer der konservativen Parteien in Bonn und Ostberlin für gesamtdeutsche Wahlen in getrennten Wahlgebieten als rein taktisches Manöver. Die CDU und ihre Partner unternähmen den schamlosen Versuch, die PDS zu retten und dadurch die Linke zu schwächen, sagte er heute morgen im Deutschlandfunk. Das Argument, man wolle den Trägern der DDR-Revolution mit einer auf getrennte Wahlgebiete bezogenen Fünf-Prozent-Klausel eine Chance geben, sei geradezu eine »Verhöhnung der Öffentlichkeit«. Er sehe eine »merkwürdige Seilschaft« zugunsten der SED-Folgepartei am Werk. Es gehe im übrigen auch nicht an, die kleinen Gruppen in der DDR anders zu behandeln als die Splitterparteien in der Bundesrepublik.

Mit Hinweis auf die kurze Zeit seit Beginn der Währungsunion wollte Lafontaine noch kein Urteil über den Verlauf dieser Operation abgeben. Er warf der Regierung vor, nichts zur Förderung des Wettbewerbs – und damit gegen die überhöhten Preise in der DDR – zu tun. In Sonntagsreden werde der Wettbewerb beschworen, wenn es aber konkret werden, »kneifen die Damen und Herren«, klotzte Lafontaine.

285

Seine Leitmotive setzt er geschickt ein. Er beherrscht die Atmosphäre, vermittelt präzise und sinnlich seine Gedanken. Er meidet Geschwätzigkeit, handhabt die Technik der Aussparung virtuos, besitzt einen ungewöhnlichen Riecher für aktuelle Themen, hat genügend Leidenschaft, um andere mitzureißen.

Wie nur wenige Politiker in Deutschland achtet er auf Signale von außen; Lafontaine sammelt und ordnet und vermag das Auf- und Angenommene wieder nach außen zu geben. Auf höchstem Niveau. Das macht ihn auffällig. Gespräche, die er führt, sind ausnahmslos intensiv. Sicher ist er überheblich, aber ihn kennzeichnet auch unerschöpfliche Lebhaftigkeit. Er läßt sich inspirieren, inspiriert aber auch andere. Er gehört zu jenen, die »entwerfen« können, besitzt die Fähigkeit, daran zu glauben. Lafontaine ist ein artistischer Politiker, er versteht Fülle und Vitalität wiederzugeben, kämpft farbig und vital für seine Ansichten und Einstellungen. Dadurch wurde er unverwechselbar. Politische Sehnsüchte und Ängste versteht er psychologisch überaus plausibel und mit Raffinement an- und auszusprechen. Auch dadurch trat er früh aus dem Schatten seiner Ziehväter. Menschen mögen emphatische Innigkeit. Wähler wollen nicht unbeteiligt und kalt gelassen werden, sie verlangen nach illusionsloser Eindringlichkeit, haben die Funktionäre satt. Vielleicht erklärt das, weshalb Oskar »ankommt«.

Oft fragten wir Zeitzeugen, was sie bei Lafontaine als »oberstes Prinzip« ausgemacht hätten. Kopfschütteln... wissendes Lächeln... Einer meinte, »er möchte sich, glaube ich, ausleben«. Das scheint zu stimmen. Günter Grass sagt: »Oskar Lafontaine ist ein Glücksfall, er gehört zu den Leuten, die auch mal eine Lippe riskieren, wenn das Gelände schlüpfrig und glatt ist.« Als wir ihn fragen, »er heißt Oskar«, meint Grass: »Wir haben ja auch in der deutschen Umgangssprache diesen schönen Satz: Frech wie Oskar. Und das gehört zu ihm. Aber diese Frechheit ist mit Klugheit unternäht. Und wenn Frechheit und Klugheit zusammengehen – bei ihm ist das der Fall – dann ist das äußerst produktiv!«

Wenn er auftritt, beherrscht er die Szene. Unmißverständlich, offen, ohne viele Wenn und Aber schießt er los. Nie umständlich, meistens eindeutig. Er ist ein Vollblut, verriet nebenbei, daß er seine tägliche Joggingstrecke wieder in der alten Zeit laufe.

Bekannt wurde heute, daß die Bundesgeschäftsführerin Anke Fuchs damit rechnet, daß die SPD der DDR noch Änderungswünsche zu dem unter der Verantwortung Lafontaines ausgearbeiteten Programm »Fortschritt '90« anbringen werde.

Ein Sprecher der Staatsanwaltschaft teilte in Köln mit, daß gegen die Lafontaine-Attentäterin Streidl keine Anklage erhoben werde. Die 42 Jahre alte Frau solle auf Dauer in einer geschlossenen Anstalt untergebracht werden. Dem psychatrischen Gutachten zufolge sei die in Düren untergebrachte Attentäterin zur Tatzeit schuldunfähig gewesen.

16. Juli 1990

Kohl hat einen Durchbruch in Moskau geschafft. Deutschland wird die volle Souveränität erhalten. Außerdem akzeptiert Moskau die Nato-Mitgliedschaft des vereinten Deutschlands. Mit der Vereinigung soll Deutschland über seine Bündniszugehörigkeit »frei entscheiden« können.

Im Erich-Ollenhauer-Haus traf Oskar Lafontaine auf Bonner Journalisten, um seine Rückkehr als Herausforderer zu unterstreichen. Er forderte ein »großangelegtes ökologisch orientiertes Infrastrukturprogramm« für die DDR. Ohne Investitionen in eine moderne Energieversorgung, in den Ausbau der Telekommunikation, in die Erneuerung von Eisenbahnnetz und Straßen und ohne den Aufbau einer leistungsfähigen öffentlichen Verwaltung werde der wirtschaftliche Aufschwung in der DDR ein »Wunschtraum« bleiben.

17. Juli 1990

Lafontaine kommt auf Touren. Zum erstenmal besuchte er die Fraktion der DDR-SPD. Große Herzlichkeit stellten Beobachter nicht fest. Es sei ein »Gewinn, sich auszusprechen«, meinte Fraktionsvorsitzender Richard Schröder, der in seiner Fraktion nicht mehr unumstritten ist.

In einem Interview mit dem VOLKSBLATT appellierte Lafontaine an die DDR-SPD, Listenplätze für Vertreter der Bürgerbewegungen für die gesamtdeutschen Wahlen im Dezember bereitzustellen. Die »Demokraten der ersten Stunde« müßten die Chance haben, ins Parlament einzuziehen.

Charaktere

Kaum ein Politiker provoziert so gegensätzliche Urteile wie Lafontaine. Die einen feiern ihn als durchsetzungsstarken Machtpolitiker, die anderen verdammen ihn als doppelzüngigen, wendigen Opportunisten. Zweifellos haben die Wertungen etwas mit der schillernden Figur zu tun. Auf ihn scheint in besonderem Maße zuzutreffen, was Conrad Ferdinand Meyer seinen Ulrich Hutten sagen läßt: ». . . ich bin kein ausgeklügelt Buch, ich bin ein Mensch mit seinem Widerspruch«.

Verschiedene Charaktere koexistieren in der Person Lafontaines. Es kann nicht nur darum gehen, Widersprüche zu entlarven, mal nach der einen, mal nach der anderen Richtung. Beobachter halten fest, notieren, verbinden Gesehenes.

Mut und Leidenschaft stehen bei ihm neben naturwissenschaftlichem Wissen und Erfolgsdenken. Er gefällt sich in der Rolle, der Stachel im Fleisch der SPD zu sein, vielleicht sogar ihr intellektuelles Gewissen, haltgebende, sinngebende Kraft. Er weiß um den Doppelcharakter politischer Existenz, möchte Mitgestalter des Gemeinwesens sein, aber, aber . . .

Die Gebetsmühle, die längst Traktiertes zum wiederholten Male durchnimmt, beherrscht er. Was von ihm ausstrahlt, ist kräftig genug, mit ihm identifiziert zu werden.

Lafontaine hat als einer der ersten Ende der siebziger Jahre erkannt, daß die Sozialdemokraten nach ihrer Regierungstätigkeit in einem Tief ohnegleichen steckten. Politisch, aber auch organisatorisch. Daß die »Baracke« Inbegriff unprofessionellen Parteimanagements war, rügte er frühzeitig. Unter Hans-Jochen Vogel wurde der Apparat auf Effizienz getrimmt. Lafontaine trug später dazu bei, zwischen schwarzem und grünem Fundamentalismus der Partei eine Reformperspektive zu geben.

Auf politisch bewegte Zeiten mit Gefühl und nachlassender Distanz zu reagieren, scheint er zu können. Auch ihm schlägt das Herz schneller, wenn er sieht, was wahrzunehmen ist: die Gefühlsurteile, die Sympathievorgaben, das Streben nach Beifall.

Politische Alchimisten aller Zeiten haben davon geträumt: Gleichheit, Freiheit, Brüderlichkeit. Sie verbreiten tiefsinnige Spekulationen über das Wesen des Menschen, der Produktionsstrukturen, der Endlichkeit allen So- und Da-Seins. Was blieb davon? Was wurde daraus? Wer bekam recht?

Lafontaine kennt die Geheimbereiche seiner Seele, die eigenen Bedürfnisse, besitzt eine produktive Subjektivität, schätzt die frivole Pointe, ist ein hervorragender Erzähler, ohne Bildungsbürgerweihegefühle. Er stellt eine explosive Mischung aus politischer Begabung und berechnender Übersetzungskunst dar. Ein immenses Vergnügen scheint ihn anzupeitschen, sich zu verdeutlichen, manchmal aber auch im Ungefähren steckenzubleiben. Sinnlichkeit und Kenntnisreichtum haben aus ihm einen Politiker gemacht, der sich gelegentlich im Leben zu verfangen scheint. Kein arrogant wirkender Volksdarsteller, doch eitel.

Seine bundespolitische Zeit begann so richtig, als der Satz »Wir sind das Volk« kippte und »Wir sind ein Volk« daraus wurde. Lafontaine erlebte den Rausch neuer Interessen, versuchte auf sie einzuwirken. Den klaren Blick brachte er mit in die Politik. Er besitzt methodische Klugheit. Daneben gibt es den infantilen Drang, den alle Politiker besitzen, den politischen Bühnenhimmel zu erobern. Auch er betreibt den subversiven Kampf, stets zu freundlichem Lächeln bereit, wenn Kameras vorhanden sind. Schauplätze des vorhandenen Wahnsinns meidet er nicht. Die Bilder bringen es, wenn die Begriffe fehlen.

In ihm, dem wieselnden Napoleon von der Saar, werden Zweifel und Aufbegehren sichtbar, nicht aber die Last ewiger Versäumnisse. Er kennt sich aus in seinen Gefühlen, sucht das richtige Leben inmitten der Verstummten und Schmeichler, der Verletzten und Beschädigten. Er weiß, daß auch er verletzt, beschädigt und Wutgeschrei provoziert. Lafontaine kennt das Erschrecken über sich. Und geht doch weiter. Die wirklichen Begegnungen werden seltener bei seiner Hatz durch die europäischen Metropolen, durch die politischen Haschischträume. Er ist ein Nachdenklicher und Gequälter, der sich nach Beifall sehnt, nach Jubel, nach Anerkennung und politischer Größe.

Es gibt – und Lafontaine rechnet damit – die normative Kraft der erwarteten Zukunft. Die Tendenz des Geschehens hat er immer wieder zu beeinflussen versucht. Er wollte die Zielrichtung laufender Prozesse verändern, besitzt den Siegerbonus. Nichts ist so erfolgreich wie der Erfolg, scheint er zu denken. Lafontaine kennt den

»Kult der Tatsachen« (Sartre). Er weiß, daß sich in seiner Position, in seinem Denken und Agieren die Kraft des künftigen Faktischen verkörpert. Darauf hofft er. Er rechnet mit dem, was ankommt. Ist durchaus nicht der bloße Opportunist, den die Vertrauten des Kanzlers Kohl in ihm sehen wollen. Lafontaine glaubt an sich. Er schließt vom Faktischen aufs Normative. Daß das Erhoffte kommen wird, hält ihn wach. Er hofft, daß die Geschichte ein Tatsachenverlauf des Fortschritts ist, meistens in kleinsten Schritten, fast immer im Bewußtsein der Freiheit. Der Verfall des Sozialismus hat es wieder einmal erwiesen. Zutiefst ist er davon überzeugt, daß die moderne Welt deshalb der alten überlegen ist, weil sie die Sittlichkeit der Freiheit hervorgebracht hat.

Die Folgen des Strukturwandels und des Technologieeinsatzes wurden seine Themen. Vor allem aber die Folgen des Wachstums und das Versagen des Staates. Er weiß, daß die Probleme des nächsten Jahrhunderts nur bewältigt werden können, wenn traditionelle Feindschaften und Vorurteile überwunden werden. Deshalb hat er Mitte der achtziger Jahre festgestellt, daß der Ausstieg aus der Kernenergie und die Umrüstung der Energielandschaft nur gemeinsam mit anderen Parteien geleistet werden können.

Immer nahm er seine Gegner ins Visier. Ob auf der linken oder auf der rechten Seite. Manchmal erstarrten die Gesichter von Ernst Breit, Franz Steinkühler und Monika Wulf-Mathies, wenn er davon sprach, daß es eine ganze Reihe von Arbeitern gebe, die eine besser bezahlte Samstags- und Sonntagsarbeit einer weniger gutbezahlten Arbeit an den anderen Wochentagen vorzögen.

Die Flüche und heimlichen Verwünschungen aus der Düsseldorfer DGB-Zentrale lassen sich nicht nur ausmalen, sondern auch wahrnehmen. Viele Spitzenfunktionäre fürchten den Kanzlerkandidaten, trauen ihm alles zu. Sie wissen, daß eine Mehrheit des Parteivolks hingerissen an seinen Lippen klebt, wenn der Saarländer loslegt und austeilt. Seine rhetorische Begabung wird auch Kohl fürchten müssen.

Mit Oskar als Kanzlerkandidaten kommen wir wieder ans Ruder, haben viele Parteimitglieder – nicht nur in Münster – geschwärmt. Daß Hermann Rappe (IG Chemie) während der Rede Lafontaines von »hundsmiserabler Demagogie« sprach, wird von manchen Gewerkschaftern bestätigt. »Ich sehe schon kommen, wie die Unternehmer lachend Beifall klatschen«, soll IG-Metall-Chef Steinkühler gezischt haben. Der Hoffnungsträger der SPD stößt bei den Gewerkschaften auf Mißtrauen, dabei wird ihm von wohlmeinenden Genossen geraten, sich nicht zu häufig mit den Verbündeten anzulegen, »nicht in jedes Fettnäpfchen zu treten«. Doch Lafontaine streitet gern. Er sucht klare Worte. »Es ist besser, offen miteinander zu reden als Unterschiede zu verschweigen«, teilt er jedem mit, der es hören will. Er weiß, daß es einer Volkspartei gut ansteht, zentrale politische und gesellschaftliche Fragen frei und kontrovers zu diskutieren. Lafontaine will die Macht in Bonn. 1990 könnte das – falls die Stimmung in der DDR umschlägt – gelingen. Vielleicht. Der ehrgeizige, die Macht suchende und genießende Politiker will neue Mehrheiten schaffen. Er wird Helmut Kohl provozieren und attackieren. Ihn »schaffen« wird er vermutlich nicht.

X. Kapitel

Kanzlerkandidat

GUNTER HOFMANN

Zwischen Bonn und Saarbrücken

»Die Helden in Bonn« – im ersten Interview, das Oskar Lafontaine nach dem Anschlag mit dem Küchenmesser auf sein Leben gab, flocht er irgendwann diese spöttische Bemerkung ein.

Natürlich war das im *Spiegel*, dem er schon wenige Tage nach dem Messerstich der Adelheid Streidel ein Gespräch zugesagt hatte. Lafontaine ist ein medienbewußter Mann. Genauer als viele andere sieht er jedenfalls, daß seine Erfolgschancen vornehmlich darin bestehen, öffentlich zu wirken.

Da war man nun sehr gespannt, wie der Rekonvaleszent, der in Sachen Staatsvertrag mit der DDR die Notbremse gezogen, seine Partei zu einem »So nicht!« gezwungen und damit eine tiefe Krise der SPD offenbart hatte, sich der Medienöffentlichkeit vorstellen und die Folgen verarbeiten würde. Aber dieses spöttische Wort über die »Helden in Bonn«, das kannte man schon. War das nicht der alte Lafontaine, der sich da äußerte? Oder wie er sich nach dem Interview, in dem er noch einmal für seine Konfrontationsstrategie gegenüber der Regierung plädiert hatte, als Heimkehrer in die öffentliche Arena zeigte: Lafontaine nahm nämlich an einem Fußballspiel des 1. FC Saarbrücken gegen den VfL Bochum teil, bei dem es um den Verbleib in der Bundesliga ging. Lafontaines Heimmannschaft unterlag übrigens 1:0. Aber der Regierungschef wurde bejubelt, als hätte er persönlich endlich einmal den ewigen Spitzenreiter, Bayern München, aus dem Rennen geworfen.

Kann sein, daß ihn das Attentat »zu einem anderen Menschen gemacht« hat, wie er selbst räsonnierte, aber das Bild, das er bot, war schon vertraut. Er schien sich selber treu zu bleiben. Man kann sogar sagen, daß sich in dem Moment, in dem er sich noch von den Folgen erholen wollte, all das schroffer ausgeprägt zeigte (was nicht ausschließt, daß er ein »anderer« geworden ist oder es so empfindet), was ihn zu einem Schwierigen, zu einer Ausnahmefigur unter den Politikern der Republik macht. Lafontaine ist, um es mit einem Wort aus der Zeit zu beschreiben, in welcher er politisch laufen lernte, keine »Charaktermaske«.

Es heroisiert ihn nicht, wenn man sagt: Er hat ein Geheimnis, das manchen Vertretern der politischen Klasse offensichtlich fehlt. Ein solches Geheimnis, das immer neu dazu reizt, entschlüsselt zu werden, haben oft Politiker mit Machtsinn – wenn das mehr meint als Talent plus Opportunismus. Herbert Wehner zählte dazu, auch Franz-Josef Strauß, deren griffigste Waffe in der politischen Auseinandersetzung Kritik oder gar Obstruktion war – dazu zählte aber auch Willy Brandt, von Konrad Adenauer gar nicht erst zu reden.

An den politischen Menschen Oskar Lafontaine wird man also nur annäherungsweise herankommen. Es sind nicht zufällig »Überraschungen«, an die man sich beim Schreiben erinnert, wenn man sich ein Bild von ihm zu machen versucht. Zuletzt war das eben die Überraschung, die man sich dennoch fast hätte ausmalen können, wie er noch vom Krankenlager aus – ein Napoleon auf der Insel Elba, der seine Truppen am Festland auf geheimnisvolle Weise formiert – seine Haltung zum Staatsvertrag mit der DDR zur Parteilinie machen wollte. Allein die Technik dieser Konfliktinszenierung war ziemlich einmalig: Der Kandidat agiert, obschon er hinter dem Vorhang bleibt und andeutet, vielleicht erst in mehreren Wochen oder Monaten hervortreten zu wollen; auf diese Weise entfesselt er einen öffentlichen Sturm beinahe ohne Beispiel. Paradigmatisch ist diese Konfliktinszenierung auch, was ihre Folgen betrifft. Die deutschen Leitartikler, auch die der liberalen Medien, zeigen sich mehr oder weniger finster entschlossen, den Kandidaten in der Luft zu zerreißen. Er muß einen Nerv getroffen haben. Die Demoskopen hingegen bestätigen, daß Lafontaine offenkundig mit öffentlichen Stimmungen harmoniert. Das heißt: Die politische Klasse, die »Helden in Bonn« und andere verurteilen ihn, aber die politische Öffentlichkeit lauscht auf ihn.

Gewiß, inzwischen gehört das der Parteigeschichte an, und manche Aspekte des Konflikts mögen lächerlich erscheinen. Lafontaine entschied sich ja am Wochenende des 9./10. Juni, nach Gesprächen mit Willy Brandt, Björn Engholm, Gerhard Schröder, Rudolf Scharping und anderen, doch bei der Stange zu bleiben: als gesamtdeutscher Kanzlerkandidat, aber auch – in einem verdeckten Junktim – mit dem Anspruch auf den Parteivorsitz. Wahr aber ist auch, daß die SPD im Mai 1990 in eine ihrer schwersten Krisen während der letzten zwanzig Jahre stürzte. Lafontaine hat diese Krise nicht einfach herbeigeführt, bei allem selbstherrlichen Verhalten, das man ihm vorwerfen kann, und trotz aller Widersprüche, in die auch er sich verwickelte, er hat seine eigene Partei vielmehr auch dazu gezwungen, diese Krise zu offenbaren. Die deutsche Frage treibt – das gilt jedenfalls für den Frühsommer 1990 – die Sozialdemokraten auseinander. Seit dem November 1989 und seit dem Zehn-Punkte-Plan, den Helmut Kohl wenig später zur deutschen Einheit vorlegte, seit diesem Zeitpunkt schwankte die SPD zwischen Kooperation, Kritik und Konfrontation. Sie kam nicht mehr mit sich ins reine. Im Parlament jedenfalls spendete Oppositionsführer Hans-Jochen Vogel der Regierungspolitik Beifall, aus sachlichen Gründen und obwohl Helmut Kohl die Opposition lange Zeit ignorierte – bis zum Wahltag am 13. Mai, als die Union mit einer Niederlage in Niedersachsen ihre Bundesratsmehrheit verlor.

Für Vogels Verhalten – und das macht die Dimension des Problems erst voll sichtbar – gab es aber auch andere Gründe. Es war ohnehin schwer, eine überzeugende politische Alternative zur Deutschlandpolitik der Regierung zu formulieren, die ja im wesentlichen nicht steuerte, sondern sich von den Ereignissen in der DDR treiben ließ. Überdies haben sich die Sozialdemokraten in den Stunden der nationalen Herausforderung ihrer Geschichte fast stets auf ihre Gesamtverantwortung besonnen (und hinterher dann Jahrzehnte lang an den Folgen laboriert). Gestern als unpatriotisch oder gar als »Reichsfeinde«, wie im Jahr 1871 zu Bismarcks Zeiten gebrandmarkt, bewiesen sie heute ihre Zuverlässigkeit und Loyalität. Hinzu kam in diesem Fall obendrein, daß in der nationalen Frage die Konfliktlinien schon traditionell mitten durch die Partei verlaufen, nur war das lange Zeit nicht mehr sichtbar geworden. Beim Berliner Parteitag im Dezember 1989 offenbarte es sich aber. Willy Brandt und Oskar Lafontaine markierten da zwei politische Traditionslinien, zwei sozialdemokratische Alternativen. Willy Brandt, ohnehin ein Mann von großer integrierender Kraft, hatte schon lange vor dem 9. November für mehr Konsens in der Republik plädiert. Wenn möglich, warum nicht auch in einer Großen Koalition, die Parteilager erschienen ihm ohnehin künstlich und irgendwie unangemessen gegenüber den Problemverläufen. Um wieviel mehr mußte ihm eine enge Verzahnung von Regierung und Opposition erst nach dem 9. November am Herzen liegen, nach dieser großen deutschen Zäsur im Jahr der osteuropäischen Revolutionen, 1989, jetzt, da die Chance der deutschen Einheit sich bot – ein künftiges Deutschland, das er als junger Mann erträumt haben mag und das Hitler und die Deutschen selber zerstört hatten. Ein Deutschland, das seine Ost-West-Politik im Auge hatte, auch wenn sie sich einen »Umweg« zu gehen gezwungen sah.

Er habe ihm wohl zu »national« gesprochen, fragte Willy Brandt gleich nach seiner Berliner Rede den Enkel Oskar Lafontaine, dessen Temperament, Machtsinn und Abscheu vor Denkschablonen und Pflichtübungen aller Art er stets so wunderbar gefunden hatte. »Ja!«, gab Lafontaine lapidar zur Antwort. Später hat er das korrigiert und zu verstehen gegeben, daß ihn von Brandts Redetext gar nichts unterscheide. In der kurzen Berliner Szene, die von den Beteiligten freimütig geschildert worden ist, steckt eine der Erklärungen für die Schwierigkeiten, in welche die SPD geraten war. Lafontaine spielt darin eine Schlüsselrolle. Ja, man kann sagen, er ist erst wirklich seit dem Dezember 1989 in die bundespolitische Arena eingetreten, es war nicht zu übersehen, daß die Mehrheit seiner Partei dachte wie er. Anfangs glaubten die Sozialdemokraten und mit ihnen viele Leitartikler, Oskar Lafontaine und Willy Brandt ließen sich zu einem Gewinnerteam zusammenschließen. Hier der Sozialpopulist, der soziale Gerechtigkeit zum Leitmotiv für das zusammenwachsende Deutschland macht, dort der Nationalpopulist, der mit der Einheit eben einen Lebenstraum wahr werden sieht. Sowohl die Wohlstands-Westdeutschen als auch die Einheitsbefürworter würden, so lautete die Annahme, von dem einen oder dem anderen in ihren versteckten Wünschen und Gefühlen »bedient«. Bei den Volkskammerwahlen am 18. März 1990 in der DDR erwies sich dann, daß es so einfach nicht war. Die Sozialdemokraten blieben weit unter ihren Erwartungen. Willy Brandt war enttäuscht. Oskar Lafontaine allerdings, dieser Machtmensch, reagierte öffentlich gelassen – und man ahnte, wie er dachte: Jetzt habe er Kohl in der Falle. Der müsse nun seine Politik alleine verantworten und werde entweder in Ost- oder Westdeutschland Prestige einbüßen.

Aber zurück nach Berlin. Von der Rede Lafontaines hat später einmal ein Christdemokrat, der das rasche Zusammenwuchern der beiden deutschen Staaten beobachtete, folgendes berichtet: Einen Augenblick lang sei sie ihm damals in Ansätzen wie eine politische Alternative für das neue, größere Deutschland erschienen. Aber, fügte er hinzu, das hielt eben nicht lange vor. Bis zur Wahl in der DDR gab im Grunde Willy Brandt den Ton an, übrigens sehr überlegt und reflektiert, sehr abwägend und ohne sich zu einem falschen Patriotismus zu verbiegen. Lafontaine geriet in den Hintergrund. Ein Zufall war es wohl nicht. Natürlich hat er das Zeug, wie sich eben auch in Berlin zeigte, politische Alternativen zu formulieren und mit Begriffen zuzuspitzen. Die kommunistischen Parteien Osteuropas, meinte Lafontaine in Berlin in diesem Sinne noch offensiv, lösten sich auf. Das könne also die Stunde des demokratischen Sozialismus werden. Die SPD verstehe sich nämlich als Partei der Freiheit und sie denke »internationalistisch«. Soziale Gerechtigkeit, fuhr Lafontaine fort, könne nicht »in den Grenzen des National-staats gedacht werden«. Es gehe darum, bessere Lebensverhältnisse für die Menschen in der DDR und der Bundesrepublik zu schaffen, während die Frage zweitrangig sei, »in welcher Rechtskonstruktion sie eines Tages leben werden«. Mit zwei großen Grundprinzipien, Freiheit und Solidarität, befaßte sich der Redner, der den Parteitag in seinen Bann zog und seinen Führungsanspruch unüberhörbar anmeldete; in diesem Sinne lieferte er eben wirklich die Grundlage für eine politische Alternative, für eine europäisch orientierte Deutschlandpolitik. Aber später blieb davon wenig. In das politische Vakuum drang nicht Lafontaine, sondern Brandt vor. Brandt übrigens mit sehr viel innerer Leidenschaft, die etwas widerspiegelte von seinem ganzen Lebensweg. Das machte ihn, eben nicht Lafontaine, zu einer großen, respektierten Figur im anderen Deutschland.

Dabei wird man schwer bestreiten können, daß eine nicht-nationale Linie in der Sozialdemokratie nötig und ein früher Brücken-schlag zwischen Brandt und Lafontaine möglich gewesen wäre. Lafontaine zum Beispiel meint, er habe »nie in erster Linie in staatlichen Kategorien gedacht, weil sich dies gar nicht mit den grundsätzlichen Ideen des demokratischen Sozialismus in Übereinstimmung bringen läßt«. Oder: Die großen Aufgaben der Menschheit, den Hunger zu bekämpfen, die ökologische Zerstörung zu verhindern, die atomare Drohung und das Wettrüsten abzuwenden, seien nur in internationaler Zusammenarbeit zu lösen. Sätze, wie sie natürlich auch Brandt gesprochen haben könnte. Die Differenzen sind aber auf eine seltsame Art vergrößert worden, sie gewannen Eigendynamik. Schon im Mai bekam die SPD ihre Kontroversen über Deutschland (keineswegs nur die über den Sinn der raschen Währungsunion), an welche sich das Schicksal des Kanzlerkandidaten knüpfte, also kaum noch in den Griff.

Man kann schwerlich behaupten, Lafontaine sei sich in diesem Konflikt einfach untreu geworden. Er hat in der Tat keinerlei Konzessionen an deutschnationale Gefühle machen wollen und sich jeden patriotischen Unterton versagt. Seine eigene Linie ist dabei durchaus sichtbar geworden. Solidarität, so lautete beispielsweise auch sein Argument in der Debatte über Aussiedler, Asylanten und Übersiedler, sei keine Sache des Blutes und der Staatszugehörigkeit. Vielmehr müsse in seinem Sinn Solidarität allen gehören, denen es schlecht gehe. Er habe gewisse Probleme »mit der Überbetonung unserer Verpflichtung, Deutschstämmige aus der vierten, fünften Generation aus osteuropäischen Ländern aufzunehmen«, ihnen also Vorrang einzuräumen »gegenüber etwa einem Farbigen, der aus Afrika kommt und dessen existentielle Bedrohung größer ist«. Er sei für das Asylrecht und gegen Demagogie, aber Humanismus und Solidarität ließen sich eben nicht in nationalen Kategorien einfangen. Natürlich dachte der saarländische Ministerpräsident dabei auch an die ausgelasteten Kapazitäten der Aufnahmelager in den eigenen Kommunen, und gewiß spekulierte er auch auf gewisse Ressentiments. Ein Nebenprodukt dieser Strategie war es übrigens, daß er bei den Wahlen im Januar die rechtsradikalen Republikaner auf Sparflamme brachte. Zugleich aber bleibt eben richtig, daß er mit seiner eigenen Position einer »deutschen Welle« etwas entgegensetzte, was durchaus notwendig war. Lafontaines Kunst, politische Probleme mit Begriffen zuzuspitzen, zeigte sich gleichfalls wieder. Wenn Helmut Kohl den Drang verspürte, pointierte er seine Meinung, »Millionen von Deutschstämmigen aus osteuropäischen Ländern heimzuholen«, dann müsse der Kanzler eben auch die Voraussetzungen dafür schaffen. Er jedenfalls sei »gegen eine überzogene Deutschtümelei, um es auf den Punkt zu bringen«.

Deutschtümelei – da hatte er wieder einmal das Wort gefunden, das die Lager spaltete, die Leitartikler empörte, Hans-Jochen Vogel genierte und Lafontaine selbst in den Mittelpunkt der Diskussion

rückte. Seine Kritiker aus der Partei, die dieses Wort »nicht hilfreich« nannten, beschimpfte er ziemlich unverhohlen. Dieser Nicht-
denkerverband! Nein, dieser Oberlehrerinnen- oder Oberlehrerzei-
gefinger, wie er das haßt! In Parenthese muß man hinzufügen: Zwar
schlugen viele der bedächtigeren Genossen wieder einmal die Hände über den Köpfen zusammen, die Regierenden glaubten, das wahre Gesicht des Oskar Lafontaine zeigen zu können, und die deutsch-
tümelnden Kommentatoren zürnten wie gewohnt. Aber es dauerte
eben nur wenige Monate, bis die Regierungspolitik Lafontaine
Recht gab. Es war Kohls Koalition, die versuchte, den Strom der
Aussiedler mit allen denkbaren rechtlichen und sozialen Barrieren
einzudämmen. In der Sache also konnte Lafontaine sich – nicht zum
erstenmal – bestätigt fühlen.

Auch mit dem Wort, man müsse »konsequent vom einzelnen her«
denken, und der Freiheitsbegriff sei für die Sozialdemokratie entscheidend, hatte er nicht einfach nur ein Lippenbekenntnis geleistet.
Ich entsinne mich, daß Lafontaine es kaum anders formulierte, als er
Erich Honecker oder anderen SED-Genossen in Ostberlin gegenüber saß, die sich seinerzeit noch gegen jeden »Tapetenwechsel«
wehrten, bloß weil der Nachbar Sowjetunion sein Haus renoviert
(Kurt Hager). Individuelle Freiheit einerseits, ein Themenwechsel
andererseits, weg von der sozialen Klassenfrage, hin zu den Fragen
nach der Zukunft der Lebenswelt und dem Überleben der Menschheit, auch das trug er dort als Credo vor. Seine Zuhörer aus Akade-
mien, Hochschulen und Einheitspartei ließen sich vorsichtig tastend
durchaus auf ein Gespräch mit dem Sozialdemokraten ein, der
jedem Kollektivdenken so vorbehaltlos abschwor.

Lafontaine, auch das gehört zum Bild, zählte nicht zu den Sozialdemokraten, denen Gespräche mit der politischen Klasse Osteuropas aus Prestigegründen besonders wichtig waren und die darüber
alle Kritik an der inneren Verfaßtheit der Gesellschaften vergaßen.
In dieser Hinsicht übrigens ähnelte er durchaus Willy Brandt, der bei
seiner Abschiedsrede als Parteivorsitzender im Jahr 1987 der SPD
riet, künftig solle sie »Freiheit« noch viel höher einstufen als je zuvor
und darauf achten, den alles beherrschenden Staat immer weiter
zurückzudrängen.

In das Jahr 1990 ging Lafontaine also durchaus als Politiker, der ins
öffentliche Bewußtsein einprogrammiert hatte, für was er steht oder
stehen möchte – und den dabei, das ganz besonders, die Ansichten

der politischen Klasse, der Leitartikler oder der »Helden in Bonn« herzlich wenig interessierten. Allerdings – ob er sich vor Augen geführt hatte, wie komplett in Deutschland der Themenwechsel sein würde, den der deutsche Vereinigungsprozeß bewirkte? In welchem Maße alles in den Hintergrund rückte, was gestern noch – Ökosteuern auf Energie, um den Energieverbrauch zu drosseln, nur als ein Beispiel – besonders viel galt?

Einen Augenblick lang muß Hans-Jochen Vogel geahnt haben, daß der Saarbrücker, den er als Kanzlerkandidat ausgeguckt hatte, auf dem Weg zu seiner Kandidatur noch einmal schwankend werden könnte. Ohnehin hatte der immer darauf beharrt, sich seine Lebenslust von der Politik nicht vergällen zu lassen. Also wartete der Parteivorsitzende Vogel im Januar 1990 auch nicht mehr wie vereinbart ab, wie die Wahlen Ende des Monats im Saarland ausgehen würden, er erklärte für jedermann unmißverständlich Lafontaine zum Kanzlerkandidaten. Der Kandidat wütete oder zeigte sich wütend. Aber er spielte mit. Nein, er sprang nicht ab. Noch am Abend der Wahl im Saarland, die ihm die absolute Mehrheit bescherte, stand fest, daß er die Kandidatur akzeptieren würde.

Und dennoch – es steckt ein kleines Geheimnis darin. Auch Lafontaine, der Mann mit dem politischen Instinkt, mußte sich ja fragen, ob er mit seinen Überzeugungen, Themen und Prioritäten, ob er als westorientierter Bundesrepublikaner in die politische Landschaft eines zusammenwachsenden Deutschland passe. Nichts, was gestern im Vordergrund stand, galt mehr. Die Arbeit am Regierungsprogramm in der Kommission Fortschritt '90, bei welcher er so sehr auf solide Finanzierung achtete, schlief zwar nicht ein, aber keiner sah mehr hin. Das neue Grundsatzprogramm der SPD, gestern in Berlin beschlossen, war heute bereits wieder vergessen. Nebenbei: Da wird man übrigens die Ursache dafür suchen müssen, daß Lafontaine in Distanz geriet zu einem anderen seiner Freunde und Förderer, zu Erhard Eppler. An der mühsamen Programmarbeit, die sich auf gründliche Diskussionen stützt, hatte der quirlige Lafontaine eben kein sonderlich großes Interesse. Er schaffte es schließlich, mit einem einzigen öffentlichen Satz – kürzere Arbeitszeit ohne vollen Lohnausgleich – einen beispiellosen Wirbel in den Medien zu entfachen. Er also brauchte keine Grundsatzdiskussion, um Aufmerksamkeit zu erregen.

In die Kandidatur jedenfalls willigte er ein, obwohl das ein Bergaufrennen zu werden versprach. Allerdings stellte er seine Bedingungen. Er wolle »lieb« zur Partei sein, versprach er öffentlich, wenn diese »lieb« zu ihm wäre. In Wahrheit verlangte er damit einigermaßen bedingungslose Gefolgschaft im Wahljahr.

Der erste Test darauf kam mit dem Streit um den Staatsvertrag. Zunächst hatte Lafontaine im Gespräch mit Vogel unter vier Augen gedroht, seine Kandidatur zurückzuziehen, falls der Vertrag von der Opposition nicht verhindert werde. Vogel fügte sich und verlangte gemeinsam mit den sozialdemokratischen Ministerpräsidenten Nachbesserungen im Vertrag. Aber dann kam eben das Interview mit dem *Spiegel*. Die Parteispitze hatte sich gerade »lieb« zu Lafontaine gezeigt, und dennoch sattelte er drauf. Auch er sah sich dabei im Recht. Von dem Konsenskurs der Opposition sei er eben nicht informiert worden, hielt er seinen Kritikern entgegen. Es sei zwar kaum noch verantwortbar, wenn der Vertrag scheitere, meinte Lafontaine in diesem Interview, also solle die SPD mit ihrer neuen Mehrheit im Bundesrat Wege suchen, den Vertrag »passieren zu lassen«. Aber im Parlament, fügte er hinzu und handelte sich damit soviel Ärger ein, solle seine Partei sich anders verhalten. Dort, wo sie keine Mehrheit hat, im Bundestag, argumentierte er, bestehe »keine Notwendigkeit, eine Entscheidung mitzutragen, die Massenarbeitslosigkeit zur Folge hat«. Von dieser Bedingung ließ er vierzehn Tage vor dem Wirksamwerden des Vertrages übrigens ohne viel Nachhutgefechte ab. Zunächst aber mußte man sein Manöver als taktischen Winkelzug sehen, mit welchem er sich in der eigenen Partei wie unter den Abgeordneten mehr Gegner machte, als er in der Sache hatte – und mit dem er auch Vorwände lieferte, um über den Sinn der Kandidatur noch einmal neu nachzudenken. Zu allem Überfluß zielte der Hieb wie nebenbei auch auf den Parteivorsitzenden, der in diesem Moment daran dachte, seinen Hut zu nehmen, falls Lafontaine seine Kandidatur aufgäbe.

Nicht erst seit dieser Zeit lag die Frage in der Luft, ob die SPD – und keineswegs ihr Kandidat allein – überhaupt wußte, was sie wollte. Man kann ja nicht behaupten, Lafontaine habe sich unter Vortäuschung falscher Tatsachen in die Kandidatur hineingeschmuggelt. Andererseits paßte er vielen Sozialdemokraten so, wie er sich präsentierte, eben nicht ins Konzept. In dieser schwierigen Phase der Partei fand sich keiner, der den Kopf und den Mut gehabt hätte, die unterschiedlichen Positionen zu einer überzeugenden Vorstellung von dem zu verdichten, was das neue, andere Deutschland werden könne. Und wie es seinen Platz in Europa so definiert, daß die Nachbarn die Einheit guten Gewissens akzeptieren. Es ging nicht nur darum, daß er die Einführung der DM im Riesentempo für eine »eminente Fehlentscheidung« und den »teuersten Weg für beide Teile Deutschlands« hielt; oder, daß er ganz klar machen wollte, wer die Verantwortung für die Folgen des zu raschen Vereinigungsprozesses trage; und schließlich, daß er sich aus der Konfrontation heraus bessere Wahlchancen versprach, als wenn er sich in die Regierungspolitik einbinden ließe. Vielmehr hat dieser ziemlich einzigartige Konflikt auch vor Augen geführt, welche kulturellen Differenzen inzwischen die Bundesrepublik und die Volkspartei SPD prägen. Die politische Klasse gehört eben vornehmlich einer Generation an, der Deutschland mehr bedeutet als jener Mehrheit, die nach 1945 in Westdeutschland aufwuchs. Und nicht wenige derjenigen, zumal in der westdeutschen Linken, entdeckten erst in dem Augenblick die Bundesrepublik und ein Stück ihrer identitätsbildenden Wirkung, in dem sie zu Ende ging. In diesem Sinne steht der Name Lafontaines repräsentativ für eine veränderte politische Seelenlage in Deutschland.

Lafontaine bewies also nicht nur seinen Instinkt für populäre Stimmungen (»Wahlen gewinnt man mit einer überzeugenden Politik, die auf Zustimmung in der Bevölkerung stößt.« »Ein Populist trifft die Stimmung des Volkes. Populistisch ist besser als unpopulär sein und am Volk vorbeireden.«), er repräsentiert zumindest eben den Teil der Gesellschaft, zu allererst einen jüngeren Teil, dessen Traum nicht nationalpatriotisch eingefärbt ist. Die Generationen, die nach 1945 geboren und aufgewachsen sind, haben Jahrzehnte lang die Bekenntnisse der Politiker zu Europa gehört. Sie haben gelernt, daß die Wiedervereinigungsparolen Lippendienste waren. Wenn daher den Jüngeren ein Europa ohne Grenzen, einschließlich Osteuropas, wichtiger erschiene als ein deutscher Nationalstaat, wäre damit nicht auch ein Wunsch in Erfüllung gegangen? Solche Argumente Lafontaines jedenfalls sind durchaus plausibel.

Wenn er also findet, das französische Metz stehe ihm näher als das ferne, deutsche Leipzig, dann liefert er damit geradezu das Musterbeispiel für eine politische Sozialisierung im Westen, die durchaus gewollt war und die nun unter Antipatriotismusverdacht geriet. Das jedenfalls war die ernsthafte, inhaltliche Seite des Konflikts im Frühsommer des Jahres 1990, die man nicht übersehen kann, selbst wenn für Lafontaine der machtpolitische Aspekt – zum Beispiel sein Interesse, die Partei möglichst ganz hinter sich zu scharen und, wie Helmut Schmidt sich das wünschte, in Personalunion auch möglichst viel Funktionen zu verknüpfen –, wenn also dieser machtpolitische Aspekt für ihn dominierend gewesen sein mag.

Umstrittenster Deutscher

Im Grunde war er seit dem 9. November und nicht erst seit dem Messerstich der Adelheid Streidel an einem kritischen Punkt seiner politischen Laufbahn angelangt. Seit dem November nämlich kristallisierte sich heraus, daß jeder westdeutsche Kanzlerkandidat demnächst auch gesamtdeutscher Kanzlerkandidat sein würde. Seitdem war klar, daß er auch die Kanzlerschaft in einem geeinten Deutschland anstreben müsse. Erst im Juni aber, nach langem Zaudern, das für Lafontaine auch nicht untypisch ist, entschloß er sich dazu, auch die Rolle des Kanzlerkandidaten für die SPD bei gesamtdeutschen Wahlen zu übernehmen – aber den gesamtdeutschen Parteivorsitz jedenfalls nicht sofort. Er dachte zwar daran, den Parteivorsitz, den Brandt ihm 1987 hinter den Kulissen angetragen hatte, nun anzusteuern – also den Parteivorsitzenden Vogel für seine undankbare Rolle auch noch zu bestrafen. Er sollte den Preis dafür zahlen und sich zum Rückzug aus dem Amt in einem Akt stillschweigenden Einverständnisses bereiterklären, um den Lafontaine überhaupt bei der Stange zu halten – aber wieder zuckte der Saarbrücker in letzter Sekunde zurück.

Seit Oskar Lafontaine im Jahr 1976 in Saarbrücken zum Oberbürgermeister gewählt worden ist, damals gerade erst 33 Jahre alt, hat er sich auf erstaunliche Weise in der Bundesrepublik bemerkbar gemacht. Es brauchte also so lange nicht, bis die Diskussion darüber entbrannte, ob er nicht einmal ein geeigneter Nachfolger Willy Brandts an der Spitze der SPD sein könne. Brandt selber übrigens half dabei, seit er in den frühen achtziger Jahren jedermann wissen ließ, wie große Stücke er von seinem »Enkel« Lafontaine halte. Im Jahr 1987 allerdings, als Brandt überraschend von sich aus zurücktrat, zögerte Lafontaine eben und entschied sich endlich dagegen. Er mag damals viele Motive gehabt haben, eine Ehe, die zerbrach, sein allgemeines Lebensgefühl, so stellte er es auch Brandt dar – über all das ist nicht zu rechten. Aber vielleicht war er sich auch nicht sicher, ob er seine Partei nicht überfordere, wenn er sich zum Nachfolger Brandts wählen ließe.

Viel von seinem bundespolitischen Profil gewann Lafontaine während der Amtszeit Helmut Schmidts, er gewann es nicht zuletzt auch gegen den Kanzler. Dieser »cherubinische Napoleon«, wie ihn vor Jahren James M. Markham in der *New York Times* nannte, kniete sich nicht nur regelrecht in die großen nationalen Themen, die ihn in Saarbrücken gar nicht berühren mußten, er hatte offensichtlich auch Lust, sich mit nationalen Figuren anzulegen. Als Gegner war und ist ihm keiner zu groß.

Dieser Lafontaine brachte es in wenigen Jahren fertig, zum »umstrittensten Deutschen in der westdeutschen Politik« zu werden, wie Günter Gaus ihn bereits 1984 in einem Fernsehgespräch vorstellte. Eine zutreffende Beobachtung, die der gelegentlich maßlose, veröffentlichte Zorn über den Kandidaten der SPD im Frühsommer 1990 (eines der eklatantesten Beispiele dafür lieferte Professor Arnulf Baring) noch einmal bestätigte. Bis dahin hatte man Lafontaine schon an der Spitze der Friedensbewegung, als prominenten Kritiker im Streit um die Kernenergie, als Widersacher des sozialdemokratischen Kanzlers im großen Konflikt um die Mittelstreckenraketen erlebt. Einerseits folgte er damit Bürgerprotesten von unten, wozu er ohnehin neigt; natürlich finden diejenigen, die gegen die »Helden in Bonn« aufstehen oder gegen die »Sesselfurzer« oder »Oberministerialräte« und »Sachzwangverwalter«, ihn immer auf ihrer Seite. Andererseits pflegte er sich auf solche Auseinandersetzungen doch meist gründlich vorzubereiten, er wollte im Streit der Kompetenten mithalten können. Von dieser Regel gab es später dann immer häufiger Ausnahmen.

Sowohl Populist als auch Intellektueller, sowohl ein demagogisches Rednertalent in den Fabriksälen als auch ein Diskursmensch – diese Kombination kennzeichnet ihn. Ein bißchen erinnert sie an den Franzosen Michel Rocard oder den Amerikaner Ted Kennedy. Als Lafontaine Anfang der achtziger Jahre die Friedensbewegung mitunterstützte, drückte sich darin gleichzeitig die Haltung einer Parteimehrheit aus. Er ergriff Position gegen Helmut Schmidt. Damals galt Lafontaine durchaus als einer, den die Fachleute nicht einfach beiseiteschieben können und der als Physiker darüber mitreden kann, wie es um Zielgenauigkeit, Reichweite, Flugzeit und Sprengkraft von Atomraketen bestellt ist. Helmut Schmidt gelang es schließlich auch nicht, eine Stationierungsentscheidung in der SPD durchzudrücken, 1982 blieb Lafontaine in diesem Streit Sieger.

Impulse, die sich politisch auswirken, hat er vor allem aus seinem (christlich gefärbten) Menschenbild bezogen, jedenfalls hat es dazu gedient, die Sachpositionen kompromißlos zu schärfen. Das führte dazu, daß seine Argumente oft, darin Erhard Eppler ähnlich, politisch-moralisch untermauert erschienen. In der SPD gab ihm das Rückhalt. Der Haupteinwand in der Nachrüstungsdebatte steckte also letztlich in der einfachen Botschaft von der moralischen Perversion des Gleichgewichtsdenkens und der Abschreckungsphilosophie überhaupt. *Angst vor den Freunden* betitelte Lafontaine ein kleines Buch über die Atomwaffenstrategie der Supermächte, mit dem er sich als kompetente Stimme in der öffentlichen Diskussion Gehör verschaffen wollte. Apodiktisch wie gewohnt vertrat er darin seine Positionen, Mehrheitspositionen aus Sicht der Sozialdemokraten, aber zugleich eine einzige große Stellungnahme gegen die Regierungspolitik. Das klang folgendermaßen: »Da Atomwaffen Waffen sind, die keine Sicherheit garantieren können, und da sie mit zwingender Notwendigkeit die Atomwaffen der anderen Seite auf sich ziehen, wird die Entnuklearisierung der Bundesrepublik gefordert. Die Gleichgewichtsformel ist heute noch Grundlage der Genfer Verhandlungen der beiden Weltmächte. In einer Welt, in der es einige hundert Atombomben gab, hatte diese Gleichgewichtsformel vielleicht noch einen Sinn. Da heute über 500 000 Atombomben in den Waffenarsenalen der Nuklearmächte lagern, ist die Gleichgewichtsformel sinnlos geworden. Sie kann daher nicht Grundlage einer rationalen Politik sein.« Oder, wiederum im Originalton, der eine Menge von Lafontaines Denk- und Argumentationsweise verrät: »Da die gegenwärtige Sicherheitspolitik nur eine Sicherheit mit sich bringt, nämlich die, daß der Atomkrieg kommt, muß sie aufgegeben werden. Niemand weiß, wie lange noch Zeit bleibt umzukehren. Gleichwohl müssen wir einen anderen Weg gehen, wobei jeder einzelne aufgerufen ist, seinen Beitrag zu leisten.« Unter Berufung auf Helmut Schmidts entschiedenes Votum gegen die atomare Rüstung im Jahr 1958 schreibt Lafontaine endlich auch: »Heute, fünfzig Jahre nach dem Ermächtigungsgesetz sollen Sozialdemokraten der Stationierung neuer Atomwaffen zustimmen, die in ihrer Gefährlichkeit die Waffensysteme, gegen die Helmut Schmidt im Jahr 1958 argumentiert hatte, weit übertreffen. Da ein Mann von dem politischen Gewicht des späteren Bundeskanzlers Helmut Schmidt die Gleichgewichtsformel zur zentralen These seiner Politik der Friedenssicherung erhoben hatte, wurde diese Formel in der SPD wenig hinterfragt. Erst der Nato-Doppelbeschluß brachte eine Wende.« Lafontaines Linie, die der Willy Brandts entsprach, obwohl dieser in seinen öffentlichen Stellungnahmen ungleich vorsichtiger blieb, setzte sich in der SPD durch. Sie lehnte endgültig 1982 die Stationierung von neuen Mittelstreckenraketen ab, ohne sie freilich verhindern zu können.

Geradlinigkeit im Detail und konsequentes Beharren auf eigenen Standpunkten, wie leidenschaftlich er sie auch vertreten haben mag – das ist hingegen nicht die Sache dieses »Bundespolitikers« Lafontaine. Ihm kommt es vor allem darauf an, große Linie zu erkennen, zu ziehen und nach außen sichtbar zu machen. In dieser Phase seiner bundespolitischen Karriere – zuerst mit Sitz in der Saarbrücker Stadtverwaltung, seit 1985 dann als Ministerpräsident in der saarländischen Staatskanzlei – schien Lafontaine noch einen Weg zu suchen, wie er sich am besten an der öffentlichen Debatte beteiligen und wie er sie mit beeinflussen könne. Ganz offensichtlich zählte er zu den Politikern, die nicht nur im »mainstream« schwimmen wollten. Zugute kam ihm dabei, politische Argumente auf seine oft geniale, aber eben auch manchmal demagogische Weise verkürzen zu können. In der Sache gingen Oskar Lafontaine und Erhard Eppler lange Hand in Hand. Sie kritisierten die Wachstumsgläubigkeit, sorgten sich um die Zukunft der Lebenswelt und machten sich für die Abrüstung stark. Eppler ist sicher der originellere Kopf. Aber Lafontaine versteht es eben, die Positionen in der Medienöffentlichkeit zu Waffen zu schmieden. Mal plädiert er wie Anfang der achtziger Jahre im Sinne Helmut Schmidts für seegestützte Mittelstreckenraketen, mal dagegen. Mal gewinnt er dem SALT-II-Abkommen gute Seiten ab, mal verwirft er es. Am Ende bleibt jedenfalls hängen, daß er gegen Helmut Schmidt davon überzeugt ist, es dürfte nicht eine einzige neue Rakete stationiert werden, weil es »immer gefährlicher wird, auf dem atomaren Pulverfaß Deutschland zu leben«. Entweder klingen die Konsequenzen, die er zieht, kompromißlos, oder sie klingen wie ganz neue Einsichten und Botschaften. Immerhin erweckt er damit das Gefühl, Politik könne doch etwas machen, man könne etwas ändern, wenn man nur will. Führt man sich vor Augen, wie die Zeitverhältnisse während der Kanzlerschaft Schmidts und später auch Kohls geworden waren, als sich Politik immer mehr an den Sachzwängen abarbeitete oder atemlos den Entwicklungen hinterherlief, dann wird erst deutlich, welche überraschend zuversichtliche Grundmelodie ein Temperament wie Lafontaine damit in die Politik wiedereinführt.

Mit dem Postulat, einerseits die Gesinnung zu revolutionieren, also ganz prinzipiell umzudenken, andererseits aus der »militärischen Integration« der Nato auszuscheiden oder auch einseitig abzurüsten, wurde Lafontaine in den frühen achtziger Jahren zum Star ganzer Kirchentage. Damals deutete er auch etwas von einem »Generalstreik« an, den sich die Gewerkschaften vielleicht einmal überlegen müßten. Aber auch die Sache mit dem Generalstreik war rasch wieder vergessen. Und was die Nato angeht, so erläuterte er später, er sei mißverstanden oder falsch wiedergegeben worden und habe doch stets »eine gaullistische Position vertreten«. Seine Ansicht definierte er noch einmal neu: Wie Frankreich solle die Bundesrepublik nur aus der militärischen Integration des Bündnisses ausscheiden; sie müsse sich »abkoppeln von den integrierten Schaltkreisen des Atomeinsatzes«.

Der Enthauptungsstrategie der USA, wonach Europa eben doch einmal das Schlachtfeld der ersten Stunde werden könnte, galt seine besondere Kritik. Dagegen hielt er die Forderung, Europa und auch die Bundesrepublik sollten von Amerika ein Stück Souveränität zurückerobern. Es dauerte nicht lange, und Lafontaine hatte sich in der politischen Klasse Amerikas einen Namen gemacht. Er wurde als junger, kommender Mann der SPD mit Argwohn betrachtet; als Protagonist einer Politik, die Amerika aus Europa herausdrängen wolle. An dieser Skepsis in den USA hat sich natürlich auch dadurch nichts geändert, daß seine Partei ihn zum Kanzlerkandidaten machte. Er hat damals und später nicht den Eindruck gemacht, das bekümmere ihn sonderlich. Wichtig ist Lafontaine, soweit man das von außen sieht, daß die Linie deutlich wird. Was das betrifft, ist er ganz penibel und ein sehr konsequenter Politiker.

Sozialdemokratischer Strauß

Nicht erst seit der Nato-Kritik galt er als Linker. Wie Eppler sei er ein Wertkonservativer, hat er einmal gesagt, der »Leben bewahren« wolle. Seine eigene politische Zuordnung nahm er folgendermaßen vor: »Konservativ sein heißt, das Leben bewahren wollen, die Umwelt bewahren wollen, das ist genau der Politikansatz derjenigen, die unter links firmieren. Diejenigen, die sich heute noch als konservativ bezeichnen, wie etwa die jetzt in Bonn Regierenden, sind für mich destruktiv oder zerstörerisch, weil die Fortsetzung des Bestehenden keine Zukunft ergeben kann.«

Täuschen darf man sich nicht: Mit ähnlich offenen Worten hat er sich nicht nur gegen die Kohl-Regierung, sondern auch gegen die Sozialdemokraten gewandt, als sie in Bonn regierten. Wie oft hatten sie, aus seiner Sicht, wieder mal »Schwachsinn« geredet, diese müden Helden, diese »Profilneurotiker« und ewigen »Anpasser«. Eine pure Paradoxie, »aufrüsten, um abzurüsten«, wollten die Bonner den Bürgern als politische Logik verkaufen, schimpfte er beispielsweise. Für die Öffentlichkeit hat Lafontaine bis hin zum Streit um den Weg zur Einheit mit solchen Interventionen doch den unbezahlbaren Vorteil, daß man ihn auf den ersten Blick jedenfalls einfach versteht. Er spricht Klartext. »Raketenzählerei«, urteilte er einmal, »halte ich für eine Geisteskrankheit.« Wer glaube, menschliches und technisches Versagen ausschließen zu können, »kalkuliert die atomare Katastrophe ein«. Er verhalte sich also einfach verbrecherisch oder sei wahnsinnig. So ist Lafontaine. Oder jedenfalls: So spricht er.

Wenn man also irgendetwas immer klar zu erkennen meinte bei ihm in der Vergangenheit, dann war es die Richtung. Das gilt in dem Sinne übrigens nicht für seine Beiträge zur deutschen Vereinigung zwischen November 1989 und Mai 1990. Auf eine merkwürdige Weise lavierte er da und pickte sich nur Aspekte des großen Themas heraus. Ob die tiefere Ursache dafür darin zu suchen war, daß er das Thema nicht selber hatte setzen können? Sein Talent, sich mit Leidenschaft und Überzeugungskraft gegen etwas wenden zu können, ist einigermaßen unvergleichlich in der Politik Ende der achtziger, Anfang der neunziger Jahre. Im Zweifel gegen die eigene Partei, wenn sie die drohende ökologische Krise schlicht übersieht; gegen die Abschreckungsphilosophie, der noch fast die gesamte politische

Klasse anhängt; gegen Helmut Kohl, der zuerst überall weiter so machen will wie bisher und dem dann die Einheit in den Schoß fällt; oder auch gegen Jochen Vogel, wenn der ihn an seinem Machtanspruch behindert.

Die hohe Kunst des »Gegen«, die er so blendend beherrscht, hat viel zu dem Eindruck beigetragen, Oskar Lafontaine sei ein sozialdemokratischer Strauß. Gemeint ist damit die destruktive Seite des Bayern, an welche sich manche erinnern, wenn sie den Saarländer sehen. Aber Lafontaine hat sich zumindest sehr oft bemüht, über dieses »Gegen« hinauszukommen. Nicht zufällig ließ er sich an die Spitze einer SPD-Kommission (Fortschritt '90) berufen, die 1989/90 das Programm für eine sozialdemokratisch geführte Regierung entwickeln sollte.

Mit aller Emotion, deren er fähig ist, beruft Lafontaine sich dort, wo es ihm wichtig erscheint, auf die Gewißheit rein rationaler Überlegungen. Es ist ja kein Zufall, wenn kein anderer Politiker in diesen Jahren so viele Bücher geschrieben hat wie er (und seine Ghostwriter). Der Zuspitzer Lafontaine, der Kritiker aus Saarbrücken, hat seine Vorbehalte gegenüber Helmut Schmidt, mit dem er auch manches gemeinsam hat, einmal in Worte gekleidet, die ihm bis heute nachgetragen werden. Der Bundeskanzler sei ein Mann von »Sekundärtugenden«, griff Lafontaine den Regierungschef in einem Interview mit dem *Stern* an, »mit denen man auch ein KZ betreiben kann«. Aber solche Sekundärtugenden, das ist die andere Seite der Medaille, braucht auch ein Ministerpräsident im Saarland oder ein Kanzlerkandidat für Gesamtdeutschland – und er weiß das natürlich auch. Nein, wer sich in die Politik begibt, kann nicht einfach treu seinen Prinzipien huldigen, sofern er sie hat, er gerät in Widersprüche und muß damit leben können. Man hat selten beobachten können, daß Lafontaine unter den Widersprüchen, in die auch er sich verwikkelt oder stürzt, wirklich litte.

Auch im Kernenergiedisput hat er sich von einem Saulus zu einem Paulus gewandelt und gar nicht gezögert, dies auch einzugestehen. Zunächst wie die meisten ein Befürworter, befand er sich endlich auf dem Kriegspfad gegen den Atomstrom und wurde zu einem derjenigen in der SPD, die einen allmählichen Ausstieg innerhalb von zehn Jahren erzwingen wollten. Beschlossen wurde es jedenfalls so auf dem Papier. Natürlich wird Lafontaine so nebenbei auch an die Kohle im Saarland gedacht haben und an die Kumpel im Revier oder daran, daß es in seinem Ländchen keinen einzigen Reaktor gibt, was ihn dazu hätte zwingen können, am Beispiel zu zeigen, wie ernst er es mit seinen eigenen Bekenntnissen meint. Das heißt aber andererseits nicht, daß sie ihm nichts bedeuten. Die Kritik an der benachbarten Atomanlage in Cattenom, die er sich zu Herzen nahm und von der er lernte, war keineswegs nur billige Nörgelei.

Nicht als erster, aber ganz gewiß auch nicht als letzter tauchte Lafontaine in den siebziger Jahren in die Umwelt- und Wachstumsdiskussion ein. Zunächst las er viel. Schon bald sah man ihn als Gastredner bei Bürgerinitiativen. In der SPD machte er wenig später ähnlich viel Wirbel mit seinen kritischen Anmerkungen zur Sache wie Eppler, der diese Diskussion bereits seit zehn Jahren führte. Wie gewohnt bündelte Lafontaine das alles in einem Buch. Er gab ihm einen Titel, der viel davon zeigt, wie er denkt oder wie er gern gesehen werden will: *Der andere Fortschritt. Verantwortung statt Verweigerung.* Einerseits mußte er also im Saarland mit seiner Monostruktur eine harte Industriepolitik betreiben, sich als Krisenmanager in der ARBED-Saarstahl-Transaktion bewähren und die Interessen der Arbeitnehmerschaft wahrnehmen; wie in allen Notstandsgebieten der Republik erwiesen sich Wachstum und industrieller Fortschritt als geradezu unerläßlich. Andererseits entdeckte er ausgerechnet in diesem Land den »Ökosozialismus« als neues Paradigma für die Gesamtpolitik. Und fortan wurde er nicht müde, das auch öffentlich zu begründen. Die Klassenfragen, die noch das große Thema der Arbeiterbewegung bis weit hinein in unser Jahrhundert waren, würden zunehmend von den »Gattungsfragen« abgelöst, meinte er, die davon handeln, wie die menschliche Spezies bei immer knapperen Ressourcen trotz des Raubbaus an der Natur und soviel mißverstandenem Fortschritt noch überleben könne. Es sei schon viel, liebte Lafontaine hinzuzusetzen und berief sich dabei wie gewohnt auf kluge Kronzeugen, wenn politische Parteien künftig dazu beitrügen, daß Risiken vermieden werden könnten. Grund und Gelegenheit, Utopien nachzuhängen, gebe es wohl nicht mehr. Ein Tschernobyl sei Warnung genug, hieß das für ihn.

Mit solchem Denken schuf sich Lafontaine allmählich eine öffentliche Basis, die unabhängig wurde von der Unterstützung in der eigenen Partei. Ja, die Basis wurde breiter, je mehr er der SPD ihre Orthodoxien vorhielt, ihren »Verantwortungsimperialismus«, der sie dazu verführe, die Rolle des Staates zu überschätzen oder ihre

Vorbehalte gegenüber der Marktwirtschaft, die aus der Tradition schöpften und doch nur Altpapier seien. Nur Willy Brandt betont vermutlich ähnlich eindringlich wie er an der Spitze der SPD die Notwendigkeit, die Sozialdemokraten müßten die »Partei der Freiheit« sein. Es waren solche Fragen, von dem Sinn für Macht und dem politischen Temperament einmal abgesehen, die Brandt und Lafontaine zueinander geführt haben und sie wohl auch verbinden. Bei beiden, Brandt wie Lafontaine, ist die Staatsgläubigkeit klein. Beide, der Alte und der Jüngere, sind offen für die individualistischen Tendenzen einer modernen Gesellschaft. Beide hassen Pflichtübungen, obwohl sie sie mitmachen, und ziehen es vor, das auszusprechen, was ist, wenn auch nicht immer. Lafontaine ist damit in die Nähe von relativ unabhängigen Köpfen außerhalb seiner Partei geraten. Unübersehbar haben ihn beispielsweise die Thesen des Soziologen Ulrich Beck zur Risikogesellschaft beeindruckt und beeinflußt. Als »Modernisierer« der SPD versteht er sich prächtig mit seinem Stuttgarter Amtskollegen Lothar Späth (CDU). Als Wachstumskritiker, der die Grünen ernst nimmt, denkt er wie Kurt Biedenkopf.

Man kann also darüber streiten, ob er Anfang 1990 die Kanzlerkandidatur unter falschen Voraussetzungen übernahm oder ob sich die SPD anfangs nicht klar genug darüber war, was sie wollte. Aber unbestreitbar bleibt gleichwohl, daß er bis dahin bereits mehr öffentliches Profil gewonnen hatte als alle Politiker seiner Generation. Oskar Lafontaine ist nicht zufällig der Kandidat der Volkspartei SPD geworden, auf den sich – jedenfalls bis zum Frühsommer des Wahljahres – so unvergleichlich viele Hoffnungen richteten. Hinzu kommt, und auch das ist nicht zu unterschätzen, daß viele in ihm einen entscheidungsstarken und führungsfähigen Politiker bewundern, einen Machiavellisten und Dezisionisten eben. Das Bedürfnis nach Helden aber ist in Deutschland unverändert groß. Lafontaine weiß das. Wenn am Ende der SPD-Krise des Frühsommers 1990 also stand, daß er zwar in der Sache eingelenkt habe (soweit es den Staatsvertrag betrifft), aber zugleich seine »Linie« deutlich gemacht habe, dann dürfte gerade das sein Bild in Teilen der Öffentlichkeit bestätigen.

Arbeitszeitverkürzung ohne vollen Lohnausgleich – auch das ist einer der Ohrwürmer in der politischen Auseinandersetzung für einige Monate in der Bundesrepublik geworden. Auch diese Debatte hat man Lafontaine zu verdanken. Und auch sie steht als Paradigma,

310

wie er Konflikte entfacht, austrägt und auch wieder vergißt. Ob er dabei immer weiß, wie sein nächster und übernächster Schachzug aussehen oder ob er überhaupt weiß, mit welcher seiner Äußerungen er eine politische Kontroverse auslöst, das bleibt ein Geheimnis. Auch bei Herbert Wehner beispielsweise hat man nie genau zu unterscheiden vermocht, ob seine Eruptionen, die manchesmal dramatische politische Folgen hatten, spontan waren oder geplant. Wahrscheinlich kam beides auf ganz individuelle, nicht zu enträtselnde Weise zusammen.

1988 platzte mitten in einen schwierigen ÖTV-Tarifkonflikt, in dem die Gewerkschaften die Losung »Arbeitszeitverkürzung bei vollem Lohnausgleich« ausgegeben hatten, Lafontaines Vorschlag, der die Gewerkschaften einen Augenblick lang sprachlos machte und dann zu maßlosen Reaktionen geführt hat. Auch in diesem Fall läßt sich nicht genau rekonstruieren, ob Lafontaine da einen geheimen Meisterplan im Kopf hatte oder nicht. Eines jedenfalls muß ihm klar gewesen sein: daß die Gewerkschaften in der Verfassung, in der sie sich befanden, immer mehr zum Ballast für die Gesamtpartei geworden waren. Die SPD mußte sich dringend aus dem Klammergriff der Arbeitnehmerorganisationen befreien, wenn sie nicht sogar für deren Krise mit haftbar gemacht werden sollte. In diesem Fall hatte Lafontaine eine ganze Schar von Journalisten ins Saarland zu einer Aschermittwochrede eingeladen, die das Gegenstück bilden sollte zu den legendären Aschermittwochreden von Franz-Josef Strauß. Daß er seinem Publikum und den Journalisten etwas Handfestes bieten müßte, wird einem Temperament wie ihm schon klar gewesen sein.

Nicht zum erstenmal traf er mit einem Wort den neuralgischen Punkt. Von der Gewerkschaftslinie ausgerechnet auch noch im Augenblick eines Tarifkonflikts abzuweichen, das hatte kaum je ein Sozialdemokrat gewagt. Schon das hätte ihn in den Augen vieler zum Helden gemacht. Für die Gewerkschaften oder jedenfalls für die orthodoxe Mehrheit galt er von Stunde an als Schurke. Die SPD-Spitze wand sich. Sie versuchte den Brand zu löschen, zu harmonisieren, zu glätten. Nur hinter vorgehaltener Hand wurde geflüstert, so unrecht habe der freche Oskar ja gar nicht und es sei mit Gold nicht aufzuwiegen, wenn das Kunststück gelänge, die eigene Partei von dem großen Bruder Gewerkschaften zu emanzipieren. Aber öffentlich hatte das eben nur Lafontaine gewagt. Und er hatte seine Linie aufgezeigt, die er verfolgen wollte. Diese Kontroverse platzte in einen Moment, in dem die Gewerkschaften unter den Folgen des Neue-Heimat-Skandals litten und ihre coop-Krise bewältigen sollten. Überdies befand sich die gesamte industrielle Landschaft in einem Prozeß rapiden Wandels. Die Zahl der Industriearbeiter nahm weiter ab, die Gewerkschaften kämpften um Mitglieder. Die Individualisierungstendenzen in der Republik machten es immer schwerer, kollektive politische Antworten zu finden, die allgemein Geltung gewinnen. Ideologisch hatten sie sich festgefahren. Die Orthodoxen verschanzten sich in einer Wagenburg gegen alle Modernisierungsversuche. Wer Ökologie großschreiben wollte, mußte mit ihrem Widerstand rechnen. Wie der Zufall so spielt, veröffentlichte Lafontaine in diesem Monat wiederum ein Buch: *Die Gesellschaft der Zukunft*. Es befaßte sich zwar mit dem veränderten Arbeitsbegriff, aber die umstrittene These zur Arbeitszeitverkürzung, die auch ein Solidarbeitrag für Arbeitslose sein sollte und deshalb nicht voll zu entgelten sei, war darin gar nicht enthalten. So genau jedenfalls plant der Konfliktpolitiker Lafontaine nicht.

Die Linke, die sich mit den Modernisierungszwängen schwertat, nachdem sie sich nur sehr mühsam auf eine Auseinandersetzung über die Ökologie eingelassen hatte, fühlte sich gleichfalls provoziert, jedenfalls ein Teil der Linken. Ähnlich wie manche Gewerkschaftler hielten sie in dieser Phase fest am Uraltkonzept des »Grundwiderspruchs« von Kapital und Arbeit, was im Konflikt zwischen Lafontaine und IG-Metall-Chef Franz Steinkühler, der sich zum Wortführer der Gegenposition gemacht hatte, dazu führte, daß sie auf seiten der Gewerkschaften standen. Einmal beim Reformieren und bei den ideologischen Aufräumarbeiten, interessierten Lafontaine, den Pragmatiker, solche Worte wie »Grundwiderspruch« herzlich wenig. Für ihn ging es, wie er in der Diskussion über seine Bemerkung später erläuterte, eben um ein Stück »Solidarität innerhalb einer Klasse«. Angesichts der hohen Arbeitslosigkeit bei hoher Produktivität, argumentierte er, müsse die Arbeit solidarischer verteilt werden; das aber sei nur innerhalb der Arbeiterschaft möglich; und nur so sei ein Beitrag dazu zu leisten, die hohe Zahl der Arbeitslosen herunterzudrücken. Später mußte Lafontaine seine eigene politische Parole im Streit mit Argumenten unterfüttern und zur Position erhärten. Das ist ihm nur teilweise gelungen, aber auch darauf kam es ihm im Grunde nicht so sehr an. Er hatte die

312

Richtung aufgezeigt, die öffentlich zu sehen sein sollte – und er war durchaus auch bereit, in den Debatten mitzulernen. Learning by doing.

Am Ende übrigens blieb Lafontaine im Streit mit Steinkühler Sieger. Oder jedenfalls: Dieses Bild bleibt in Erinnerung. Zu dem Zeitpunkt allerdings waren die Details des Konflikts und das wogende Hin und Her schon nicht mehr von Interesse, die Öffentlichkeit schaute anderswohin. Hängenblieb, daß Lafontaine ein Tabu verletzt und zur richtigen Zeit das richtige Wort gefunden hatte. Ähnlich verhielt es sich übrigens im Streit mit den Gewerkschaften um die Wochenendarbeit. Uninteressiert an den Leerformeln, die den Gegensatz von Kapital und Arbeit angehen, plädierte Lafontaine gegen den »mainstream« in den Gewerkschaften für längere Maschinenlaufzeiten, im Zweifel auch am Sonntag.

Mit versteinerten Mienen hörten ihm die Gewerkschaftsbosse zu, als er beim SPD-Parteitag in Münster (1988) nicht etwa versöhnlich einlenkte, wie viele das erwartet hatten, oder sein ausgefeiltes und abgewogenes Manuskript verlas, das er mitgebracht hatte, sondern leidenschaftlich extemporierte und auf seinem Vorschlag glatt bestand. Später traten die Gewerkschaftsbosse der Reihe nach an, um dem frechen Brandt-Enkel zu verraten, wie wenig sie von ihm hielten. Lafontaine, der Mann, der inzwischen bereits für höchste Ämter in seiner Partei gehandelt wurde, erhielt bei den Vorstandswahlen einen empfindlichen Dämpfer. Er zuckte zusammen, aber eingeknickt ist er nicht. Die Sache war ihm das wert. Jedermann hatte wieder einmal sehen können, daß er sich auch vor den Thronen von Arbeiterbewegungsfürsten nicht fürchtet. In seinem Sinne durchaus erfolgreich hatte er eine Kontroverse ausgelöst und durchgestanden. Das war ja sein Rezept gegen die Harmonisierer, während er »Langeweile« für die größte Gefahr seiner Partei hielt und ihr lebendigen Streit empfahl.

Nicht zu reden davon, daß sein Vorschlag in der Tat den Realitäten entsprach. In einzelnen Industriezweigen gab es bereits die längeren Maschinenlaufzeiten auch am Wochenende. Die Gewerkschaften hatten in aller Regel nicht einmal etwas dagegen einzuwenden, ganz einfach deshalb, weil auch ihre Mitglieder dafür waren. In einem gewissen Sinne hatte Lafontaine also die Wirklichkeit auf seiner Seite. Nebenbei: Der Streit um den Weg zur deutschen Einheit bildet auch insofern eine Ausnahme von diesem Grundmuster, als Lafontaine da sehr lange die Wirklichkeit nicht voll zur Kenntnis zu nehmen schien.

Im Arbeitszeitkonflikt, um darauf zurückzukommen, war die Richtung aus seiner Sicht klar: Er stand nun für mehr Flexibilität im Arbeitsleben, aber auch für mehr individuelle Gestaltungsspielräume zwischen Arbeitszeit und Freiheit und für einen unveränderten Arbeitsbegriff. Dazu zählte er auch die nichterwerbstätige Arbeit zumal von Frauen, die endlich anerkannt werden müsse. Lafontaine durchbrach damit Parteilinien und Traditionsdenkmuster, was ihm intern von vielen übelgenommen, öffentlich aber von vielen honoriert wurde. Damit zeichnete sich die Konstellation ab, die sich in vielen Konflikten wiederholte, auch im Streit über die Zukunft Deutschlands. Die politische Klasse mitsamt den versammelten Leitartiklern zauste den Saarbrücker oder rüffelte ihn, wenn sie ihn nicht gar aus der Politik hinauskomplimentieren wollte, während er in der Öffentlichkeit viel Applaus zu hören bekam und das als Rükkenstärkung betrachtete – bis es im Frühsommer zum tiefen Einbruch für die SPD und ihn und zum Hoch für Kohl kam.

Um noch einmal vor Augen zu führen, wie er solche Konflikte austrägt: »Ich trete nicht für Sonntagsarbeit ein«, definierte Lafontaine im Oktober 1988 seine Haltung, »sondern dafür, die Arbeitslosigkeit zu bekämpfen.« Dann fuhr er fort: »Ich trete dafür ein, daß die Frauen gleichberechtigt am Berufsleben teilhaben können. Das ist das dritte. Und ich trete, viertens, dafür ein, daß die Arbeitnehmer frei wählen können, in welchen Zeiten sie arbeiten mögen, soweit dies eben geht.« Oder auch: »Wenn man die Arbeitslosigkeit bekämpfen und die Arbeitszeiten immer kürzer haben will und wenn man eine freie Wahl der Arbeitszeit haben und, auf Stunden umgerechnet, einen hohen Lohn erzielen möchte, dann muß man Konzessionen an die Unternehmen machen, damit das Ganze bezahlt werden kann.« Lafontaine, noch grundsätzlicher: »Am Wochenende Schichten zu fahren ist dann vertretbar, wenn man es erstens selber will – das ist die Freiheitsidee – und wenn man zweitens weiß, daß dadurch neue Arbeitsplätze geschaffen werden. Das ist die Solidarität.«

Mit solchen Fanfarenstößen verprellte Lafontaine auch Genossen, aber er machte sie eben anderseits für viele außerhalb der SPD wieder gesprächfähig und trug eine Menge dazu bei, allmählich das Bild einer Partei entstehen zu lassen, die ihre Modernitätsdefizite aufzuarbeiten versucht. In dieser Hinsicht könnte man seinen Partei-

314

reform-Ansatz durchaus mit dem Neil Kinnocks, des Labour-Vorsitzenden in Großbritannien, vergleichen. Ein angenehmes Nebenprodukt dieser neuen Gesprächsfähigkeit war, daß Lafontaine nicht mehr nur für die Grünen als Partner und Konkurrent galt, weil er sich auf dem Ökologiefeld tummelte, sondern auch für Liberale wie Hans-Dietrich Genscher, die seine ökonomischen Ansichten ohnehin für richtig hielten und sich in außenpolitischer Hinsicht mit Lafontaine bis zum November 1989 blendend verstanden. Ganz abgesehen davon, daß es vielen ratsam schien, ein Medienereignis wie Lafontaine eben einfach nicht zu unterschätzen.

Es formierten sich aber auch neue Kritiker. Darunter befanden sich nicht nur Orthodoxe, sondern auch Freunde von gestern wie Erhard Eppler. Der schwäbische Sozialdemokrat hatte viel Arbeit in die Grundsatzkommission seiner Partei investiert, die einen Entwurf ausarbeitete, der das Godesberger Programm der SPD ablösen sollte. Ende Dezember 1989 wurde das in Berlin auch so beschlossen. Der Ein-Mann-Betrieb Lafontaine lenkte hingegen den Blick auf sich, er lebt geradezu von diesem Talent. Der Saarbrücker mit seiner Fähigkeit, öffentliche Diskussionen zu entfachen, hypnotisierte Beobachter, die das Grundsatzpapier nicht einmal ansahen. Das wurde dem neuen Grundsatzprogramm der SPD keineswegs gerecht. Aber Lafontaine – auch das gehört ins Bild – unternahm nicht viel Anstrengungen, daran etwas zu korrigieren. Schwieriger wurde für ihn allmählich die Frage, die immer häufiger gestellt wurde, ob er denn unter lautem Trommelwirbel und auf sehr gekonnt pointierte Weise am Ende nur das formulierte, »was ohnehin ist« – ob in Wahrheit also seine mutigen Plädoyers nicht lediglich dazu dienen, die herrschenden Verhältnisse mit gutem Gewissen fortzuschreiben.

Die eigene positive Antwort, den anderen Weg des Fortschritts, wollte Lafontaine beispielsweise mit der Idee von der Ökosteuer formulieren, für die er kämpfte. Zum großen Entwurf einer anderen Politik ist weder diese Idee noch das Programm seiner Fortschrittskommission ausgeweitet worden, die Oktoberrevolution in Deutschland hatte die Lage verändert. Der Themenwechsel war komplett. Und, wie bekannt, fiel es Lafontaine eben schwer, sich darauf einzustellen. Vielleicht muß man überhaupt sagen: Von diesem Moment an konnte er nicht mehr, bei all seinen Talenten, allein mit Hilfe von Medien und öffentlicher Kommunikation eine Kontroverse entfachen und austragen, die Verhältnisse diktierten nun die Themen, ja, sie steuerten die Politik, was nun ganz gegen sein Naturell und Politikverständnis verstößt.

Gegen Lafontaines Option für die Sonntagsarbeit, um es auch an diesem Beispiel zu erläutern, wandte Eppler ein: Wenn die Politik nur das absegnen solle, was sich ohnehin anbahne, habe sie doch abgedankt. Was soll da Politik überhaupt noch? Einspruch kam auch von Intellektuellen, die verwundert registrierten, wie Lafontaine – vor den Frankfurter Industriellen wie vor dem Rhein-Ruhr-Club in Düsseldorf – lässig auf jeden kapitalismuskritischen Ansatz verzichtete. Was sei dann noch links, wollten sie wissen. Und was unterscheide die SPD aus Lafontaines Schule von einer modernen CDU? Kritik galt in dieser Phase übrigens zunehmend auch dem Ein-Mann-Täter Lafontaine. Er hielt eben nichts davon, die Kleiderordnung zu wahren, wie Hans-Jochen Vogel das empfahl und geradezu vorlebte. Lafontaine wollte nicht abstimmen, er wollte vorpreschen. Insofern trifft auch nicht ganz zu, daß er der reine Diskursmensch ist und die Aufklärungsarbeit leistet, wie er es und wie er sich gern darstellt; nein, Lafontaine erarbeitet sich Gefolgschaft und Autorität nicht einfach oder nicht immer argumentativ, oft möchte er sie schlicht auch erzwingen.

Mann zum Rätseln

Das führt zu einer merkwürdigen Distanz zwischen ihm und vielen, die in den sechziger Jahren politisch aufwachten wie er. Im Grunde hat Lafontaine autoritäre Neigungen – während er doch zugleich von antiautoritären Impulsen getrieben wird. Als Johannes Rau im Jahr 1987 für die SPD ins Rennen um die Kanzlerschaft ging, verlangte er ähnlich wie Lafontaine 1990 stille unkritische Gefolgschaft. Lafontaine ließ sich äußerlich darauf ein, aber man ahnte, wie es in ihm kochte. Er war auch der erste, der am Tag nach der Wahl Rau öffentlich mitteilte, was er alles falschgemacht habe. Diese Gefolgschaft aber verlangte im Jahr 1990 nun auch Lafontaine von seiner Partei.

Was er sich einmal in den Kopf gesetzt hat, daran hält er fest – oder er gibt eben erst nach, wenn es kaum einer bemerkt, weil er Thema, Gegner oder Ziel ausgetauscht hat. Gegen den drängenden Rat des

Parteipräsidiums blieb er bei dem Entschluß, das Buch von Filmer/ Schwan über Hans-Dietrich Genscher in Bonn vorzustellen, obwohl es darin um die heikle These ging, Helmut Schmidt und nicht Genscher habe die sozialliberale Koalition im Jahr 1982 gesprengt. Bei der Buchpräsentation allerdings beschäftigte sich Lafontaine dann sehr kritisch mit der These, und der Streit war gleich wieder passé. So trat Lafontaine auch auf – selbstbewußt, wenn nicht selbstherrlich –, als die SPD dringend einen neuen Schatzmeister suchte. Willy Brandt hatte soeben noch darüber mit Hans-Ulrich Klose gesprochen und sich bei ihm eine Abfuhr geholt. Das war kurz vor Brandts Rücktritt als Parteivorsitzender. Aber nun stürzte plötzlich Oskar Lafontaine aus den Kulissen. Der auserwählte Enkel trat auf, die Fernsehkameras surrten, er zog sich – im wehenden Mantel – im Ollenhauerhaus an eine Wand im Hintergrund zurück, tuschelnd, als stünde ein Coup bevor. Und dann verkündete er, ein neuer Schatzmeister sei gefunden worden: Klose. Brandt betrachtete den Zauberlehrling ein wenig irritiert. Was andere nicht schaffen, Lafontaine schafft es. Dieses Bild liebt er. Die Mantelszene blieb als Symbol haften für den Tatmenschen Lafontaine, den Voluntaristen, der ruft: Ich! Ich! Ich! und das auch noch mit Erfolg. Einer, der sich gegen Hohn und Spott der eigenen Genossen einen Spitzenkoch für seine kleine Landesvertretung engagiert und das einfach damit verteidigt, ein Spitzenkoch leiste schließlich auch mehr »als mancher Sesselfurzer«.

So hat Lafontaine sich schließlich auch im Streit um die deutsche Einheit und den Weg dorthin verhalten. Mit dem Plädoyer für einen betont europäischen, internationalistischen Kurs hatte er noch viele auf seiner Seite. Aber das Thema Nummer eins – Deutschland – machte er fortan nicht auch für sich zum Thema Nummer eins. Erst nach dem mühsam geborenen Entschluß, doch Kanzlerkandidat zu bleiben, ja, auch für die gesamtdeutsche Kandidatur zur Verfügung zu stehen, schien Lafontaine so weit zu sein, die veränderte Situation auch für sich innerlich anzuerkennen. Ob es ihm dabei nun um die Sache ging oder um machtpolitische Ausgangspositionen oder ob beides sich auf untrennbare Weise miteinander verflocht – in diesem Moment war klar, daß die SPD mit Lafontaine in eine Krise gestürzt war, während undeutlich wurde, ob die Opposition und er im zusammenwachsenden Deutschland noch eine große Chance erhalten.

Zwei Botschaften haben sich im Laufe der Jahre eingeprägt, wenn man den Politiker Lafontaine auf der nationalen Bühne betrachtet. Erstens: Er zählt unter den Politikern nicht zu den Zimperlichen, und er sucht mit Gespür lieber den Rückhalt in der Öffentlichkeit, bevor er den in seiner eigenen Partei sucht. Es ist ihm egal, ob er sich dabei in Widersprüche verwickelt, denn natürlich ist auch eine große Volkspartei wie die SPD nicht widerspruchsfrei. Warum, scheint er sich zu sagen, sollte sich davon nicht etwas in einer Person widerspiegeln? Bei Willy Brandt verhielt es sich ähnlich. Zweitens: Ein Politiker, der so umstritten ist und der es in solchem Maße versteht, Streit zu entfachen, aber auch Resonanz auszulösen, hat ein gewisses Geheimnis. Eine solche Figur, auf obsessive Weise politisch und zugleich obsessiv lebenslustig, jedenfalls bis zu dem Tag in Köln-Mülheim, als Adelheid Streidel ein Opfer suchte und ihn zu einem »anderen Menschen« machte, polarisiert beinahe zwangsläufig. Das wird auch so bleiben.

Lafontaine wird das, wie gesagt, gesehen oder doch geahnt haben, als er sich im Jahr 1987 dagegen entschied, die Nachfolge Willy Brandts für den Parteivorsitz anzustreben. Damals wurde es von vielen beklagt und von vielen bespöttelt, daß er am Rubikon gestanden habe, die Zehen ins Wasser tauchte – und umdrehte. Nicht selten verhält er sich ein bißchen wie Willy Brandt. Auf veränderte Verhältnisse muß man sich neu einstellen oder selber die Szene neu arrangieren, hatte dieser zur Maxime seines Handelns gemacht. Kein Zufall, daß er diesen Freund und Lümmel aus Saarbrücken, zu dem sein Verhältnis in den letzten drei Jahren oft angespannt war und den er manchesmal als Zumutung empfand, zugleich amüsiert bewundert. Bei allem, was sie trennt, der Altvater der Partei traut dem jungen Helden doch eine Menge zu, spürte man auch, nachdem die Krise vorbei war. Das schließt nicht aus, daß es bald wieder ganz anders aussieht und neue Differenzen entstehen. Bei Lafontaine kann man da nie sicher sein, er bleibt ein Mann zum Rätseln.

KLAUS BRILL

Der Rebell

Wo von Oskar Lafontaine die Rede ist, scheiden sich die Geister und Gemüter. Der Mann erregt. Erregt Empörung und Begeisterung, Bewunderung und Tadel, Zustimmung und Widerspruch. Die Meinungen sind geteilt nach Anhängern und Gegnern, oft aber scheiden sich auch Geister und Gemüter in sich selber. Die Aufnahmebereitschaft für seine Argumente und Ideen ist durchsetzt vom Erschrekken über die brachiale Wucht, mit der er zur Anteilnahme an seinen Anliegen nötigt. Die Anerkennung seines forensischen und taktischen Geschicks paart sich mit Widerstand gegen seinen unverhüllten Machtanspruch. In den Respekt vor seiner Standfestigkeit mischt sich Mißfallen über seine Arroganz.

Man fragt sich, was ihm mehr Aufmerksamkeit verschafft hat: seine Postulate oder sein Gebaren. Regelmäßig überschreitet sein Rigorismus die Grenzen der Bonner Sittsamkeit, die zugleich die Grenzen der Bonner Eintönigkeit sind. Wie einst Franz-Josef Strauß zieht auch Lafontaine das breite Publikum eher in seiner Rolle als robuster Fighter an denn als Urheber und Vollstrecker politischer Konzeptionen. Er ist ein Umstrittener – und findet gerade deshalb Beachtung.

Der Zwiespalt, den sein Handeln im Empfinden vieler Menschen auslöst, ist in Lafontaine selber angelegt. Er ist sowohl ein unabhängiger Analytiker, der Zeit- und Grundsatzfragen eigenständig durchdringt, als auch ein Machtmensch mit wachem Sinn für das Opportune, für die Schwächen der Gegner und den eigenen Vorteil.

Lafontaines politisches Denken ist geformt durch langjährige Lektüre. Mit dem Heißhunger des Arbeiterkindes, dem das humanistische Gymnasium und das Studium der Physik die Leiter zum sozialen Aufstieg wie zur geistigen Selbstbefriedigung aus den Fesseln der katholischen Provinz waren, hat er sich seinen Teil am Wissen der Welt erobert. Er hat sich beeinflussen lassen von den Ideen der alten Griechen, der Aufklärung, der französischen Frühsozialisten, der sozialistischen Klassiker und der Existentialisten. Daß den Physikus die Forschungen und Folgerungen der Physiker Albert Einstein und Werner Heisenberg faszinierten, lag nahe. Er nennt aber auch die Schriften so unterschiedlicher Autoren wie der Psychologen Alexander Mitscherlich, Horst Eberhard Richter und Erich Fromm, des Psychoanalytikers Ronald D. Laing sowie des Philosophen Günther Anders als Quellen der Anregung.

Immer wieder stößt man in Lafontaines Reden und Büchern auch auf christliches Gedankengut. Zwar hat sich schon der Schüler und Student von den Weisungen der Amtskirche gelöst, doch heißt auch der Ministerpräsident noch die christliche Soziallehre gut. Immer wieder rekurriert er auf urchristliche Leitsätze, wobei offenbleibt, wieviel ihm davon eigenes Bekenntnis, wieviel Appell an ein christlich geprägtes Publikum ist. Wo er sich mit Wirtschaftsfragen beschäftigt, zitiert er häufig Karl Marx, meist referierend, mitunter zustimmend, stets ablehnend gegenüber der bisherigen Praxis des Kommunismus.

Als Leitidee für ein modernes »Politikmodell der demokratischen Linken« hat Lafontaine in seinen Büchern »eine Renaissance des Grundwertes der Solidarität« herausgearbeitet. Ihm geht es dabei um eine Solidarität, die alle Menschen auf der Erde und auch die Natur umfaßt und die »immer etwas mit Gleichberechtigung und Gleichheit« zu tun hat. In Anlehnung an die Losung der französischen Revolution von der Gleichheit, Freiheit und Brüderlichkeit sieht er Solidarität als eine Kategorie der Freiheit. »Freiheit kann es nur mit dem anderen, nur in der Gesellschaft, nur in Einklang mit der Natur geben.«

Lafontaine plädiert zudem für »eine neue aufklärerische Verantwortungsethik« und für einen Ökosozialismus, der ihm Verbindung des Kampfes gegen die Ausbeutung des Menschen mit dem Kampf gegen die Ausbeutung der Natur bedeutet. Auch Albert Schweitzers Postulat der Ehrfurcht vor dem Leben dient ihm zur Darstellung seines politischen Ansatzes. Die Sozialdemokratie hat in Lafontaines Augen nach wie vor die historische Aufgabe, »mehr Freiheit, mehr Gerechtigkeit, mehr Solidarität, mehr Selbstbestimmung und Selbstverwirklichung« zu erkämpfen, und zwar, indem sie den technologischen und sozialen Fortschritt wieder miteinander zur Deckung bringt.

Lafontaine ist mit solchen Thesen nicht zum neuen Cheftheoretiker der Sozialdemokratie avanciert, und dies war wohl auch seine Absicht nicht. Seine Bücher sind entstanden aus den Anlässen aktueller Politik heraus, in hoher Auflage verkäuflich, weil der Verfasser schon ein bekannter, interessierender Politiker war. Dieses Interesse an seiner Person und seinem Denken hat er zuvor auf andere Weise geweckt – als Versammlungsredner, Disputant, Provokateur, als ein enfant terrible.

Oskar Lafontaine ist ein Aufsteiger, einer von vielen heutigen Politikern, die sich über Jahre in der Partei nach oben gearbeitet haben. Lafontaine hat diesen Aufstieg indes nicht durch Anpassung an die jeweils tonangebende Formation bewerkstelligt, sondern durch Auflehnung, die Gefahr des Scheiterns stets vor Augen. In seiner politischen Laufbahn wird schon früh ein hoher Anspruch erkennbar, verknüpft mit Geltungsdrang, Unverfrorenheit und Überlegenheitsgefühlen.

Er trugt diesen Anspruch vor mit einer Verve, die sich vermutlich speist aus einem geradezu animalischen Vergnügen am politischen Kampfgetümmel, am Gemenge und Geraufe. Es scheint, als sei ihm das Kräftemessen mit einem von ihm herausgeforderten Gegner vor gebanntem Publikum eine sportive Leidenschaft, ein Elixier, das er benötigt, um sich seiner selbst zu vergewissern. Seine Art gesellschaftlicher Fortbewegung ist die Rebellion.

Schon in jungen Jahren hat Lafontaine hochgestellte Widersacher nicht gescheut. Aufsehen über das Saarland hinaus erregte er erstmals 1970, damals ein junger Landtagsabgeordneter, als er die Regierung des CDU-Ministerpräsidenten Franz Josef Röder öffentlich der Korruption beim Verkauf der Mehrheitsanteile der bis dahin landeseigenen *Saarbrücker Zeitung* an den Holtzbrinck-Konzern verdächtigte. Einen deshalb angestrengten Beleidigungsprozeß brachte er nur durch eine mit Röder abgesprochene abwiegelnde Erklärung gütlich zu Ende.

Später konnte ein breiteres Publikum verfolgen, in welcher Weise Lafontaine sich und seine Anliegen ins Bewußtsein der Öffentlichkeit zu rücken pflegt: bei seinem kompromißlosen Einsatz gegen die Nutzung der Atomenergie und gegen die Aufstellung amerikanischer Mittelstreckenwaffen in Europa; in der Auseinandersetzung mit den Gewerkschaften und dem Gewerkschaftsflügel der SPD um Sonntagsarbeit und Arbeitszeitverkürzung; im Streit um die deutsche Einheit.

Stets war das gleiche Verfahrensmuster zu beobachten: Lafontaine provoziert, polemisiert, polarisiert. Er hält Zumutungen bereit, und er schont seine Kontrahenten mitnichten. Auf diese Weise stößt er breite Diskussionen an, erweist sich darin auch als hartnäckig und sattelfest, wird zu einer zwar umstrittenen, doch mehr und mehr bekannten Person. Immer wieder war es der scharfe Widerspruch gegen die Positionen politischer Gegner wie eigener Parteifreunde, der ihn im Kreuzfeuer der Meinungen und Gegenmeinungen nach vorne brachte, mag er am Ende solcher Diskussionen auch die eine oder andere Bastion geräumt haben.

Es liegt nahe, hinter solcher Vorgehensweise neben natürlichen Reflexen auch das Kalkül des Taktikers zu vermuten, der weiß, daß er bei der gegebenen Struktur der Öffentlichkeit nur dann hinreichend zur Kenntnis genommen wird, wenn er Aufreizendes bietet, Stoff für konfliktorientierte Berichterstattung liefert. Doch darf dabei das hohe Risiko nicht außer acht bleiben, das er jeweils eingegangen ist. Lafontaine agierte immer wieder um den Preis des Absturzes in die Bedeutungslosigkeit eines Querulanten. Er ging sogar so weit, seinen Austritt aus der SPD für den Fall anzukündigen, daß die Partei 1983 der Stationierung der US-Atomwaffen zugestimmt hätte, und er hat wiederholt den Gedanken eines Rückzugs aus dem politischen Geschäft ventiliert.

Ernstgenommen hat dies niemand bei einem Mann, der von frühauf kühn und zielstrebig nach Posten gegriffen hat, der als Youngster schon Absprachen traf, Ränke spann und Koalitionen schmiedete, bis er mit 30 Jahren Bürgermeister, mit 32 Oberbürgermeister von Saarbrücken war. Mag auch der frühe Aufstieg der inneren Distanz zum politischen Betrieb Raum gegeben haben, so hat er doch zugleich seinem Ego jene Bestätigung verschafft, die den Wunsch nach immer größerer Bestätigung weckt.

Er ist diesem Wunsche gefolgt und er hat auch diese größere Bestätigung erfahren, obwohl er Teile der SPD mit seinen Vorstößen gegen sich aufbrachte. Die Mehrheit der Partei indes hat ihm seine Alleingänge und seine mitunter tyrannischen Allüren immer wieder verziehen, im Bewußtsein, daß sie auf die mobilisierende Kraft des Erfolgsmenschen von der Saar nicht verzichten könne. Es war ja gerade jene spezifische politische Motorik, jene Methode Lafontaine, die ihn im Saarland mit Triumphen aus Wahlen hat hervorgehen und ihm die Kanzlerkandidatur hat zufallen lassen wie eine reife Frucht, vom Baum gepustet durch den Wind, den er entfacht hatte. Es war jener Effekt der Eindringlichkeit, den sein langjähriger Freund und Weggefährte Reinhard Klimmt die »Durchschlagkraft des Oskar Lafontaine« nennt.

Sie offenbart sich besonders deutlich, wenn er vor gefüllten Sälen spricht, sei es bei Wahlveranstaltungen an der Saar oder auf Bundesparteitagen der SPD. Da ist er mitreißender Rhetor, je nach Bedarf dozierend, fordernd, spottend, einpeitschend, ja einschüchternd, im Tone meistens vehement. Da ist er Agitator so gut wie Entertainer. Da teilt er aus, langt er hin, versetzt er Anhänger in Jubel, Gegner in Wut. Der frühere saarländische Ministerpräsident Werner Zeyer (CDU) hat ihn deswegen einmal einen hemmungslosen politischen Demagogen genannt. Und Bundesumweltminister Klaus Töpfer zog als geschlagener CDU-Spitzenkandidat nach der saarländischen Landtagswahl 1990 verbittert das Resümee, Lafontaine sei »ein Machiavellist ohne menschliche Rührung und Rücksichtnahme«.

Oskar Lafontaine zum Gegner zu haben kann schmerzhaft sein, weil er Kontrahenten durch Nichtbeachtung und Sticheleien zu zermürben weiß und weil er im politischen Schlagabtausch mit sicherem Gespür für die Zugkraft bestimmter Themen meist den Diskussionsgegenstand vorgibt und nach bekannter Art behandelt.

Seine Durchschlagskraft entfaltet sich auch im Inneren der Apparate und Gremien. So sehr Intellektueller nämlich ist er nicht, als daß ihm je die Macht verdächtig und verderblich erschienen wäre. Er hat sie angestrebt, und er macht Gebrauch von ihr. Oskar Lafontaine liebt es zu herrschen, und zwar möglichst unumschränkt. Als Ministerpräsident verlangt er von seinen Mitarbeitern und Ministern Unterordnung und Dienstbarkeit. Wer ihm widersprechen will, muß gut gewappnet sein, will er sich nicht bloßgestellt sehen. Lafontaine spielt seine Überlegenheit aus, auch Gesten der Überheblichkeit, der Mißachtung und Verachtung sind ihm nicht fremd. Bei Schwächeren ruft sein Auftreten deshalb mitunter schon vorauseilend eine Verunsicherung hervor, die zwingend in die Unterwerfung mündet. So witzig und charmant sich Lafontaine in Gesellschaft geben kann – als Chef ist er erzautoritär. Wo er Führungsanspruch geltend macht, faßt er diesen als sehr weitgehend auf.

Er könnte sich solches nicht herausnehmen, hätte er als Regierungschef nicht Erfolge vorzuweisen wie etwa die Sanierung des maroden Saarstahl-Konzerns. Und er fände auch auf Bundesebene mit seinen Vorstößen nicht Anklang weit über die Grenzen seiner Partei hinaus, könnte er nicht auch inhaltlich überzeugen. Wo er recht hat, hat er recht.

So scheint es, als verbänden sich in Oskar Lafontaine politischer

Instinkt, Machtanspruch, Rebellengeist und Intellekt zu jenem Durchsetzungsvermögen, das den Kanzlerkandidaten der SPD für den Kanzler der CDU zu einem gefährlichen Gegner macht. Sein Gehabe erzeugt eine Ausstrahlung, die Wählermassen in Bewegung setzt. Es fasziniert, erregt, zieht an, stößt ab, begeistert und empört, scheidet Geister und Gemüter. Ein Umstrittener, ein Streitbarer tritt an.

Interview

FILMER/SCHWAN

Was verstehen Sie unter politischer Führung?
In erster Linie das Liefern überzeugender Ideen, die sich nach und nach durchsetzen.
Sie begreifen sich als »Internationalist«. Was verstehen Sie darunter?
Das Bekenntnis zu den Werten der Aufklärung oder der französischen Revolution, Freiheit, Gleichheit, Brüderlichkeit, die universale Werte sind und nicht in den Grenzen eines Nationalstaates gedacht werden können.
Wie definieren Sie den Begriff »Nation«?
Ich vertrete den französischen Begriff der Nation, das heißt, das Bekenntnis der Staatsbürger zu den Werten der Freiheit, Gleichheit, Brüderlichkeit stiftet die Nation, nicht die Sprache oder die gemeinsame Abstammung oder andere ethnische Züge.
Was heißt für Sie nationale Verantwortung?
Das ist die Verantwortung der Nationen Europas, die »Nation Europe« zu schaffen.
Wie müssen nach Ihrer Einschätzung die Schritte der staatlichen Einigung vollzogen werden?
Vernunftgemäß und gestaltet, nicht in einer Sturzgeburt.
Was verstehen Sie unter Vaterland?
Das müssen Sie Kohl fragen.
Was bedeutet heute Sozialismus für Sie?
Immer noch, wie eh und jeh, die Verwirklichung eines Höchstmaßes an Freiheit für den Einzelnen, im besonderen die Herstellung der Freiheit auch im Produktionsprozeß.
Welche Korrekturen würden Sie umgehend am Kapitalismus vornehmen?

Es gibt keinen Kapitalismus in Reinkultur. Das Entscheidende ist heute neben den alten Themen der ökologische Umbau der Industriegesellschaft.

Christsein, was heißt das für Sie?

Die christliche Religion ist die Religion der Nächstenliebe.

Wie katholisch, wie christlich ist Oskar Lafontaine?

Die Nächstenliebe transformiert sich in dem Begriff der Solidarität. Hier verbündet sich die katholische Erziehung mit dem heutigen politischen Denken.

Wie interpretieren Sie das Gebot der Nächstenliebe?

In der Kürze: Nächstenliebe ist nicht Selbstverleugnung, aber die Fähigkeit zur Zuwendung zum Anderen.

Was heißt für sie Solidarität?

Dasselbe.

Ethik und Moral, wie wichtig sind sie in der Politik?

Wenn man die Nächstenliebe und Solidarität auch zur Grundlage von Ethik und Moral nimmt, dann sind sie wichtig. Sie würden – siehe Dritte Welt und siehe die Nachkommenden, Stichwort Umweltschutz – oder sie müssen die Politik verändern.

Wo sehen Sie Grenzen der politischen Macht?

Dieses Thema ist ein ganzes Buch wert. Objektiv entziehen sich viele Bereiche unserer Gesellschaft der politischen Macht. Politische Macht muß stets zurückweichen, wenn es um die Menschenwürde und die Freiheit des Einzelnen geht.

Gibt es sie wirklich, die Macht des Parteichefs, die Macht des Bundeskanzlers?

Ja, aber sie ist immer auch begrenzt.

Was unterscheidet die Machtausübung Kohls von der Schmidts und Brandts?

Er ist erkennbar am wenigsten Staatsmann und nur mit seinem Platz in der Geschichte beschäftigt. Es fehlt ihm die geistige Größe, fähige Leute um sich herum zu dulden. Am stärksten war hier Brandt, der Männer wie Schmidt, Schiller, Moeller usw. in seinem Kabinett hatte. Kohl hat nur Pfeifen.

Wessen Rat schätzen Sie in Ihrer Partei am meisten?

Den von Reinhard Klimmt.

Welche politische Niederlage möchten Sie nie erleben?

Daß ich eines Tages einmal so vor dem Scheitern meiner politischen Ideen stehe, wie viele gutwillige Kommunisten heute.

Welche Schlußfolgerungen haben Sie nach dem Attentat gezogen?
Das Attentat ist ein Einschnitt in das Leben. Es ist eine Grundlage und eine Chance, erneut darüber nachzudenken, was das Leben eigentlich ausmacht. Es hat meine Distanz zu vielem eher verstärkt denn gemildert. Und mit dem Wachsen der Distanz zum Geschäft des Alltags wächst die Fähigkeit, sich den Dingen zuzuwenden, die das Leben eher ausmachen als die Plattheiten des Alltags.

XI. Kapitel
Innenansichten

ANTJE VOLLMER

Eine Zeit, in der einem leichter
ein Unglück zustößt

Es gibt im Leben eine Zeit, wo es sich auffallend verlangsamt, als
zögerte es weiterzugehen oder wollte seine Richtung ändern. Es mag
sein, daß einem in dieser Zeit leichter ein Unglück zustößt.«
(Robert Musil)

Ich habe nie gedacht, daß mich besonders viel mit Oskar Lafontaine
verbinden könnte, außer daß wir demselben Jahrgang angehören
und sich unsere Kinder ähnlich sehen. Auch könnte ich wetten, daß
sein Lieblingssänger doch nicht Peter Maffay ist, sondern eher Rio
Reiser.

Ansonsten liegt soviel dazwischen. Seine Geschichte (von der ich
wenig weiß) und meine Geschichte, die konnten sich schon deswegen nicht begegnen, weil ich niemals in die SPD gegangen wäre. Der
Marsch durch die Institutionen, schon gar in die Institution einer
Volkspartei, mit der die meisten 68er in einer erbitterten Fehde
lagen (und sie mit uns!), das war für mich undenkbar. Die Weggabe-
lung weg von der SPD lag so sehr am Anfang unseres Protestes, daß
da für Jahrzehnte keine Kreuzung mehr möglich war. Dieser Streit
um die richtige Lebensentscheidung wird immer noch ausgetragen,
die Auseinandersetzung um die Frage, ob es überhaupt richtig ist,
aus einer Kulturbewegung eine Partei zu machen. Vaclav Havel streitet sich darum wie Bärbel Bohley und Konrad Weiß. Partei ist Filz,
Beton und Apparat. Parteigenossin oder Parteigenosse zu sein, hielt
ich immer für den angepaßteren, für den weniger existentiellen oder
risikoärmeren Lebensentwurf. Der Parteienvorbehalt ging bei mir

so weit, daß ich schon zwei Jahre grüne Bundestagsabgeordnete und sogar Sprecherin der Fraktion war, ohne selbst der Partei der Grünen anzugehören. Bis mir dann doch auffiel, daß das einfach skurril und gemogelt war. 1985 ging auch ich dann den Schritt über die magische Grenze und wurde »Parteimitglied« – weil ich es eigentlich schon lange war. Und jetzt überschreite ich die magische Grenze immer von innen.

Im Streit mit Oskar Lafontaines Partei, der SPD, liege ich immer noch. Dabei betrifft der Widerspruch mehr noch das Großfamilien-Milieu und seine Verhaltensnormen als die Inhalte und Formen der praktischen Politik. Für die SPD-Parteigenossinnen meines Alters hatte ich mich – außer der schon erwähnten leicht hingeworfenen Verachtung – nie sonderlich interessiert. Im Bonner Parlament gingen die eher beiläufig mit und leisteten Tüchtiges, während wir Grünen uns leidenschaftlich in den Haaren lagen.

Oskar Lafontaine konnte mir deshalb überhaupt erst durch sein Dissidententum, seine notorischen antiautoritären Parteiaufstände auffallen. Wer da wen zähmt, wurde schließlich zu einem Fall von öffentlichem Interesse. Die SPD reagierte auf niemanden so aufgeregt wie auf Oskar Lafontaine. Wie da der Traditionsverein einen Unbotmäßigen schurigelte und seine Parteidisziplin mittels Liebesentzug der Sippe einzuhandeln versuchte, das enthielt qualitative Unterschiede zu früheren Parteiquerelen. Die regelmäßigen Parteiausschlüsse des SDS waren mir wohl bekannt und auch der künstlich pubertär gehaltene Status der JuSos. Erhard Epplers redlich-tapferer Widerstand gegen Helmut Schmidt und sein Bemühen um die neuen zentralen Fragen der Friedens- und Ökologiebewegung aber hatten jedesmal dazu geführt, daß am Ende der Parteidebatte die Bitte des Opponierenden um Zustimmung zum Hauptkurs stand.

Obwohl ich ihn also allenfalls unabsichtlich aus den Augenwinkeln wahrnahm, konnte mir doch nicht entgehen, daß Oskar Lafontaines Partei-Dissonanzen einen typisch anderen Verlauf nahmen, daß er apart in Entfernung zur breiten Parteimeinung blieb, mit einer sinnlich spürbaren Lust an der Aufrechterhaltung der Distanz. Der Streit um die Nato, seine Attacke gegen die Borniertheit der Arbeit-Habenden und der gewerkschaftlichen Betonfraktion, die um ihn entstehenden aufgeregten Wirbel von Zustimmung und Empörung machten mich neugierig. Allerdings: Den Streit um die Sonntagsarbeit finde ich bis heute unverantwortlich leichtsinnig. Da bin ich knallkonservativ, da ging mir ein schneller Intellekt zu leicht-füßig über die Grenze hinweg, die einen der letzten noch vorhandenen unantastbaren Menschen-Freiräume markiert.

Vermutlich ist Oskar Lafontaine bei alledem ja ein Sozi durch und durch. Und doch ist er interessant genau an den Punkten, wo er (boin!!) grüne Positionen berührt. Ununterbrochen wildert er in unseren Ideenressorts und sorgt damit zugleich für die optimale Debatte über diese Themen – die uns ja nicht gehören, weil sie längst schon über der Erde lagen. Selbstverständlich wird der Mann Oskar Lafontaine großen Wert auf die Originalität seiner Gedanken und politischen Positionen legen. Dabei klaut er wie verrückt. Und das ist auch ganz in Ordnung. Medial begabte Menschen sind so und können auch gar nicht anders leben. Die medialen Drähte der neuen Gedanken vibrieren derzeit sowieso quer zu allen Parteiabgrenzungen hin und her, von Geißler bis Gysi. Dabei haben die Grünen immer noch das größte Maß an medialer Wirkung und medialem Grundumsatz, allerdings auch das größe Maß an Selbstverzehr.

Wirklich eigenständig und frech gegenüber der herkömmlichen Tradition ist Oskar Lafontaine in der Kreation eines ganz neuen Politikertyps, wie man ihn eigentlich nur aus Italien kennt: angreifbar, nicht besonders handsam, human, mit einem Schuß intellektueller Hoffärtigkeit, aber nicht ohne Wirkung auf das gesamte Seelenleben der Republik.

Und dann ist da noch dieses Unglück, das ihm widerfahren ist . . .

Ich glaube nicht an die Absichtslosigkeit der Zufälle. Neben der Zufälligkeit der Zufälle gibt es eine innere Gesetzmäßigkeit, und die hat mit dem steigenden Fieber im sozialen Körper des zusammenwachsenden Deutschlands zu tun. Wo die Einheit an der Oberfläche zu schnell zusammengeflickt wird, entstehen bedrohliche Spalten und Risse im Untergrund der Republik, lauern unberechenbare explosive Ausbrüche, bei denen die Messer schneller fliegen. Aber diese aktuelle Zuspitzung an unterschwelliger Aggressivität ist nur einer der Lavaströme, die mich immer beunruhigt haben.

Es gibt eine andere Sollbruchstelle, die nie richtig ausgeheilt ist, die Sollbruchstelle eines Generationenkonflikts von außerordentlicher Schärfe, der aber doch nicht bewirkt hat, daß es auch zu einem politisch-kulturellen Generationenwechsel in den Bonner Führungseliten gekommen wäre. Den ersten Anlauf zur Klärung haben wir in den sechziger Jahren unternommen und haben uns verwirrt in den Selbstexperimenten von aggressiver Militanz und rigiden Dogmatismen. Inzwischen weiß ich längst, daß die Unfähigkeit, mit diesem Konflikt zivil umzugehen, in den Bonner Krisentäben keinesfalls geringer war als in unseren Hauptquartieren.

In beiden deutschen Nachkriegsgesellschaften konnten die Veränderung der Politik und der Wechsel der politischen Generationen wahrscheinlich gar nicht auf sanfte und evolutionäre Weise geschehen. Dafür waren das Ausmaß des überlieferten Schreckens und der Grad der Dialog-Unfähigkeit viel zu groß.

Die SPD hat lange versucht, sich selbst als Ausnahme von dieser Regel zu begreifen und das Heranwachsen einer Enkelgeneration als Erwählungsakt und Fördermaßnahme einer charismatischen Großvatergestalt anzusehen. Der Glücksfall Willy Brandt hätte dies vielleicht auch dauerhaft garantiert – wenn es nicht die gewaltfreie Revolution in der DDR gegeben hätte und den nationalen Streit um ihre Interpretation und politischen Konsequenzen.

Es kann kein Zufallsergebnis sein, was im Prozeß der deutschen Einigung deutlich geworden ist: Es ist etwas anderes, was die Generation von Willy Brandt und die Generation von Oskar Lafontaine in die Politik treibt. Und was sie da treibt, treibt sie jetzt gegeneinander – sozusagen wider Willen. Während der eine seine Wurzeln, trotz aller Fremdheit, ungebrochen in den Traditionen der deutschen Arbeiterbewegung findet, wurzelt der andere in einem luftigeren Terrain, das den Vorwurf des »vaterlandslosen Gesellen« längst nicht mehr fürchtet – ja nicht einmal mehr versteht. Wir sprechen auf einmal eine andere Sprache, in unseren Köpfen gehen andere Gedanken und Ängste rum, uns faszinieren andere Bilder des gesellschaftlichen Zusammenlebens, und wir messen uns auch an unterschiedlichen Herausforderungen.

Ich halte das Zögern von Oskar Lafontaine, Kanzlerkandidat der SPD zu werden, nicht bloß für ein machttaktisches Spiel. Das ist es auch, aber das ist es nicht nur. Da verlangsamt sich eine Karriere auffallend, als zögere sie weiterzugehen, als wolle sie ihre Richtung ändern. Warum zögert da eigentlich einer, dem schon soviel gelungen ist? Und warum gelingt ihm, der so vieles schon bewegt hat, jetzt partout nicht, die Richtung seiner Partei zu ändern?

Bei der für politische Menschen unseres Alters unausweichlichen marxistischen Schulung haben wir uns lange theoretisch mit der

Bedeutung des subjektiven Faktors in der Geschichte beschäftigt. Jetzt aber quält er uns, der subjektive Faktor, weil objektiv alles so klar ist. Objektiv gesehen ist ein Machtwechsel in Bonn schon überfällig. Objektiv gesehen kann die Politik in Westeuropa nicht im Status quo verharren, wenn im Osten die Revolutionen nur so purzeln. Objektiv gesehen ist die Produktionsweise aller westlichen Industriegesellschaften längst an dem Punkt angelangt, wo radikale Änderungen die einzige Voraussetzung für eine kollektive Überlebenschance der Menschheit sind. Das alles ist so einfach, daß jeder und jede das begreift. Subjektiv gesehen aber geht das nur mit den Mitteln des Abräumens einer ganzen Politikergeneration, sozusagen mit den Mitteln eines politischen »Vatermords«. Es ist die Gewaltfreiheit, die unsere Bereitschaft ankränkelt, diesen Generationenschnitt zu vollziehen. Und es ist die realistische Einschätzung von der gigantischen Größe der Aufgabe. Man kann sich ja schließlich noch ein anderes und lustvolleres Leben vorstellen als diese ständige Plackerei an den Menschheitsaufgaben. Ich hätte es auch gern ein bißchen kleiner und lustiger. Es liegt eine große Verführung darin, mit Willy Brandt weiter in Frieden zu leben und Helmut Kohl in Ruhe die Suppe auslöffeln zu lassen, die er bei der Bevölkerung der DDR eingebrockt hat. Auch dieser Kanzler wird nicht dauernd in Sahne schwimmen.

Wenn Oskar Lafontaine die leichtgebeugte asketische Haltung von Tadeusz Mazowiecki vor sich sieht, die nervöse Schnelligkeit der Augenbewegungen von Michail Gorbatschow und die schusselige Fahrigkeit eines Václav Havel, dann kann er sich ungefähr vorstellen, was ihm bevorsteht.

Aber was soll's. Vermutlich weiß er selbst längst, daß er gar keine andere Wahl hat, als den Sprung in dieses andere politische Leben von der Ohnmacht der Opposition in die Ohnmacht der Macht zu versuchen. Ob dann der dreifache Wechsel wirklich gelingt: der Wechsel der politischen Macht, der Wechsel der zentralen Themen der Politik und die Ablösung der Generationen – das steht immer noch in den deutschen Sternen. Da ist der Himmel über dem Saarland auch nicht durchsichtiger als anderswo.

PETER GLOTZ

Versuch über Lafontaine

Oskar Lafontaine ist eine Provokation für die politische Klasse der Bundesrepublik, ein Solitär. Er ist mutig, hochmütig, ein Volkstümler mit einer seltenen außeralltäglichen Ausstrahlung auf die Massen und, obwohl ohne Vermögen, auf eine schwer erklärliche Weise innerlich unabhängig. Die Mischung dieser Eigenschaften scheint sowohl im Bildungsbürgertum als auch im traditionalistischen Milieu der aufgestiegenen Arbeiterschaft Unsicherheit auszulösen. Diese Unsicherheit gipfelt zuweilen in der unausgesprochenen Frage: Was wird dieser Kerl noch alles treiben? Und in der Tat ist dieser untersetzte, feste Kumpel mit all seiner Kraft »unberechenbar«. Man könnte ihm sogar zutrauen, daß er irgendwann einmal alles hinschmeißt, sein Leben lebt und plötzlich, wenn alle Karrieren wieder schön geordnet sind, zurückkommt und alle sorgfältig abgesteckten politischen Vorgärten wieder zertrampelt. Man kann ihn nicht mit de Gaulle vergleichen, einem großen Kopf, aber einem Kopf des neunzehnten Jahrhunderts, der im zwanzigsten wirkte – Lafontaine ist ein Kind seiner Zeit, ihm fehlt die geheimnisvolle Ausstrahlung der Ungleichzeitigkeit. Aber die Methode, sich in irgendein Colombey-les-Deux-Eglises zurückzuziehen, wäre ihm zuzutrauen – was das Mißtrauen der politischen Klasse noch erhöht.

Was macht den Mann so provozierend? So seltsam es in einer glaubenslosen Gesellschaft klingt: sein katholisierender Denkansatz in einer protestantischen (und derzeit immer protestantischer werdenden) Gesellschaft. Lafontaine könnte zu Luther sagen, was Thomas Mann gesagt hat: »Das Deutsche in Reinkultur, das Separatistisch-Antirömische befremdet und ängstigt mich, auch wenn es als evangelische Freiheit und geistliche Emanzipation erscheint . . . Seine antipolitische Devotheit, dies Produkt musikalisch-deutscher Innerlichkeit und Unweltlichkeit, hat nicht nur für Jahrhunderte die unterwürfige Haltung der Deutschen vor den Fürsten und aller staatlichen Obrigkeit geprägt; sie hat nicht nur den deutschen Dualismus von kühnster Spekulation und politischer Unmündigkeit teils begünstigt und teils geschaffen. Sie ist vor allem repräsentativ auf eine monumentale und trotzige Weise für das kerndeutsche Auseinanderfallen von nationalem Impuls und dem Ideal politischer Freiheit. Denn die

Reformation, wie später die Erhebung gegen Napoleon, war eine nationalisitische Freiheitsbewegung.«

Lafontaine ist in seinem Lebensgefühl ein Gnadenethiker, kein Bewährungsethiker. Für ihn ist »pleasure« ein zentraler Begriff. So bringt er alle, die mit der Maxime »Genießen macht gemein« aufgewachsen sind, gegen sich auf; durch Verstöße gegen eine konventionelle Sexualmoral ebenso wie durch Geschichten über seinen Koch. Gleichzeitig legt er sich aber auch noch mit einer elitären Strömung an, die im Geistesleben der Bundesrepublik, besonders aber in der Sozialdemokratie in den letzten zwei Jahrzehnten, erheblichen Einfluß gewonnen hat: dem asketischen Protestantismus. Als eindrücklichste Figur dieser Richtung kann man Gustav Heinemann, als Kernzelle des politischen Einflusses die Gesamtdeutsche Volkspartei, als Zentralbegriffe »Glaubwürdigkeit« und »Gesinnung« namhaft machen. Lafontaine kann mit dieser geistigen Strömung, wie die Raketendebatte und seine damalige Verbundenheit mit Erhard Eppler zeigen, durchaus ein Stück Weges gemeinsam gehen. Aber eben nur ein Stück. Letztlich sind ihm auch die intelligenten Varianten von antiökonomischer Weltablehnung und ethnischem Gemeinsamtkeitsglauben fremd. Er ist ein Universalist, ein Jünger der Sinnenkultur, ein sehr westlicher Deutscher. Da kommt so manche Gegnerschaft zusammen.

Und dann ist er halt ein Populist. Ein Linkspopulist zwar, kein autoritärer Populist; aber eben doch einer, der an Widerstandsenergien, versteckte Wünsche, verdrängte Widersprüche im Volk appelliert. Was immer Lafontaine tut, er formuliert einen allgemeinen Widerspruch zwischen Volk und Machtblock. Dieser Mann hat ein bewundernswertes Gespür für Volkstraditionen, Volksmoral, Volksdiskurse; er weigert sich, die politisch »Obdachlosen« dem Gegner, der politischen Rechten, zu überlassen. Daß ihm das Haß und Verachtung in der politischen Klasse einträgt, darf niemanden verwundern.

Man denke an seine vehemente Opposition gegen den sogenannten »Nato-Doppelbeschluß«. Lafontaine wußte, daß die Leute das Gleichgewichtsdenken der »defense comunity« von rechts bis links absurd fanden; und sagte es. Ganz ähnlich seine Kampagne für flexible Arbeitszeiten. Während die Gewerkschaften noch auf den Standard-Arbeitnehmer mit Standard-Bedürfnissen setzten, hatte Lafontaine längst realisiert, daß junge Arbeiter ohne Familie und ältere Singles, also Millionen von Arbeitnehmern, andere Arbeitszeitbedürfnisse entwickeln als die Kleinfamilie. Am radikalsten setzte Lafontaine in der nationalen Frage den Alltagsverstand der Massen gegen die Philosophie des Establishments. Daß Arbeitnehmer soziale Gerechtigkeit wichtiger nehmen könnten als die »deutsche Einheit«, ist für die feineren Kreise ein Sakrileg – man dürfe nicht an die »Krämerseele« der Deutschen appellieren. Lafontaine aber wußte, daß die Deutschen als Krämer weit sympathischer und erfolgreicher sind als Krieger – und sagte es auch noch. Kein Wunder, daß ihm blanker Haß entgegenschlug und entgegenschlägt.

Zum Populismus kommt noch Machtinstinkt hinzu. Lafontaine ist ein »political animal«; und er ist auch ein Polarisierer. Er fürchtet sich vor Konflikten nicht nur nicht; er lebt in ihnen sogar auf. Neben der Fähigkeit zum Konflikt, zum harten Schlagabtausch, steht ihm aber auch das Instrument des Kompromisses zum Gebote. Beide Wege können jäh eingeschlagen werden, plötzlich, sozusagen aus dem Stand. Hier ähnelt Oskar Lafontaine einem anderen »political animal« aus der Geschichte der Bundesrepublik: Franz-Josef Strauß. Die beiden Männer haben eine ganz und gar unterschiedliche Weltsicht, ähneln sich aber in manchen Zügen ihrer Psychologie. Beide Kraftnaturen, beide große freie Redner, beide ungeduldig, brillant, jäh, realistisch, mißtrauisch und nicht ausrechenbar.

Kein Zweifel, Oskar Lafontaine ist die größte politische Begabung der Sozialdemokratie in seiner Generation. Er verfügt über die Denkansätze, die die europäische Linke in der Zukunft braucht: Verständnis für das Unternehmerische und gleichzeitig ein ursprünglicher Sinn für soziale Gerechtigkeit, starken Regionalismus und gleichzeitig europäische Gesinnung. Es fehlt ihm allerdings auch manches; zum Beispiel hat er nur wenig Anpassungsfähigkeit an Apparate, eine ausgesprochen unterentwickelte Begabung zur Heuchelei, zu wenig Geduld mit Andersdenkenden, anders Fühlenden, vielleicht eine zu gering ausgebildete Bereitschaft, Frustrationen zu ertragen. Vor allem aber fehlt ihm ganz und gar das, was das deutsche Bürgertum (einschließlich eines Teils des sozialdemokratischen Bürgertums) »gesundes Nationalgefühl« nennt. Ob einer, dem das fehlt, in Deutschland Kanzler werden kann, ist die offene Frage, um die es geht.

RENATE DAMUS

Was mich beim Nachdenken über ihn beschäftigt

Auf den Namen Lafontaine reagiere ich mit Hoffnung und zugleich äußerster Skepsis. Mit Hoffnung, weil ich mir nur mit ihm eine Grün-Rot-Koalition vorstellen kann. Er hat wie kein anderer der Enkelgeneration die Probleme unserer Zeit thematisiert (Umwelt, Frieden, Arbeitsverständnis, Gleichstellung der Frauen). Für Politiker beinahe sensationell innovativ, wenn ich an »meine« Studentinnen im ersten Semester denke – nichts Besonderes. Mit Skepsis, weil die von ihm gemachten oder von ihm zu verantwortenden Ausführungen, betrachtet man sie genau, mehr von Verbalradikalismus als von der potentiellen Fähigkeit zeugen, einen sozialen und ökologischen Umbau der Industriegesellschaft einzuleiten. Mit Skepsis, weil dieser Verbalradikalismus, betrachtet man die Ausführungen nicht genau, die Grünen Stimmen kosten kann. Es wird WählerInnen geben, die die Grünen nur noch unter dem Aspekt der Mehrheitsbeschafferin sehen, weil sie glauben, daß die »Grünen Themen« von einer Lafontaine-SPD auch in praktischer Politik vertreten würden. Weil dieser Glaube sachlich unbegründet ist, durch den »begnadeten Demagogen« (von Oertzen) aber hervorgerufen wird, packt mich bisweilen der Zorn.

Sowohl das neue Parteiprogramm der SPD (Dezember 1989) als auch die »Offensive für ein modernes Deutschland. Arbeitsbericht der Arbeitsgruppe Fortschritt '90: Die ökologisch-soziale Marktwirtschaft« verdanken ihre »Modernität« primär Lafontaine. Die Auseinandersetzung mit diesem Programm ist daher zugleich eine Auseinandersetzung mit dem Politiker Lafontaine.

Wer die Geschichte der SPD, ihrer Programme und ihrer realen Politik nicht kennt, mag angetan sein von den guten Vorsätzen, der Humanität, den guten Absichten, bezogen auf die Emanzipation der Menschen, ihrer sozialen Situation und den Vorstellungen, bei Entscheidungen auch im nicht-politischen Bereich mitzumischen. Dieser Verbalradikalismus unterscheidet die SPD – läßt man Teile des Verstands außen vor – emotionell angenehm von der CDU. Nur: Je weiter die Kluft zwischen abstrakten Programmen und konkreter Politik, um so mehr bleiben die Programme Programme. Unter diesem Aspekt ließe sich die Geschichte der SPD, ihrer Programmatik und realen Politik beschreiben und analysieren! Also: Nicht den Verstand an den Nagel hängen, während man dem Märchenonkel lauscht.

Das Programm ist ein Sammelsurium: Kein Bereich der Gesellschaft, der ausgelassen und nicht mit guten Wünschen begleitet wird; kein Bereich der Gesellschaft, der einer stringenten Analyse unterzogen wird. Das heißt: Verbalradikalismus allüberall, wie sich doch alles zum Besseren wenden müßte einerseits, völliger Verzicht auf Gesellschaftsanalyse andererseits. Einerseits – andererseits ist nicht richtig, denn beides bedingt einander.

Liest man das Programm mit grünen Augen und denkt dabei an das vielbeschworene gesellschaftliche Projekt Rot/Grün, an die zu gewinnende gesellschaftliche Mehrheit, an seine politische Umsetzung mittels einer parteipolitischen Verständigung zwischen Rot und Grün, dann bleibt ja – jenseits des guten und z. T. gemeinsamen Willens – nicht viel, an das man sich konkret halten kann. Willens, es jedermann/jederfrau recht zu machen, nichts auszulassen, verabsäumt es die SPD, sich auf die Felder zu konzentrieren, um die es vorrangig in den nächsten zwei Jahrzehnten gehen wird, weil hier die größten Probleme für die weitere gesellschaftliche Entwicklung bestehen:

– Ökologisierung der Produktion und des Konsums (Ökologisierung der Ökonomie);
– Demokratisierung der Gesellschaft (a) Zurücknahme der Politik in die Gesellschaft, (b) Mitbestimmung und/oder Selbstverwaltung in der Wirtschaft, (c) neue soziale Strukturen im Produktions-, aber insbesondere im Reproduktionsbereich (Stichworte: Eigenarbeit, Selbsthilfe, informelle Strukturen, eigeninitiierte Tätigkeiten gegen Verkommerzialisierung und Verstaatlichung);
– Zukunft der Arbeit (Arbeit in neuen Eigentumsformen, Arbeitszeitverkürzung und Arbeitsumverteilung, Recht auf Arbeit oder auf Einkommen bzw. Mindesteinkommen, neue Rolle der Gewerkschaften);
– Wissenschafts- und Technikpolitik (bürgerliches Freiheitsverständnis oder sozial verantwortete Begrenzung, Technikförderung als Wirtschaftsförderung wider Wachstums- und Modernisierungseuphorie);

337

- Wandel des kapitalistisch dominierten Weltmarkts hin zu einer neuen Weltwirtschaftsordnung, neue Bestimmung des Verhältnisses Nord/Süd, Rolle der EG-Politik nach außen und innen verschärft ab 1992, Rückbau der bundesrepublikanischen Außenwirtschaft (permanenter Leistungsbilanzüberschuß – Ausbeutung anderer Länder, Export von Arbeitslosigkeit, ökologisch negative Auswirkungen);
- Abrüstung, Auflösung der Blöcke, gemeinsames Haus Europa, Verhältnis zwischen West- und Ostmitteleuropa in einem Gesamteuropa.

Diese Felder werden im SPD-Programm als wichtig benannt, ohne daß (a) konkrete Ziele formuliert werden und (b) eine klare Analyse des Status quo erfolgt. Daher können weder Konflikte noch Wege konkret angeboten werden. Und so weiß man auch nicht, mit welcher konkreten Politik die SPD welche zentralen Probleme und mit welcher Schwerpunktsetzung angehen möchte. Leider verhält es sich aufgrund des nominalistischen Sammelsuriums, der Sonntagsreden und der fehlenden Analyse des Alltags so, daß trotz oder gerade wegen der bevorzugten Ebenen des unverbindlich Wünschbaren es der SPD nicht gelungen ist, eine in zentralen Bereichen überzeugende Alternative zur CDU aufzubauen. Der schöne Schein des Programms ist trügerisch:

- Es geht trotz allen Geredes von Ökologie nicht um die Ökologisierung von Produktion und Konsum, nicht um die Unterordnung der Ökonomie unter die Ökologie im Interesse der natürlichen Lebensgrundlagen, der sogenannten Dritten Welt und nachwachsender Generationen. Es geht nicht um den ökologischen Umbau der Industriegesellschaft, sondern um Modernisierung der Industrie mittels immer neuer Branchen von »Umwelttechnologien«. Das nennt man dann »qualitatives Wachstum«. Qualitatives Wachstum ist erstens auch Wachstum, also mit natürlichen Kosten verbunden. Zweitens lebt es zumeist von quantitativem Wachstum als dessen Korrektor – also noch mehr Wachstum. Im SPD-Programm finden sich keine klärenden Ausführungen zum Verhältnis von Technologien, die Umweltschäden von vornherein weitgehend vermeiden, und solchen, die im nachhinein korrigieren. Dies geschieht nicht, weil man sonst etwas zum Vorrang der Ökologie vor der Ökonomie gegenüber Wirtschaft wie Konsu-

338

menten sagen müßte. Den Konsumenten will man auf keinen Fall auf die Zehen treten, weshalb die Öko-Steuern, z. B. die angesprochene Energie-Steuer, »aufkommensneutral« sein, über Einkommens- und Lohnsteuern wieder zurückgegeben werden sollen. Damit wird umweltpolitisch nichts erreicht (kein Spareffekt), und finanzpolitisch eröffnet sich der Staat nicht einmal die Möglichkeit, alternative, umweltfreundliche und humane Lebensstile zu fördern (z. B. den öffentlichen Personennahverkehr über eine entsprechend hohe Mineralölgabe und/oder entsprechende Emissionssteuern, wobei diese staatlichen Einnahmequellen zur Finanzierung öffentlicher Güter sinken müssen, wenn sie umweltpolitisch greifen. Beides zugleich – umweltpolitische Erfolge und finanzielle Einnahmen mittels Öko-Steuern – ist nicht zu haben). So wird das Reden von Ökologie – sichtbar an der (angeblich einkommensneutralen, z. T. aber fiskalpolitischen) Handhabung der Öko-Steuern und am Umgang mit der Industrie – zu purem Wählerfang. Ökologisch modernisiert wird, wo dies der Industrie förderlich ist (Industriestandort BRD), Wachstum zur Folge hat, internationale Wettbewerbsfähigkeit sichert.

– Trotz des Geredes über mehr Demokratie wird nicht deutlich, welchen Beitrag die vorgeschlagene Programmatik dazu leistet. (a) Politische Ebene: Zwar werden Bürgerinitiativen positiv hervorgehoben, aber das Sagen haben weiterhin die Parteien, deren Strukturen und Mechanismen nicht thematisiert werden. Volksbegehren und Volksentscheid werden genannt, übergangen werden viel einschneidendere und sicherere Methoden direkter Demokratie (z. B. Wahlen gekoppelt mit inhaltlichen Prioritätenlisten, quasi imperatives Mandat; »Wahl« der Hälfte der Volksvertreter nach einem repräsentativen Zufallsprinzip). Solche demokratischen Verfahren hätten ganz andere Konsequenzen für die Parteien und das verheerende Berufspolitikertum als Volksbegehren und Volksentscheid, die nicht systematisch und von vornherein in den Willensbildungsprozeß eingebunden sind, sondern bestenfalls zum Tragen kommen, wenn das Kind schon in den Brunnen gefallen ist. (b) Wirtschaftliche Ebene: Von Wirtschaftsdemokratie zu sprechen, ohne das Problem der Großvergesellschaftung in der Wirtschaft (die riesigen Einheiten) zu thematisieren, gar von Selbstverwirklichung in der Arbeit, das ist eine schlechte Sonntagspredigt, sie hat kaum mehr den Schein, geschweige mögliches Sein für sich. Was kann Wirtschaftsdemokratie unter den Bedingungen von Großkonzernen heißen und was bringt sie für den einzelnen? Kommt dabei mehr heraus als das »Modell Deutschland«, nämlich der Korporativismus der Eliten?

Wirtschaftsdemokratie ist nur bei anderen Wirtschaftsstrukturen möglich. (c) Reproduktionsebene und alternative Ökonomie: Im Sozialbereich hat die SPD ebenfalls ein Feld möglichen »qualitativen Wachstums« aufgetan: alle möglichen sozialen und kulturellen Dienste. Eigenarbeit, eigeninitiierte Tätigkeiten, Selbsthilfe, aktive individuelle und gemeinschaftliche Gestaltung freier Zeit und Wachstum über staatliche, soziale Dienste (sprich Verstaatlichung anstelle der bisherigen Verkommerzialisierung) verträgt sich nicht. Auch hier ist die Frage, will man Modernisierung (mittels des Staates und Wachstum) oder den sozialen und feministischen Umbau der Industriegesellschaft (mit der Vervielfältigung des Terminus Arbeit, z. B. »Familienarbeit«, ist es da nicht getan, Frauenpolitik ist mehr als zweifelhafte Gleichstellungspolitik).

– Beim Thema Zukunft der Arbeit hält sich das Programm trotz des Wortgeklingels bedeckt. Arbeitszeitverkürzung: ja, um Arbeitslosigkeit und Geschlechterrollen zu reduzieren. Aber: Wie regelt eine Gesellschaft das Verhältnis von zunehmend freier Zeit und ununterbrochen laufender Maschinerie? Die damit verbundene Wachstums- und Ökologiefrage wird nicht thematisiert, auch nicht die der Formen des menschlichen Zusammenlebens. Wie die Ökologie, so darf auch die Reduzierung der Erwerbsarbeit die Ökonomie nicht beeinträchtigen! Eine ununterbrochen laufende Maschinerie verfestigt aber auch den Konsumstil der Freizeit (versus neuer sozialer Strukturen in der freien Zeit). Modernisierung (Anpassung an die wirtschaftlich-technischen Gegebenheiten bei Sicherung des sozialen Friedens) statt Umbau. Und als ob die SPD nicht wüßte, wie kapitalistische Wirtschaftsmechanismen funktionieren, propagiert sie das Recht auf Arbeit – ökonomisch folgenlos bei diesem Wirtschaftssystem. Abgesehen davon erfordert die hehre Berufung auf die Menschenrechte und die Würde des Menschen die Forderungen nach dem Recht auf Einkommen und nicht das Festhalten am tradierten Sozialversicherungssystem plus Sozialhilfe. Nichts dazu, wie Arbeit in neuen Eigentumsformen ordnungspolitisch zu fördern bzw. zu gestalten ist. Wenig Konkretes dazu, wie Flexibilisierung der Arbeit Ausdruck individueller Zeitsouveränität bei sozialer Absicherung verkörpert und nicht kapitalistischer Ausbeutung zum Opfer fällt. Erst recht nichts darüber, ob sich die Rolle der Gewerkschaften verändern muß und wie sie sich im Interesse aller Erwerbsarbeitenden und Arbeitssuchenden unter den veränderten Bedingungen einer größeren Arbeitsflexibilisierung verändern müßte. Lohnabhängige brauchen eine Interessenvertretung. Nur: Das stumpfsinnige Pochen auf »starke Gewerkschaften« sichert deren Funktionen für die Betroffenen nicht. Anbiederung statt kritischer und damit vorwärtstreibender Solidarität.

– Wo wir doch nun einmal zur »westlichen Wertegemeinschaft« gehören, deren Werte zu globalgültigen stilisiert werden, da muß man natürlich auch die Freiheit der Wissenschaft betonen – trotz Atomenergie, Chemisierung der Landwirtschaft, Gentechnologien, instrumentalisierenden Informations- und Kommunikationstechnologien. Wissenschaft sucht per definitionem immer nach dem Größeren oder dem Kleineren, dem Höheren, Schnelleren, dem Mehr als dem Bestehenden in Fortschreibung des Bestehenden. Wissenschaft erzeugt insofern Modernisierung in Reaktion auf sich selbst und kann sich damit fortschreiben. Wissenschaft sorgt nicht aus eigenem Impuls für einen sozialen und ökologischen Umbau der Industriegesellschaft. Sie müßte sich sonst selbst negieren. Wissenschaft würde in die Mitte des Lebens zurückführen, aus dem das Streben nach Wissen ausbrach, als die moderne Wissenschaft sich herausbildete. Wissenschaft hätte statt der herrschenden eine dienende Funktion. Es geht daher nicht um Freiheit oder Unfreiheit von Wissenschaft, sondern es geht um ihre Begrenzung, damit sie demokratischen Strukturen förderlich ist und mit Natur möglichst naturverträglich umgeht statt mittels Naturbeherrschung (mit ihren schlimmen Auswirkungen für die Natur) die Menschen über den Arbeitsprozeß und die Konsumgewohnheiten zu beherrschen. Die »westliche Wertegemeinschaft« kann kein Selbstzweck sein, an der die Welt zugrundegeht.

– Das Gerede von der neuen Weltwirtschaftsordnung klingt nicht
glaubwürdig. Es klingt nicht glaubwürdig, wenn es darum geht,
mittels Modernisierung, Ökologisierung und Spitzentechnologien
den »Industriestandort BRD« durch seine Vorreiterrolle auf dem
Weltmarkt zu erhalten bzw. auszubauen. Es klingt nicht glaubwürdig, wenn exemplarisch der sogenannte regionale Zusammenschluß EG-Binnenmarkt 1992 begrüßt wird, begrüßt auch unter
dem Aspekt der Konkurrenzfähigkeit auf dem Weltmarkt. Es ist
nicht glaubwürdig, wenn nichts dazu gesagt wird, wie die EG-Sub-
ventioniererei im Inneren den schwächeren Wirtschaftsteilneh-
mern und außen den Entwicklungsländern und ihren Entwick-
lungsmöglichkeiten schadet. Was bleibt, sind humanitäres Reden
und humanitäre Gesten gegenüber den Entwicklungsländern, par-
tielle Entschuldungsabkommen im Interesse der Entwicklungsländer und der Industrieländer (Bankensystem, Sicherung der
natürlichen Lebensgrundlagen), aber keine Änderung der Strukturen des Handels und der Kooperation, der Tauschrelationen zwischen Industrieländern und Entwicklungsländern, keine Konzessionen hinsichtlich einer Politik größerer nationaler ökonomi-
scher Eigenständigkeit der Entwicklungsländer. Modernisierung
der Ökonomie à la SPD rüttelt nicht an den ökonomischen Strukturen der Weltwirtschaftsordnung, obwohl von einer neuen Weltwirtschaftsordnung die Rede ist.

Die »Offensive für ein modernes Deutschland«, »Fortschritt '90«,
hat auch nicht mehr zu bieten. Da wird von der sozialen Marktwirtschaft gesprochen, die wir dank der SPD haben. Daß ein Zehntel der
Bevölkerung unter dem Existenzminimum lebt, kommt schlicht
nicht vor. Diese soziale Marktwirtschaft, die uns da so unproblema-
tisch serviert wird wie der DDR im sogenannten Staatsvertrag, soll
nun zu einer ökologisch-sozialen Marktwirtschaft ausgebaut werden. Deshalb gibt es Öko-Steuern (z. B. auf Energie, auf Mineralöl)
und Öko-Abgaben (z. B. auf Einwegverpackungen).
  Nur: Leider werden diese Mittel nicht für den Aufbau von ökologisch und sozial verträglichen Alternativen verwandt. Sondern,
Umweltschutz darf ja keine WählerInnen erschrecken: Verteuerung
von Energie zum Ansporn für umweltbewußtes Verhalten wird wett-
gemacht durch die Rückgaben der Steuern, sei es durch die Abschaffung der Kfz-Steuern, sei es durch Senkung der Lohn- und Einkom-

mensteuer. Mit anderen Worten: eine Umverteilungsmaschinerie, die keine ökologisch verträglichen Strukturen schafft (vgl. die Fernpendlerpauschale z. B.) und die KonsumentInnen auch nicht zu umweltbewußtem Verhalten anhält. Was ihnen auf der einen Seite genommen wird, wird ihnen auf der anderen gegeben. Umweltschutz soll auch nur als Staatsziel in die Verfassung aufgenommen werden, nicht als Grundrecht.

Ein echter Fortschritt im Entwurf zum »Fortschritt '90« war das Konzept der sozialen Grundsicherung bei Arbeitslosigkeit, Invalidität und Alter, also weg von der Sozialhilfe, auf höherem Leistungsniveau, steuerfinanziert und ausgezahlt durch Rentenversicherung und Bundesanstalt für Arbeit. Die vorliegende Endfassung des »Fortschritts '90« vertagt die Einführung dieses Konzepts als gesellschaftliches Strukturmerkmal. Argument: Die »materiellen Unwägbarkeiten durch die Entwicklung in der DDR«. Sind die notwendigen 14,3 Milliarden DM wirklich nicht durch Umschichtung im Haushalt herauszuholen? Wäre es nicht vielmehr ein deutsch-deutscher Fortschritt gewesen, statt die DDR-Bürger auch zu Sozialhilfeempfängern zu machen (das waren sie bisher nicht), die BRD-Bürger aus der Staatsbürgerschaft Sozialhilfeempfänger zu entlassen?

Neu sind die Äußerungen zur Deutschlandpolitik. Im Sinne der Opposition Lafontaines gegen die Währungsunion steht da als Kernsatz »Wir haben die Idee der Einheit nie als abstrakte Idee eines Staates begriffen, sondern als ein Zusammenkommen und Zusammengehen der Menschen. Für uns geht es deshalb zuerst um die Verbesserung der Lebensbedingungen der Menschen in der DDR. Nicht die staatliche Organisation der Einigung Deutschlands steht für uns im Vordergrund, unser Zukunftsprojekt ist vielmehr die Organisation von sozialer Gerechtigkeit und die Verwirklichung der ökologischen Erneuerung.«

Es werden wirksame Schutzmaßnahmen für DDR-Produkte, die Entschuldung der Betriebe, die Möglichkeiten der Übernahme von Wohnungen in Eigentum der bisherigen Mieter benannt – alles sehr sinnvoll. Aber: Die SPD hat den Staatsvertrag mit abgesegnet. Deshalb: Schreibt Euren »Fortschritt '90« zu einem »Fortschrittchen '90« um (die armen Bäume, die dieser Papierkorbproduktion zum Opfer fallen).

Gut liest sich der 12-Punkte-Plan für drastische Abrüstung (bis zu

Punkt 10). Die zwei zentralen Aussagen: (a) die Militärblöcke verlieren ihre Funktion, sie sollen aufgelöst und durch ein europäisches Sicherheitssystem ersetzt werden; (b) es wird nachgewiesen, daß von wirklicher Abrüstung nicht die Rede sein kann, vielmehr ein neues qualitatives Wettrüsten seitens des Westens vonstatten geht. Dann jedoch folgt die Staatsräson: In einer »Übergangsphase« ist das vereinigte Deutschland Mitglied der Nato. Was, um Himmels willen, hat man noch als Druckmittel in der Hand für eine Politik der Blockauflösung, wenn ein vereinigtes Deutschland Mitglied der Nato wird?

Ich befürchte, die Einheit Deutschlands bringt nicht gleichzeitig das Grün-Rote-Projekt auf der Ebene des »Bundes deutscher Länder« hervor. Die Parteien und Bürgerbewegungen, die im Interesse der Menschen die Einheit langsam angehen wollten, die Wegbereiter oder Akteure dieser Entwicklung waren, werden sich – so steht zu befürchten – in einem vereinigten Deutschland immer noch oder wieder in der Rolle der Opposition finden – es sei denn, die SPD geht mit einer Führung ohne Lafontaine in eine Große Koalition. Ohne Lafontaine: Denn soweit – denke ich – steht er für eine Programmatik und praktische Politik, daß eine solche Koalition nicht mit ihm zu machen ist.

Besteht die Chance für ein Grün-Rotes Projekt, so gilt in Anbetracht der Ausführungen zu den Programmatiken: Die Regierungsbeteiligung der Grünen kann nicht davon abhängen, ob sie rechnerisch möglich (Macht), sondern ob sie gesellschaftlich möglich und nötig (gesellschaftliche Einleitung des ökologischen und sozialen Umbaus der Industriegesellschaft) ist. Grüne Politik strebt nach dieser gesellschaftlichen Möglichkeit und damit auch nach einer Rot-Grünen-Streitkultur mit Oskar Lafontaine.

KLAUS STAECK

Besitzstandsstörer und Revierverletzer

9. Mai 1987, die SPD Rheinland-Pfalz hat den etwas zu groß geratenen Mainzer Rathausvorplatz einen Samstag lang mit Musik und Ständen aller Art fest im Griff. Volksfeststimmung bei herrlichem Wetter. Wachsende Siegeserwartung an den zahlreichen Biertischen

und Weinständen. Als Höhepunkt dieser Wahlkampf-Schlußveranstaltung ist Oskar Lafontaine überall plakatiert worden. Irgendwann am Nachmittag ist es dann soweit. Strahlend, unablässig Hände schüttelnd, überquert er den Platz. Niemand scheint von Berührungsangst geplagt. Nichts ist da inszeniert. Die Hoffnung hat für einen Weile einen Vornamen.

Schließlich erklimmt der Gefeierte eine Art Zirkuswagen, der mit allerlei Lautsprechern bestückt ist und beginnt seine Rede, frei wie fast immer, leidenschaftlich wie stets. Zwar sind weniger Leute gekommen als erwartet, aber was macht das schon. Die Wahlkampfprofis schieben es auf das gute Wetter, was sie bei schlechtem Wetter auch getan hätten. Schon nach wenigen Sätzen nähert sich ein offensichtlich angetrunkener Souverän der provisorischen Bühne und beginnt – ständig »Oskar« lallend – immer heftiger an des Redners linkem Hosenbein zu ziehen. Die Zuhörer amüsieren sich köstlich. Oskar, nur für einen Augenblick irritiert, donnert weiter. Kein Ordner weit und breit, der den Schluckspecht in seinem kindlichen Vergnügen stört. Wir sind schließlich eine tolerante Partei, soviel steht fest. Immerhin, der Gürtel hält, die Hose bleibt an ihrem Platz. Popularität fordert gelegentlich ganz ungewöhnlich ihren Preis.

Nach dem wahnwitzigen Attentat scheint derlei Tuchfühlung heute nicht mehr möglich. Und doch hoffe ich, daß sich rasch wieder die Erkenntnis durchsetzt, daß es ohnehin die totale Sicherheit nie geben wird. John F. Kennedy wurde während der Vorbeifahrt aus einem Häuserblock erschossen. Nähmen wir diese Erfahrung zum Maßstab, könnten wir unsere Politiker bald nur noch über die Bildschirme sehen.

Oskar Lafontaines Leben wird – setzt er den eingeschlagenen Weg fort – immer risikoreich bleiben, zumal er selbst kein Risiko scheut. Er ist in vielerlei Hinsicht – was viele Freunde und noch mehr Gegner stets aufs neue beunruhigt – nicht berechenbar im Sinne von steuerbar. Er hängt an keinem Tropf und trifft seine Entscheidungen im besten Sinne des Wortes autonom. So komisch es klingen mag, gerade das führt in der Demokratie hin und wieder zu ernsthaften Irritationen. Es ist leider selten geworden und deshalb erwähnenswert, daß jemand seinen eigenen Kopf behauptet und davon auch noch ständig Gebrauch macht.

Lafontaine stand nie für eine Politik der eingeschlafenen Füße. Unter seiner Regierung besteht keine Gefahr, die Demokratie könnte an Langeweile sterben. Mit all seinen bekannt gewordenen Eigenschaften scheint er so gar nicht dem Bilde zu entsprechen, das sich die vielbeschworenen mündigen Bürger von ihren Politikern machen, hin und her schwankend zwischen Bewunderung und Verachtung, selten genug nach demokratischen Maßstäben messend. Glaubt man ihn endlich in einer allgemein anerkannten Schublade gestellt zu haben, ist er schon wieder auf dem Sprunge. Der ordnungsliebende deutsche Gartenzwerg und die ihm angetraute Zwergin wollen schließlich Ruhe auf dem Sofa, das nun ganz unerwartet auch noch um einige Plätze verlängert werden soll. Da wird Bewegung schnell als Wirbel mißverstanden. Zumal die eigenen Sozialdemokraten in Mehrheit auch lieber von der süßen Sauce der Harmonie kosten, statt mit Oskar unbekannte Suppen auszulöffeln.

Freundschaft und Nähe lassen derlei Beobachtungen nicht gerade objektiv erscheinen, aber sie wecken Erwartungen. Vor allem, wenn man sich wie ich für einen Protestanten hält, der von klein auf gegenüber jedwedem Katholizismus mit einer traditionellen Skepsis ausgestattet ist. Da tut man sich gelegentlich etwas schwer mit dem in immer neuen Facetten beschriebenen sinnenfreudigen Menschen. Noch dazu, wenn er sichtlich bemüht ist, das von mir gar nicht so empfundene Defizit durch die Erschließung neuer Erlebnisräume vor allem bei Tisch zu reduzieren. So kann es ihm schon einmal besonderen Spaß bereiten, wenn er mir durch seinen Lieblingskoch ganz nebenbei handgezupfte Wildkräuter offerieren läßt und mich nach der passenden Weinsorte fragt, meine Ratlosigkeit in diesen Fragen erahnend.

Es waren stets liebenswerte Rituale, freundliche Unterbrechungen des Alltags. Keine Selbstverständlichkeit, wenn zwei zusammenkommen, die der Ironie fähig und auch mächtig sind. Dieser Oskar hat mich bis heute neugierig gemacht. Und das bezieht sich beileibe nicht nur auf die Eßgewohnheiten und Trinksitten. Denn er erträgt auch Widerspruch, wenn er fundiert ist. Der Anfang vom Ende wird ohnehin bei jedem eingeläutet, wenn er nur noch Ja-Sager in seiner Nähe erträgt und meint, fortan auf jeden klugen Rat verzichten zu können. Immerhin hat er sich bis heute seine Privatheit erhalten, sein ganz persönliches Selbstbestimmungsrecht. Er funktioniert so gar nicht nach den Vorstellungen einer Öffentlichkeit, die glaubt, so einer sei Allgemeinbesitz und habe sich gefälligst nach ihren Vorstellungen zu richten.

346

Oskar Lafontaine fällt bei genauerer Betrachtung aus allen Klischees, die wir uns von unseren Politikern zurechtgelegt haben. Das liegt weniger an ihm, sondern hängt wesentlich mit unserem schizophrenen Politikerbild zusammen: Schuttabladeplatz für unsere eigenen nicht eingelösten Hoffnungen, unserer Unfähigkeit, die Schuld für eigenes Versagen in uns selbst zu suchen. In der Zuschauerdemokratie will jeder am Programm herumnörgeln, ohne je selbst auf das Seil zu wollen. Schließlich kann man etwas erwarten für sein Eintrittsgeld.

Das weitverbreitete Bild vom Oskar im Glück stimmt nur insofern, als man ihm Dinge verzeiht, die man anderen dauerhaft ankreiden würde. Wer sich verhält wie Oskar Lafontaine, muß damit leben, daß er ein Risiko bleibt auch für die Bedenkenträger in den eigenen Reihen und als Hasardeur gilt für die Armee der Gegner. So liegen alle ständig auf der Lauer, um ihn bei einem Fehler zu ertappen. Das bindet Kräfte.

Er teilt das Schicksal aller, die für erfolgreich gehalten werden. So mancher konkurrierende Platzhirsch hat sich an ihm das Geweih weidwund gescheuert. Kaum verwunderlich, daß die Einwände gegen seine Person voller Widersprüche sind. So entspricht die ihm angedichtete, angeblich unstillbare Sehnsucht nach Macht so gar nicht der Sorge seiner Freunde, der Kandidat könne sich am Ende doch noch mit dem Königreich an der Saar vollauf zufriedengeben und keinerlei Ambitionen auf den deutschen Stuhl haben, schon gar nicht auf den großdeutschen. Das Zaudern vor dem jeweils nächsthöheren Amt war nie gespielt.

Schließlich setzen sich ganz andere fortwährend höchst ungesund der Zugluft aus, um den eigenen Umhang im Winde wehen zu sehen, den sie dann für den Mantel der Geschichte halten. So hegt und pflegt eben jeder seine Vorurteile. Daß die Vorbehalte jener, die sich zu den Intellektuellen zählen, gelegentlich besonders üppig ins Kraut schießen, verwundert nicht. Vermuten sie doch, nicht ganz zu Unrecht, in ihm einen der ihren.

Sozialdemokraten erscheinen wohl in ihrer Mehrheit schreckhafter als andere: schnell zu verunsichern, in die Enge zu treiben, nicht selten in die Flucht zu schlagen – dann traurig, gelegentlich an der Ungerechtigkeit der Welt verzweifelnd. Man kann ihnen Entschuldigungen abnötigen für Dinge, für die sie keinerlei Verantwortung tragen. Das ermutigt ihre Gegner zu immer neuen Nachstellungen. Liebesentzug schmerzt sie mehr als andere. Noch immer ist für sie das Wort Solidarität keine Leerformel, sondern gelebte Verantwortung. Das macht sie anfälliger für Verletzungen.

Oskar Lafontaine scheint frei von derlei Gruppenzwängen und Anfechtungen, bereit, sich mit allen anzulegen, wenn es die Sache erfordert. So wird er in den Augen vieler auch zu einem Stück Genugtuung für erlittene Schmach. Nicht nur einer, hinter dem man sich verstecken kann, sondern einer, der mißreißt, der führt, ohne zum Führer zu werden. Ein unabhängiger Denker, der nicht Gefahr läuft, zum Dogmatiker zu werden. Allemal einer, der sich endlich einmal nicht so schnell ins Bockshorn jagen läßt, sondern auch angreift: ein Besitzstandsstörer und Revierverletzer. Nicht nur ein Dulder vor dem Herrn, eher ein Treiber im Faulbett der Lethargie und Bequemlichkeit, eben kein Getriebener. Derlei Eigenschaften verbindet man nicht unbedingt mit der Sozialdemokratie. Lafontaine bestimmt die Themen. Dazu gehören auch die unbequemen. Das macht nicht nur seine Gegner nervös, treibt die *Frankfurter Allgemeine* immer häufiger auf die sprichwörtliche Palme. Und wenn dann einer regelmäßig auch noch recht behält, schlägt Gegnerschaft schon einmal um in Wut, gelegentlich in blanken Haß. Das muß man aushalten. Nur um des lieben faulen Friedens willen lassen sich als richtig erkannte Dinge nicht verdrängen.

Eine große demokratische Partei ist gut beraten, wenn sie den Personenkult nicht zu weit treibt. Aber mit Oskar Lafontaine stellt die Sozialdemokratie in der gegenwärtigen überaus schwierigen Situation eine wirkliche Alternative zum verführerischen ewigen »Weiter so« der Unionsparteien. Daß diese Einschätzung nicht von allen sozialdemokratischen Parteiämterverwaltern so geteilt wird, scheint beim Stand der Dinge unausweichlich. Gute Leute müssen sich geradezu auch mit dem eigenen Apparat anlegen.

Wer unsere Lebensgrundlagen in Freiheit und Demokratie erhalten will, braucht Mut und Kraft für mehr als eine unpopuläre Entscheidung. Mehr und mehr Menschen trauen ihm diese Fähigkeit offenbar zu, bereit, auch selbst schmerzhafte Eingriffe in Kauf zu nehmen.

Sein Interesse für Kunst und Kultur galt nie vordergründigen Profilierungen. Für einen Politiker mit derartigen Terminerwartungen erstaunlich: Er kann sich Zeit nehmen für Dinge, die nach Mehrheitsmeinung eher zu den unwichtigen zählen. Als er Anselm Kiefer in seinem Atelier im Odenwälder Buchen besuchte, erweiterte er das Programm erst dann um eine Wahlveranstaltung, als die örtliche SPD davon Wind bekommen hatte. Welcher deutsche Politiker fährt schon aus freien Stücken ohne Pressetermin zur documenta nach Kassel, ins Wiener Burgtheater zu einer Erich-Fried-Matinee oder zu einer Manfred-Deix-Eröffnung nach Heilbronn? Wer verbringt schon Stunden im Gespräch mit Musikern, Schriftstellern und Kabarettisten?

Vorbei werden aber wohl doch die Zeiten sein, als wir nach einer Wahlveranstaltung im Keller seines Saarbrücker Hauses mit Dieter Hildebrandt über die Veränderung der Welt redeten, während der Kandidat uns Spiegeleier machte.

XII. Kapitel
Sprache und Werkzeug

Frage nach der Demagogie

Blankes Entsetzen packte die würdigen Mitglieder des SPD-Vorstands, als ein junger, pfiffiger Mann von der Saar am 7. Dezember 1979 in die erlauchte Runde eintrat und alsbald Helmut Schmidt massiv und ins Gesicht zu widersprechen wagte. Man war allenfalls behutsam-pietistische Vorhaltungen eines Eppler gewöhnt, der dem Kanzler sanft ins Gewissen redete. Aber so frontal wie Genosse Oskar?

Lafontaine war schon immer ein Politiker schockierender Direkt-Rhetorik, der die »elder statesmen« erblassen oder unwillig werden ließ. Und ist es auch heute: ».. . im Namen des christlichen Glaubens« sind »im Laufe der Jahrhunderte Verbrechen begangen worden. Wir brauchen uns nur an die Kreuzzüge zu erinnern« (19. Dezember 1989). Auch nach dem Kölner »Stichtag« hat sich da nichts geändert.

Lafontaine kann ordentlich zuschlagen. Er scheut dabei nicht vor persönlichen Verunglimpfungen des Gegners zurück, indem er ihm Debilität unterstellt: »Welch ein historischer Schwachsinn! Welch ein historischer Schwachsinn!« (Zweimal!) Ungeniert gebraucht er dabei eben das martialische Vokabular der Jäger, das er sonst von seiner eher genußfrohen Lebenseinstellung her (»Kochkurs mit Oskar!«) verabscheut: »Hier können wir sie (die Konservativen) jagen! Hier können – ja genau! – hier können wir sie jagen!« (Zweimal! Und im Zusammenhang ist von der bekanntlich todbringenden Achillesferse die Rede).

Je nach persönlicher Einstellung und politischer Couleur wirken diese rhetorischen Techniken abstoßend oder herzerfrischend. So

350

urteilte Brandt früher, Lafontaine sei eine gelungene Mischung aus Mussolini und Napoleon. Wie eine vom Autor im Mai 1990 durchgeführte Umfrage unter Kölner Studenten ergab, können sich diese mit dem Newcomer durchaus identifizieren, der ihnen nähersteht als Einserjurist Vogel, Denkmal Brandt oder Biedermann Kohl, finden zwar die aggressiven Töne eher abstoßend, mögen aber seinen Klartext, seine rhetorische Dynamik, die unbekümmerte Frische, mit der er sagt, was das Volk fühlt. »Traumwandlerisch sicher trifft er immer wieder auf den Nerv« *(Die Zeit)*. Auf dem Berliner Parteitag am 19. Dezember 1989 sprang mit Lafontaines Rede sofort dank lebendiger Rhetorik der Funke über. Stimmen fängt man mit Stimmung. Stimmung kommt von Stimme. Da klingt auch eine Stimme, die jung ist. Lafontaine ist Mitte Vierzig, Kohl sechzig. Lafontaine tönt verführerischer, charismatischer; bei einer (emotionsgeladenen) Direktab-»stimmung« hätte Kohl gegen Jung-Siegfried von der Saar keine Chance. Und seit er nach der Rede am 25. April 1990 dem Tod ins Auge geschaut hat, rechneten sich Strategen wie Ehmke bereits einen auch für ältere Wechselwähler demagogischen »Nimbus« aus.

Ist er nicht wegen seiner Direktheit und herzhaften Angriffslust gerade ein Mann des Volkes, eben ein Demagoge? Hat er nicht recht, wenn er in schlichter Selbstschau erklärt: »So wie ich denkt das Volk«? Die Meinungsumfragen scheinen es zu bestätigen.

Überwältigend populär ist er wie kein zweiter Redner zumindest in der Heimat. Als er auf dem Wesenheimer Bauernfest, dem volkstümlichen alljährlichen Massenauflauf des Saarlands, zu einer feierlichen Rede anhob und (ungehörigerweise) gleich anfangs die Jakke auszog – mit der Bemerkung: »Isch bin ja hier dehemm«, da bekam der »Päther Bub« einen beinah nicht enden wollenden Beifall. So stark ist sein Rückhalt, seine Hausmacht; so einfach ist das.

Er ist wirklich an der Saar »deheem«, »do, wo mir schwätze« und wo er seine politische Karriere als Saarbrücker Bürgermeister begann. – Als sich der Demagoge Renner einmal in einer Rede vergaloppierte und im Eifer rief: »Alle großen Politiker sind aus der Kommunalpolitik hervorgegangen« (wobei er an Max Reimann dachte), bekam er den Zwischenruf: »Zum Beispiel Konrad Adenauer!« Seine Antwort: »Jaaaa, und – da wäre er am besten auch geblieben!« dürfte manchem genauso herrlich auf Lafontaine zu pas-

351

sen scheinen. Ab und zu rutscht ihm selbst eine Formulierung heraus, die auf Distanz zu den Bundespolitikern, den »ganzen Helden in Bonn«, hindeutet *(Spiegel*-Interview, 28. Mai 1990). Oder doppelt bezeichnend: »Wenn ich gut essen gehen will, fahre ich nicht in die Bundesrepublik.« *(Der Feinschmecker,* 3/89).

Er ist dank seiner offenen Formulierfreudigkeit ohnehin jemand, der schnell sein Inneres freilegt: »Ich habe nie in erster Linie in staatlichen Kategorien gedacht«, sagt der von links vorgesehene gesamtdeutsche Staatschef. Das in Verbindung mit seiner Definition, was Freiheit sei: »Freiheit bedeutet . . ., sein Leben soweit wie möglich selber zu bestimmen« (19. Dezember 1989)! Zwillinge sollen öfter ihren Freiheitsdrang betonen, aber hat Rosa Luxemburg Freiheit nicht weniger egozentrisch definiert?

Nur: Ist Lafontaine deswegen gleich ein Demagoge?

Wenn Nietzsche recht hat, man könne aus drei Anekdoten den Charakter eines Menschen zeichnen, sei letztlich noch aus der Staatskanzlei an der Saar herausgeschmuggelt, ins Allerheiligste dürfe niemand zum Chef, der eine *tickende* Uhr bei sich trage.

Lafontaine ist ein sensibler Kommunikationspartner, den man nicht durch Uhr-Geticke oder gar durch Widerspruch verwirren darf. »Ihr müßt mich nicht durch Widerspruch verwirren; sobald man spricht, beginnt man schon zu irren«, sagt Goethe. In der Tat, er ist (nach Conrad F. Meyer) »kein ausgeklügelt Buch«; er ist »ein Mensch mit seinem Widerspruch.« Wiederum hängt es von der Einstellung zu dem Kanzlerkandidaten ab, ob diese Wendigkeit schauerlich unberechenbar und gefährlich wirkt (wenn er einmal »der richtige Mann zur richtigen Zeit« sein sollte) oder spontan unbekümmert wie Parzival, der selbst seiner Mutter das Herz brach. Es ist denkbar, daß er auf den Vorwurf, wie ein Wetterhahn sich zu drehen, mit Faure (von dem das Bonmot berichtet wird) erwidert, nicht er, sondern der Wind drehe sich. In der Staatskanzlei jedenfalls dreht sich alles um ihn; er herrscht in Saarbrücken recht ruppig; in seiner Bonner Saar-Filiale setzte er zur Verblüffung auch der Arbeiterparteigenossen bekanntlich ein Höchstgehalt für seinen Leibkoch durch. Nicht er bekommt die Magengeschwüre; er teilt sie aus.

Ist etwas dran, wenn Dregger ihn den kleinen Machiavelli von der Saar nennt? Machiavelli, der dem Fürsten riet, das Zweckmäßige ohne Rücksicht auf das Ethische zu tun! Oder wenn Apel in ihm den »schlauen Bauern von der Saar« sah?

Wenn Rhetorik etwas mit Akustik zu tun hat, schillert schon der Name Lafontaine: Wie wird er nun richtig ausgesprochen? »Láfontaine«, wie ihn die lieben Landsleut' auf ihre Weise treuherzig anreden, oder gar »Lafóntaine«, wie der FPD-Fraktionsvorsitzende Ley ihn im saarländischen Landtag hartnäckig bombardierte, oder klassisch: »Lafontaíne«? Reizt es nicht, Wortspiele mit dem Namen selbst zu betreiben: »Lafiavelli«, »Laparzileon«? Mit dem Namen »Kohl« scheitert da jeder Versuch.

Wieder die Frage: Schillert Lafontaines Rhetorik wetterwendisch allein nach taktischen Gesichtspunkten?

In der Tat sind in seinen Reden häufig Widersprüche zu finden: Zwar sind Politiker ohnehin Leute, die sich an die Spitze von »Stimmviehherden« manövrieren, egal, wohin diese drängen. Insofern sind widersprüchliche Stellungnahmen programmiert; denn »die Masse schwankt im ungewissen Geist, dann treibt sie hin, wohin der Strom sie reißt«. Vornweg die Politiker! Aber häufen sich bei Lafontaine nicht die Widersprüche? Nur ein paar Beispiele:

Während er noch im Dezember 1989 von Kohl »Schnelligkeit« und dringlichst »eine Antwort auf das Währungsproblem« forderte, erklärt er nun sein Tempo für »überhastet, überstürzt und damit falsch«.

Formulierte er noch vergangenes Jahr fürs »Umverteilen« goldene Worte, so findet er nun geschickte dagegen.

Schwach kann seine Rhetorik für den aufmerksamen Zuhörer wirken, wenn er sich widersprüchlicherweise selbst der Phrasen bedient, die er an der CDU kritisiert. Aber er erntet ja Zwischenbeifall mit dem Satz: Dieser Prozeß »wird weitergehen, wenn wir die Zukunft gewinnen wollen«. Und dasselbe Publikum stimmt ihm – wenige Sätze später – mit »Heiterkeit« zu, wenn er spottet, die Gegner brächen auf, »die Zukunft Deutschlands zu gestalten« (19. Dezember 1989). Macht sich der »Demagoge« so dumm, daß die Leute glauben, sie seien so intelligent wie er?

»Im Bundestag besteht keine Notwendigkeit, eine Entscheidung (für den Staatsvertrag) mitzutragen, die Massenarbeitslosigkeit zur Folge hat ... Für die SPD-Mehrheit im Bundesrat gibt es Möglichkeiten, den Vertrag passieren zu lassen. Darüber werden wir im Lichte der Antworten der Koalition befinden.« *(Spiegel,* 28. Mai 1990).

Das muß man zweimal lesen. Es ist geschickt formuliert und argumentativ verpackt. Aber der Klartext heißt doch: Taktischer Zick-Zack! Keine Konsequenz, also Unredlichkeit?

Nach antikem Wortgebrauch ist der Demagoge ein Mann, der durch sein Ansehen und seine Rednergabe in Volksversammlungen erfolgreich auftritt und so indirekt staatspolitische Entscheidungen mitbeeinflußt. In diesem Sinne ist Lafontaine sicher teilweise kategorisierbar. Aber in der deutschen Geschichte kommen zwei Nuancen hinzu: Erstens wurden zur Zeit der Restauration in den sogenannten Demagogenverfolgungen, vor allem seit den brutalen Beschlüssen der Mainzer »Zentral-Untersuchungskommission«, honorige Männer wie Ernst Moritz Arndt und Fritz Reuter als »gewissenlose und aufrührerische Volksverführer« verfolgt. Zweitens gelten seit der Nazi-Zeit Gestalten wie Hitler und Goebbels als erbarmungslos über Leichen gehende »Demagogen«. Schon von daher verbietet es sich, Lafontaine so einzustufen.

Wie die oben angeführte Untersuchung ergab, empfindet ein Drittel der befragten Studenten Lafontaine als Demagogen, zwei Drittel der männlichen Studenten stuften ihn entschieden nicht so ein, die weiblichen Studierenden zu 53,6 Prozent; sie waren zu 14 Prozent schwankend, ob er nun ein Demagoge sei oder nicht.

Das entsprechende Bild bei der Frage, ob Lafontaine auf sie rhetorisch positiv wirke: Zwei Drittel der Studenten »Ja«, ein Drittel »Nein«; die Studentinnen unentschlossener: 69,7 Prozent »Ja«, 21 Prozent »Nein«, 9,3 Prozent »Unentschieden«.

Er besitzt die rednerische Gabe, das Volk anzusprechen, populär zu reden; er ist beliebt. Das berechtigt aber selbstverständlich nicht, ihn charakterlich mit dem Etikett »demagogisch« abzuqualifizieren.

Die Rhetorik kennt neben den aufrichtig-fairen Redetechniken auch raffiniert-verlogene, durch die man Anhänger zu gewinnen sucht, etwa durch Ausnutzen von Vorurteilen, Primitivinstinkten, Notlagen sowie durch aggressives Fertigmachen des politischen Gegners. Gerade diese üblen Tricks machen im heutigen pejorativen Wortsinn den Demagogen aus. Sicher kommen diese Tricks bei den Politikern immer mal wieder vor, auch bei Lafontaine. Sicher wird der kritische Zuhörer die sachliche Argumentation in seinen Reden gelegentlich vermissen.

Auch hierfür drei Beispiele aus seiner Parteitagsrede vom 19. Dezember 1989:

»Wir (die SPD) sind . . . zur Partei der ökologischen Erneuerung geworden.« Das ist schlicht Geschichtsklitterung. Die Grünen sind unbestreitbar die Partei der grünen Erneuerung.

»Wir sind die Partei des Friedens. . . . die Kriege (sind) nicht deshalb ausgebrochen, weil es Frauen und Männer gab, die sich . . . zu den Ideen des demokratischen Sozialismus bekannt haben, sondern die Kriege sind immer auch dann ausgebrochen . . .«

Das ist zwar um die Ecke ausgedrückt, suggeriert aber e contrario: Wir, die SPD, stehen für Frieden, die anderen hängen mit Kriegsausbrüchen zusammen.»Wer anders hätte denn . . . als wir«.

»Wir sind . . . die Partei der europäischen Tradition der Außenpolitik.« Ist Genscher inzwischen Genosse?

Genauso unsachlich die Vereinnahmung der Aufklärung als Mutter der SPD. Richtigerweise ist der Liberalismus die Tochter der Aufklärung. Aber Widersprüche, bei welchem Politiker findet man sie nicht? Und steckt die Opposition nicht wirklich in einer Zwick-Zwack-Mühle, die zu Zick-Zack-Rhetorik führen muß? Wer die Wahl zwischen Cholera und Typhus hat, dem sehe man doch bitte nach, daß er sich zumindest rhetorisch windet.

Außerdem: Wie bizarr entwickelt sich die politische Landschaft seit 1987, als *Die Zeit* noch orakelte:»Vielleicht ist die Stunde gar nicht fern, dann werden ein saarländischer Bundeskanzler Oskar und ein saarländischer Staatsratsvorsitzender Erich das alte Reich regieren. Zwei Saarländer an den Hebeln der Macht: Wer weiß, was dann den Deutschen blüht.«

Daß Arroganz in den Formulierungen durchscheint, kann man vielleicht auch verzeihen, zumal noch das Attentat für Sympathie und Schonung gut ist. Zwei verbale Beispiele aus der jüngsten Zeit für kompensatorische Überheblichkeit:»Ich pflege die Antworten dann zu geben, wenn ein bestimmter Sachverhalt eingetreten ist.« Und:»Insofern ist es eine absolute Ausnahme, daß ich jetzt im Spiegel meine Haltung zum Staatsvertrag darlege.« *(Spiegel*-Interview, 28. Mai 1990).

Beispiele in der Körpersprache: Lafontaine geht breit und gewichtig. (Brandt schreitet würdig. Genscher kommt einfach daher. Kohl eilt im Sturmschritt. Helmut Schmidt tritt auf.)

Nach dem Verhaltensforscher Ekman (Berkeley) reicht die Skala der signifikant unterschiedenen Signale mit den Armen von 220/230 (bei bestimmten Semiten) bis zu 50/60 Bewegungen (bei den Nordvölkern). Lafontaine rudert mit den Armen für unsere Breiten ein bißchen zu viel. Das wirkt aufgesetzt. Die unübersehbare Nase ist oft eine Spur zu sehr nach oben gerichtet, oder betont nach unten. »Natürlich zu sein, ist die schwierigste Pose, die man einnehmen kann«, sagt ein anderer Oskar: Oscar Wilde.

Seine Reden sind sprachlich und im Aufbau sehr wirkungsvoll gemacht. Eingängig seine partnerzentrierte Redeweise, zum Beispiel der häufige parataktische Satzbau: »Wir müssen sehen – auch in der aktuellen Debatte –: Dieser Prozeß ist nicht rückgängig zu machen.« Häufig metaphorischer Stil: ». . . ist ein Pyrrhus-Sieg«, »Stehaufmännchen zu spielen«, ». . . ist mit heißer Nadel gestrickt«, »gegen die Wand springen«! Das heißt, er (oder seine Redenschreiber) sind versiert, Techniken zu verwenden, mit denen man ein heterogenes Publikum informationstechnisch am besten erreicht. Daneben unvermeidlich in unserer »würde«-vollen Nationalsprache das Gestelze: »Aber ich würde sehr wohl behaupten«!

Eins ist exzeptionell: Kein anderer politischer Redner streift so vielerlei in seinen Reden wie Lafontaine. Das geht in der letzten Parteitagsrede von Plutonium über Marx bis Orpheus und Narziß. Auf einem politischen Parteitag inmitten des brodelnden Berlins der Revolutionswochen! Absicht? Um deutlich zu machen, welche Wissensbreite den Redner qualifiziert? Es ist wohl doch eher ein Ausdruck sehr subjektiver Weltschau: In historischer Stunde hat er Muße, zwei »Leitbilder« Marcuses für erwähnenswert zu halten: »Leitbild« Orpheus und »Leitbild« Narziß als Inbegriff der Kulturpolitik (!), die er als »Leitbilder« für »freie Tätigkeit« (Orpheus!) bzw. Narziß »nicht für die Selbstgefälligkeit, sondern für die ästhetische Dimension« (??) vorführt.

Zum Aufbau seiner vorbereiteten Reden: Seine letzte große Rede auf dem SPD-Parteitag in Berlin ist wirksam durchstrukturiert, anfangs eher rational argumentativ, dann – zur Garnierung in der Mitte was Heiteres (der leider immer noch übliche, aber inzwischen langweilige Versuch, Kohl lächerlich zu machen!) – zu Ende dann ein etwas heroisch geratener Showdown mit den seit Rau üblichen biblischen Leihgaben ». . . Welt für alle Menschen, die guten Willens sind«! Auch das Wort »Glaube« kommt bemerkenswert oft vor.

Instinktsicher für Volkesmeinung zitiert er Camus: »Wir dürfen niemals . . . um einer zukünftigen Gerechtigkeit willen den derzeit Lebenden ins Gesicht schlagen.« Alles gekonnt gemacht!

So wie das Politbarometer ihn hoch positiv einstuft, bekommt er in jener nicht allzu langen Rede 63mal Zwischenapplaus. Er spricht eben die Dinge offen aus. Immer wieder diese Offenheit! Dieser rhetorische Klartext! Bis hin zum Vabanque-Spiel mit Worten, Verhaltensweisen und Taten! Wie damals im Vorstand! Bis – vorbereitet durch Robert Leicht, der auf ihn schon im »Presseclub« eindrosch – Theo Sommer ihn am 1. Juni 1990 auf der ersten Seite der *Zeit* niederzumähen suchte, die bekanntlich nicht gerade als rechts gilt und von ebendem Helmut Schmidt mitherausgegeben wird, der vor einem Dezennium von Lafontaines T-34-Rhetorik im Vorstand »angemacht« worden war, wie das heute die Jugend wohl formuliert.

Lafontaine lebt gefährlich, aber seine Offensivität offenbart mitreißenden Mut. Man denkt an Perikles, der seinen Athenern einhämmerte: »Seid überzeugt, das Geheimnis des Glücks ist die Freiheit. Das Geheimnis der Freiheit aber ist der Mut!« Hier liegt der Schlüssel zum Charisma Lafontaines, vielleicht auch zu einer populistischen Gefährlichkeit, wie seine Gegner behaupten, aber eben auch zu seiner Gefährdung, wie wir wissen. Auf keinen Fall jedoch ist er in der gegenwärtigen Lage der Nation das, was man gemeinhin einen Demagogen nennt.

MANFRED GÜLLNER

Schillernde Konturen

Bei allem Fortschritt der sozialwissenschaftlichen Forschungsmethoden in den letzten Jahren bleibt das Umfragenetz auf nationaler Ebene doch recht weitmaschig. Manch einer, der vor Ort oder in einer Region bedeutsam ist und auf Entscheidungsprozesse großen Einfluß hat, wird bei bundesweiten Umfragen deshalb nicht erfaßt.

Nicht anders erging es lange Zeit Oskar Lafontaine: Seine dominante politische Potenz im Saarland schlug sich bundesweit nicht in demoskopischen Größen nieder.

Während die Führungselite der SPD in den fünfziger und sechziger Jahren – von Kurt Schumacher, Carlo Schmid, Erich Ollenhauer, Fritz Erler, Herbert Wehner bis zu Helmut Schmidt – nicht nur in ihrem politischen Wirken, sondern auch demoskopisch national sichtbar wurde, war Oskar Lafontaine – auch was das Bewußtsein der Wahlbürger anbelangt – lange Zeit auf seine saarländische Provinz beschränkt.

Dort, im Saarland, wurde von den Bürgern registriert, wie zielstrebig und konsequent Oskar Lafontaine seine Machtbasis auf- und ausbaute. Da war zum einen sein persönlicher Weg an die Spitze der saarländischen SPD – in seiner energischen Gangart und der nicht zimperlichen Behandlung innerparteilicher Konkurrenten nur noch vergleichbar mit der Art und Weise, wie Willy Brandt in Berlin an die Macht gelangte. Spürbar war für die Wähler aber auch die Absicherung dieses Gipfelsturms an der Basis: Oskar Lafontaine verankerte im keinesfalls sozialdemokratischen Stammland an der Saar die SPD organisatorisch fest in der Wählerschaft. Nirgendwo sonst außerhalb des Ruhrgebietes umspannt die Wählerschaft ein solch dicht geknüpftes SPD-Mitgliedernetz. Die alte wehnerische Forderung, die Mitglieder der SPD als Kommunikationsnetz zu nutzen, um die sozialdemokratischen Botschaften zu den Wählern zu transportieren, hat Oskar Lafontaine mit seiner Saar-SPD in fast idealer Weise erfüllt. Kein Ort an der Saar, und wäre er noch so klein, wo nicht ein lebendiger SPD-Ortsverein zu finden wäre. Welche Leistung dies ist, zeigt ein Vergleich mit Bayern: In einem Drittel aller bayerischen Gemeinden ist die SPD überhaupt nicht existent!

Oskar Lafontaine – abgestützt auf diese solide organisatorische SPD-Basis und auf treue Mitkämpfer – wurde im Saarland so eine beachtete politische Größe. Als Oberbürgermeister in der saarländischen Metropole Saarbrücken stieg er in den Augen der Saarländer gar zu einer Art Nebenministerpräsident auf. Oskar Lafontaine aber hatte kein Forum, das ihn auch bundesweit zu einer demoskopischen – und damit natürlich auch politischen – Größe gemacht hätte.

Die früheren SPD-Führer blieben zwar meist auch ihren Herkunftsregionen verbunden – als Forum aber stand ihnen das Bonner Parlament auch in Oppositionszeiten zur Verfügung. Nur Willy Brandt und Hans-Jochen Vogel befanden sich in vergleichbarer Lage wie Oskar Lafontaine. Sie hatten wie er ihre Karrieren in regionaler Begrenztheit begonnen. Anders als Oskar Lafontaine aber erhielten sie dennoch bundesweite Beachtung: Brandt fand durch die weltpolitische Bedeutung Berlins sehr schnell seinen Platz im bundesweiten demoskopischen Politikerkabinett: Schon 1955 nannten ihn 57 Prozent der Bundesbürger als einen der fünf wichtigsten Politiker der Bundesrepublik. Vogel entsprach als junger Oberbürgermeister in Deutschlands beliebtester Stadt, die zudem ihre Rolle als Trendsetter der bundesdeutschen Schickeria spielte, dem damaligen Zeitgeist und wurde so früh auch bundesweit bekannt. Das Saarland aber ist weder von großer weltpolitischer Bedeutung noch kann man ihm Trend-Setter-Qualitäten nachsagen. Oskar Lafontaine, dem die Bonner Bühne nicht zur Verfügung stand und der nicht wie Vogel oder Brandt ohne allzu großes eigenes Zutun Aufmerksamkeit gewinnen konnte, mußte sich sein bundesweites Forum selbst zimmern.

Dabei kam ihm sein ausgeprägter Instinkt für die Wirkungsweisen der modernen Massenkommunikation zugute. Er machte sich – bewußt oder unbewußt – die Erkenntnisse der Massenkommunikationsforschung zunutze, wonach Kommunikationsprozesse nicht ein-, sondern stets mehrstufig verlaufen. Zunächst wirken die Medien auf die Meinungsführer ein, bevor dann in persönlichen Kommunikationsnetzen auch das eher passive Wahlpublikum erreicht wird. Oskar Lafontaine begann also folgerichtig damit, die Medien auch außerhalb des Saarlandes für sich zu interessieren.

Dazu setzte er allerdings nicht seine kommunalpolitischen Erfahrungen ein, obwohl diese der SPD aus einer defizitären Lage geholfen hätten: Schließlich hatte die SPD durch ihren kommunalen Identitätsverlust ihre Vertrauensbasis in vielen großen Städten verloren. Lafontaine nutzte aber aus taktischen Erwägungen mit dem Thema Nachrüstung die eindimensionale Denkweise derjenigen, die in den siebziger Jahren unüberhörbar verkündeten, sie seien die SPD der achtziger Jahre. Und eine Mehrheit der SPD der achtziger Jahre war es in der Tat zufrieden, im Vakuum der Nach-Schmidt-Ära mit Oskar Lafontaine einen Tribunen zu haben, der ihre theoretischen Defizite mit seiner politischen Nachrüstungsdemagogie übertünchte. Oskar Lafontaine wurde so mit seinen Raketenzählungen Star jedes SPD-Parteitages nach dem Abgang von Helmut Schmidt.

Lafontaine befriedigte damit die Repräsentanten der SPD der achtziger Jahre und erreichte die von ihm angestrebte Medienresonanz. Zudem gab es einen durchaus erwünschten Nebeneffekt an der heimischen Saar: Dort war inzwischen der blasse Zeyer anstelle des geachteten Landesvaters Röder Ministerpräsident geworden. Zeyer aber hinterließ bei den saarländischen Bürgern den Eindruck, er könne selbst das in Bonn für ihn bereitgestellte Geld nicht an die Saar transportieren. Von Oskar Lafontaine hingegen glaubten die saarländischen Bürger durch seine bundesweiten Auftritte, er könne auch außerhalb der Landesgrenzen wirksam werden.

Der Wahlausgang an der Saar im Februar 1985 war insofern klar programmiert: Anstelle des schwachen Zeyer wurde Lafontaine, der durch seine im positiven Sinne autoritäre Oberbürgermeistertätigkeit bekannt war und nunmehr auch mit bundesweiter Beachtung aufwarten konnte, zum Ministerpräsidenten gewählt.

Lafontaines Rechnung war bis zu diesem Zeitpunkt also voll aufgegangen: Im Lande erntete er die Früchte seines langjährigen Weges zur Macht, und in der Bundesrepublik war er aus dem Schatten eines Provinzpolitikers herausgetreten. Zu Beginn des letzten Bundestagswahlkampfes war Lafontaine im Bewußtsein der Bundesbürger zwar noch nicht ganz so stark verankert wie andere langgediente Ministerpräsidentenkollegen – Franz-Josef Strauß, Albrecht, Späth oder vor allem Johannes Rau, der nach seinem nordrhein-westfälischen Wahlerfolg auf dem Gipfelpunkt seiner bundesweiten Popularität angelangt war. Amtskollegen, wie Börner in Hessen, ließ Lafontaine jedoch schon Anfang 1986 im Bewußtsein der Bundesbürger weit hinter sich. Er lag in seiner demoskopischen Bedeutung gleichauf mit dem Parteivorsitzenden, Willy Brandt, und dem Fraktionsvorsitzenden, Hans-Jochen Vogel.

Die Chance für den nächsten politischen und demoskopischen

WICHTIGE ROLLE VON POLITIKERN JANUAR 1986

Es wünschen eine wichtige Rolle von	%
Johannes Rau	58
Franz-Josef Strauß	53
Lothar Späth	52
Ernst Albrecht	52
Holger Börner	27
Oskar Lafontaine	41
Willy Brandt	40
Hans-Jochen Vogel	39

Quelle: EMNID-Repräsentativerhebung im Bundesgebiet, Januar 1986; zitiert nach *Spiegel* Nr. 5 (1986)

Schritt nach vorne ergab sich durch das Führungsvakuum, in das die Bonner SPD durch den Rückzug von Johannes Rau nach Düsseldorf, vor allem aber durch den plötzlichen Rücktritt Willy Brandts vom Vorsitz der SPD geraten war.

Allerdings war unmittelbar nach Willy Brandts Rücktritt nicht Oskar Lafontaine der Favorit der Bundesbürger als SPD-Vorsitzender. Nach Willy Brandts Rücktritt sprachen sich mehr bundesdeutsche Wahlbürger für Hans-Jochen Vogel und Johannes Rau als für Oskar Lafontaine als neuen SPD-Vorsitzenden aus.

Oskar Lafontaines Resonanz war damals auch in der SPD-Anhängerschaft nicht sehr viel größer: Nur ein Viertel der SPD-Anhänger wünschte sich ihn als Nachfolger von Willy Brandt. Für Rau und Vogel sprachen sich jeweils rund ein Drittel der SPD-Anhänger aus. Vor allem Johannes Rau genoß trotz der Wahlniederlage im Januar 1987 in den eigenen Reihen damals noch große Unterstützung. Viele SPD-Anhänger sahen in ihm das personale Symbol für eine SPD, wie sie sie sich wünschten. Da die SPD aber diesem Wunschbild 1987 nicht mehr entsprach, wurde sie trotz aller ungebrochenen Sympathie für Rau nicht gewählt.

MEINUNGEN ZUR BRANDT-NACHFOLGE 1987

| | SPD-Parteivorsitzender sollte werden*) | | |
	Oskar Lafontaine %	Johannes Rau %	Hans-Jochen Vogel %
Wahlberechtigte insg.	19	22	31
Anhänger der SPD	24	32	36
CDU/CSU	15	23	31
FDP	25	20	45
GRÜNEN	39	18	28

*) Differenz zu 100 Prozent = keine Angaben bzw. »weiß nicht«

Quelle: FORSA-Repräsentativ-Umfrage im Bundesgebiet
am 23. März 1987 unter 1011 Wahlberechtigten

Die SPD-Mitglieder dachten im übrigen 1987 nicht viel anders als der durchschnittliche Wahlbürger in der Bundesrepublik. Eine Untersuchung unter SPD-Mitgliedern im Bezirk Westliches Westfalen im April 1987 ergab folgendes Bild: 39 Prozent der SPD-Mitglieder sprachen sich für Hans-Jochen Vogel, 34 Prozent für Johannes Rau und 18 Prozent für Oskar Lafontaine als Nachfolger von Willy Brandt im Amt des Parteivorsitzenden aus. (Dieser SPD-Bezirk Westliches Westfalen ist im übrigen nicht als atypisch für die SPD insgesamt anzusehen: Der Bezirk umfaßt zwar einen Teil des traditionellen Ruhrgebiets, aber auch das katholische Münsterland, das pietistische Siegerland und das bürgerliche Sauerland; insgesamt stellt also der Bezirk durchaus ein kleines Abbild der Bundesrepublik dar.)

Oskar Lafontaine erhielt innerhalb der SPD-Mitgliedschaft etwas größere Zustimmung bei den Jungsozialisten, das heißt den unter 35 Jahre alten SPD-Mitgliedern. Allerdings erhielt auch Johannes Rau gerade in dieser Mitgliedergruppe der unter 35jährigen besonders große Zustimmung.

Besonders häufig sprachen sich jene SPD-Mitglieder für Oskar Lafontaine aus, die eine Kooperation der SPD mit den Grünen befürworteten, und die jüngeren SPD-Frauen mit weiterführender Schulbildung (Abitur oder Hochschulstudium). Dieser Sachverhalt ist deshalb erwähnenswert, weil eine falsch geführte Diskussion über die Emanzipation der SPD viele Stammwähler (vor allem jüngere, sozial benachteiligte Arbeiter) entfremdete. Andererseits gewannen die schulisch gut ausgebildeten jüngeren Mittelschichtfrauen im eher öffentlich-rechtlichen Milieu durch die Quotenregelung einen unverhältnismäßig großen Einfluß in Führungsgremien der SPD. Diese Mitgliedergruppe zog also Oskar Lafontaine den anderen personalen Alternativen innerhalb der SPD schon 1987 vor. In der klassischen Stammwähler- und Mitgliedschaft der SPD hingegen genoß 1987 Johannes Rau deutlich größeres Vertrauen als Oskar Lafontaine.

Oskar Lafontaine wußte offenbar, warum er Hans-Jochen Vogel beim Amt des Parteivorsitzenden den Vortritt ließ: Noch war die SPD-Mitglieder- und Wählerbasis nicht in ihrer Mehrheit auf ihn eingestimmt.

MEINUNGEN ZUR BRANDT-NACHFOLGE
BEI SPD-MITGLIEDERN 1987

	Es wünschen sich als Parteivorsitzenden*)		
	Oskar Lafontaine %	Johannes Rau %	Hans-Jochen Vogel %
Mitglieder insgesamt	18	34	39
bis 35 Jahre alt	28	45	22
36 bis 45 Jahre alt	21	33	36
46 bis 60 Jahre alt	17	34	40
60 Jahre und älter	11	29	49
Arbeiter	17	42	33
Angestellte	20	33	38
Beamte	27	23	36
Selbständige	24	27	27
SPD-Mitglieder, die sich für eine Zusammenarbeit mit den Grünen aussprechen	36	27	29
weibliche SPD-Mitglieder, jünger als 45 Jahre alt, Abitur oder Studium	38	29	29

*) Fehlende Angaben zu 100 Prozent: keine Angaben
   bzw. »weiß nicht«

Quelle: FORSA-Befragung von 1095 SPD-Mitgliedern im Bezirk
        Westliches Westfalen, April 1987

Das änderte sich jedoch zwei Jahre später, als die SPD vor der Frage
stand, wer sie bei der Bundestagswahl 1990 als Kanzlerkandidat in
den Wahlkampf führen sollte.

Bei dieser Frage hatte sich 1989 auch das Meinungsbild der Bundesbürger gewandelt: Nach dem besten Kanzlerkandidaten der SPD gefragt, ergab sich folgendes Bild: 28 Prozent aller Bundesbürger hielten Oskar Lafontaine, jeweils 19 Prozent Hans-Jochen Vogel bzw. Johannes Rau für den besten SPD-Kanzlerkandidaten. Bei der Frage nach der Kanzlerkandidatur lag Oskar Lafontaine also 1989 im Vorfeld der Entscheidung nach Meinung vieler Wahlbürger vor seinen innerparteilichen Konkurrenten – anders als noch 1987 beim Amt des Parteivorsitzenden.

BESTER SPD-KANZLERKANDIDAT (1989)

	Für den besten Kanzlerkandidaten*) der SPD halten		
	Oskar Lafontaine %	Hans-Jochen Vogel %	Johannes Rau %
Wahlberechtigte insg.	28	19	19
Arbeiter	20	25	32
einfache Angestellte	19	22	20
mittlere Angestellte	29	12	14
leitende Angestellte	52	6	12
Beamte	34	20	14
Selbständige	46	16	11
Rentner	23	20	18
Schüler/Studenten	41	18	20
Anhänger der SPD	25	21	21
CDU	29	19	23
CSU	33	27	12
FDP	47	12	16
GRÜNEN	34	11	14

*) Fehlende Prozent zu 100 = keine Angaben oder »weiß nicht«

Quelle: FORSA-Repräsentativerhebung im Bundesgebiet, August 1989, 1008 Wahlberechtigte

Schlüsselt man auch diese Ergebnisse nach Wählergruppen auf, dann zeigt sich, daß die Zustimmung für Oskar Lafontaine besonders groß war bei den leitenden Angestellten und Selbständigen, den Beamten sowie den Schülern und Studenten.

Größer noch als innerhalb des SPD-Anhängerlagers war seine Resonanz 1989 bei den Anhängern aller anderen Parteien: So sprachen sich 29 Prozent der CDU-Anhänger, 33 Prozent der CSU-Anhänger, 34 Prozent der Sympathisanten der Grünen und 47 Prozent der F.D.P.-Anhänger 1989 für Oskar Lafontaine als den besten SPD-Kanzlerkandidaten aus.

Die Bundesbürger waren darüber hinaus Mitte 1989 auch der Meinung, mit Oskar Lafontaine als Kanzlerkandidat wären die Wahlchancen der SPD größer als mit einem Kandidaten Hans-Jochen Vogel.

Eine Analyse von Wählerströmen, die möglicherweise durch die Person des SPD-Kanzlerkandidaten ausgelöst werden könnten, zeigte darüber hinaus, daß Hans-Jochen Vogel zwar am ehesten die Stammwählerschaft der SPD binden und stabilisieren könnte, Oskar Lafontaine aber eher in der Lage war, Wechselwähler anderer Parteien zur Stimmabgabe für die SPD zu motivieren. Allerdings war auch schon im Vorfeld der innerparteilichen Entscheidungen über die Kanzlerkandidatur erkennbar, daß Lafontaine bei traditionellen SPD-Wählern durchaus Irritationen auslösen könnte: Jeder vierte treue SPD-Wähler gab 1989 zu verstehen, seine Entscheidung für die SPD bei einem Kandidaten Lafontaine zumindest noch einmal überdenken zu müssen.

Soweit die demoskopische Gewichtung Lafontaines im Vergleich zu seinen innerparteilichen Konkurrenten; wie aber steht Lafontaine im Vergleich zum Spitzenkandidaten der Union, zum amtierenden Kanzler Helmut Kohl dar?

Vor und unmittelbar nach dem Attentat auf Oskar Lafontaine wurde diese Frage von den Bundesbürgern recht eindeutig beantwortet: Oskar Lafontaine lag zum Beispiel im Februar 1990 bei der Kanzlerpräferenz mit 42 Prozent klar vor Helmut Kohl mit 33 Prozent. 23 Prozent hatten keine Meinung oder Vorlieben für ganz andere Kandidaten. Für Oskar Lafontaine sprachen sich besonders die jüngeren, unter 45 Jahre alten Bundesbürger aus. Bei den über 60jährigen lag hingegen Kohl vor Lafontaine.

KOHL UND LAFONTAINE 1990 (BUNDESREPUBLIK)

	Es würden als Kanzler vorziehen*)	
	Oskar Lafontaine	Helmut Kohl
	%	%
Wahlberechtigte insgesamt	42	33
18- bis 29jährige	47	26
30- bis 44jährige	49	27
45- bis 59jährige	39	40
60 Jahre und älter	33	39

*) Fehlende Angaben zu 100 = keine Angaben oder Vorliebe für anderen Kandidaten

Quelle: FORSA-Repräsentativerhebung im Bundesgebiet, Februar 1990, 1012 Befragte

Nach dem Attentat konnte Oskar Lafontaine noch Sympathien hinzugewinnen.

Diese Werte der Kanzlerpräferenz sagten allerdings noch nichts Endgültiges über die tatsächliche Beliebtheit Oskar Lafontaines aus. Zu bedenken ist bei der Interpretation derartiger Zahlen nämlich, daß Helmut Kohl im Gegensatz zu allen seinen Vorgängern nicht über einen sogenannten »Kanzler-Bonus« verfügt. Helmut Schmidt zum Beispiel wurde auch von vielen Wählern der Union als Kanzler geschätzt; seine Popularitätswerte lagen immer ganz deutlich über denen seiner Partei. Bei Helmut Kohl ist das umgekehrt: Seine Anhänger sind fast ausschließlich Kernwähler der CDU. 1983 wie 1987 kam es für die deutschen Wähler weniger auf die Person des Kanzlers, dafür mehr auf die Kompetenz der Parteien an. Und da wurde die SPD im Vergleich zur Union als zu leicht befunden. Die Union wurde trotz des Kanzler-Malus Helmut Kohls gewählt.

Diese Entscheidungsmatrix findet sich im übrigen auch in der DDR: Helmut Kohls »Malus« ist hier sogar noch ausgeprägter als in der Bundesrepublik: 46 Prozent zogen im April 1990 Lafontaine als gesamtdeutschen Kanzler Helmut Kohl vor, für den sich 24 Prozent aussprachen. 30 Prozent der DDR-Wahlberechtigten hatten keine Meinung bzw. wünschten sich andere Politiker an der Spitze einer gesamtdeutschen Regierung. Meinungsunterschiede zwischen den einzelnen Generationen fanden sich in der DDR – anders als in der Bundesrepublik – kaum.

KOHL UND LAFONTAINE IM APRIL 1990 (DDR)

| | Als gesamtdeutschen Kanzler würden vorziehen | |
	Oskar Lafontaine %	Helmut Kohl %
Wahlberechtigte insgesamt	46	24
18- bis 29jährige	48	21
30- bis 44jährige	47	21
45- bis 59jährige	45	27
60 Jahre und älter	46	25

Quelle: FORSA/GESA-Repräsentativerhebung in der DDR, April 1990, 984 Befragte

---

Dieser vor und nach dem Attentat vorhandene demoskopische Sympathievorsprung von Oskar Lafontaine vor Helmut Kohl sagte über die Wahlchancen der Partei allerdings wenig – auch Johannes Rau wurde vom Wähler neun Monate vor der letzten Bundestagswahl mit 39 Prozent deutlich sympathischer als Helmut Kohl mit 25 Prozent eingestuft. Die Wahl gewonnen hat aber die CDU/CSU und nicht die SPD.

Die Lafontaine-Sympathiewerte konnten also keinesfalls als klares Zeichen tiefer Zuneigung, hohen Respekts oder großer Anerkennung des SPD-Kandidaten interpretiert werden. Wie oberflächlich diese Werte waren, sollte sich schon bald zeigen: Mitte Juni hatte Oskar Lafontaine nach den durch seine Haltung provozierten SPD-internen Diskussionen über die Deutschlandpolitik und das Hick-Hack um seine Kanzlerkandidatur seinen Sympathievorsprung weit-

367

gehend verloren. Für ihn sprachen sich nach einer FORSA-Untersuchung für *Bild am Sonntag* noch 40 Prozent als Kanzler, für Helmut

MEINUNGEN ZU OSKAR LAFONTAINE IM JUNI 1990

Kanzlerpräferent	Es würden sich entscheiden für	
	Oskar Lafontaine %	Helmut Kohl %
Bundesbürger insgesamt	40	41

Einschätzung der *Wahlchancen:*	Oskar Lafontaine hat Chancen, Kanzler zu werden %	Helmut Kohl bleibt Bundeskanzler %
Bundesbürger insgesamt	41	51
SPD-Wähler	68	23

Gäbe es bessere SPD-Kandidaten?	Die SPD hätte mit einem anderen Kandidaten größere Wahlchancen	
	ja %	nein %
Bundesbürger insgesamt	36	50
SPD-Wähler	32	57

Wahlchancen der SPD nach der Diskussion *um den Staatsvertrag*	Die SPD wird nach dem Hick-Hack um Oskar Lafontaine und den Staatsvertrag bei der Bundestagswahl erhalten:	
	weniger Stimmen %	mehr Stimmen %
Bundesbürger insgesamt	43	15
SPD-Wähler	29	22

Quelle: FORSA-Repräsentativerhebung im Bundesgebiet, 12. bis 14. Juni 1990, 1017 Befragte

Kohl jedoch zum ersten Male gleichviel (41 Prozent) aus. Helmut Kohl verfügt damit im Vorwahlkampf 1990 dank Oskar Lafontaines Hilfe über einen höheren Sympathiesockel als im Vorfeld der letzten Bundestagswahl 1987.

Lafontaines Verhalten hat auch dazu geführt, daß seine Wahlchancen nicht mehr allzu optimistisch gesehen werden: Ein halbes Jahr vor dem Wahltermin 1990 rechnet eine Mehrheit der Bundesbürger (51 Prozent) damit, daß Helmut Kohl Bundeskanzler bleibt. Selbst im Anhängerlager der SPD ist die Siegeszuversicht gedämpft: Nur zwei Drittel der potentiellen SPD-Wähler trauen Oskar Lafontaine nach seinem deutschlandpolitischen Hickhack noch zu, tatsächlich Kanzler zu werden. Ein Drittel aller potentiellen SPD-Wähler glaubt nach der durch Lafontaines Verhalten ausgelösten Diskussion in der SPD, daß Lafontaine nicht der richtige Kandidat ist. Mit einem anderen Kanzlerkandidaten würden nach Meinung der Wähler die SPD-Wahlchancen größer.

Wie stark Lafontaines Verhalten die Wähler (auch seine eigenen) irritiert hat, zeigt sich auch in der Einschätzung der Bundesbürger über die Wahlchancen der SPD: Ganz eindeutig ist bei dieser Frage die Tendenz, daß die SPD bei der bevorstehenden Wahl mit weniger Stimmen rechnen muß.

Und schließlich: Eine Mehrheit der Bundesbürger würde Lafontaines Griff nach dem Vorsitz einer gesamtdeutschen SPD nicht mit-

---

MEINUNGEN ZUM GESAMTDEUTSCHEN
SPD-VORSITZENDEN IM JUNI 1990

	Vorsitzender der gesamtdeutschen SPD sollte werden	
	Oskar Lafontaine %	Hans-Jochen Vogel %
Bundesbürger insgesamt	30	51
SPD-Wähler	34	54

Quelle: FORSA-Repräsentativerhebung im Bundesgebiet,
12. bis 14. Juni 1990, 1017 Befragte

tragen. Favorisiert wird von einer Mehrheit der Bundesbürger und der SPD-Wähler Hans-Jochen Vogel.

Die Sympathieeinbrüche Oskar Lafontaines Mitte 1990 zeigen, wie wenig festgefügt sein Bild bei den Bundesbürgern war und ist. Er selbst sorgt offenbar dafür, daß er bei den Wählern eine schillernde Figur bleibt. Dazu tragen auch die von ihm bisher allzu schnell aufgegriffenen und dann wieder fallengelassenen Themen bei: Raketen, Arbeitszeitverkürzung mit Lohnverzicht, Sonntagsarbeit, DDR-Übersiedler und nun der Staatsvertrag. Sein Spiel mit diesen Themen hat beim Bürger eher den Argwohn geweckt, er stehe nicht voll hinter seinen Themen, sondern setze sie als taktische Konfliktsymbole im politischen Machtkampf ein.

Und selbst seine Saarländer, die ihn ja aus langer Arbeit vor Ort kennen, sind sich ihres Urteils noch nicht ganz sicher. Sie billigen ihm (wie eine Untersuchung im Umfeld der saarländischen Landtagswahl Anfang 1990 zutage förderte) zwar überwiegend sympathische Eigenschaften zu. Doch auch diese als positiv gesehenen Züge sind eher inhaltsleer: So bezeichnen ihn die Saarländer als sympathisch, unkonventionell, fortschrittlich, volksnah oder klug. Genauere Festlegungen lassen sie sich kaum entlocken.

Den sympathischen Kennzeichnungen stehen aber auch besorgte Überlegungen gegenüber: Ob Oskar Lafontaine nicht zu arrogant und überheblich, zu forsch und frech, zu unruhig und wankelmütig oder zu demagogisch und opportunistisch sei, fragen sich selbst einige seine saarländischen Wähler: Spuren von Mißtrauen in die Glaubwürdigkeit Lafontaines und von Zweifeln an seiner politischen Moral selbst in seinem unmittelbaren politischen Wirkungsbereich.

Außerhalb des Saarlandes scheinen die Bürger zu ahnen, daß Oskar Lafontaine auf seinem Weg von Saarbrücken nach Bonn oder Berlin die öffentliche Meinung nicht so sehr beeinflussen wollte, um damit Veränderungsprozesse in der Gesellschaft herbeizuführen. Sie fragen sich unterschwellig, ob er mit der öffentlichen Meinung nicht nur ein Spiel treibt und sie als Vehikel für seine persönlichen politischen Ziele nutzt. Sein um einige Nuancen zu demagogisches öffentliches Auftreten – zuletzt im Umfeld der Diskussion über den deutsch-deutschen Staatsvertrag – hat bisher auf jeden Fall verhindert, daß sich beim Bürger ein klares, eindeutiges und glaubwürdiges Bild von Oskar Lafontaine eingeprägt hat.

Anhang

Zeittafel

- Geboren am 16. September 1943 in Saarlouis als Zwillingskind des Bäckers Hans Lafontaine und seiner Frau Katharina, geborene Ferner. Bruder Hans erblickte fünfzehn Minuten früher das Licht der Welt.
- Ostern 1949 Einschulung in die Römerschule Dillingen-Pachten.
- Ostern 1953 Wechsel auf die Reginoschule in Prüm, staatliches humanistisches Gymnasium. Von März 1953 bis Februar 1961 lebt er im Bischöflichen Konvikt in Prüm.
- 6. März 1962 Abitur an der Reginoschule in Prüm.
- Sommersemester 1962 bis Wintersemester 1964/65 Studium der Physik an der Rheinischen Friedrich-Wilhelm-Universität in Bonn.
- Sommersemester 1965 bis Wintersemester 1968/69 Weiterstudium an der Universität des Saarlandes in Saarbrücken.
- Februar 1969 Examen als Diplomphysiker.
- Vom Sommersemester 1963 bis zum Examen 1969 Stipendiat der bischöflichen Studienförderung »Cusanuswerk« in Bonn.
- April 1969 Eintritt in die Direktion der »Versorgungs- und Verkehrsgesellschaft« der Stadt Saarbrücken (VVS), ab Juni 1971 Vorstandsmitglied.
- Januar 1966 Eintritt in die SPD, Unterbezirksvorsitzender der Jungsozialisten.
- 1967 Heirat mit Ingrid Bachert.
- 1970 bis 1975 Abgeordneter der SPD im Saarländischen Landtag.
- 1974 bis 1976 Bürgermeister der Landeshauptstadt Saarbrücken.

- 1976 bis 1985 Oberbürgermeister der saarländischen Landeshauptstadt Saarbrücken.
- Seit 1977 Landesvorsitzender der saarländischen SPD.
- 1979 Mitglied des Bundesvorstandes der SPD.
- 1982 Heirat mit Margret Müller.
- 1982 Geburt des Sohnes Frederic.
- Seit 1985 Ministerpräsident des Saarlandes.
- Seit 1987 stellvertretender Bundesvorsitzender der SPD und geschäftsführender Vorsitzender der SPD-Programmdiskussion.
- 1988 Vorsitzender der Kommission »Fortschritt '90«.
- 1990 Wiederwahl als Ministerpräsident des Saarlandes.
- 1990 Kanzlerkandidat der SPD für erste gesamtdeutsche Wahlen am 2. Dezember 1990.
- 25. April 1990 Attentat in Köln.

Autorenverzeichnis

DR. MED. BERTIL BOUILLON, Jahrgang 1958, arbeitet seit 1983 im Krankenhaus Köln-Merheim und ist Assistent am II. Lehrstuhl für Chirurgie der Universität zu Köln.

KLAUS BRILL, Jahrgang 1949, war sechs Jahre lang Korrespondent der *Süddeutschen Zeitung* im Saarland, in Hessen und in Rheinland-Pfalz mit Sitz in Frankfurt. Er arbeitet jetzt für die Münchner Tageszeitung in Hamburg.

PROF. DR. RENATE DAMUS, Jahrgang 1958, lehrt an der Universität Osnabrück Politische Wissenschaften und ist seit Mai 1990 Sprecherin im Bundesvorstand der Grünen.

DR. PETER GLOTZ, Jahrgang 1938, ehemaliger Bundesgeschäftsführer der SPD, Mitglied des Deutschen Bundestages.

MICHAEL GRABENSTRÖER, Jahrgang 1950, berichtet seit drei Jahren für die *Frankfurter Rundschau* aus dem Saarland und aus Rheinland-Pfalz. Sein Redaktionssitz ist Mainz.

MANFRED GÜLLNER, Jahrgang 1941, leitet die »Gesellschaft für Sozialforschung und statistische Analysen mbH« (Forsa) in Dortmund.

RUDI HERRMANN, Jahrgang 1955, gelernter Diplomingenieur, ist Kameramann in Köln.

DR. GUNTER HOFMANN, Jahrgang 1942, arbeitet als Korrespondent der Hamburger Wochenzeitung *Die Zeit* in Bonn.

PROFESSOR DR. GERHARD LANGE, Jahrgang 1938, lehrt Sprachwissenschaft an der Universität Köln.

BARBARA SCHADE, Jahrgang 1960, freiberuflich tätige Psychologin der Abteilung Psychosomatik im Med. Zentrum für Innere Medizin der Philipps-Universität in Marburg, assoziiert durch Mitwirkung am Streßbewältigungsprogramm.

ALFRED SCHÖN, Jahrgang 1947, seit 1973 Redakteur bei der *Saarbrücker Zeitung,* heute verantwortlicher Ressortchef für Politik, Zeitgeschehen und Regionales.

PROF. DR. WOLFGANG SCHÜFFEL, Jahrgang 1938, Internist und Psychotherapeut, Leiter der Abteilung Psychosomatik im Med. Zentrum für Innere Medizin in Marburg seit 1976; Koordinator des Hilfsprogrammes Stolzenbach/Borken; Sprecher der Concerted European Action for Coping with Disaster.

KLAUS STAECK, Jahrgang 1943, arbeitet als Rechtsanwalt und Graphiker in Heidelberg.

DR. ANTJE VOLLMER, Jahrgang 1944, Fraktionssprecherin Die Grünen im Deutschen Bundestag.

Auswahlbibliographie

FRANZ JOSEF FAAS: Regino-Gymnasium Prüm, Trier 1989

Geschichtsverein »Prümer Land« (Hrsg.): 100 Jahre Bischöfliches Konvikt in Prüm 1887 – 1987, Prüm 1987

ALFRED GULDEN: Auf dem großen Markt, Saarbrücken 1977

ALFRED GULDEN: Die Leidiger Hochzeit, München 1984

JOHANNES HOFFMANN: Das Ziel war Europa. Der Weg der Saar 1945 – 1955, München/Wien 1963

ERICH KOSTHORST: Jakob Kaiser, Bundesminister für gesamtdeutsche Fragen 1949 – 1957, Stuttgart 1972

OSKAR LAFONTAINE: Angst vor den Freunden. Die Atomwaffen-Strategie der Supermächte zerstört die Bündnisse, Hamburg 1983

OSKAR LAFONTAINE: Der andere Fortschritt. Verantwortung statt Verweigerung, Hamburg 1985

OSKAR LAFONTAINE: Die Gesellschaft der Zukunft. Reformpolitik in einer veränderten Welt, Hamburg 1988

OSKAR LAFONTAINE: Das Lied vom Teilen. Die Debatte über Arbeit und politischen Neubeginn, Hamburg 1989

OSKAR LAFONTAINE: Die nationale und die soziale Frage, Hamburg 1990

ALOYS LEHNERT: Geschichte der Stadt Dillingen, Dillingen 1968

ROBERT-HEINZ SCHMIDT: Saarpolitik 1945 – 1957, 3. Bde., Berlin 1959-1962

HERIBERT SCHWAN: Der Rundfunk als Instrument der Politik im Saarland 1945 – 1955, Berlin 1974

CAROLA STERN: Willy Brandt, Reinbek 1988